इंदिरा फाइल्स

इंदिरा फाइल्स

विष्णु शर्मा

ज्ञान गंगा, दिल्ली

प्रकाशक : ज्ञान गंगा, 2/42, अंसारी रोड, दरियागंज, नई दिल्ली–110002
सर्वाधिकार : सुरक्षित / संस्करण : प्रथम, 2023 / मूल्य : चार सौ पचास रुपए
मुद्रक : आर–टेक ऑफसेट प्रिंटर्स, दिल्ली ISBN 978-81-960946-2-1

INDIRA FILES *by* Shri Vishnu Sharma ₹ 450.00
Published by **GYAN GANGA**
2/42, Ansari Road, Daryaganj, New Delhi-110002

भूमिका

इंदिरा गांधी पर एक और पुस्तक क्यों?

यह सवाल कई मित्रों ने पूछा और इस पुस्तक के बारे में चर्चा करने वालों के दिमाग में भी उठना स्वाभाविक है। इतिहास का शोधार्थी होने के नाते मुझे हमेशा से लगा कि स्कूल-कॉलेजों में इतिहास उतना ही पढ़ाया जाता है, जो सत्ता में बैठे लोग या उनकी बनाई समितियाँ तय करती हैं, जो इतिहास जागरूक नागरिकों, शोधार्थियों या पत्रकारों, नेताओं आदि को जानना चाहिए, वह मोटी-मोटी पुस्तकों में लिखा होता है, लेकिन अकसर वे पुस्तकें पुस्तकालयों की धूल छान रही होती हैं और आज की तेजी से भागती-दौड़ती दुनिया में लोग एक ही व्यक्ति का इतिहास जानने के लिए 25 या 50 मोटी पुस्तकें नहीं पढ़ सकते।

तो ऐसे में जागरूक लोगों को संक्षिप्त में, लेकिन संदर्भों के साथ 'गागर में सागर' कैसे मिले, यह मेरा प्रयास पिछली पुस्तकों से भी लगातार चल रहा है। यह पुस्तक भी उसी तरह से लिखी गई है। पचास अध्यायों में से कोई भी एक अध्याय पढ़कर पाठक दूसरा अध्याय कभी भी पढ़ सकता है। हर अध्याय अपने आप में संपूर्ण है, लेकिन हर एक अध्याय रूपी गागर अपने आप में उस मुद्दे का सागर हो, जिसको लेकर उसे लिखा गया है, ऐसी कोशिश मैंने इस पुस्तक में की है। ताकि एक आम आदमी भी चलते-फिरते, मेट्रो में, ट्रेन में, बस में, कार में कभी भी एक अध्याय पढ़ ले, फिर अगले अध्याय को बाद में कभी पढ़ ले।

लेकिन इंदिरा गांधी ही क्यों? मुझे हमेशा से आजाद भारत में इंदिरा गांधी वंशवाद का सबसे बड़ा और पहला उदाहरण लगती आई हैं। वंशवाद का एक ऐसा उत्पाद, जिसको 'लौह महिला' भी कहा जाता है और दूसरी तरफ आपातकाल थोपने के लिए हर साल उनकी तानाशाही को श्रद्धांजलि भी दी जाती है। एक तरफ पाकिस्तान के दो टुकड़े करके इंदिरा गांधी ने भारतीय इतिहास में अपना नाम स्वर्णिम अक्षरों से लिखवा लिया, तो दूसरी तरफ गांधारी की तरह बेटे को अंधा प्रेम कर 'संजय की मम्मी बड़ी निकम्मी'

जैसा नारा भी झेला। एक तरफ सिक्किम विलय में अहम भूमिका निभाई, तो दूसरी तरफ 'ऑपरेशन ब्लू स्टार' का दाग उनकी मौत भी नहीं मिटा पाई। एक तरफ परमाणु परीक्षण कर भारत की ताकत और हिम्मत को पर लगा दिए, तो दूसरी तरफ पहली ऐसी प्रधानमंत्री बनीं, जिनको हाई कोर्ट ने पी.एम. के पद से ही हटने का आदेश जारी कर दिया।

वंशवाद मुझ जैसे एक छोटे से कस्बे से निकले युवाओं की राह में कितना बड़ा रोड़ा बनता है, यह हम जैसे युवा ही समझ पाते हैं। न राजनीति में, न फिल्मी दुनिया में, न ही पत्रकारिता में और न ही किसी भी बिजनेस में, अगर आपके परिवार का कोई व्यक्ति पहले से उस क्षेत्र में नहीं है, आपको सलाह या आर्थिक-मानसिक-तकनीकी सहायता नहीं दे रहा है, तो आपके लिए ऊँचे पायदान पर पहुँचना लगभग असंभव है। ऐसे में उन चेहरों के बारे में सच्चाई बताना ज्यादा जरूरी है, जो वंशवाद की बेल पर चढ़कर आगे बढ़े और करोड़ों अब भी उन्हें आदर्श मान रहे हैं। इंदिरा गांधी भी उन्हीं में से एक हैं।

इंदिरा गांधी तो दरअसल वंशवाद की एक प्रतीक मात्र हैं, उनके जरिए केवल युवाओं को यह बताना है कि ये तथ्य जानकर ही आप तय करें कि वंशवाद के रास्ते आगे बढ़े लोगों को आदर्श बनाकर आप आदर्श राजनीति के रास्ते पर नहीं चल सकते हैं। आज तो ऐसी कई पार्टियाँ हैं, जो एक ही परिवार से चल रही हैं।

हालाँकि, हर व्यक्ति को लगता है कि उसे इंदिरा गांधी के बारे में इतना सब तो पता है, इसको लेकर मैंने भी अपने जागरूक और खोजी किस्म के मित्रों से चर्चा की और उन्होंने मुझे विश्वास दिलाया कि यह पुस्तक किसी भी जागरूक पाठक, शोधार्थी, पत्रकार, नेता, प्रतियोगी परीक्षाओं की तैयारी कर रहे युवाओं के लिए काफी तथ्यात्मक हो सकती है। मुझे भी लगा कि कुछ मुद्दे जो मैंने इस पुस्तक में लिखे हैं, वे और ज्यादा जगह माँगते थे, लेकिन ज्यादा विषयों को लेने की रणनीति के चलते मैंने उन्हें सीमित जगह ही दी। शोधार्थी इसको आधार बनाकर और गहराई में उतर सकते हैं।

मैं कई मामलों में इंदिरा गांधी का प्रशंसक हूँ, लेकिन उनका काला पक्ष ज्यादा मजबूत है। सो मुझे लगा कि राजनीति में आ रहे युवाओं को यह पुस्तक पढ़कर कम-से-कम सबक मिलेगा कि क्या-क्या नहीं करना है! अगर वे कांग्रेस कार्यकर्ता हैं तो उन्हें यह जानकारी मिलेगी कि उन्हें किन-किन मुद्दों पर जवाब देना पड़ सकता है और विपक्षी हैं, तो उसके पास टी.वी. बहस में बोलने के लिए काफी तथ्य उपलब्ध हो जाएँगे। सो पुस्तक सबके काम की है। हालाँकि, तमाम कोशिशों के बावजूद हर घटना का कोई-न-कोई पहलू छूटने के आसार तो रहते ही हैं, कुछ गलतियाँ भी हो सकती हैं, तथ्यों या संपादन की। सो समय पर उनकी तरफ ध्यान आकर्षित करें, ताकि अगले संस्करण में उन्हें सुधारा जा सके।

साल भर से ज्यादा समय इस पुस्तक को लिखने में लगा और इस दौरान उत्साह

बनाए रखना, लगातार इतिहास से जूझते रहना बहुत जरूरी होता है। ऐसी चर्चाओं या कार्यक्रमों में हिस्सा लेना भी आपकी रुचि बनाए रखने में सहायता करता है, जो इतिहास से जुड़े हों। शुरुआत हुई, जब इंदौर में हुए लिट चौक से रतन शारदाजी और चंद्रकांत जोशी के साथ मंच पर इतिहास लेखन में हुई गड़बड़ियों पर चर्चा का मौका मिला। इसके लिए 'प्रजातंत्र' के प्रबंध संपादक हेमंत शर्माजी और लिट चौक की प्रभारी धरा पांडेय को धन्यवाद। चित्र साधना को धन्यवाद, चित्र साधना की स्क्रीनिंग कमेटी में रहते इतिहास से जुड़ी कई डॉक्यूमेंट्रीज और शॉर्ट फिल्में देखने को मिलीं। अनंत विजयजी ने 'दैनिक जागरण' में दिल्ली के इतिहास पर 'दौर-ए-दिल्ली' कॉलम लिखने का मौका दिया, जिससे दिल्ली पर काफी पढ़ने को मिला। उनकी सहयोगी मनु त्यागी के साथ लगातार चर्चा ने इसे और शोधपूर्ण बनाया।

कहानी सुनाने की परंपरा के आधुनिक हस्ताक्षर नीलेश मिश्राजी ने 'महावीर चक्र' विजेताओं की जिंदगी पर कुछ कहानियाँ लिखने का मौका ऑडिबल ऐप पर अपने शो 'योद्धा' में दिया। उनकी वजह से रक्षा सेनाओं के इतिहास में रुचि बढ़ी, उनका भी आभारी हूँ। यूँ यह उनकी क्रिएटिव हैड अनुलता राज नायर की सलाहों के बिना संभव नहीं था। इसी दौरान मेरी पहली पुस्तक 'गुमनाम नायकों की गौरवशाली गाथाएँ' को तत्कालीन सूचना प्रसारण मंत्री प्रकाश जावड़ेकरजी ने अमृत महोत्सव के लिए लिया और उनके मीडिया सलाहकार सत्यनारायण शेषाद्रि (सत्याजी) खुद मेरे ऑफिस लेने आए, दोनों का बहुत धन्यवाद।

केंद्रीय गृह मंत्रालय के तहत 'राजभाषा समिति' ने मेरी दूसरी पुस्तक 'इतिहास के 50 वायरल सच' को पिछले साल केंद्र से सभी विभागों के पुस्तकालयों में रखी जाने वाली पुस्तकों की सूची में चयनित किया, उस समिति को भी धन्यवाद। ये सभी घटनाएँ इस पुस्तक को लिखने के दौरान मेरा उत्साह बढ़ाती रहीं। इंडियन काउंसिल फॉर कल्चरल रिलेशंस (ICCR) के अध्यक्ष विनय सहस्रबुद्धेजी ने मुझे इस लायक समझा कि मुंबई के राजभवन में आयोजित सेमिनार 'इंडियन सिनेमा एंड सॉफ्ट पॉवर' की आयोजन समिति का सदस्य बनाया, उनका भी आभार। इस सेमिनार की तैयारी के दौरान सिनेमा के इतिहास पर काफी चर्चा हुई।

कुछ दिन बाद मुंबई यूनिवर्सिटी में आयोजित 'सिने टॉकीज' सेमिनार का तो विषय ही 75 साल के फिल्मी इतिहास पर था। मुझे उस कार्यक्रम में बतौर वक्ता आजादी से पहले 'फिल्मों पर लगने वाले प्रतिबंधों के इतिहास' विषय को लेकर एक स्लाइड शो रखने का मौका भी मिला। यह एक सम्मान था। इससे पहले 2008 में मुंबई में 'ई24' लॉन्च किया, मुंबई आई.आई.टी. के पुस्तकालय ने मेरी पहली पुस्तक को चुना, राजभवन में ICICR की सेमिनार ने भी मुंबई से रिश्ता और मजबूत किया। आयोजकों का दिल से

आभारी हूँ। यहाँ से सीधे उदयपुर प्रेस क्लब के कार्यक्रम में पहुँचा, वहाँ महाराणा प्रताप के इतिहास पर चर्चा हुई; दिनेश भट्टजी का धन्यवाद।

इंदिरा गांधी राष्ट्रीय कला केंद्र (IGNCA) के बँटवारा विषय को लेकर हुए फिल्म फेस्टिवल में मुझे ज्यूरी में रखा गया। इतिहास विषय था, सो रुचि का था, रामबहादुर रायजी और अनुराग पुनैठाजी का आभार। टीवी9 की वेबसाइट पर ऐतिहासिक विषयों पर लिखने, ट्विटर स्पेस पर बहस में भाग लेने का मौका मिला, शैलेश चतुर्वेदीजी और संयम श्रीवास्तव का धन्यवाद। 'वन इंडिया' पर भी एक कॉलम शुरू हुआ, उसके लिए छोटे भाई आशीष अंशु और प्रभारी संजय तिवारीजी का धन्यवाद। ये सारे मौके मुझे पुस्तक लिखने में होने वाली बोरियत से बचाते रहे, साल भर मुझमें उत्साह बढ़ाते रहे।

हालाँकि, इन कार्यक्रमों या प्रोजेक्ट्स के अलावा भी कुछ लोगों से इतिहास पर लगातार चर्चा होती रही, उनका भी आभारी हूँ। हमारी कॉलोनी के सुभाष मंगलमजी या चौधरी साहब लगातार कोई-न-कोई पोस्ट व्हाट्स ऐप ग्रुप में डालकर उसकी सत्यता पूछते, नंदा आंटी ने भी कई वीडियो ऐसे भेजे या कभी संजय मौसाजी कोई वीडियो भेजकर पूछते कि सच क्या है? फिल्मी दुनिया से हरीश शर्माजी भी उनमें शामिल हैं। बड़े भाई लोग राजीव तुलीजी, अतुल गंगवारजी, संदीप पाटिलजी और प्रखर श्रीवास्तवजी ने चर्चाओं के अलावा कई मामलों में सहायता भी की, जिसका उल्लेख किए बिना उनको दिल से धन्यवाद। अपने कस्बे के जैन परिवार का भी आभारी हूँ, उनके विद्यालय में 12वीं तक पढ़ाई की और इस साल उन्होंने 'विद्यालय गौरव' की सूची में शामिल कर मेरा उत्साह बढ़ाया।

हालाँकि, इतिहास से जुड़ी चर्चाओं की मानसिक खुराक मुझे कुछ और करीबियों से भी मिलती रही, जिनमें वरिष्ठ पत्रकार रवींद्र त्रिपाठी सर, मेरा मित्र योगेश त्रिपाठी, मेरे कस्बे सासनी के धर्मेंद्र उपाध्यायजी, अनिल गर्गजी, डॉक्यूमेंट्री मेकर श्याम मलिकजी, फिल्म समीक्षक दीपक दुआजी, वरिष्ठ टी.वी. पत्रकार धीरेंद्र पुंढीरजी के साथ-साथ युवा सोशल मीडिया इन्फ्लुएंसर क्षमा त्रिपाठी भी शामिल हैं; हाँ, 'पाठशाला' वाले चर्चित एंकर सुशांत सिन्हा भी। सभी को धन्यवाद।

सबसे अंत में उनको धन्यवाद, जो आपकी व्यस्तता का सबसे ज्यादा खामियाजा भुगतते हैं, यानी परिवार। पुस्तक खत्म होने तक बेटी रितिशा सातवीं कक्षा में आने की तैयारी में है और बेटा विराज दूसरी में। इस साल घर में एक और मेहमान आ गया है, छोटे भाई की बेटी 'कोको'। आपकी व्यस्तता में किसी बच्चे की मौजूदगी, उसकी बाल-सुलभ क्रियाएँ आपके सोचने के ढंग को बदल देती हैं। हो सकता है कि मेरे लेखन पर भी असर आया हो। उम्मीद है कि यह पुस्तक आपको पसंद आएगी, आपकी प्रतिक्रियाओं की प्रतीक्षा में।

अनुक्रम

1

लोकतंत्र ताक पर : यूँ चुनी गईं उत्तराधिकारी

पं. नेहरू को हमेशा से ही लोकतांत्रिक परंपराओं के बड़े रखवाले के तौर पर पढ़ाया-बताया जाता रहा है, ऐसे में यह कैसे हो सकता है कि ये लेख लिखे जाने तक आजाद भारत में अगर लोकतंत्र को सबसे ज्यादा जिसने चोट पहुँचाई हो, उसकी परवरिश उन्हीं नेहरूजी ने की हो? इंदिरा गांधी ने इमरजेंसी लगाई तो उनको नेहरू की छवि का खयाल क्यों नहीं आया था? पं. नेहरू प्रेस की स्वतंत्रता के इतने बड़े हिमायती थे और इंदिरा ने उनको जेलों में ठूँसने से पहले एक पल भी अपने पिता की स्थापित परंपराओं और मान्यताओं के बारे में नहीं सोचा, तो आखिर उसकी वजह क्या थी? इस अध्याय में आप यह समझेंगे। उस चूक की, जो उनसे ज्यादा उनके पिता पं. जवाहरलाल नेहरू की चूक थी। वही लोकतंत्र को ताक पर रखने की चूक, जो कभी गांधीजी ने की थी, सरदार पटेल को मिले वोटों को नजरअंदाज करके नेहरूजी को देश का पी.एम. बनाने के लिए उनके हक में अपने 'वीटो' का इस्तेमाल करके।[1]

पं. नेहरू ने जीवन में तमाम उतार-चढ़ाव देखे थे, वे खुद भी जानते थे कि उनको लेकर गांधीजी ने जिद न की होती, तो सरदार पटेल ही देश के प्रधानमंत्री होते। ऐसे में उन्हें कहीं-न-कहीं यह यकीन था कि मेहनत की सीढ़ियों से चढ़कर ही प्रधानमंत्री या कांग्रेस अध्यक्ष जैसा पद नहीं पाया जा सकता, बल्कि गांधी जैसा किंग मेकर बनकर भी किसी को इन सर्वोच्च पदों के लिए तैयार किया जा सकता है। पहले जहाँ वे अपनी बहन विजया लक्ष्मी पंडित के काफी करीब थे, अपने विशेष निजी सचिव मथाई के भी करीब थे, धीरे-धीरे अपनी बेटी इंदिरा गांधी नेहरू से मन की बातें साझा करने लगे थे। यहाँ तक कि मथाई पर आरोप लगे तो इंदिरा के कहने पर ही उससे इस्तीफा माँग लिया था।

उनको यह कहीं-न-कहीं लग गया कि इंदिरा को तैयार करके अपने राजनीतिक वारिस के तौर पर तैयार किया जा सकता है। लोकतंत्र का यह मजाक ही तो था कि चाहे नेहरू हों या खुद इंदिरा, अपने राजनीतिक वारिस के लिए उन्होंने अपनी पार्टी के किसी सहयोगी को इतना योग्य नहीं पाया कि उसे वारिस बना सकें और वे होते कौन थे वारिस चुनने वाले, पार्टी उनकी निजी संपत्ति तो थी नहीं! लेकिन उन्होंने इसे ऐसा बना डाला।

उस दौर में घटनाओं को बारीकी से देख रहे 'हिंदुस्तान टाइम्स' के पूर्व संपादक दुर्गादास ने अपनी पुस्तक 'इंडिया फ्रॉम कर्जन टू नेहरू एंड आफ्टर' में विस्तार से इस घटना का जिक्र किया है कि कैसे पं. नेहरू ने योजना बनाकर पहले कांग्रेस वर्किंग कमेटी में इंदिरा गांधी को शामिल करवाया और एक साल के अंदर ही सर्वोच्च पद यानी अध्यक्ष के पद पर आसीन करवा दिया।

शुरुआत 1957 जून में हुई, जब नेहरूजी कॉमनवेल्थ प्राइम मिनिस्टर्स कॉन्फ्रेंस में अपने साथ लंदन में कैबिनेट मंत्री मेनन को ले गए तो यह चर्चा चली कि वे मेनन को अपना वारिस बनाना चाहते हैं, लेकिन 'हिंदुस्तान टाइम्स' की अपनी वीकली डायरी में 18 जून, 1957 को दुर्गादास ने लिखा कि नेहरू अपने वारिस के तौर पर मेनन या किसी और को नहीं, बल्कि अपनी बेटी इंदिरा गांधी को तैयार कर रहे हैं। दुर्गादास के दिमाग में यह विचार यूँ ही नहीं कौंधा था। पं. नेहरू के सबसे करीबी दो व्यक्तियों ने भी उनसे इसकी पुष्टि की थी और वे दोनों थे—मौलाना आजाद और पं. गोविंद बल्लभ पंत। लेकिन अपने कॉलम में दुर्गादास ने इसका जिक्र नहीं किया।[2]

लेकिन जब तत्कालीन कांग्रेस अध्यक्ष यू.एन. ढेबर ने इंदिरा गांधी को कांग्रेस वर्किंग कमेटी का सदस्य चुना, तो दुर्गादास ने फिर से लिखा कि कैसे नेहरू उन्हें अपने उत्तराधिकारी के तौर पर भविष्य के लिए तैयार कर रहे हैं। नेहरू जाहिर तौर पर नाराज हुए। दुर्गादास लिखते हैं—"नेहरूजी ने कहा कि जब पुरुषोत्तम दास टंडन ने सरदार पटेल की बेटी मणिबेन को कांग्रेस वर्किंग कमेटी में रखा था, तो किसी ने ऐतराज नहीं किया।" दुर्गादास ने उनसे कहा कि मणिबेन तो 1920 से कांग्रेस की सक्रिय सदस्य हैं, अहमदाबाद अधिवेशन में महिलाओं के दल की अगुवाई भी कर चुकी हैं, जबकि इंदिरा तो अभी आई ही हैं। नेहरू ने कहा कि इंदिरा तो लोकसभा की सीट को भी मना कर चुकी हैं। दुर्गादास पी.एम. से बहस करने की स्थिति में नहीं थे, कहा कि इससे उन्हें लोकप्रियता मिलेगी, लेकिन नेहरू ने यह भी कह डाला कि इस लेख से उनकी बेटी को बुरा लग सकता है।[3]

लेकिन 1959 के नागपुर अधिवेशन में पिता-पुत्री ने लोकतांत्रिक प्रक्रियाओं की सारी हदें ही पार कर दीं। कांग्रेस का यह अधिवेशन वंशवाद के इतिहास में एक बड़े अध्याय के तौर पर पढ़ाया जाना चाहिए। लगभग सभी को यकीन था कि यू.एन. ढेबर के इस्तीफे के बाद एस. निजलिंगप्पा को कांग्रेस अध्यक्ष चुना जाएगा। उनके नाम पर

बनी आम सहमति की जानकारी सभी को थी, उनको भी थी। अधिवेशन में ही एक के बाद एक राज्यों के समूहों ने उनको छोटी-छोटी सभाओं में सम्मानित भी करना शुरू कर दिया। यहाँ तक कि जब वे बेंगलुरु जाने के लिए स्टेशन गए तो उनको भीड़ ने शानदार विदाई दी।

उसी शाम ढेबर ने वर्किंग कमेटी की एक बैठक बुलाई, जो पहले से तय नहीं थी। बैठक में कामराज के विषय पूछने पर ढेबर ने बताया कि मीटिंग अगले अध्यक्ष को लेकर है, तो कामराज की पहली प्रतिक्रिया थी कि यह तो तय हो चुका है। लेकिन तब शास्त्रीजी उठे, लगता था कि नेहरूजी ने भावुक दबाव शास्त्रीजी पर डाला था, बोले, 'इंदिराजी को अध्यक्ष पद के लिए पूछा जा सकता है'। लोग हैरान रह गए, यहाँ तक कि पंत तो पूछ भी बैठे, 'इंदिराजी की तबीयत तो ठीक नहीं है, पहले उन्हें…', वे इससे आगे कुछ कह पाते कि नेहरू बोल उठे, 'देयर इज नथिंग रॉन्ग विद इंदुज हैल्थ, शी विल फील बैटर वन्स शी हैज वर्क टू कीप हरसेल्फ बिजी।' नेहरू की इन लाइनों को कई बार पढ़िए और समझिए उनके मुताबिक, कांग्रेस अध्यक्ष का पद उनकी बीमार बेटी को रोगमुक्त करने में उन्हें व्यस्त रखकर सहयोग देने वाला था।

लेकिन नेहरू के बोलने का यहाँ मतलब था कि अब यह बहस यहीं खत्म की जाए और वही हुआ। फिर पं. नेहरू ने पंतजी को बोला कि आप निजलिंगप्पा को यह फैसला जाकर बताएँ। पंत ने गेंद कामराज के पाले में डाल दी, कामराज ने सुझाया कि मैं, नीलम संजीवा रेड्डी और निजलिंगप्पा, तीनों एक संयुक्त बयान जारी करके इंदिराजी की अध्यक्षता को सार्वजनिक करते हैं, तब बात बनेगी। सभी इस प्रस्ताव पर सहमत थे। वे मद्रास गए और फिर जो भी उन्होंने किया, लेकिन तीनों का संयुक्त बयान जारी हो गया। दुर्गादास ने आगे के पृष्ठों पर इस पूरी घटना को विस्तार से लिखा है।

उसके बाद इंदिरा गांधी से 'राँची एक्सप्रेस' के संस्थापक संपादक बलवीर दत्त ने जब निजलिंगप्पा को लेकर पूछा तो उन्होंने कहा कि उनको कोई जानकारी ही नहीं थी उनके बारे में। इंदिरा का तो यह तक दावा था कि नेहरूजी को उन्होंने मना कर दिया था।[4] यू.एन. ढेबर के समझाने पर वे मानी थीं। यू.एन. ढेबर ने कहा था कि पद स्वीकार न करने से ऐसा संदेश जाएगा कि वे इस पद के योग्य नहीं हैं। वे ऐसा जाहिर कर रही थीं, जैसे उन्हें जबरदस्ती बना दिया गया है। उससे भी ज्यादा दिलचस्प प्रतिक्रिया नेहरूजी की थी। एक पत्रकार के पूछने पर उन्होंने कहा कि यह सब कुछ कैसे हुआ, मुझे पता नहीं। मुझे तो एकाएक मालूम हुआ कि किसी ने इंदिरा का नाम प्रस्तावित किया है। ऐसे मासूम थे दोनों नेहरू पिता-पुत्री।

बेटी की राह के सारे काँटे पिता जवाहर ने रास्ते से हटा दिए। यह अलग बात है कि यह इतिहास में दोनों की एक बड़ी चूक के तौर पर दर्ज हो गया। बाद में निजलिंगप्पा ही

थे, जिन्होंने इंदिरा गांधी को पार्टी से निकाल बाहर किया। वे नीलम संजीवा रेड्डी ही थे, जिनको इंदिरा गांधी ने राष्ट्रपति नहीं बनने दिया और इंदिरा गांधी को उस साल यह कांग्रेस अध्यक्ष का पद भी खराब स्वास्थ्य के चलते अपेंडिक्स के ऑपरेशन के लिए छोड़ना पड़ा था। यह भी दिलचस्प बात थी कि नागपुर अधिवेशन में नेहरू ने अपने रिटायरमेंट की धमकी जैसी दी थी।[5]

नेहरूजी ने इतना ही नहीं किया, इसके बाद इंदिरा को पूरी तरह से प्रशिक्षण देना शुरू किया; जो भी अंतरराष्ट्रीय हस्तियाँ उनसे मिलने आतीं, उनसे मिलने के दौरान इंदिरा को साथ रखना शुरू किया। अलग-अलग देशों में उन्हें आधिकारिक यात्राओं में ले जाने लगे, धीरे-धीरे उनसे पहले इंदिरा गांधी सारी फाइल्स पढ़ने लगीं। अब किसी को भी नेहरूजी से मिलने के लिए पहले इंदिरा गांधी से इजाजत लेनी पड़ती थी। देश के पी.एम.ओ. का परिवारीकरण हो गया था, पहली ही पारी में।

संदर्भ

1. Secular Politics, 'Communal Agenda History of Politics in India' from 1860 to 1953, Volume 1, Page 88.
2. 'India From Curzon to Nehru and After', by Durga Das, Rupa Publication, Page no. 397.
3. 'India From Curzon to Nehru and After', by Durga Das, Rupa Publication, Page no. 398.
4. 'इमरजेंसी का कहर और सेंसर का जहर', लेखक-बलवीर दत्त, प्रभात प्रकाशन, पृ. 39।
5. 'The Retreat from Nagpur', Article by Sisir Gupta, The Economic Weekly, Special Number July 1959, Page-933. https://www.epw.in/system/files/pdf/1959_11/28-29-30/the_retreat_from_nagpur.pdf

□

2

शास्त्रीजी के साथ इंदिरा गांधी का ऐसा था सुलूक!

बड़ा ही अजीब दृश्य था। एक तरफ शास्त्रीजी का पूरा परिवार शोकाकुल था, पूरा देश उनकी मौत के दुःख में डूबा हुआ था और इंदिरा गांधी इस बात का विरोध कर रही थीं कि उनका अंतिम संस्कार गांधीजी या नेहरूजी के आसपास यमुना किनारे किया जाए। इससे भी बात तब आगे बढ़ गई, जब कांग्रेसियों ने इस बात पर बाकायदा विरोध प्रदर्शन करना शुरू कर दिया कि शास्त्रीजी का अंतिम संस्कार दिल्ली में हो रहा है। उनकी माँग थी कि शास्त्रीजी का अंतिम संस्कार इलाहाबाद में होना चाहिए। शास्त्रीजी के परिवार वाले हैरान थे कि ये उनके कौन सगेवाले आ गए! जब उनका परिवार नहीं चाह रहा तो उनके पार्थिव शव को इलाहाबाद ले जाने की माँग करने वाले ये लोग कौन हैं? लेकिन इतने दिनों में एक आम कार्यकर्ता से प्रधानमंत्री के पद तक पहुँचने वाले लालबहादुर शास्त्री का इस सफर में पल-पल साथ देने वाली ललिता शास्त्रीजी अब तक हर राजनीतिक दाँव-पेच से परिचित हो चुकी थीं। उन्होंने फौरन धमकी दी कि वे जनता के बीच जाएँगी, तब जाकर कांग्रेस के वे नेता झुके।

ये सारी बातें नेहरूजी के बाद शास्त्रीजी के साथ भी सूचना विभाग में काम कर चुके प्रख्यात पत्रकार कुलदीप नैयर ने अपनी पुस्तक 'बियॉन्ड द लाइन्स : एन ऑटोबायोग्राफी' में लिखी हैं। नैयर लिखते हैं—"इंदिराजी का बस चलता तो शास्त्रीजी की अंत्येष्टि उनके गृहनगर इलाहाबाद में करवाना पसंद करतीं। उन्होंने कामराज को यह सुझाव दिया था, लेकिन उन्होंने इसे ठुकरा दिया।" एक और मुद्दा था। वे आगे लिखते हैं—"प्रधानमंत्री के रूप में इंदिरा गांधी का पहला फैसला ललिता शास्त्री के इस आग्रह को लेकर था कि शास्त्रीजी की समाधि पर 'जय जवान, जय किसान' लिखा जाए। इंदिरा

गांधी के नकारात्मक रवैये के बाद ललिता शास्त्री ने आमरण अनशन की धमकी दे दी। इंदिरा गांधी को झुकना पड़ा था।"[1]

कहाँ शास्त्रीजी जैसा व्यक्तित्व, जो सरकारी गाड़ी अपने निजी काम में इस्तेमाल नहीं करता था, अपनी कार भी कर्ज लेकर ली थी और कहाँ इंदिरा गांधी नेहरूजी की बेटी, जो इतने संवेदनशील मसले पर भी अपनी जिद चला रही थी! यही वह परंपरा थी, जो बाद में भी गांधी परिवार से बाहर के कांग्रेस अध्यक्षों और प्रधानमंत्रियों पर लागू होती रही। सीताराम केसरी का सामान कांग्रेस कार्यालय से बाहर फिंकवा दिया गया और पूर्व प्रधानमंत्री पी.वी. नरसिम्हा राव का अंतिम संस्कार दिल्ली में होने ही नहीं दिया गया।

नेहरू परिवार को हमेशा से ही लगता है कि दिल्ली पर बस उनका कब्जा है, यहाँ किसी भी और नेता की समाधि या स्मारक नहीं बनना चाहिए। और यही मानसिकता इंदिरा गांधी के साथ उन दिनों काम कर रही थी। जबकि ये वही शास्त्रीजी थे, जिन्होंने पहली बार इंदिरा गांधी को कांग्रेस अध्यक्ष बनाने का प्रस्ताव रखा था। 1959 में नागपुर अधिवेशन में ढेबर ने बिना किसी पूर्व सूचना के जो वर्किंग कमेटी की मीटिंग बुलाई थी, उसमें शास्त्रीजी अचानक खड़े हुए और पूछा कि क्या इंदिरा गांधी को अध्यक्ष बनाया जा सकता है? बाद की पूरी कहानी आप पहले अध्याय में पढ़ चुके हैं।

शास्त्री का नाता नेहरूजी के शहर इलाहाबाद से भी काफी गहरा रहा था। उनके राजनैतिक जीवन में नेहरूजी का बड़ा योगदान था और नेहरूजी से बड़ा अब कोई नेता बचा नहीं था, वैसे भी शास्त्रीजी के स्वभाव में विद्रोह नहीं था। ऐसे में न चाहते हुए भी शास्त्रीजी को इंदिरा के नाम का प्रस्ताव रखना पड़ा होगा, ऐसी जानकारी मानते आए हैं। दरअसल ढेबर, शास्त्रीजी, पंत आदि नेहरूजी के करीबी थे। नेहरूजी से सार्वजनिक तौर पर जब भी पूछा जाता था, वे अपने उत्तराधिकारी का नाम लेने से हमेशा मना करते थे, इंदिरा गांधी को चुनाव नहीं लड़ाते थे और न सरकार में कोई पद देते थे। यह अलग बात थी कि कोई भी फाइल बिना इंदिरा गांधी की नजरों से गुजरे नेहरूजी तक पहुँचती नहीं थी और न ही गिनती के लोगों के अलावा बिना इंदिरा से पूछे कोई नेहरूजी से सीधे मिल पाता था। शास्त्रीजी को भी लग गया था कि नेहरूजी कितना भी मना करें, लेकिन वे अपनी 'पुत्री' को आगे बढ़ाना चाहते हैं।

इसका जिक्र उन्होंने उस वक्त सूचना विभाग में काम कर रहे कुलदीप नैयर से किया भी था। जब शास्त्रीजी नेहरू कैबिनेट में बिना पोर्टफोलियो के मंत्री थे, तब एक दिन उन्होंने कुलदीप नैयर को कहा था कि 'मैं राजनीति से संन्यास लेकर इलाहाबाद में रहूँगा।' कुलदीप नैयर के मुताबिक उन्होंने ऐसे विचार दिल से निकालने की सलाह उन्हें देते हुए कहा था कि 'नेहरू हैज यू इन माइंड।' यानी बतौर उत्तराधिकारी नेहरूजी के दिमाग में आपका नाम है। लेकिन उसके बाद जो शास्त्रीजी ने जवाब दिया, उसने

कुलदीप नैयर की भी बोलती बंद कर दी थी। शास्त्रीजी ने कहा था कि 'उनके दिमाग में तो उनकी पुत्री है।'[2]

कुलदीप नैयर ने ही जिक्र किया है कि एक बार नैयर से शास्त्री कैबिनेट के मंत्री स्वर्ण सिंह ने पूछा था कि आपको क्या लगता है कि अगला प्रधानमंत्री कौन होगा, तो नैयर ने उन्हें कुछ महीने पहले तब पी.एम. शास्त्रीजी से हुई एक और बातचीत बताई थी। शास्त्रीजी ने कहा था कि 'अगर मैं अगले 2 साल में मर जाता हूँ, तो मेरी उत्तराधिकारी इंदिरा गांधी होंगी, लेकिन अगर मैं और जीता हूँ तो वाई.बी. चव्हाण प्रधानमंत्री होंगे", जो उस वक्त रक्षा मंत्री थे।[3]

आखिर कैसे थे नेहरूजी और इंदिरा के शास्त्रीजी से रिश्ते? क्या दोनों ही नहीं चाहते थे कि प्रधानमंत्री शास्त्रीजी बनें या फिर उनको इंदिरा गांधी के तैयार होने तक के लिए पद पर रखा गया था? क्या इंदिरा गांधी शास्त्रीजी को वैसी ही इज्जत देती थीं, जैसे कि आज सारा देश शास्त्रीजी को देता है? ये ऐसे सवाल हैं, जो हर एक दिमाग में उठते हैं, खासतौर पर कई बार इंदिरा गांधी का व्यवहार उनके प्रति देखने के बाद।

इंदिरा को भले ही सरकारी पद नहीं मिला हुआ था, लेकिन सरकार वही चला रही थीं, धीरे-धीरे नेहरू उन्हें पार्टी में आगे बढ़ा रहे थे। पहले उनको कांग्रेस की सर्वोच्च कमेटी कांग्रेस वर्किंग कमेटी का सदस्य चुना गया। कैथरीन फ्रैंक लिखती हैं—यू.एन. ढेबर और लालबहादुर शास्त्री ने उनका नाम बढ़ाया। इस बात को लेकर वे इतनी खुश थीं कि उन्होंने अपने दोस्त डोरोथी नॉर्मन को लिखा कि 'I fell acutely embarrassed when all Kinds of VIPs come for advice'।[4] इसी पुस्तक में आगे जिक्र मिलता है कि कैसे इंदिरा गांधी को फिर सेंट्रल इलेक्शन कमेटी में चुन लिया गया और 1962 के चुनाव की टिकटों को तीन ही लोगों ने अंतिम रूप दिया, वे थे—नेहरूजी, शास्त्रीजी और इंदिरा गांधी।

मोरारजी देसाई तो खुलकर कहते थे कि 'कामराज योजना' कामराज की नहीं है, बल्कि यह नेहरूजी ने इंदिरा गांधी के रास्ते से सारे रोड़े हटाने के लिए बनाई है। इस योजना में फिर बलि का बकरा शास्त्रीजी ही बने। कई मुख्यमंत्रियों और कैबिनेट मंत्रियों से नेहरूजी को इस्तीफा लेना था, गृहमंत्री पद पर आसीन शास्त्री का भी इस्तीफा ले लिया। इससे शास्त्रीजी का सांसद के वेतन 500 रुपए में खर्च चलाना मुश्किल हो गया तो कुलदीप नैयर ने उनके लेख अखबारों में छपने की व्यवस्था करवाई, प्रति लेख 500 रुपए मिलने लगे। बाद में नेहरूजी को पैरालिसिस का अटैक पड़ने पर शास्त्रीजी को बिना विभाग वाले मंत्री के तौर पर फिर से कैबिनेट में शामिल कर लिया गया। शास्त्रीजी नेहरूजी के भरोसे के व्यक्ति थे, सो उनके साथ वे कुछ भी कर सकते थे।

जब नेहरूजी को दिल का दौरा पड़ा तो शास्त्रीजी को नेहरूजी की फाइल्स देखने की जिम्मेदारी मिली थी। लेकिन कुलदीप नैयर लिखते हैं कि इंदिरा गांधी उनसे पहले

सारी फाइल्स देखती थीं और शास्त्रीजी चाहकर भी विरोध नहीं कर पाते थे। यह तब की बात है, जब इंदिरा गांधी सरकार में किसी भी पद पर नहीं थीं। बाद में यही काम उनके जमाने में संजय गांधी ने किया था, बिना पद के।

'हिंदुस्तान टाइम्स' के तत्कालीन संपादक दुर्गादास ने अपनी पुस्तक 'इंडिया फ्रॉम कर्जन टू नेहरू एंड आफ्टर' में लिखा है कि जब 1962 युद्ध के बाद पं. नेहरू ने केंद्रीय मंत्रियों और प्रादेशिक नेताओं से यह कह दिया कि अपनी समस्याएँ पहले इंदिरा गांधी से चर्चा कर लें तो शास्त्रीजी ने भी इसे अपनाया। वे लिखते हैं—"Sometimes, he sat patiently in an anteroom on the ground floor of the Prime Minister's house for as much as an hour until Indira was ready to see him."[5] दुर्गादास यह भी दावा करते हैं कि इंदिरा गांधी ने उन्हें बताया था कि 'कामराज योजना' के बाद जब शास्त्रीजी को गृहमंत्री पद से हटा दिया गया था, तब उनके कहने पर ही नेहरूजी ने उन्हें वापस कैबिनेट में लिया था, बिना पोर्टफोलियो का मंत्री बनाकर। शायद यही वजह थी कि इंदिरा गांधी समझती थीं कि पी.एम. बनने के बाद भी शास्त्रीजी उनसे हर काम पूछकर ही करेंगे।

नेहरूजी की मौत के बाद भी शास्त्रीजी को पता था कि वे खुद पार्टी और सरकार पर इतना नियंत्रण रखने की स्थिति में नहीं हैं; दूसरे, उनकी विनम्रता उन्हें एक क्रूर राजनेता बनने नहीं देती थी, सो उन्होंने इंदिरा को पी.एम. बनने के लिए कहा। इंदिरा गांधी न उस हालत में थीं और न सिंडिकेट उनके नाम पर सहमत था। सो शास्त्रीजी ने पी.एम. बनने के बाद उनको किसी भी तरह सूचना प्रसारण मंत्रालय के लिए तैयार कर लिया। वैसे भी अगर इंदिरा ने वह प्रस्ताव ठुकरा दिया होता, तो दिल्ली में वे बेघर हो जातीं, क्योंकि वे सांसद भी नहीं थीं। बाद में राज्यसभा के लिए चुनी गईं। लेकिन उस पद पर रहते हुए, वे अपनी मनमानी उसी तरह करती रहीं, जैसे कि नेहरूजी के समय करती थीं। 1965 के युद्ध में बिना शास्त्रीजी को बताए बॉर्डर पर पहुँच गई थीं।

जब इंदिरा को अखबारों से यह जानकारी मिली कि विदेश मंत्री के लिए शास्त्रीजी ने स्वर्ण सिंह के नाम की घोषणा कर दी है तो वे काफी नाराज थीं। इंदर मल्होत्रा लिखते हैं कि इंदिरा गांधी का कहना था कि उन्हें मेरे साथ कम-से-कम सलाह-मशविरा तो करना चाहिए था। कौन थीं वे ? शास्त्रीजी के कैबिनेट की ही मंत्री और ये तेवर नेहरूजी के बेटी के थे, न कि एक कैबिनेट मंत्री के! आपने किसी भी सूचना प्रसारण मंत्री को फिल्म समारोहों के अलावा शायद ही कभी सरकारी विदेश यात्रा पर जाते देखा-सुना होगा, लेकिन अपने छोटे से कार्यकाल में इंदिरा गांधी ने लंदन, बेलग्रेड, फ्रांस, अमेरिका, यूगोस्लाविया, मास्को, कनाडा, मंगोलिया, वर्मा के दौरे किए और उन तमाम बड़े लोगों से मिलीं, जो केवल प्रधानमंत्री से मिलते थे। वे अपना जलवा शास्त्रीजी और नए विदेश

मंत्री स्वर्ण सिंह को दिखाना चाहती थीं और वह भी सरकारी खर्च पर बिना काम के।[6]

ऐसे ही जब 1965 में संविधान के मुताबिक हिंदी को आधिकारिक राजभाषा के तौर पर लागू करने का वक्त आया तो मद्रास में विरोध होने लगा, लोग आत्महत्या करने लगे। शास्त्रीजी वहाँ के नेता कामराज की सलाह पर काम कर रहे थे, इसलिए वहाँ नहीं गए, लेकिन इंदिरा गांधी अचानक बिना बताए मद्रास पहुँच गईं और वहाँ अपने तरीके से प्रदर्शनकारियों से मिलीं और उनकी माँगे माँगने का आश्वासन दे दिया। देखा जाए तो सरकार अगर अड़ी रहती तो हिंदी पूरे देश में लागू हो जाती और संविधान में प्रावधान था ही कि 15 साल बाद हिंदी लागू होगी, लेकिन इंदिरा के इस तरह अचानक पहुँचने से प्रदर्शनकारियों को बल मिल गया और यह आज तक लागू नहीं हो पाई।

लेकिन उससे भी ज्यादा हैरानी की बात आपके लिए पत्रकार इंदर मल्होत्रा की इंदिरा गांधी से बातचीत हो सकती है। इंदिरा गांधी ने उनसे कहा था—"मैं केवल सूचना प्रसारण मंत्री ही नहीं हूँ, इस देश की नेता भी हूँ। क्या आपको लगता है कि मैं आज इस्तीफा दे दूँ तो यह सरकार चल पाएगी? मैं कहती हूँ, बिल्कुल नहीं चल पाएगी।" इंदिरा गांधी ने एक तरह से शास्त्रीजी की हैसियत पर ही सवाल उठाते हुए यह तक कह डाला था—"Yes, I have jumped over the Prime Minister's head and I would do it again whenever the need arises."[7] इस घटना से ही बाद में शायद राहुल गांधी ने सबक लिया होगा और भरी प्रेस कॉन्फ्रेंस में मनमोहन सिंह सरकार का विधेयक फाड़ दिया था।

इधर 1965 के युद्ध में जब शास्त्रीजी की अगुवाई को दुनिया ने देखा तो उनका दृढ़ रूप सबके सामने आया और लोगों के मन में उनके लिए इज्जत बढ़ गई। इंदर मल्होत्रा ने लिखा है कि इससे इंदिरा गांधी 'फ्यूरियस' थीं और कहा जाता है कि शास्त्रीजी भी इंदिरा गांधी को ब्रिटेन का उच्चायुक्त बनाकर देश से बाहर भेजने के मूड में थे। इधर इंदिरा गांधी खुलकर भी शास्त्रीजी की आलोचना करने लगी थीं। कुलदीप नैयर को दिए नवंबर 1965 में दिए एक साक्षात्कार में उन्होंने कहा था—"शास्त्रीजी सही रास्ते से भटक गए हैं, समाजवाद और गुटनिरपेक्षता की नीति को भूल गए हैं।" वे शायद इस बात से नाराज थीं कि शास्त्रीजी अब एक प्रधानमंत्री की तरह ही व्यवहार करने लगे थे, न कि उनके पिताजी के एक कनिष्ठ सहयोगी के तौर पर।

अमेरिका के एक राष्ट्रपति थे लिंडन जॉनसन। शास्त्रीजी मानते थे कि लिंडन ने उनकी बेइज्जती की है। लेकिन इसी राष्ट्रपति के साथ इंदिरा गांधी ने भारतीय इतिहास का सबसे बड़ा आर्थिक समझौता किया, रुपए के अवमूल्यन का और तारीख थी 6 जून, 1966। दरअसल, अमेरिकी राष्ट्रपति लिंडन जॉनसन ने शास्त्रीजी को अमेरिका आने का न्योता पाक के दबाव में वापस ले लिया था। वरिष्ठ पत्रकार कुलदीप नैयर लिखते हैं कि

शास्त्री ने इस बेइज्जती के लिए जॉनसन को कभी माफ नहीं किया। कुछ महीनों बाद, जब वे कनाडा जा रहे थे तो जॉनसन ने उन्हें बीच में वॉशिंगटन में रुकने का न्योता दिया, लेकिन शास्त्री ने उसे अस्वीकार कर दिया।

लालबहादुर शास्त्री के बेटे अनिल शास्त्री ने बाद में बी.बी.सी. को बताया था—"1965 की लड़ाई के दौरान अमेरिकी राष्ट्रपति लिंडन जॉनसन ने शास्त्री को धमकी दी थी कि अगर आपने पाकिस्तान के खिलाफ लड़ाई बंद नहीं की तो हम आपको पी.एल.-480 के तहत जो लाल गेहूँ भेजते हैं, उसे बंद कर देंगे।" उस समय भारत गेहूँ के उत्पादन में आत्मनिर्भर नहीं था। शास्त्री को यह बात बहुत चुभी, क्योंकि वे स्वाभिमानी व्यक्ति थे। उन्होंने देशवासियों से कहा कि हम हफ्ते में एक वक्त भोजन नहीं करेंगे। उसकी वजह से अमेरिका से आने वाले गेहूँ की आपूर्ति हो जाएगी। लेकिन इंदिरा गांधी ने उसी राष्ट्रपति से गेहूँ के बदले रुपए के अवमूल्यन का समझौता कर लिया। रुपए का आधिकारिक तौर पर पहली बार अवमूल्यन हुआ था।

शास्त्रीजी की मौत को लेकर भी तमाम लोगों ने सवाल उठाए हैं। जिस तरह सोवियत संघ में उनकी मौत हुई, दिल का दौरा पड़ा तो उनका शरीर नीला क्यों पड़ गया था और सफेद चकते भी थे। सरकार द्वारा शास्त्री की मौत पर जाँच के लिए एक जाँच समिति का गठन करने के बाद उनके निजी डॉक्टर आर.एन. सिंह और निजी सहायक रामनाथ की मौत अलग-अलग हादसों में हो गई! उनका खाना उनके रसोइए की जगह रूस के राजदूत टी.एन. कौल के रसोइए जान मोहम्मद ने क्यों बनाया? तमाम सवाल उठे। बाद में 'मित्रोखिन फाइल्स' में जिस तरह के.जी.बी. के पेरोल पर 4 कैबिनेट मंत्रियों की बात उठी, उससे उठे शक आज तक दूर नहीं हुए हैं। पी.एन. हक्सर जैसे इंदिरा गांधी के करीबी सोवियत सरकार से सीधे जुड़े हुए थे। ऐसे में लगता है कि इस विवाद का कभी पटापेक्ष नहीं होगा और इंदिरा गांधी हमेशा संदेह के घेरे में रहेंगी।

संदर्भ

1. 'Beyond The Lines : An Autobiography', by Kuldip Nayar, Page No. 318 (Kindle Edition).
2. https://www.rediff.com/news/2004/oct/07spec1.htm
3. 'Beyond The Lines : An Autobiography', by Kuldip Nayar, Page No. 308 (Kindle Edition).
4. 'Indira : The Life of Indira Nehru Gandhi ' by Katherine Frank, Page No. 236-37.
5. 'India From Curzon To Nehru and After' by Durga Das, Page No. 433.
6. 'Indira : The Life of Indira Nehru Gandhi ' by Katherine Frank, Page No. 280.
7. 'Indira Gandhi : A Personal and Political Biography', by Inder Malhotra.

□

3
इंदिरा गांधी का 'ऑपरेशन केरल'

इंदिरा गांधी के तेवर और जिद दोनों ही पहली बार शायद इस कदर सामने आए थे, जिस तरह से 'ऑपरेशन केरल' के दौरान देखने में आए थे। यही वह ऑपरेशन था, जिसके चलते इंदिरा गांधी के माथे पर एक बड़ा दाग लग गया, जो एक तरह से बाद में प्रवृत्ति में बदल गया। लोकतंत्र के इतिहास में इंदिरा गांधी का नाम धारा-356 का सबसे ज्यादा बार इस्तेमाल करने वाले प्रधानमंत्री के तौर पर लिया जाता है। एक-एक करके 50 सरकारें गिराईं पी.एम. इंदिरा गांधी ने, लेकिन उनकी इस आदत की शुरुआत तब हुई, जब वे प्रधानमंत्री तो क्या, मंत्री पद पर भी नहीं थीं। लेकिन इस हैसियत में थीं कि न केवल देश के प्रधानमंत्री को झुकने पर मजबूर कर सकती थीं, बल्कि उन्होंने उस राष्ट्रपति को भी झुकने पर मजबूर कर दिया, जो उनके पिता के आगे तक नहीं झुकता था और दो-दो बार उनके पिता पं. नेहरू की मर्जी के खिलाफ देश का राष्ट्रपति चुना गया था, वे थे डॉ. राजेंद्र प्रसाद। इंदिरा गांधी ने पहली चूक देश की पहली गैर-कांग्रेसी और भारत की पहली वामपंथी सरकार को गिराकर की। जिसके पास भले ही तीन सीटें कम थीं, लेकिन 5 निर्दलियों का समर्थन हासिल था।

भारत की वामपंथी राजनीति में यह 5 अप्रैल की तारीख काफी अहम है, यह अलग बात है कि वे खुद अब इसे याद नहीं रखते। दिलचस्प बात है कि अगला ही दिन, 6 अप्रैल, बीजेपी की राजनीति में काफी अहम है। दरअसल, 5 अप्रैल, 1957 को देश में पहली लेफ्ट सरकार केरल में चुनी गई और पूरी दुनिया में इसे लोकतांत्रिक ढंग से चुनी गई पहली कम्युनिस्ट सरकार माना गया था। भले ही उन्हें केवल 35.9 फीसदी वोट मिले, 125 में से 60 सीटें मिलीं, बाकी 5 निर्दलीय विधायकों के समर्थन से सरकार बनी, लेकिन चूँकि कांग्रेस 45 सीटें पाकर बहुमत से 18 सीटें दूर थीं, सो वामपंथियों की सरकार बन गई।[1] पूरी दुनिया में इसको लेकर चर्चा हुई थी, रूस और चीन जैसे देश काफी खुश थे, तो अमेरिका जैसे देशों ने अपनी चिंता जताई। महज 2 साल के अंदर इंदिरा गांधी ने पं.

नेहरू पर दबाव बनाकर इस सरकार को बीच में ही गिरवा दिया, यहाँ तक कि इसके लिए उन्हें अपने पति फिरोज गांधी से भी लड़ना पड़ गया था।

पहले जानिए कि किस नेता ने लेफ्ट की देश में पहली सरकार बनाने में मदद की। वे थे ई.एम.एस. नंबूदिरीपाद, जो कट्टर ब्राह्मण परिवार के थे। काफी दिन कांग्रेस की राजनीति में हिस्सा लिया, लेकिन पूरी तरह कांग्रेस को भी पसंद नहीं करते थे, तो कांग्रेस के अंदर ही कांग्रेस सोशलिस्ट पार्टी के निर्माण में अहम भूमिका अदा की। उसी से विधायक भी चुने गए। लेकिन बाद में केरल के उन शुरुआती नेताओं में शामिल रहे, जिन्होंने कम्युनिस्ट विचारधारा को आगे बढ़ाया। पहली सरकार सीपीआई से बनाई, लेकिन बाद में सीपीआई से टूटकर सीपीएम बनी तो वे उससे जुड़ गए और आखिर तक उसके पोलित ब्यूरो में रहे।

दिलचस्प बात यह थी कि वे हकलाते थे, तो उनका एक किस्सा चर्चित है—किसी ने उनसे पूछा कि आप क्या हमेशा हकलाते हैं? तो उनका जवाब था कि 'नहीं, जब बोलता हूँ, तभी हकलाता हूँ।' उन्होंने केरल में कांग्रेस के खिलाफ ऐसा माहौल खड़ा किया कि केरल की जनता ने उनके हाथ में कमान दे दी और 5 अप्रैल, 1957 को उन्होंने केरल में देश की पहली लेफ्ट सरकार बना दी। पूरी दुनिया में इसकी चर्चा होने लगी, अमेरिका ने चिंता व्यक्त की।[2] एक आई.बी. रिपोर्ट भी सामने आई कि नंबूदिरीपाद को चुनाव लड़ाने और जिताने के लिए कई कम्युनिस्ट देशों ने काफी धन भेजा है। लेकिन नेहरू लोकतांत्रिक ढंग से चुनी गई सरकार के विरोध में कुछ भी करने को तैयार नहीं थे। यह अलग बात है कि इंदिरा गांधी को रोक भी नहीं रहे थे। इधर इंदिरा गांधी को कम्युनिस्ट सरकार बनना रास नहीं आ रहा था। सोवियत रूस से समझौते के दौरान भी उन्हें भारत के कम्युनिस्ट नेताओं की रूस की कम्युनिस्ट पार्टी से नकारात्मक पत्राचार की खबरें पता लग चुकी थीं।

ऐसे में आग में घी का काम किया नंबूदिरीपाद के सुधार कार्यक्रमों ने। सबसे ज्यादा बवाल कटा एजुकेशन सुधारों को लेकर। नंबूदिरीपाद ने दावा किया कि यह सुधार वे फीस ढाँचे में कमी और अध्यापकों के वेतन में बढ़ोतरी आदि के लिए कर रहे हैं। लेकिन जब स्कूलों से गांधीजी की तसवीरें हटाकर उनकी जगह माओ और स्टालिन की तसवीरें लगाई जाने लगीं, तब नेहरू और इंदिरा भी बेचैन हुए। इधर पं. नेहरू भी चीन से तनातनी के चलते कम्युनिस्टों से उतने खुश नहीं थे। इंदिरा को मदद मिली केरल में शुरू हुए उस आंदोलन से, जो एजुकेशन बिल के खिलाफ शुरू हुआ था। इसमें दो प्रमुख संस्थाओं का रोल था—एक तो चर्च जैसी संस्थाएँ, जो काफी स्कूल-कॉलेज केरल में संचालित करती थीं, वे सरकारी दखल नहीं चाहती थीं और दूसरा था केरल का नायर समुदाय, जिसके काफी चैरिटेबल स्कूल थे। उनको भी सरकारी दखल से दिक्कत थी। फिर नंबूदिरीपाद

सरकार का सिलेबस बदलना भी किसी को रास नहीं आ रहा था। नतीजा यह हुआ कि कांग्रेस ने इस आंदोलन को अपने हाथ में ले लिया।

कांग्रेस में 'केरल के गांधी' कहे जाने वाले मन्नथ पिल्लई ने इस आंदोलन की अगुवाई की। उनकी संत जैसी छवि थी। आलम यह हुआ कि सरकार ने 248 जगहों पर लाठीचार्ज किया और करीब 1.5 लाख लोगों को जेल में डाल दिया गया। इस आंदोलन से आम जनता भी तब भड़क गई, जब एक मछुआरा समुदाय की गर्भवती महिला की गलती से पुलिस ने जान ले ली। फिर तो आंदोलन हिंसक हो उठा। इधर इंदिरा गांधी 1959 में कांग्रेस की अध्यक्ष बन चुकी थीं। वे लगातार नेहरूजी पर केरल सरकार गिराने के लिए दबाव बना रही थीं।

इंदिरा 1959 में पहली बार कांग्रेस अध्यक्ष बनी थीं। कांग्रेस ने प्रजा समाजवादी पार्टी, मुसलिम लीग और नायर सर्विस सोसाइटी के साथ सविनय अवज्ञा आंदोलन और राजधानी त्रिवेंद्रम के लिए विशाल कूच का ऐलान कर दिया। 29 जून, 1959 को कांग्रेस की संसदीय बोर्ड की मीटिंग में इंदिरा गांधी की अगुवाई में जो प्रस्ताव पारित किया गया, उसकी भाषा अपने आप में कांग्रेस की लोकतंत्र के प्रति घोर निर्लज्जता को दिखाती है। इस प्रस्ताव में जो लिखा था, वह हिंदी में पढ़िए—"यह साफ नजर आ रहा है कि लोगों में एक बड़ा बदलाव आया है और वर्तमान में केरल विधानसभा में बहुमत वाली पार्टी को पिछले चुनाव में समर्थन करने वाले लोगों ने अपना विचार बदल दिया है और अब इसका विरोध कर रहे हैं। यह एक न्यायसंगत धारणा है कि केरल सरकार अब किसी भी रूप में जनता का प्रतिनिधित्व नहीं करती। सामान्य तौर पर यदि कोई गंभीर संकट की स्थिति नहीं होती तो ये हालात अगले चुनाव तक जारी रह सकते थे, लेकिन केरल में जो स्थिति उत्पन्न हुई है, वह व्यापक और भावावेशपूर्ण विरोध के कारण नाजुक दौर में पहुँच गई है। ऐसी स्थिति में इन हालातों का लोकतांत्रिक पूर्ण ढंग से सामना करने के लिए जरूरी है कि राज्य के लिए विधानसभा के आम चुनाव करा दिए जाएँ।"[3] उसी दिन सरकार को बरखास्त करने का फैसला ले लिया गया था।

फिरोज गांधी को लेकर एक पुस्तक 'फिरोज : द फॉरगॉटन गांधी' में स्वीडिश लेखक और भारत में सालों पत्रकारिता कर चुके बर्टिल फाक पत्रकार जनार्दन ठाकुर के हवाले से लिखते हैं—जैसे ही फिरोज को इंदिरा की इस जिद का पता चला तो वो भी काफी नाराज हुए और इंदिरा से त्रिमूर्ति भवन में लंच के दौरान खूब झगड़े। इतना ही नहीं, फिरोज ने इंदिरा को 'फासिस्ट' तक कह डाला, कहा, 'You are bullying people, You are a fascist.'[4] इससे इंदिरा और ज्यादा उखड़ गईं। लेकिन इंदिरा तो सरकार गिराकर ही मानीं। 21 जुलाई, 1959 को राष्ट्रपति शासन का फैसला ले लिया गया। दोनों के बीच इस बात से काफी दरार आ गई। इधर शुरू में डॉ. राजेंद्र प्रसाद एक पूर्ण बहुमत

से चुनी हुई सरकार को ऐसे गिराने वाले आदेश पर हस्ताक्षर करने के लिए राजी नहीं थे, लेकिन बाद में दबाव में आकर मान गए। उनको क्या पता था कि यह तो शुरुआत भर थी, आगे तो सरकारें गिराने का खेल तेजी से चलने वाला था!

जब केरल सरकार गिर गई और अगले चुनाव में कांग्रेस की सरकार भी बन गई तो उसके बाद इंदिरा एक महिला सम्मेलन में हिस्सा लेने केरल के ही त्रिवेंद्रम गई हुई थीं। वे लौटकर दिल्ली एयरपोर्ट पर उतरी ही थीं कि उन्हें खबर मिली कि फिरोज को दूसरा हार्ट अटैक आया है। उसमें फिरोज बच नहीं पाए थे। वे फिरोज ही थे, जो लंदन में पढ़ने के दौरान अपने कई वामपंथी दोस्तों से इंदिरा को लगातार मिलवाते रहते थे। उसी इंदिरा ने लेफ्ट की पहली सरकार गिरा दी थी तो उन्हें काफी गुस्सा आया था। उसकी वजह भी थी, कई बातों में एक विचारधारा होने के बावजूद कम्युनिस्टों का 'इंटरनेशनल कनेक्शन' इंदिरा को परेशान करता था। उस पर नंबूदिरीपाद कांग्रेस और देश भर के सम्माननीय गांधीजी को एक 'फंडामेंटलिस्ट हिंदू' मानते थे। यह भी अजब संयोग है कि जब यह लेख लिखा जा रहा है, तब लेफ्ट राजनीति साँप सीढ़ी के गेम में फिर से नीचे आ गई है, उसके पास केवल केरल में ही सरकार बची हुई है।

संदर्भ

1. 'Constitutional Crisis in the States in India', by Meera Shrivastav, Page 52, Concept Publishing House.
2. 'FOREIGN RELATIONS OF THE UNITED STATES, 1955-1957,' SOUTH ASIA, VOLUME VIII, HTTPS://HISTORY.STATE.GOV/HISTORICALDOCUMENTS/FRUS1955-57V08/D175
3. Congress Bulletin, Indian National Congress, 1959, Page-325.
4. 'Feroze : The Forgotten Gandhi,' by Bertil Falk, Page 211-12, Roli Books.

□

4

सरकार पं. नेहरू की, फैसले इंदिरा गांधी के

नेहरू के प्रधानमंत्री रहते हुए देश के कई बड़े मुद्दों और फैसलों में इंदिरा गांधी की बड़ी भूमिका रहती थी, यह अलग बात है कि उनकी कामयाबियाँ या नाकामियाँ यूँ तो नेहरू के सिर मढ़ी जाती रही हैं। आजाद भारत में किसी भी नेता के पारिवारिक सदस्य का इस कदर देश की बड़ी समस्याओं, बड़े फैसलों में अपनी जिद चलाने का यह पहला मामला था और देश की जनता या पार्टी को पता ही नहीं कि इतना बड़ा फैसला किस तरह लिया गया था! इंदिरा गांधी ने भारतीय राजनीति में इस तरह से यह नई परंपरा की शुरुआत की थी कि कैसे एक बिना चुना हुआ व्यक्ति करोड़ों की जनता के फैसले ले रहा था और देश का पी.एम. उसके आगे सिर्फ इसलिए झुका जा रहा था कि वह उसका पिता था! बाद में इस प्रवृत्ति का खामियाजा संजय गांधी के रूप में सबसे ज्यादा इंदिरा गांधी ने ही भुगता था।

इंदिरा गांधी के दबाव में नेहरू द्वारा लिये गए ये फैसले भी कम छोटे नहीं थे, लेकिन संतान के आगे हर किसी के धृतराष्ट्र या गांधारी बन जाने की भारतीय राज के इतिहास में कहानी नई नहीं थी, बस यह राजतंत्र नहीं था, बल्कि लोकतंत्र था। ये काफी बड़े मुद्दे हैं, जिनको हमेशा नेहरू से जोड़कर देखा जाता रहा है। इनमें एक बड़ी समस्या है तिब्बत और दलाई लामा की। पं. नेहरू ने दलाई लामा को शरण देकर सही किया या गलत किया, इस पर दशकों से बहस होती रही है, लेकिन यह जरूर है कि इस फैसले के चलते भारत को चीन से हमेशा की दुश्मनी जरूर तोहफे में मिली है और 1962 के युद्ध में एक शर्मनाक हार भी। जिसके चलते भारत को तिब्बत के बराबर ही जमीन भी खोनी पड़ी थी, जिसके चलते उस वक्त पं. नेहरू के ही कैबिनेट सहयोगियों तक ने उनकी आलोचना की थी और एक दिन इस सदमे में ही नेहरूजी इस दुनिया से चले भी गए।

अब आप सोचेंगे कि इसमें इंदिरा गांधी की क्या भूमिका थी? यह भूमिका आम लोगों को नहीं पता है, लेकिन खुद इंदिरा गांधी ने ही अपनी एक सहेली को बताई थी।

पुपुल जयकर ने अपनी पुस्तक में लिखा है कि पं. नेहरू दलाई लामा और उनके साथी बौद्ध भिक्षुओं को शरण देने के नाम पर काफी हिचकिचा रहे थे। उनको पता था कि चीन से उनके रिश्ते इस बात को लेकर कितने खराब हो सकते हैं। लेकिन पुपुल के मुताबिक, इंदिरा गांधी ने अपने पिता को दलाई लामा को शरण देने के लिए मनाने में महत्त्वपूर्ण भूमिका निभाई। इतना ही नहीं, इंदिरा गांधी ने तिब्बती शरणार्थियों की मदद के लिए एक 'सेंट्रल रिलीफ कमेटी' भी गठित करवा दी, ताकि बौद्ध भिक्षुओं को भारत में रहने में कोई दिक्कत न हो। उनके रहने, खाने आदि में कोई परेशानी न हो।[1]

बाद में उसी समस्या ने इतना विकराल रूप धारण कर लिया कि पं. नेहरू को युद्ध में शर्मनाक हार झेलनी पड़ी और भारत को जमीन के एक बड़े हिस्से से हाथ धोना पड़ा। उस युद्ध के बाद नेहरूजी गहरे सदमे में भी आ गए और मौत तक उससे उबर भी नहीं पाए। आज भी विपक्षी पार्टियाँ चीन से हार व चीन के कब्जे में गई जमीन के लिए नेहरू को दोषी ठहराते हैं, लेकिन इंदिरा गांधी की अदृश्य भूमिका के बारे में कोई बात नहीं करता। यह अलग बात है कि दलाई लामा को शरण देने के मसले पर सारा देश अभी भी एकजुट है।

भारत-पाक युद्ध और बांग्लादेश सृजन के लिए देश अभी भी इंदिरा का लोहा मानता है, लेकिन भारत-चीन युद्ध में इंदिरा की भूमिका के बारे में लोगों को कम ही पता है। इसी तरह संयुक्त महाराष्ट्र आंदोलन के वक्त जब गुजरात और महाराष्ट्र के बीच मुंबई (तब बॉम्बे स्टेट) का मुद्दा फँसा, तो ये इंदिरा थी, जो महाराष्ट्र दौरे पर गईं और इस मामले में अपनी चलाई। उससे पहले कांग्रेस नेता एस.के. पाटिल के बयान ने बॉम्बे में सरकार के लिए दिक्कत पैदा कर दी। उन्होंने एक सभा में कह दिया कि 5000 साल तक भी बॉम्बे शहर महाराष्ट्र को नहीं मिल सकता। जिससे हिंसक विरोध शुरू हो गया।

बॉम्बे शहर को अलग स्वतंत्र राज्य बनाने की बात भी होने लगी थी, क्योंकि बॉम्बे में गुजराती और पारसी बिजनेसमैन ज्यादा थे। जो चाहते थे कि बॉम्बे शहर एक केंद्रशासित प्रदेश बन जाए। 16 जनवरी, 1956 को पं. नेहरू ने गुजरात, महाराष्ट्र राज्यों के अलावा बॉम्बे को केंद्रशासित बनाने का ऐलान भी कर दिया। जैसे ही यह भनक मराठी मानुष को लगी तो विरोध होने लगा, दंगे भी शुरू हो गए। 16 जनवरी से 22 जनवरी के बीच ही पुलिस फायरिंग में करीब 80 लोग मारे गए थे। नेहरू 'राज्य पुनर्गठन आयोग' की यह सलाह भी मानने को राजी थे कि संयुक्त राज्य दोनों भाषाओं का ही बना दिया जाए। उनका विचार था कि दोनों भाषाओं के लोग संतुष्ट हों, ऐसा फैसला लिया जाए।

ऐसे में इंदिरा गांधी ने हस्तक्षेप किया, हमेशा की तरह मैदान में कूदीं और केवल मराठी जिलों में 6 दिन में 150 मीटिंग्स कीं और एक फॉर्मूला तय कर दिया, जो पं.

नेहरू को भी मानना पड़ा।[2] उस वक्त संयुक्त बंबई प्रांत के मुख्यमंत्री मोरारजी देसाई थे, उनको दिल्ली लाकर नेहरूजी की कैबिनेट में वित्त मंत्रालय का प्रभार दे दिया गया। बॉम्बे महाराष्ट्र को सौंप दिया गया और गुजरात अलग कर दिया गया। पता नहीं क्यों, इंदिरा गांधी ने गुजरातियों से बात ही नहीं की। गुजराती फिरोज गांधी और मोरारजी देसाई से उस वक्त उनके अच्छे रिश्ते इसकी वजह हो सकते थे। लेकिन इसके दो नुकसान कांग्रेस को हुए—एक तो यह कि मराठी राष्ट्रवाद उभरा, जिसने शिवसेना जैसी मजबूत पार्टी खड़ी की और दूसरा, गुजरात भी धीरे-धीरे कांग्रेस के हाथों से निकलता चला गया।

इंदिरा गांधी के चलते ही यह हुआ कि देश में जब पहली बार कोई गैर-कांग्रेसी सरकार बनीं यानी केरल में लेफ्ट पार्टियों की, तो इंदिरा गांधी येन-केन-प्रकारेण उसे गिराकर ही मानी थीं, जिसके बारे में आप इसी पुस्तक में केरल सरकार वाले अध्याय में विस्तार से पढ़ सकते हैं। दरअसल, जनता द्वारा चुनी हुई सरकारों को उन्हें गिराने में मजा आता था। यह देश को पता होना चाहिए कि इंदिरा गांधी ने ही आजादी के बाद सबसे ज्यादा बार (कम-से-कम 50 बार) धारा-356 का प्रयोग किया था और कई चुनी हुई विपक्ष की सरकारों को कार्यकाल पूरा होने से पहले ही गिरा दिया। यह वह दौर था, जब इलेक्ट्रॉनिक मीडिया नहीं होता था और बड़ी कोर्ट्स सरकार गिराने को केंद्र का सर्वाधिकार समझती थीं। कई बार तो विपक्षी अदालतों में जाते ही नहीं थे। यह तो अब होना शुरू हुआ है कि कोर्ट्स सरकार गिराने के फैसले पलटने भी लगी हैं।

इंदिरा गांधी 1952 के चुनावों से ही रैलियों को संबोधित करने लगी थीं। 1955 में तो कांग्रेस वर्किंग कमेटी में शामिल हो गई थीं, जिसे 'हाई कमांड' कहा जाता था और 1959 में पं. नेहरू की कृपा और रणनीति से कांग्रेस अध्यक्ष भी चुनी जा चुकी थीं। ऐसे में प्रधानमंत्री की सबसे करीबी के तौर पर तमाम फैसले उनके खुद के होते थे, लेकिन बहुतों के बारे में उन्होंने खुद अपने करीबियों तक से जिक्र नहीं किया था।

पिता को लेकर कि वे कुछ भी करें, नेहरू नाराज नहीं होंगे। इतना ज्यादा आत्मविश्वास इंदिरा गांधी में था कि वे उस वक्त भी तमाम बातों का जिक्र पापा नेहरू से नहीं करती थीं। यहाँ तक कि इस बात का जिक्र भी नहीं किया कि उनके नाम की चर्चा प्रधानमंत्री नेहरू के राजनैतिक वारिस के तौर पर सरेआम होने लगी और इस मामले में उन्होंने एक विदेशी पत्रकार को भी अपना इंटरव्यू दिया है। दरअसल, वेल्स हेंगन अमेरिकी टी.वी. पत्रकार थे और दिल्ली में काम करते थे। उन्होंने एक पुस्तक लिखी 'आफ्टर नेहरू हू?' और इसके लिए नेहरू को छोड़कर सभी बड़े नेताओं के साक्षात्कार किए। इस सूची में सभी बड़े नाम थे—मोरारजी देसाई; शास्त्रीजी के अलावा इंदिरा गांधी का भी नाम था। इंदिरा गांधी ने भी इस पत्रकार को बेखौफ इंटरव्यू दिया, जबकि नेहरूजी को कानोंकान खबर नहीं लगी।[3]

हालाँकि, उस दौर में नेहरूजी के तमाम करीबी पत्रकार अपनी पुस्तकों में लिख गए हैं कि नेहरूजी इससे खासे नाराज हो गए। वे अपनी बेटी को अपनी राजनीतिक विरासत सौंपकर कोई नई परंपरा नहीं रखना चाहते थे, जबकि हकीकत में किसी ने नेहरूजी को उन्हें डाँटते नहीं देखा। ऐसे में जैसा उन्होंने बोया, उसका नुकसान न केवल उनके पिता पं. जवाहरलाल नेहरू को, बल्कि खुद उन्हें भी भुगतना पड़ा, जब बेटे संजय गांधी ने उन्हीं के पदचिह्नों पर चलते हुए, बिना पद के देश के तमाम बड़े और मनमाने फैसले लिये, सारे नियम-कानून को ताक पर रखकर, तो जनता ने माँ-बेटे को बुरी हार देकर यह जता भी दिया कि जनता से ऊपर कोई नहीं।

संदर्भ

1. 'Indira Gandhi : A Biography', by Pupul Jayakar, Part-3, Penguin Publication.
2. 'The Year Book of World Affairs', Volume 33, Page 108.
3. 'Indira Gandhi—A Political Biograpy', by NL Sarin, Page 10.

□

5

एक महिला का खौफ, इंदिरा वापस नहीं ले पाईं तीन मूर्ति भवन

यह अपने आप में काफी दिलचस्प कहानी है कि कैसे एक महिला भारत में इतनी ताकतवर हो गई कि उसने देश की प्रधानमंत्री इंदिरा गांधी को उस तीन मूर्ति भवन को पी.एम. का आधिकारिक आवास बनाने से ही रोक दिया, जिस घर में इंदिरा गांधी ने अपने पिता के साथ करीब डेढ़ दशक गुजारा था, जिस घर में उनके बच्चे राजीव गांधी और संजय गांधी पलकर बड़े हुए थे, अपने नाना नेहरू के साथ खेला करते थे, उसी घर में पं. नेहरू की मौत हुई थी। उसी घर में पी.एम. बनने के बाद वे फिर से जाना चाहती थीं, नेहरूजी की तरह अपना आधिकारिक आवास बनाना चाहती थीं, लेकिन एक महिला के चलते ऐसा हो न सका।

30 एकड़ का विशाल परिसर है तीन मूर्ति भवन, जिसमें कई इमारतें हैं। विशाल पार्क हैं। कभी इस विशाल आवास को ब्रिटिश आर्मी के कमांडर-इन-चीफ के लिए लुटियंस के दौर में बनाया गया था। तब इसका नाम दिया गया था 'फ्लैगस्टाफ हाउस'। वायसराय हाउस के बाद बनी दूसरी सबसे विशाल और भव्य इमारत। तभी तो वायसराय हाउस को राष्ट्रपति भवन में तब्दील करने के बाद पी.एम. के लिए यह आवास तय किया गया था। जिस आर्किटेक्ट रॉबर्ट टोर रसैल ने कनॉट प्लेस डिजाइन किया था, उसी ने यह परिसर डिजाइन किया था। यह अलग बात है कि पी.एम. मोदी ने 2022 में इस परिसर में प्रधानमंत्री संग्रहालय भी बना दिया है।

तब इंदिरा गांधी इस घर में पी.एम. नेहरू की बेटी ही नहीं, निजी सचिव की हैसियत से भी रहती थीं। पूरे 16 साल पिता-पुत्री एक साथ इस आवास में रहे। उनके बच्चे राजीव व संजय यहीं पलकर बड़े हुए। नेहरू जब अंतरिम सरकार के मुखिया बनकर 1946 में दिल्ली रहने आए तो उन्होंने अपनी बेटी इंदिरा को अपने पास ही बुला लिया था, ताकि न

केवल वे उनका खयाल रख सकें, बल्कि नेहरू के ऑफिशियल कामों में भी उनकी मदद कर सकें। मथाई के जाने के बाद वे नेहरू की निजी सचिव भी बन गई थीं। उस वक्त उनका आवास 17, यॉर्क रोड हुआ करता था; फिर 1 अगस्त, 1948 को तीन मूर्ति भवन बतौर आजाद भारत के प्रधानमंत्री आवास के तौर पर उनको आवंटित हो गया था, तो परिवार वहाँ रहने चला गया। उन दिनों तीन मूर्ति भवन में शेर, पांडा, मगरमच्छ जैसे कई जानवर भी नेहरूजी ने पाले हुए थे, जिनके साथ संजय और राजीव भी खेला करते थे।[1]

लेकिन नेहरूजी की मौत के बाद शास्त्रीजी पी.एम. बने और इंदिरा गांधी को पी.एम. आवास छोड़कर दूसरे घर में जाना पड़ा। शास्त्रीजी की सरकार में उन्हें यूँ तो सूचना प्रसारण मंत्री बना दिया गया था, लेकिन तीन मूर्ति भवन में तो फिर भी नहीं रह सकती थीं। वे यह भी नहीं चाहती थीं कि उनके परिवार के अलावा कोई और पी.एम. उस घर में रहे। अब चूँकि शास्त्रीजी पी.एम. बन गए थे, सो इंदिराजी की इच्छा को समझते हुए उन्होंने तीन मूर्ति भवन में रहने से इनकार कर दिया और 10 जनपथ पर नया पी.एम. आवास उनके लिए तैयार किया गया, जो कालांतर में राजीव गांधी का पी.एम. आवास रहा और ये लाइनें लिखे जाने तक सोनिया गांधी का आधिकारिक आवास है। ललिता शास्त्री कांग्रेस सरकारों को लिखती रहीं कि जहाँ शास्त्रीजी रहते थे, उसे उनका स्मारक बना दिया जाए, लेकिन सुना अटलजी की सरकार ने। 10 जनपथ का एक हिस्सा, जिसमें शास्त्रीजी रहते थे, उसको शास्त्रीजी का स्मारक बनाकर उसका पता '1, मोतीलाल नेहरू प्लेस' कर दिया गया।[2]

शास्त्रीजी की ताशकंद में रहस्मयी मौत के बाद 1966 में इंदिरा गांधी को पी.एम. बना दिया गया तो उनको लगा कि सफदरजंग रोड के जिस घर में वे रह रही थीं, वह उनके लिए काफी छोटा पड़ेगा, तो उन्हें यह अच्छा मौका लगा कि फिर से तीन मूर्ति भवन के बड़े आवास को ही पी.एम. रेजीडेंस बनाया जाए। वापस उसी घर में लौटा जाए, जिससे उनकी यादें जुड़ी थीं। लेकिन इंदिरा गांधी की तीन मूर्ति भवन में रहने की ख्वाहिश पर एक महिला ने पानी फेर दिया। उस तीन मूर्ति भवन के तीस एकड़ के कैंपस में एक बँगले में रह रही उस ताकतवर महिला ने इंदिरा गांधी को साफ मना कर दिया और उन्हें कहा कि वे राष्ट्रपति भवन एस्टेट में खाली पड़े दो बड़े आवासों को पी.एम. रेजीडेंस क्यों नहीं बना लेतीं? और इसे कोई और पी.एम. अपना आवास न बना ले, इसलिए उस महिला ने इस आवास को नेहरू संग्रहालय बनाने, नेहरूजी की यादों का स्मारक बनाने का आइडिया दिया।[3]

यह महिला थीं पद्मजा नायडू, सरोजिनी नायडू की बेटी। वे सरोजिनी नायडू ही थीं, जो गांधीजी व नेहरू परिवार के बीच कभी कड़ी बनी थीं। दरअसल, कमला नेहरू टीबी की बीमारी से ग्रस्त थीं और पं. नेहरू घर से दूर रहते थे, काफी समय अलग-अलग जेलों

में रहते कटा था। सो कमला नेहरू के मन में उनको लेकर काफी नाराजगी भी थी, जो जे.पी. की पत्नी को लिखे उनके पत्रों में भी झलकती थी। इसी बीच नेहरूजी की मित्रता पद्‌मजा नायडू के साथ बढ़ गई थी। जब कमला विदेश में अपना इलाज करवा रही थीं, तब भी नेहरूजी और पद्‌मजा नायडू में पत्र-व्यवहार जारी था।

उनके पत्रों में कई बार ऐसी बातें आती थीं, जिनसे उनके बीच गहरे रिश्ते का पता चलता था। इंदिरा गांधी से बातचीत के आधार पर उनकी मित्र पुपुल जयकर ने उनके कई पत्रों का हवाला अपनी पुस्तक में दिया है। एक पत्र में नेहरूजी लिख रहे हैं कि 'Will I ever know how much you love me? No I shall not nor will you.'[4] वे यह भी लिखती हैं कि इसकी भनक इंदिरा गांधी को लगी तो उन्होंने कुछ-न-कुछ ऐतराज किया। जवान बेटी थी और ऐसे में नेहरूजी अपनी शादी की बात सोच भी नहीं सकते थे।

इसी पुस्तक में एक घटना का जिक्र पुपुल जयकर करती हैं कि कैसे यू.पी. के किसी शहर में उन्होंने किसी दुकान पर एक ऐसी तसवीर बिकती देखी, जिसमें उपयुक्त जोड़ी के तौर पर नेहरूजी के साथ कमला नेहरू थीं। यू.पी. (संयुक्त प्रांत) में नेहरूजी को राम से जोड़कर देखा जाता था कि कैसे उन्होंने भी राम के बनवास की तरह लंबा समय जेलों में काटा था। ऐसे में नेहरूजी उस छवि खराब करने को भी तैयार नहीं थे। लेकिन उनके इस 30 एकड़ के रिहायशी परिसर की एक इमारत में पद्‌मजा नायडू जरूर रहने लगी थीं।

सालों बाद उनके रिश्ते को लेकर पुपुल ने एक सवाल नेहरूजी की बहन विजयलक्ष्मी पंडित से पूछा तो उनका जवाब था—"Didn't you know Pupul? They lived together for years-for Years."[5] आज की पीढ़ी इसे 'लिव-इन रिलेशनशिप' की तरह मान सकती है। विजयलक्ष्मी पंडित ने ही उन्हें बताया था कि दोनों ने शादी इसलिए नहीं की, क्योंकि इंदिरा गांधी पहले ही काफी तकलीफें झेल चुकी थीं, वे उन्हें और तकलीफ देना नहीं चाहते थे।

यूँ इंदिरा गांधी ने भी कोई ऐसा हंगामा नहीं किया और मन मारकर इस रिश्ते को शायद स्वीकार ही कर लिया था और यह बात एक घटना से भी पता चलती है। इंदिरा गांधी ने 1959 में कांग्रेस अध्यक्ष बनने के बाद आगे पद पर बने रहने से इनकार कर दिया था, वजह थी उनकी तबीयत खराब होना। उनको किडनी में स्टोन था, जिसका ऑपरेशन मुंबई में हुआ था। पद्‌मजा नायडू ने इस स्टोन को नाम दिया था—'ए ज्वैल इन लोटस', शॉर्ट में उसे कहा, 'Jules.'[6] जाहिर था कि रिश्तों में कोई बड़ी कड़वाहट नहीं थी। या इंदिरा मजबूर थीं इस रिश्ते को कुबूल करने के लिए, उनके पास कोई और चारा भी नहीं था। अगर वे ऐतराज करतीं तो पूरे नेहरू खानदान की बदनामी हो सकती थी, बात बाहर जा सकती थी। हालाँकि, कोई पी.एम. आवास में मिलने आता था तो उसकी

मुलाकात अकसर पद्मजा नायडू से हो जाती थी। कर्ण सिंह ने एक ऐसी ही मुलाकात का जिक्र किया है—"उस समय वहाँ पद्मजा नायडू भी रह रही थीं। हमेशा की तरह अपने मजाकिया स्वभाव से उन्होंने अपनी लच्छेदार बातों से मेरा सारा तनाव दूर कर दिया।"[7]

लेकिन यही पद्मजा नायडू 1964 में नेहरूजी की मौत के बाद ही नहीं, 1966 में शास्त्रीजी की मौत के बाद भी वहीं रह रही थीं, वे उसे खाली करने के मूड में भी नहीं थीं। इंदिरा गांधी पी.एम. बनकर दोबारा से अपने पुराने आलीशान घर में लौटना चाहती थीं और दूसरे उनके बच्चे राजीव व संजय भी इंग्लैंड में पढ़ाई खत्म करके अब दिल्ली आना चाहते थे, तो इंदिरा चाहती थीं कि जिस घर में वे इतने दिन रहे, वही क्यों न फिर से ले लिया जाए! लेकिन चूँकि अब वहाँ नेहरू लाइब्रेरी और म्यूजियम बनने का ऐलान हो चुका था, सो वे खुद कहना नहीं चाहती थीं, बल्कि आम राय बनाना चाहती थीं कि तीन मूर्ति भवन को पी.एम. का आधिकारिक आवास ही क्यों न बना दिया जाए!

जब यह खबर तीन मूर्ति भवन परिसर में रह रहीं पद्मजा नायडू को लगी तो उन्होंने खासा ऐतराज जताया और वे इस सुझाव पर सोचने तक को तैयार नहीं थीं। नायडू ने तो यहाँ तक कह डाला कि राष्ट्रपति भवन परिसर में दो बड़े आवास खाली पड़े हैं, उनको पी.एम. आवास के तौर पर तब्दील किया जा सकता है। एक दिन शाम को खुद पुपुल ने यह बात जब इंदिरा गांधी को बताई तो पहले तो वे कुछ देर खामोश रहीं, फिर बोली, "फिर तो किसी भी दिन जब चाहे राष्ट्रपति पी.एम. को बंधक बना सकते हैं।"[8]

उसके बाद इंदिरा ने मामले को तूल नहीं दिया और अपना सपना वहीं खत्म कर दिया। 1, सफदरजंग रोड के पास के एक बँगले को ऑफिस के लिए ले लिया गया और दोनों बँगलों को मिलाकर एक बड़ा आवास तैयार कर दिया गया। लेकिन यह घटना अपने आप में बताने को काफी है कि अगर कोई व्यक्ति पी.एम. जैसे पद पर बैठकर भी अपने मन का आवास तक नहीं चुन सकता और उसके पीछे कुछ ऐसी वजह हैं, जो सामने आईं तो पूरे परिवार की छवि खराब होगी, तो ऐसा व्यक्ति प्रधानमंत्री जैसे पद पर रहकर क्या संदेश देश और समाज को दे रहा है? जो व्यक्ति अपने पिता के रिश्ते, बेटों की चिंताओं आदि में इतना परेशान है, वह करोड़ों देशवासियों के हितों, चिंताओं और जरूरतों को कैसे ईमानदारी से समय देता होगा?

इंदिरा गांधी पद्मजा नायडू को लेकर कितनी खौफ में रहती थीं, यह इस बात से भी अंदाजा लगाया जा सकता है कि जब उनकी मौत हुई, तब इंदिरा गांधी जमैका में थीं, सब कुछ छोड़कर फौरन दिल्ली के लिए निकल पड़ीं। सोचिए, इतनी जल्दी क्या रही होगी? कहीं कुछ ऐसा लिखकर तो नहीं छोड़ गईं, जो नेहरूजी और उनके रिश्तों के बारे में दुनिया को बता दे तो इंदिरा गांधी की फजीहत हो जाए! अंतिम संस्कार के दिन यानी 4 मई, 1975 को आ भी गईं। केवल इंदिरा ही नहीं, विजयलक्ष्मी पंडित के साथ भी ऐसा

ही हुआ, वे देहरादून से निकल पड़ीं। जाहिर है, उनकी मौत उसी तीन मूर्ति भवन परिसर में बनी एक कॉटेज में हुई थी, जिसमें वे दशकों से रह रही थीं।[9] किसको पता था कि इसी महिला ने कभी इंदिरा गांधी का तीन मूर्ति भवन में वापस आने का रास्ता रोक दिया था!

संदर्भ

1. 'Indira : A Biography of Prime Minister Gandhi', by Krishan Bhatia, Page no. 137, Published by Praeger.
2. Siddharth Nath Singh Interview, HT, 18 August, 2018 - https://www.hindustantimes.com/india-news/vajpayee-bridged-gap-between-bharat-and-india-writes-sidharth-nath-singh/story-whin71J3mgpPuVYuwYO8yI.html
3. 'With Three Prime Ministers Nehru, India and Rajiv' by NK Shesan, Page no. 89, Published by Wiley Eastern.
4. 'Indira Gandhi : A Biography' by Pupul Jayakar, Page no. 91, Published by Penguin Group.
5. 'Indira Gandhi : A Biography' by Pupul Jayakar, Page no. 92, Published by Penguin Group.
6. 'Indira Gandhi : A Biography' by Pupul Jayakar, Page no. 160, Published by Penguin Group,
7. 'आत्मकथा', by Karan Singh, Page no. 155, Published by Rajkamal Prakashan.
8. 'Indira Gandhi : A Biography' by Pupul Jayakar, Page no. 164, Published by Penguin Group.
9. 'Indira : The Life of Indira Nehru Gandhi', Page 369, Published by Harper Collins.

□

6

LTTE पर इंदिरा गांधी की कृपा की कहानी

बहुतों के लिए यह बात चौंकाने वाली हो सकती है कि इंदिरा गांधी का भी श्रीलंका के उग्रवादी संगठन लिट्टे (LTTE) से कुछ लेना-देना हो सकता है। आमतौर पर राजनीतिक क्षेत्र में इसे 'राजीव गांधी की चूक' या 'मिसहैंडलिंग' बोला जाता है। लेकिन कुछ बातें लोगों को विरासत में मिलती हैं। परिवार का नाम और लोकप्रियता, पैसा, संपत्ति तो मिलती ही है, दुश्मनियाँ भी मिलती हैं और गलतियों को ढकने की जिम्मेदारी भी मिलती है। तमाम विशेषज्ञों ने माना है कि लिट्टे दरअसल मूल रूप से इंदिरा गांधी की भूल थी, जो रिसर्च एंड एनालिसिस विंग (R & AW) खड़ी करने के बाद उनसे उत्साह में हो गई थी। रॉ से इंदिरा गांधी को इतनी ज्यादा विदेशी सरकारों की सूचना मिलने लगी थीं कि इंदिरा गांधी उन मामलों में चाहे अनचाहे या उत्सुकतावश खुले या छिपे ढंग से शामिल हो चली थीं।

यूँ सिंहली-तमिल समस्या श्रीलंका में अरसे से थी और श्रीलंका को 70 के दशक से ही ये शक था कि तमिलों को भारतीय मदद मिलती रही है, इसलिए श्रीलंका के राष्ट्रपति जयवर्धने ने अमेरिका से भी इस मामले में मदद माँगी थी। अमेरिका ने इस तरह के किसी भी औपचारिक समझौते से इनकार कर दिया था; लेकिन एक काम जरूर उसने किया, श्रीलंका में 'वॉयस ऑफ अमेरिका' का रेडियो स्टेशन खोल दिया। भारत को तब लगा था कि भारत पर नजर रखने के लिए ऐसा अमेरिका ने किया है।[1] राजनयिक स्तर पर यह मामला तब भारत और अमेरिका के बीच उठा भी था, लेकिन बात आई-गई हो गई, क्योंकि किसी भी पक्ष के पास सुबूत नहीं थे।

इंदिरा गांधी पर दबाव तो तमिलों से सहानुभूति रखने वालों का अरसे से पड़ रहा था, लेकिन 1983 में श्रीलंका में 'ब्लैक जुलाई' की घटना से मामला गरमा गया। 23 जुलाई, 1983 को लिट्टे के एक हमले में 13 श्रीलंकाई सैनिक मारे गए और जवाब में अगले दिन से ही श्रीलंका के अंदर तमिलों का कत्लेआम शुरू हो गया। माना जाता है

कि 3,000 के करीब लोग मारे गए। 1.5 लाख लोगों को अपने घर छोड़ने पड़े, करीब 8,000 घरों और 5,000 दुकानों को आग के हवाले कर दिया गया। दुनिया भर के तमिलों का दबाव भारत सरकार पर पड़ने लगा। 28 जुलाई को इंदिरा गांधी ने जयवर्धने को फोन किया और कहा कि उनके विशेष दूत के रूप में विदेश मंत्री पी.वी. नरसिम्हा राव को आने की इजाजत दी जाए। जयवर्धने ने हामी भरी और उसी शाम नरसिम्हा राव वहाँ पहुँच चुके थे।[2]

लेकिन दुनिया भर के कई पत्रकारों और विशेषज्ञों का मानना है कि इंदिरा गांधी ने केवल राजनैतिक तौर पर ही विरोध नहीं जताया, बल्कि इस मुद्दे को वे श्रीलंका का घरेलू मुद्दा न मानकर बांग्लादेश की तरह ही अपने लिए एक मिशन के तौर पर ले चुकी थीं। उन्होंने रामेश्वर नाथ काव को कहकर फिर से 'रॉ' को उसी तरह ट्रेनिंग कैंप के काम में लगाया, जिस तरह बांग्लादेश के मामले में किया था। दरअसल, इंदिरा अपने सलाहकारों की इन बातों में आ चुकी थीं कि भारतीय मूल के तमिलों के साथ अगर कुछ भी गलत होता है तो दुनिया भर में जो मजबूत छवि इंदिरा गांधी की बन चुकी है, उसको क्षति पहुँचती है, इंदिरा गांधी का मजाक उड़ता है।

2014 में 'नेशनल आर्काइव्स,' लंदन ने नियम के तहत तीस साल पुराने कुछ डॉक्यूमेंट्स को जब डिक्लासिफाई किया तो उससे एक नया खुलासा हुआ। इंदिरा गांधी ने 1983 में इंग्लैंड की प्रधानमंत्री मागरिट थैचर को लिखा था कि लिट्टे से निपटने के लिए ब्रिटेन, जो श्रीलंकाई सैनिकों को ट्रेनिंग व सैन्य सलाह दे रहा था, उसे रोके। जयराम रमेश ने भी अपनी पुस्तक में जयवर्धने को इंदिरा गांधी के 9 जून, 1984 के एक पत्र का उल्लेख किया है, जिसमें उन्होंने लिट्टे से राजनीतिक समझौते में मदद को लिखा था।[3] उन दिनों ब्रिटेन की स्पेशल एयर सर्विस (एस.ए.एस.) श्रीलंकाई सैनिकों को ट्रेनिंग दे रही थी। मागरिट थैचर से इंदिरा गांधी के ठीक रिश्ते थे, तभी तो उनकी एक टीम ने 'ऑपरेशन ब्लू स्टार' से पहले किए जा रहे 'ऑपरेशन सनडाउन' के लिए भी भारतीय कमांडोज को ट्रेनिंग दी थी। इसका खुलासा भी तभी हुआ, जब लंदन में 30 साल पहले के कुछ दस्तावेज सार्वजनिक किए गए थे।

प्रभाकरण के बाद लिट्टे के चीफ बने कुमारन पदमनाथन (के.पी.) ने 'मीडियाग्रोव' के वी.के. शशिकुमार से एक इंटरव्यू में खुलासा किया था कि कैसे इंदिरा गांधी ने पहले तो श्रीलंका सरकार के साथ शांति की बातचीत शुरू की, दोनों पक्षों को भूटान के थिम्फू में बातचीत के लिए बुलाया, जो कामयाब नहीं हुई, दूसरी तरफ उग्रवादी गुटों के सक्रिय होने पर उनको 'रॉ' के जरिए ट्रेनिंग व मदद देनी शुरू की। भारत सरकार की एजेंसी 'रॉ' की मदद से तमिलनाडु में लिट्टे लड़ाकों के लिए ट्रेनिंग कैंप्स स्थापित करने का दावा कुमारन ने भी किया। तमिलनाडु के सी.एम. एम.जी.आर. उन दिनों शिप में कंटेनर के

जरिए शिप खरीदने के लिए पैसा भेजा करते थे। कुमारन के मुताबिक, इन ट्रेनिंग कैंप के जरिए लिट्टे को बढ़ावा देकर इंदिरा श्रीलंका सरकार पर दबाव बनाकर समझौता करना चाहती थीं,[4] लेकिन उन्हें क्या पता था कि एक दिन यही चूक उन पर इतनी भारी पड़ेगी कि उनके बेटे की जान ले लेगी!

सबसे ज्यादा सवाल उठा इस बात पर कि इंदिरा सरकार ने प्रभाकरण को एक गुप्त ट्रांसमिशन स्टेशन सेटअप करने की इजाजत दे दी, जिससे प्रभाकरण उत्तरी श्रीलंका के जंगलों में छुपे लिट्टे के उग्रवादियों को लगातार संदेश भेज सकता था। भारतीय सीमा से विदेशी धरती पर किसी भी तरह का प्रसारण किसी भी राष्ट्रीय व अंतरराष्ट्रीय कानून के तहत मान्य नहीं था। इस ट्रांसमिशन स्टेशन को स्थापित करने का पूरा खर्च इंदिरा सरकार ने वहन किया था।[5] तमिलनाडु की दोनों पार्टियाँ इस वक्त इंदिरा गांधी का विरोध करने की स्थिति में नहीं थीं, मसला तमिल हितों से जुड़ा था। लेकिन सोचिए, जिस लिट्टे पर पूरी भारत सरकार का हाथ हो, उसके हौसले श्रीलंका में कितने बुलंद हुए होंगे! तमाम राजनीतिक हत्याएँ लिट्टे ने उन दिनों में कीं।

इंदिरा गांधी जो कुछ भी कर रही थीं, उसे पूरा नहीं कर पाईं। पंजाब के मामले में उलझीं, ब्लू स्टार ऑपरेशन हुआ और उसके बाद उनकी हत्या कर दी गई। अब लिट्टे से निपटने की सारी जिम्मेदारी राजीव गांधी के जिम्मे आ गई। राजीव गांधी ने दरअसल इंदिरा गांधी का वही काम पूरा किया। मोदी सरकार में मंत्री हरदीप पुरी उस वक्त विदेश सेवा के अधिकारी थे। 1986 में वे श्रीलंका सरकार से इजाजत के बाद 2 हेलीकॉप्टर लेकर गए प्रभाकरण को लाने। दिल्ली में प्रभाकरण को अशोका होटल में ठहराया गया। प्रभाकरण ने समझौते करने से इनकार कर दिया, फिर उसके कहने पर तमिलनाडु के मुख्यमंत्री एम.जी.आर. को बुलाया गया। राजीव गांधी का दबाव पड़ा तो प्रभाकरण ने समझौते के लिए 'हाँ' कर दिया। उस वक्त प्रभाकरण को राजीव गांधी ने अपनी बुलेट प्रूफ जैकेट भी उपहार में दी थी, जिसे घर के अंदर से राहुल गांधी ही लेकर आए थे।[6]

लेकिन वहाँ से वापस आकर प्रभाकरण अपनी बात से मुकरा तो राजीव गांधी को शांति सेना भेजने के अलावा कोई रास्ता नहीं दिखा। लिट्टे तो खत्म हुआ, श्रीलंका का तो फायदा हुआ, लेकिन 1200 भारतीय सैनिक मारे गए। तमिलों में आक्रोश बढ़ा और एक दिन राजीव गांधी उस आक्रोश का शिकार हो गए। सोचिए, इस सब की शुरुआत इंदिरा गांधी की तथाकथित दूरदर्शी नीतियों की वजह से हुई थी! उनको समझना चाहिए था कि श्रीलंका बांग्लादेश या पाकिस्तान नहीं है और लिट्टे के लोगों से भारतीय तमिल जनमानस का बड़ा ही संवेदनशील रिश्ता है।

संदर्भ

1. Transition to Eminence : The Indian Navy 1976-1990, by GM Hiranadani, Page 188
2. 'Sri Lanka : Government and Politics', by V Grover, page 557, Published by Deep & Deep Publications.
3. 'Indira Gandhi, A life in Nature', by Jairam Ramesh, published by S&S India.
4. Kumaran Pathamnathan's Interview by VK ShashiKumar, https://www.youtube.com/watch?v=AuxF_k9lWrE
5. https://www.rediff.com/news/dec/01mitra.htm, Article by Ashok Mitra.
6. https://www.bbc.com/hindi/india-46336062, Article by Rehan Fazal.

□

7

प्रधानमंत्रियों के आदेश की यूँ करती थीं अवहेलना

आपको यह बखूबी पता है कि मोदीजी के भी कई भाई हैं और एक बहन भी है, जिसको किसी ने नहीं देखा। बस एक माँ ही दिखती है, बस उन्हीं को कुछ दिन के लिए पी.एम. आवास में रहने का मौका मिला है, लेकिन बाकी परिवार परदे से गायब ही रखते हैं मोदी। जबकि नेहरू परिवार के मामले में ऐसा नहीं था। पूरा परिवार कहीं-न-कहीं सरकार के किसी पद पर था। राजीव, संजय के लिए उन्होंने अपने घर में एक छोटा सा 'ज़ू' बनवा रखा था और इंदिरा गांधी तो खुद को 'सुपर पी.एम.' समझती थीं। वरना आप सोचिए—युद्ध के दौरान बॉर्डर पर जाकर सेना की हौसला-अफजाई का काम किसका? पी.एम. का या रक्षा मंत्री का? लेकिन इंदिरा गांधी का वहाँ क्या काम था, किसी ने उन्हें रोका क्यों नहीं? क्यों वे जबरन हठ करके पहले चीन बॉर्डर पर गईं और फिर शास्त्रीजी की सरकार में भी पाकिस्तान बॉर्डर पर जा पहुँचीं और वह भी 1965 की जंग के वक्त? आज जानिए वे दोनों घटनाएँ।

यह महज संयोग था या कुछ और कि भारत-चीन युद्ध चल रहा था, 20 अक्तूबर को युद्ध शुरू हुआ था और 21 नवंबर की तारीख आ चुकी थी, यानी एक महीना, एक दिन हो चुका था। इंदिरा गांधी का हेलीकॉप्टर असम के तेजपुर में ठीक उस जगह उतरा, जहाँ से केवल तीस मील दूर थी चीन की सेना। तेजपुर असम का गेटवे था। तेजपुर का पूरा प्रशासन, यहाँ तक कि वहाँ का जिलाधिकारी भी लोगों को मुसीबत में छोड़कर वह इलाका छोड़कर भाग गया था। ऐसे में अचानक वहाँ इंदिरा का पहुँचना, भारतीय सेना के अधिकारी ही नहीं, तेजपुरवासी भी चौंक गए और उससे भी ज्यादा वे लोग तब चौंके, जब चीन ने शाम को युद्ध विराम का ऐलान कर दिया!

दरअसल, चीन युद्ध के समय चीन पूरी तरह से तैयार था और भारत की तैयारी

आधी-अधूरी थी। रक्षा मंत्री वी.के. कृष्णा मेनन ने तो जो गलत कदम उठाए, सो उठाए, एक गड़बड़ी पं. नेहरू से भी हो गई। नेहरू ने बीच जंग में ऑल इंडिया रेडियो पर एक भाषण दिया, जिससे ऐसा मैसेज असम में गया, मानो भारत असम को हार चुका है। लोगों को ऐसा लगा कि असम भारत का हिस्सा ही नहीं है, इस भाषण की कुछ लाइनें पढ़िए—"My heart goes out to people of Assam but I cannot do anything."[1] असम के लोग इससे काफी आहत हुए। असम में अलगाववादी सुर तेज हो गए। असम के तेजपुर में तो और भी बुरे हालात थे, लोगों को भाग्य के भरोसे छोड़कर वहाँ का डी.एम. ही भाग गया था और दुश्मन की सेना केवल 30 मील दूर थी।

केंद्र के स्तर पर अलग असमंजस की स्थिति थी। कैबिनेट की बैठक हुई तो किसी की समझ में नहीं आ रहा था कि क्या किया जाए? नेहरूजी की छवि एकदम से रसातल में चली गई थी। सवाल उठने लगे थे कि पूरे सितंबर महीने में बाप-बेटी देश से बाहर यूरोप-अमेरिका में छुट्टियाँ क्यों मनाने गए थे? उसके बाद एक समझौता वार्त्ता के बहाने अक्तूबर में युद्ध से ठीक पहले 8 दिन के लिए श्रीलंका चले गए! लोगों का आक्रोश नेहरू परिवार की इस लापरवाही और बेफिक्री से और भी ज्यादा बढ़ गया था और इंदिरा इसे महसूस कर रही थीं। तब इंदिरा ने तय किया कि लोगों में भरोसा जगाने और दिल जीतने के लिए वे तेजपुर जाएँगी। नेहरू घबरा गए, उन्हें लगा कि चीनी सैनिक इंदिरा को बंधक बनाकर उन्हें ब्लैकमेल कर सकते हैं। आर्मी चीफ ने भी उन्हें मना किया, लेकिन इंदिरा नहीं मानीं। सोचिए, इंदिरा किसी भी सरकारी पद पर नहीं थीं, लेकिन न पी.एम. की सुन रही थीं और न ही आर्मी चीफ की और दोनों उन्हें रोक भी नहीं पाए।

इंदिरा पिता नेहरू को नाराज करके सरकारी एयरक्राफ्ट के जरिए ही पहले गुवाहाटी पहुँचीं, कोई भी सरकारी अधिकारी इंदिरा को मना करने की हिम्मत नहीं जुटा सका। वहाँ से सरकारी हेलीकॉप्टर लेकर ही तेजपुर गई। न कोई प्रोटोकोल था और न ही कोई रोकने वाला या सवाल उठाने वाला; वे एक सुपर पी.एम. की तरह सरकारी संसाधन इस्तेमाल करके युद्धस्थल पर पहुँच गईं, जबकि आधिकारिक रूप से उनके पास कोई पद नहीं था। उनके पहुँचते ही तेजपुर की जनता ने उन्हें घेर लिया और वहाँ से बचाकर निकालने की गुहार करने लगे।[2]

उनके मुँह पर ही लोग उनके पिता पं. नेहरू को गालियाँ दे रहे थे! कई अखबारों ने इंदिरा गांधी की वह तसवीर भी छापी, जिसमें वे लोगों पर भड़क रही हैं। लेकिन जनता का गुस्सा जायज था, इंदिरा गांधी को झुकना पड़ा। आखिरकार उन्होंने धीरज दिखाया और सुनती रहीं, समझाती रहीं, लोगों पर भड़की भी। उस वक्त तेजपुर में प्रशासन का कोई अधिकारी नहीं बचा था, कुछ एन.जी.ओ. थे, जिनके पास थोड़ा खाना था। वो तो

इंदिरा गांधी की किस्मत अच्छी थी कि अचानक उसी शाम चीनी सेना ने युद्ध विराम कर दिया और वापस लौट गए, सो भारतीय प्रशासन व आर्मी ने तेजपुर के लोगों को जल्द मदद पहुँचा दी। जब मार्च 2014 में राहुल गांधी चुनाव-प्रचार के लिए तेजपुर पहुँचे तो उन्होंने तेजपुर के लोगों को अपनी दादी का तेजपुर से जुड़ा यह किस्सा सुनाया।[3] बावजूद इसके 2014 में तेजपुर लोकसभा सीट पर बीजेपी का कैंडिडेट जीत गया।

अब बात 1965 के युद्ध की, तब शास्त्रीजी प्रधानमंत्री थे और इंदिरा गांधी उनकी कैबिनेट में सूचना प्रसारण मंत्री थीं। जब युद्ध छिड़ा, इंदिरा गांधी श्रीनगर में थीं। पाक सेना कश्मीर घाटी में घुस आई थी, भारतीय फौजें लोहा ले रही थीं। इंदिरा गांधी ने खुद ही तय कर लिया कि वे दिल्ली नहीं जाएँगी और यह बात पी.एम. को भी बता दी गई। वे वाकई में 'सुपर पी.एम.' थीं, पी.एम. से इजाजत नहीं लेती थीं, बल्कि पी.एम. को सूचित करती थीं। यहाँ तक कि वे हेलीकॉप्टर लेकर खतरनाक माने जाने वाले हाजी पीर दर्रे में भी पहुँच गईं। फौज उनको देखकर हैरान भी थी, खुश भी और चिंतित भी। उनके ऐसे कामों को उनके करीबियों ने काफी बढ़ा-चढ़ाकर छापा है। किसी को यह प्रधानमंत्री की बेइज्जती नहीं लगी, बल्कि एक 'मर्दाना हिम्मत' लगी। उनकी खुशामद करने वालों को लगता था कि यह बहुत बहादुरी का काम था, जो पी.एम. न कर पाए, वह इंदिरा ने कर दिया था!

आखिर वे ऐसा क्यों करती थीं? पी.एम. या रक्षा मंत्री के अलावा युद्ध क्षेत्र में कौन मंत्री जाता है? उनकी रिश्तेदार नयनतारा सहगल अपनी पुस्तक 'Indira Gandhi's : Emergence and Style' में लिखती हैं—"She had gone to the frontline at Haji Pir in Kashmir, during the Indo-Pakistan War of 1965, inspiring the comment that She was the only man in the Cabinet."[4]

सोचिए, उनकी चापलूसी करने वाले लोग शास्त्रीजी को मर्द मानने को तैयार नहीं थे, यह बेशर्मी भरा बयान था कि कैबिनेट में वही अकेली मर्द थीं! हालाँकि, इंदिरा के बारे में बाद में यह बयान काफी मशहूर हो गया था। यह अलग बात है कि शास्त्रीजी खुद जवानों के बीच बॉर्डर पर गए थे और उनकी हौसला-अफजाई की थी। टैंक पर जवानों के साथ खड़े होकर उनकी जो तसवीरें खिंची थीं, आज भी सोशल मीडिया पर तैरती रहती हैं, लेकिन इंदिरा के करीबियों ने युद्ध को जीतने का श्रेय भी इंदिरा गांधी की ही इस हाजी पीर यात्रा को ही दिया, भले ही उनका इस युद्ध की रणनीति बनाने में रत्ती भर भी योगदान नहीं था, बल्कि उनका शत्रुओं की गिरफ्त में जाना या मौत भारत की किरकिरी करवा सकते थे।

हालाँकि, इस तरह बिना किसी अधिकार या पद के नेहरू की बेटी होने के नाते कभी 1962 तो कभी 1965 के युद्ध में बॉर्डर पर सैनिकों के बीच पहुँच जाना नियमों के तहत तो गलत था ही, लेकिन बाद में इसका खामियाजा खुद इंदिरा गांधी ने भी भुगता।

उन्हीं के नक्शे-कदमों पर चले संजय गांधी, उनको भी खबर नहीं होती थी कि संजय गांधी ने उनके किसी मंत्री या अधिकारी को हुक्म देकर क्या काम करवा लिया है! फिर यह परंपरा ही बन गया, किस तरह संजय गांधी इंदिरा राज में बिना पद के मंत्रियों और अधिकारियों पर हुक्म चलाते थे, वह इसी पुस्तक के इमरजेंसी से जुड़े अलग-अलग अध्यायों में आप पढ़ेंगे, जिसका सीधा असर इंदिरा गांधी की छवि पर पड़ा और इमरजेंसी व पुत्रमोह उनकी छवि पर एक बड़ा धब्बा बन गया। वे परंपराएँ आखिरी यूपीए सरकारों के समय तक जारी रहीं, प्रियंका गांधी को खतरे के नाम पर लुटियन जोन में सालों तक बड़ा सरकारी बँगला और एस.पी.जी. सुरक्षा मिलना और उनके पति रॉबर्ट वाड्रा को एस.पी.जी. के साथ-साथ एयरपोर्ट पर बिना तलाशी के बाहर निकल आना जैसी तमाम सुविधाएँ मिलती रहीं। राजीव गांधी का 'आई.एन.एस. विराट्' पर अपने परिवार व करीबी दोस्तों के साथ छुट्टियाँ मनाना भी एक ऐसा दाग है, जिसमें पीढ़ियों को सफाई देनी पड़ेगी, लेकिन जनता मानेगी नहीं।

संदर्भ

1. 'Assam : A Valley Divided' by Shekhar Gupta, Page no. 65, Published by Vikas Publishing House.
2. 'Indira Gandhi : A Biography' by Pupul Jayakar, Page no. 164, Published by Penguin Group.
3. Rahul Gandhi recalls Indira Gandhi's association with Tezpur in Assam, DNA, April 11, 2014 https://www.dnaindia.com/india/report-rahul-gandhi-recalls-indira-gandhi-s-association-with-tezpur-in-assam-1972709
4. 'Indira Gandhi's Emergence and Style' by Nayan Tara Sahgal, Page No. 30, Published by Carolina Academic Press.

□

8
बच्चन परिवार का इमरजेंसी में इस्तेमाल

"हमने ये माना कि लिखने की आजादी नहीं,
जब थी आजादी, तभी क्या तीर मारे आपने?"[1]

आप यकीन नहीं करेंगे, लेकिन ये लाइनें इमरजेंसी के समर्थन में कभी हरिवंश राय बच्चन ने अपने एक मित्र को लिखी थीं, जिसका बाकायदा जिक्र उन्होंने अपनी आत्मकथा 'दशद्वार से सोपान तक' में किया है। हालाँकि, आज अमिताभ बच्चन की गांधी परिवार से रिश्तों में जो तनातनी है, वह सबको पता है, लेकिन जो करीबी थी, देश वह भी बखूबी जानता है। हरिवंश राय बच्चन ने यह माना था कि उनको इंदिरा गांधी को उस दौर में समर्थन नहीं देना चाहिए था, लेकिन उन पर निजी रिश्तों का जो दबाव था, उसकी भी चर्चा उन्होंने की। यह भी माना कि दोनों बच्चन बाप-बेटे को उसके परिणाम भी भुगतने पड़े।

दरअसल, यह वह दौर था, जब विदेश मंत्रालय के हिंदी विभाग से हरिवंश राय बच्चन की नौकरी खत्म होने के बाद उन्हें राज्यसभा में मनोनीत कर दिया गया था। अमिताभ बच्चन मुंबई में रहने लगे थे और उनके माता-पिता दिल्ली के ग्रेटर कैलाश के एक घर में रहने लगे। मकान-मालिक ने उनसे 2 साल का अनुबंध करके वह घर दिया था। इमरजेंसी के ऐलान के कुछ दिन बाद हरिवंश राय बच्चन को पी.एम. आवास से फोन आया। हरिवंश राय बच्चन लिखते हैं—"एक दिन किसी ने मुझे प्रधानमंत्री आवास से फोन किया, शायद संजय ने कि क्या मेरा नाम आपातकालीन स्थिति के समर्थकों में दिया जा सकता है? और अगर मैं सच कहूँ तो केवल गांधी परिवार से अपनी निकटता और मैत्री के कारण मैंने फोन पर ही हामी भर दी। बाद में कई दिनों तक रेडियो और टेलीवीजन के माध्यम से कई और लेखकों के साथ मेरा नाम भी इमरजेंसी के समर्थकों में प्रसारित किया गया।"[2] वैसे भी वे करते भी क्या? पी.एम. आवास से फोन आने का

मतलब यह एक तरह से इंदिरा गांधी की इच्छा थी, तमाम अहसानों के बोझ तले दबे हरिवंश राय बच्चन के 'न' करने का सवाल ही नहीं था।

बाद में हरिवंश राय बच्चन ने एक रेडियो इंटरव्यू में यह भी बोल दिया कि 'मैंने इमरजेंसी को आपदधर्म के रूप में स्वीकार किया है और मैं समझता हूँ कि वर्तमान असामान्य परिस्थितियों में इसी को मानने में देश की भलाई है', बच्चन को उस वक्त के तमाम साहित्यिक मित्रों का विरोध भी अपने इस रुख के लिए झेलना पड़ा था।

इधर अमिताभ बच्चन को भी राजीव गांधी का दोस्त मानकर व फिल्मी पत्रिकाओं पर प्रतिबंध के पीछे उनका हाथ बताकर उनके कवरेज का बहिष्कार कर दिया गया था, जो उन्होंने करीब 15 साल झेला। यानी न उनकी कोई खबर छपेगी, न कोई इंटरव्यू और न ही फोटो। फिल्म के सेट पर कोई फोटो खिंचता था तो अमिताभ साइड में खड़े होते थे, ताकि फिल्म मैगजीन्स उन्हें क्रॉप करके बाकी फोटो छाप सके।[3] इधर हरिवंश राय बच्चन बीमार हो गए, तो अमिताभ उन्हें दिल्ली से मुंबई ले गए। वहीं 26 जनवरी, 1976 को जब अखबार में यह खबर देखी कि उनको 'पद्म भूषण' दिया गया है तो वे चौंके, क्योंकि उनसे पूछा भी नहीं गया था, लेकिन वो खुश थे। यह बड़ा सम्मान था।

उनके आलोचकों ने फिर आरोप लगाए कि यह सम्मान इमरजेंसी के समर्थन के बदले मिला है। लेकिन शायद बच्चन परिवार भी इंदिरा गांधी के आभामंडल में उस दौर में पूरी तरह गिरफ्तार था। यूँ भी मना करते तो इंदिरा गांधी के कोप का भाजन बनना पड़ता। उस दौरान न्यूज चैनल्स भी नहीं थे और मीडिया पर तो वैसे ही प्रतिबंध था, सो आलोचना भी नहीं हुई। अप्रैल में इस कार्यक्रम के लिए तीनों बाप-बेटे ने बंद गले के काले सूट सिलवाए, अजिताभ को कोई काम पड़ गया, तो उनकी जगह तेजी बच्चन आईं, लेकिन जया ने गलती से अमिताभ के सूट की जगह अजिताभ का सूट पैक कर दिया, तो अमिताभ परेशान हो गए, जया पर बिगड़े भी, फिर राष्ट्रपति भवन में आयोजित इस कार्यक्रम के लिए राजीव गांधी को फोन करके उनका एक चूड़ीदार पायजामा, कुरता और शॉल मँगाया। पूरे कार्यक्रम में राजीव उन्हें छेड़ते रहे कि 'क्या सबको बता दूँ?[4]' इससे यह भी पता चलता है कि इमरजेंसी में देश पर कुछ भी गुजर रही थी, लेकिन एंग्री यंग मैन अमिताभ बच्चन को इसका भान तक नहीं था, शायद राजनीतिक रूप से वे इतने परिपक्व नहीं हो पाए थे।

यह सब तब चल रहा था, जब देश इमरजेंसी से जूझ रहा था, तमाम बड़े विपक्षी नेता जेल में बंद थे। इधर बच्चन परिवार को ग्रेटर कैलाश का घर छोड़ना था, 2 साल का अनुबंध पूरा हो गया था। तो हरिवंश राय बच्चन को लगा कि जिस घर में वे 1959 से 1972 तक रहे थे, यानी 13, विलिंगटन क्रिसेंट (आज का मदर टेरेसा क्रिसेंट मार्ग) उसको फिर से क्यों न आवंटित करवाया जाए! तब वह उड़ीसा सरकार के पास था, सो

इंदिरा गांधी और उड़ीसा की सी.एम. नंदिनी सत्पथी से मिले, यह घर उनके किसी काम नहीं आ रहा था, उन्होंने फौरन 'हाँ' कर दी और वह बच्चन परिवार को आवंटित हो गया।

इसी घर में सोनिया गांधी इटली से कभी बच्चन परिवार के साथ आकर रही थीं और शादी की कुछ रस्में भी वहीं संपन्न हुई थीं। जब इमरजेंसी के बाद हुए चुनावों में इंदिरा गांधी हार गईं तो उनको अपना 1, सफदरजंग रोड का पी.एम. आवास छोड़ना पड़ा और वे भी बच्चन परिवार के बँगले के बगल के 12 नंबर के बँगले में रहने आ गईं। इंदिरा की दोस्त पुपुल जयकर लिखती हैं—"उनसे जनता पार्टी सरकार ने सफदरजंग के बँगले का इतना ज्यादा किराया माँग लिया था कि इंदिरा गांधी ने उसे छोड़ना ही बेहतर समझा।"[5]

इमरजेंसी को लेकर हरिवंश राय बच्चन ने अपनी आत्मकथा में यह भी लिखा था—"खामियों के साथ इमरजेंसी की कुछ खूबियाँ भी थीं, जिससे साधारण नागरिक अचेत न था। देश अराजकता में लुढ़कने से बच गया था। जनता आश्वस्त हो गई थी कि मुल्क में ऐसी सुदृढ़ सरकार है, जो विधि व्यवस्था लागू कराने में समर्थ है—कहावत है कि जाया और रियाया दबंग मर्द और दबंग हाकिम हुक्काम चाहती हैं—उपभोक्ता सामग्रियाँ सहज-सुलभ हो गई थीं और मूल्यों पर समुचित नियंत्रण हो गया था, गाड़ियाँ समय से चलने लगी थीं और दफ्तर लोग समय पर आते थे।"[6] उन्होंने यह भी माना कि नसबंदी को विपक्ष ने नपुंसकता से जोड़ दिया था, इसलिए इंदिरा हारीं।

अकेले हरिवंश राय बच्चन नहीं थे, जिनको नौकरी, मनपसंद बँगला, राज्यसभा आदि देकर अहसानों के बोझ से लादकर इमरजेंसी का समर्थन करवा लिया था, बल्कि ऐसे 40 जाने-माने लेखक थे, जिनको इंदिरा ने अलग-अलग सम्मानों से नवाजा था या और कोई सहायता की थी। सबके पास ऐसे फोन गए और सबने इमरजेंसी का समर्थन किया। इतना ही नहीं, सुनील दत्त ने तो जर्मनी के बर्लिन से इमरजेंसी के समर्थन में एक टेलीग्राम भेजा था, उसमें लिखा था—"Indians are with you, so is the German common man, declaring emergency is the right step taken. Do not bother about anyone, do whatever you feel right and good for the nation."[7] बाद में यह राज खुला कि उन्हीं दिनों सुनील दत्त की पत्नी नरगिस जब लंदन के एक डिपार्टमेंटल स्टोर में कोई सामान चुराते पकड़ी गईं तो भारत सरकार ने न केवल उनकी मदद की, बल्कि यह खबर तक भारतीय अखबारों में बाकायदा आदेश भेजकर सेंसर करवा दी गई थी। उस वक्त इंग्लैंड में डिप्टी हाई कमिश्नर के पद पर कार्यरत कुँवर नटवर सिंह ने विस्तार से नरगिस वाली घटना का वर्णन अपनी पुस्तक 'चेहरे व चिट्ठियाँ' में किया है।[8]

इमरजेंसी के दौरान इंदिरा गांधी के 59वें जन्मदिन पर 1976 में तो प्रख्यात कवियों ने पूरी एक पुस्तक उनके सम्मान में लिख डाली थी। कुल 59 कवियों की ही रचनाएँ

थीं। उन कविताओं में उनको 'दुर्गे' तक कह डाला था। इस पुस्तक को छपवाने में अहम भूमिका उस वक्त के कांग्रेस अध्यक्ष देवकांत बरुआ ने निभाई थी और पुस्तक की भूमिका भी उन्होंने ही लिखी थी। रामायण की तर्ज पर उस पुस्तक का नाम रखा गया था 'इंदिरायण'।[9]

उन दिनों संजय गांधी ने यूथ कांग्रेस के बैनर तले एक म्यूजिकल इवनिंग भी दिल्ली में आयोजित की थी, जिसमें दिलीप कुमार, अमिताभ बच्चन, अमजद खान, ऋषि कपूर, राखी, आर.डी. बर्मन, मुकेश, शशि कपूर जैसे तमाम सितारे थे, जो इमरजेंसी के समर्थन में उस कार्यक्रम में शामिल हुए थे। सीधा सा मकसद था, जिस तरह कभी अटल बिहारी वाजपेयी को हरवाने के लिए नेहरूजी ने बलराज साहनी से उनके खिलाफ चुनाव-प्रचार करवाकर एक नई परंपरा की शुरुआत की थी, उसी तरह इंदिरा गांधी ने साहित्य और फिल्म क्षेत्र की हस्तियों को अपने काले कारनामों पर परदा डालने, उन पर सामाजिक स्वीकृति की मोहर लगाने के लिए इस्तेमाल करने की एक गलत परंपरा की नींव डाली थी।

संदर्भ

1. 'Dashdwar Se Sopan Tak', by Harivansh Rai Bachchan, Page no. 401, Published by Rajpal Publishing House.
2. 'Dashdwar Se Sopan Tak', by Harivansh Rai Bachchan, Page no. 400, Published by Rajpal Publishing House.
3. 'Amitabh Bachchan, the Legend', by Bhawna Somaaya, Page no. 259, Published by Macmillan India Limited.
4. 'Dashdwar Se Sopan Tak', by Harivansh Rai Bachchan, Page no. 405, Published by Rajpal Publishing House.
5. 'Indira Gandhi : A Biography', by Pupul Jaykar, Page no. 332, Published by Penguin Group.
6. 'Dashdwar Se Sopan Tak', by Harivansh Rai Bachchan, Page no. 413, Published by Rajpal Publishing House.
7. India Today Story, 26 June, 2019 https://www.indiatoday.in/india/story/in-1975-40-prominent-writers-including-harivansh-rai-bachchan-supported-emergency-1556857-2019-06-26
8. 'Chehre Aur Chitthiyan', by Kunwar Natwar Singh, Page no. 188, Published by Radhakrishnan Prakashan Pvt. Ltd.
9. 'Emergency ka Kahar aur Censor ka Zahar', by Balbir Dutt, Page no. 128, Published by Prabhat Prakashan.

□

9

ऑपरेशन गोवा : भारत में तोड़फोड़ की राजनीति की प्रणेता

उस वक्त इसे 'मास्टर स्ट्रॉक' माना गया था। आज भी कोई सुनेगा तो हैरत में पड़ जाएगा कि जिस पार्टी के पास किसी राज्य में एक भी सीट न हो, वह पार्टी कैसे सरकार बना सकती है? लेकिन इंदिरा गांधी ने ऐसा ही किया। यह एक अनोखा रिकॉर्ड उनके नाम है, जिसके चलते भारत में दूसरी पार्टी को तोड़कर या विलय करके केंद्र में सत्तारूढ़ पार्टी के लिए राज्यों में बिना जीते ही सरकारें बनाने के रास्ते खोल दिए और आज जब कांग्रेस बीजेपी की इस बात के लिए आलोचना करती है कि मोदी और शाह की जोड़ी तोड़-फोड़ कर सरकारें बना रही है, जैसा कि कर्नाटक या मध्य प्रदेश में किया, तो कांग्रेस के चाहने वाले यह जान लें कि इस तकनीक की शुरुआत इंदिरा गांधी ने ही की थी और आज तक उनका कोई वह रिकॉर्ड नहीं तोड़ पाया है, जो उन्होंने 1980 में बनाया था। गोवा में बिना विधायक के ही पूरी की पूरी सरकार बनाकर!

दरअसल, 1961 में गोवा की मुक्ति के बाद 1963 में पहले चुनाव से लेकर 1979 की जनता पार्टी सरकार तक गोवा में एक ही पार्टी का शासन रहा और जनसंघ (बीजेपी) या कांग्रेस अपनी जड़ें जमाने में नाकाम रहीं। यह पार्टी थी महाराष्ट्रवादी गोमांतक पार्टी। इस पार्टी की ओर से सी.एम. बनते थे दयानंद बांदोडकर और फिर शशिकला काकोडकर। ये दोनों पिता-पुत्री थे। लेकिन 1979 में पार्टी में बगावत के बाद राज्य में राष्ट्रपति शासन लगा दिया गया, जो करीब 264 दिनों तक चला। इधर शशिकला से बगावत करने वाले एमजीपी के कद्दावर नेता प्रताप सिंह राणे एक नई पार्टी में शामिल हो गए, नाम था कांग्रेस (अर्स)।

दरअसल, इस पार्टी को कांग्रेस से तोड़कर साउथ के नेता देवराज अर्स ने शुरू किया था। अर्स दो बार कर्नाटक के मुख्यमंत्री रह चुके थे। जब 1969 में कांग्रेस में

विभाजन हुआ तो वे इंदिरा गांधी के साथ खड़े रहे। ऐसे समय में जब बड़े-बड़े दिग्गज कांग्रेस नेता इंदिरा गांधी को छोड़कर कांग्रेस(ओ) में जा चुके थे, देवराज ने इंदिरा की कांग्रेस(आर) का दामन थामे रखा और 1971 के चुनाव में कर्नाटक (मैसूर) की सारी लोकसभा सीटें कांग्रेस को दिलवा दीं।[1]

लेकिन बाद में उनकी इंदिरा से भी बिगड़ गई और उन्होंने एक नई पार्टी बना ली, वह भी तब, जब इमरजेंसी के बाद इंदिरा बुरी तरह हार गईं। इस पार्टी का नाम रखा—इंडियन नेशनल कांग्रेस (अर्स)। इस पार्टी में कर्नाटक, केरल, महाराष्ट्र और गोवा के तमाम विधायक शामिल हो गए। हर किसी का इंदिरा से मोहभंग हो गया था। इस पार्टी में शामिल होने वाले कुछ बड़े नेताओं के नाम आपको चौंका देंगे, ये नाम थे—शरद पवार, प्रियरंजन दास मुंशी, ए.के. एंटनी, यशवंत राव चव्हाण, देवकांत बरुआ और के.पी. उन्नीकृष्णन।

इसी लहर में गोवा के प्रताप सिंह राणे ने भी अर्स की कांग्रेस को ज्वॉइन कर लिया। 1980 में इंदिरा कांग्रेस और कांग्रेस (अर्स) दोनों ने गोवा में चुनाव लड़ा। दोनों के बीच चुनावी समझौता भी हुआ। उस वक्त गोवा के साथ दमन व दीव भी शामिल था, कुल 30 सीटें थीं, दोनों ने कुल 28 सीटों पर चुनाव लड़ा। 6 कांग्रेस (आई) के हिस्से में आईं और 22 कांग्रेस (यू) के हिस्से में। दिलचस्प बात यह है कि इंदिरा गांधी ने भी गोवा में सभाएँ कीं और ऐसी ही एक सभा में इंदिरा गांधी ने पहली बार इमरजेंसी लगाने के लिए गोवा और देशवासियों से माफी भी माँगी। लेकिन गोवा पर कांग्रेस (यू) का रंग चढ़ा था, सभी इंदिरा से बगावत करने वाले देवराज (अर्स) के कायल थे। विधानसभा चुनाव के नतीजे आए तो कांग्रेस की उम्मीदों पर पानी फिर गया, कांग्रेस के लिए इंदिरा के कैंपेन के बावजूद एक भी सीट पर जीत न हासिल होना शर्मनाक था। जबकि कांग्रेस (यू) 22 में से 20 सीट जीत गई।[2]

सात सीटें महाराष्ट्रवादी गोमांतक पार्टी के हिस्से में आई थीं। तीन सीटों पर निर्दलीय भी चुनाव जीत गए थे। एक निर्दलीय ने तो शशिकला को भी हरा दिया, लेकिन कांग्रेस के हिस्से में एक भी सीट नहीं आई थी। इंदिरा ने इसे प्रतिष्ठा का सवाल बना लिया। वैसे भी 1980 के लोकसभा चुनावों में इंदिरा गांधी केंद्र की सत्ता में फिर से वापस आ चुकी थीं, अर्स के अरमानों पर पानी फिर गया था। उनके सिपहसालारों को भविष्य डाँवाँडोल दिखाई दे रहा था।

सबसे पहले ए.के. एंटनी ने पार्टी छोड़ी और कांग्रेस (ए) नाम से एक नई रीजनल पार्टी बना ली, उसके बाद शरद पवार, जोकि देवराज अर्स की बीमारी के चलते कांग्रेस (अर्स) के प्रेसिडेंट बन चुके थे, ने पार्टी का नाम बदलकर कांग्रेस 'एस' यानी कांग्रेस (सोशलिस्ट) रख लिया। हालाँकि, उससे पहले ही इंदिरा गोवा में अपना खेल शुरू कर चुकी थीं।

केंद्र में इंदिरा गांधी की 377 सीटों के साथ जोरदार वापसी हुई। इंदिरा गांधी फिर ताकत के शिखर पर थीं, ऐसे में इंदिरा के संपर्क में गोवा की कांग्रेस अर्स के कुछ सीनियर नेता और विधायक भी आने लगे। गोवा में कांग्रेस अर्स का विलय कांग्रेस में करवा लिया गया, एमजीपी भी विलय के लिए तैयार हो गई, लेकिन दो विधायकों रमाकांत खलप और बाबुसो गाँवकर ने बाद में मना कर दिया। शशिकला के हारते ही महाराष्ट्रवादी गोमांतक पार्टी एक तरह से नेतृत्व विहीन थी। कांग्रेस ने उसके पाँच विधायकों को तोड़कर शामिल कर लिया। इंदिरा गांधी कांग्रेस के विपक्षियों का नामोनिशान गोवा से मिटा देने के मूड में थी। सभी कांग्रेस में शामिल हुए और सबकी पसंद से सी.एम. चुने गए प्रताप सिंह राणे। इंदिरा ने वादा किया था कि प्रताप सिंह राणे ही गोवा में कांग्रेस के सर्वेसर्वा होंगे।

इधर इस बार चुनाव हारने वाली शशिकला पर डोरे डाले गए। शशिकला को भी लग गया कि अब वह मुख्यधारा की राजनीति से दूर होने जा रही हैं और उसकी पार्टी का कोई भविष्य नहीं है और उन्होंने भी अपने समर्थकों के साथ कांग्रेस में शामिल होने का ऐलान कर दिया। लेकिन उनकी पार्टी के वरिष्ठ नेताओं को यह रास नहीं आया। शशिकला को भी कांग्रेस में मनमाफिक जगह नहीं मिली, तो उन्होंने नई पार्टी खड़ी कर दी। पार्टी का नाम पिता के नाम पर रखा—'भाईसाहेब बांदोडकर गोमांतक पार्टी', लेकिन 1984 के चुनाव में उनकी बुरी तरह हार हुई।

खुद शशिकला दो जगहों से चुनाव लड़ीं और हार गईं और वापस महाराष्ट्रवादी गोमांतक पार्टी में अपनी पार्टी के विलय के साथ शामिल हो गईं। इधर दोबारा से बहुमत के साथ प्रताप सिंह राणे की सरकार आ गई। इस तरह इंदिरा गांधी ने बिना एक भी विधायक के प्रलोभन और दबाव के सहारे न केवल गोवा में अपनी सरकार बना ली, बल्कि अपनी पार्टी का ढाँचा भी केवल एक इसी कदम से गोवा में मजबूती से खड़ा कर दिया। उसके बाद प्रताप सिंह राणे गोवा में कुल पाँच बार मुख्यमंत्री बने। ऐसे में लोग बीजेपी या मोदी पर तमाम सवाल उठाएँ, लेकिन इंदिरा गांधी के इस कदम को जानना उनके लिए वाकई दिलचस्प होगा। इंदिरा की वह चूक, जो आज कांग्रेस पर ही भारी पड़ रही है।

संदर्भ

1. 'The Encyclopedia of Indian National Congress', by A Moin Zaidi, Volume-22, Page no. Page 404, Published by S. Chand.
2. 'Cabinet Government in Goa, 1961-1993 : A Chronicled Analysis of 30 Years of Government and Politics in Goa', by Aureliano Fernandes, Page no. 83, Published by Maureen & Camvet Publishers.

□

10

'बरुआ मॉडल', भारतीय राजनीति को इंदिरा का उपहार

इंदिरा गांधी ने इमरजेंसी के बाद जो दूसरी सबसे बुरी चीज भारतीय लोकतंत्र को दी थी, वह थी 'बरुआ मॉडल'। यह मॉडल एक तरह की फितरत है, आदत है, शिखर पर बैठे जिस भी व्यक्ति को लग जाती है, वह अंधा हो जाता है, उसे सही-गलत का ज्ञान नहीं रहता और अपनी ही बनाई छवि में कैद होकर रह जाता है। इस आदत या फितरत को आम बोलचाल की भाषा में 'चापलूसी' या 'चमचागिरी' कहते हैं। अब भी समझ न आया हो कि इसे 'बरुआ मॉडल' क्यों कहते हैं, तो इस लेख में आगे समझेंगे।

आप सबने 'इंदिरा इज इंडिया' का नारा तो खूब सुना होगा, लेकिन इसके पीछे की कहानी शायद न पता हो कि किस मजबूरी में इमरजेंसी के वक्त कांग्रेस अध्यक्ष देवकांत बरुआ को यह नारा ईजाद करना पड़ा और फिर इतनी जिल्लत झेलनी पड़ी कि अटल बिहारी वाजपेयी ने एक कविता लिखकर बरुआ को 'चमचों का सरताज' तक बोल दिया। जब भी इमरजेंसी की सालगिरह आती है, बरुआ के 'इंदिरा इज इंडिया' नारे की चर्चा होती है, तो अटलजी की उस कविता की भी चर्चा होती है।

दरअसल, 12 जून, 1975 को इलाहाबाद हाई कोर्ट ने इंदिरा गांधी को रायबरेली के 1971 के चुनावों में अनियमितताओं का दोषी ठहराया और उनकी संसद सदस्यता रद्द कर दी तथा 6 साल के लिए चुनाव लड़ने पर रोक लगा दी। जब इंदिरा गांधी को यह खबर लगी तो पूरे पी.एम. हाउस में अफरा-तफरी का माहौल था। सुबह ही खबर आई कि इंदिरा के करीबी डी.पी. धर की मौत हो गई है, तो पहले इंदिरा वहाँ गईं। इंदिरा को सुबह से ही कुछ बुरा होने की आशंका लग रही थी। यह फैसला जज जगमोहन लाल सिन्हा की अदालत ने दिया था।[1]

इंदिरा ने इस्तीफे का मूड बना लिया था, लेकिन पश्चिम बंगाल के मुख्यमंत्री

सिद्धार्थ शंकर रे, जो इंदिरा के दोस्त भी थे, उस दिन दिल्ली में थे। वे इंदिरा से मिलने पहुँचे। उन्होंने इंदिरा को समझाया कि इतनी जल्दी फैसला नहीं लेना चाहिए, हमें पहले हर पहलू पर चर्चा कर लेनी चाहिए। इंदिरा को लगा कि बुरा दिन है, दो बुरी खबरें आई हैं, इस्तीफा दे देना चाहिए। वे अपने बाकी करीबियों से इस बारे में राय ले रही थीं। उसके बाद कांग्रेस अध्यक्ष डी.के. बरुआ भी वहाँ पहुँचे। उन्हें स्थिति अपने अनकूल लगी, उन्होंने सुझाव दिया कि कुछ दिन के लिए इंदिरा को कांग्रेस अध्यक्ष की कुरसी सँभाल लेनी चाहिए और तब तक उन्हें पी.एम. बना देना चाहिए।

संजय गांधी उस वक्त अपनी गुड़गाँव की मारुति फैक्टरी में थे। संजय लंच के लिए घर आए थे, उनको किसी भी बात की खबर नहीं थी, लेकिन घर के हालात और इतने सारे लोगों के चेहरे उतरे देखकर उन्होंने पता कर लिया कि हाई कोर्ट का फैसला माँ के खिलाफ आया है। जब उन्हें यह खबर लगी कि उनकी माँ इस्तीफा देने की भी सोच रही हैं, तो संजय को यह ठीक नहीं लगा। संजय गांधी इंदिरा को अलग एक कमरे में ले गए, और गुस्से में बोले कि कोई जरूरत नहीं इस्तीफा देने की। इधर देवकांत बरुआ के ऑफर से भी संजय गांधी बिफर गए थे और इंदिरा को समझाया कि आपके करीबियों में कोई भी विश्वासपात्र नहीं है, सबकी नजर आपकी कुरसी पर है, देवकांत का ऑफर मानेंगी तो यह गद्दी से कभी नहीं उतरेगा।[2]

इधर देवकांत को जब यह अहसास हुआ कि उनकी सलाह उलटी पड़ गई है और कल को उन्हें टारगेट किया जा रहा है तो इंदिरा से रिश्ते सुधारने के लिए फौरन एक नारा ईजाद कर दिया—'इंदिरा इज इंडिया'।[3] कांग्रेस नेताओं ने इसे हाथोंहाथ लिया, बरुआ से सबका गुस्सा भी जाता रहा। लेकिन उन दिनों जेल में बंद अटल बिहारी वाजपेयी को जब यह पता चला तो उन्होंने बरुआ को निशाने पर लेकर जेल में ही एक कविता लिख डाली—

"इंदिरा इंडिया एक है इति बरुआ महाराज,
अक्ल घास चरने गई, चमचों के सरताज!
चमचों के सरताज, किया भारत अपमानित,
एक मृत्यु के लिए कलंकित भूत भविष्यत!
कह कैदी कविराय, स्वर्ग से जो महान् है,
कौन भला उस भारतमाता के समान है?"[4]

देवकांत बरुआ को खाली 'इंदिरा इज इंडिया' जैसे चापलूसी से लबरजे नारे के लिए ही नहीं, बल्कि इस बात के लिए भी याद किया जाता है कि उन्होंने संजय गांधी की तुलना स्वामी विवेकानंद से की थी। ऐसे में अगर वे कोई आम नेता होते तो शायद कोई तवज्जो नहीं देता, लेकिन ये दोनों बयान उन्होंने कांग्रेस के राष्ट्रीय अध्यक्ष रहते

दिए, जबकि वे खुद भी असमिया के बड़े लेखक माने जाते रहे हैं। इतनी स्वामीभक्ति के बावजूद भी देवकांत बरुआ को कांग्रेस को अलविदा कहना पड़ा था।

71 से 74 तक देवकांत बरुआ बिहार के गवर्नर रहे थे, दिल्ली लाकर उन्हें इंदिरा गांधी ने कांग्रेस का राष्ट्रीय अध्यक्ष बना दिया गया। शायद इंदिरा को शालीन तबीयत के डॉ. शंकर दयाल शर्मा की जगह देवकांत बरुआ जैसों की ही जरूरत थी। वैसे भी इतने शक्तिशाली पद पर कोई ज्यादा वक्त रहता तो इंदिरा के लिए ही मुश्किल हो सकती थी।

इधर अटलजी की कविता से बरुआ पर कोई असर नहीं पड़ा था। दिल्ली की एक जनसभा में उन्होंने कहा कि 'कानून जनता के द्वारा बनाया जाता है और जनता की नेता इंदिरा गांधी हैं।' 20 जून, 1975 की वह रैली, जिसमें इंदिरा के साथ सोनिया और राजीव भी मौजूद थे, जिसे विश्व की सबसे बड़ी रैली इंदिरा ने बताया, उस रैली के लिए बरुआ ने एक विशेष नारा ईजाद किया—'इंदिरा तेरी सुबह की जय, तेरी शाम की जय, तेरे काम की जय, तेरे नाम की जय।'[5]

बरुआ ने इंदिरा गांधी के 59वें जन्मदिन पर चक्रधरपुर के एक कवि 'शशिकर' से रामायण की तर्ज पर 'इंदिरायण' एक काव्य-संकलन लिखवा डाला, जिसके समर्पण वाले पृष्ठ पर लिखा था—'59 कवियों की ओर से श्रीमती इंदिरा गांधी की 59वीं वर्षगाँठ पर 59 काव्य सुमन का गुलदस्ता सादर समर्पित' और उसकी भूमिका खुद बरुआ ने लिखी। भूमिका में जनता का आह्वान करते हुए बरुआ ने लिखा—

"मानवता की महाज्योति तुम अपना रूप दिखाओ,
स्वयं इंदिरा सी बनकर तुम वसुधा को चमकाओ।"

इस संकलन में इंदिरा के चापलूसी में इतनी कविताएँ लिखी गई थी कि आज के कांग्रेसी पढ़ लें तो वे भी शरमा जाएँ। एक जगह कवि लिखता है—"बीस भुजाओं वाली दुर्गे! बीस तुम्हारे सूत्र-पुत्र हम पूर्ण करेंगे।" एक और कविता थी—"स्वागत युग की तरुणाई का, उषा मंदिर की ललाई का, इंदिरा नहीं, यह स्वागत है, दुर्गा का, लक्ष्मीबाई का।" सबसे दिलचस्प बात थी कि इन स्तुतिगान करने वाले कवियों में कुछ राष्ट्रीय स्तर के कवि भी शामिल थे। हालाँकि, 1977 के चुनाव में हार के बाद इंदिरा गांधी की पार्टी में हंगामा मच गया, जगजीवन राम तो पहले ही 'कांग्रेस फॉर डेमोक्रेसी' बनाकर अलग हो चुके थे। कर्नाटक के मुख्यमंत्री देवराज अर्स ने तमाम बड़े नेताओं को लेकर एक नई पार्टी बना ली, कांग्रेस (अर्स), जिसमें बरुआ भी चले गए।

इंदिरा गांधी के राज में बरुआ अकेले चापलूस नहीं थे, हरियाणा के नेता बंसीलाल ने भी हद कर दी थी। संजय गांधी के बेहद करीबी बंसीलाल भी उस 12 जून, 1975 को इंदिरा गांधी के घर पर मौजूद थे। जब हाई कोर्ट का फैसला आया तो इंदिरा इस्तीफे का मन बनाने लगीं तो बंसीलाल ने उनसे यह तक कह डाला कि "बहनजी, आप

इस्तीफा देने की बात करती हैं, ऐसा तो सोचिए ही नहीं। हम लोग आपके इकबाल से, आपकी खड़ाऊँ से 20 साल तक इस देश का राज चला सकते हैं। आप घबराएँ नहीं, राज आपके ही हाथ रहेगा।"[6] आप सोचिए एक पी.एम., जो कानून का पालन करने की सोच रही है, उसको इस तरह की चमचागिरी ने ही इमरजेंसी लगाने की नौबत पर ला दिया था। ये बंसीलाल ही थे, जिन्होंने आइडिया दिया था कि 'सारे नेताओं को गिरफ्तार करके हरियाणा की जेलों में भेजें, सबको दुरुस्त कर दूँगा।' तभी तो मोरारजी देसाई समेत ज्यादातर को वहीं भेजा गया।

आंध्र प्रदेश के रजामुंदरी जिले में तो इंदिरा की एक मूर्ति तक स्थापित कर दी गई थी, जिसे मद्रास के मशहूर वास्तुकार एम. नागप्पा ने बनाया था। उस मूर्ति में चार शेरों और चक्र जैसे राष्ट्रीय चिह्नों को भी उकेरा गया था। ऐसे में जिक्र महाराष्ट्र के तत्कालीन मुख्यमंत्री एस.बी. चव्हाण का जिक्र भी जरूरी है, उन्होंने इंदिरा गांधी के 20 सूत्रीय कार्यक्रमों को आधुनिक 'श्रीमद्‍भगवद्‍गीता' तक बता दिया था।

इंदिरा गांधी की खुशामदें करने में केवल नेता ही आगे नहीं थे, बल्कि सुप्रीम कोर्ट के जज जैसे पदों पर बैठने वाले भी पीछे नहीं थे। इनमें सबसे दिलचस्प किस्सा है जस्टिस पी.एन. भगवती का। ये उस बेंच के सदस्य रहे थे, जिसने 4-1 से यह फैसला दिया कि सरकार को नागरिकों के मौलिक अधिकार निलंबित करने का अधिकार है। इसी फैसले ने इमरजेंसी में हजारों लोगों को जेलों में सड़ा दिया था। जनवरी 1980 में जब इंदिरा गांधी दोबारा सत्ता में लौटीं तो उन्हीं पी.एन. भगवती ने एक पत्र इंदिरा गांधी को लिखा—"आप भारत के उन लाखों गरीबों और भूखों की आशा और आकांक्षा का प्रतीक बन गई हैं, जिन्हें अब तक न कोई आशा थी और न जीने का सपना और अब वे आपकी ओर टकटकी लगाए हुए हैं कि आप उन्हें धूल और गंदगी से ऊपर उठाएँ और उन्हें गरीबी तथा अज्ञानता से मुक्ति दिलाएँ।"

यह पत्र लीक हो गया और सुप्रीम कोर्ट के ही दूसरे जज जस्टिस वी.डी.तुलजापुरकर ने एक सार्वजनिक कार्यक्रम में उनकी तीखी आलोचना की। बाद में वे राजीव गांधी की सरकार में चीफ जस्टिस बने। यह अलग बात है कि 35 साल बाद 2011 में एक इंटरव्यू में जस्टिस भगवती ने मौलिक अधिकार वाले फैसले में अपनी गलती मानी और खेद भी जताया।[7] लेकिन इंदिरा के रहते, जो नुकसान ज्यूडीशियरी और देश का होना था, वह तो अब वापस नहीं आ सकता, लेकिन इंदिरा ने इस तरह की खुशामद करने वालों को कभी रोका नहीं, बल्कि बढ़ावा देती रहीं।

लेकिन जो लोग अपने पद की गरिमा का ध्यान रखकर इंदिरा की खुशामद में लगे रहे, उनको बाद में कई बार अपमान भी झेलना पड़ा। इमरजेंसी के फरमान पर हस्ताक्षर करने वाले राष्ट्रपति फखरुद्दीन अली अहमद से जब तुर्कमान गेट पर तोड़-फोड़ के

पीड़ित मुसलिमों का दल मिलने पहुँचा तो उन्होंने यह कहा कि उन्हें पता नहीं था कि उस समय वे क्या कर सकते थे? लोग इतने परेशान थे कि एक आदमी ने खड़े होकर कहा कि 'आप एक चीज तो कर सकते थे।' राष्ट्रपति ने पूछा, 'क्या?' उस आदमी का जवाब था, 'आप जहर तो खा ही सकते थे।'[8]

संदर्भ

1. 'The Case that Shook India : The Verdict That Led to the Emergency', by Prashant Bhushan, Chapter-8 Verdict.
2. 'Indira Gandhi : A Biography', by Pupul Jaikar, Part VI (1975-77).
3. 'India Since Independence : Making Sense of Indian Politics', by Ananth V. Krishna, Page 139.
4. 'Sakshatkar', Volume 401-408, Page 106.
5. 'Emergency ka Kahar aur Censor ka Zahar', by Balbir Dutt, Page no. 82, Published by Prabhat Prakashan
6. 'Emergency ka Kahar aur Censor ka Zahar', by Balbir Dutt, Page no. 123-24, Published by Prabhat Prakashan.
7. Justice Bhagwati's Interview to MyLaw.net, 2 August, 2011. https://www.youtube.com/watch?v=qdq_c6qr17M
8. 'The Midnight Knock', by K.R. Malkani, Prabhat Prakashan.

□

11

इंदिरा राज में भ्रष्टाचार को यूँ मिला संस्थागत रूप

इंदिरा गांधी को जब 'लौह महिला' लिखा-पढ़ा जाता है तो आम लोग सीधे उन्हें सरदार पटेल की श्रेणी में रख देते हैं कि कैसे उनकी सरकार में पाकिस्तान के दो टुकड़े कर दिए। यह इतनी बड़ी उपलब्धि बन गई कि उनकी सारी कमियाँ इस उपलब्धि के आवरण में ढक दी गईं। भूल गए कि वे उस दौर में पी.एम. थीं, जब भारत महँगाई, भ्रष्टाचार, गरीबी और तानाशाही के सर्वोच्च दौर से गुजर रहा था। उस दौर में चीन बड़ी तेज गति से दुनिया का नंबर एक देश बनने का संकल्प लेकर आगे बढ़ रहा था।

क्या इंदिरा गांधी का 'लौह महिला' स्वरूप प्रशासन में भी देखने को मिला था? क्या उनके राज में घूसखोरों को भी उनका ताप झेलना पड़ता था? ऐसे सवालों के जवाब जानने के लिए आप उनके दौर के वरिष्ठ पत्रकार खुशवंत सिंह के एक इंटरव्यू से समझ सकते हैं, उन्होंने एक बार 'रेडिफ डॉट कॉम' को दिए इंटरव्यू में बताया कि कैसे 'वे पार्टी के नेताओं को अपने नियंत्रण में रखने के लिए भ्रष्टाचार के मामलों में ढील देती थीं। भ्रष्टाचार के जिन मामलों में उनके नेता या मंत्री फँसे होते थे, उन पर तब तक एक्शन नहीं लेती थीं, जब तक कि उसको सबक सिखाने की जरूरत न पड़ जाए। वरना उस तरफ से आँखें मूँदे ही रहती थीं, खासतौर पर अपने करीबियों से।"

इंगलिश में दिए गए इंटरव्यू की मूल लाइनें पढ़िए तो ज्यादा अच्छे से समझ आएगा, "During her reign, corruption increased to enormous levels. She was really very tolerant of corruption, which was another negative mark against her. She knew perfectly well that some of her ministers were extremely corrupt, yet she took no steps against them till it suited her. If she knew someone was corrupt, she tolerated him, but if it suited her, she used the same corruption charge to get rid of him. She really had no strong views on corruption, which went sky high during her time."[1]

यह भी बड़ी विडंबना की बात है कि जिस फिरोज गांधी ने कभी नेहरूजी का दामाद होने के बावजूद उनकी सरकार में चल रहे भारत के पहले कॉरपोरेट घोटाले (मूंदड़ा घोटाले) का पर्दाफाश किया था, उन्हीं की पत्नी इंदिरा गांधी भारत की पहली ऐसी पी.एम. बनीं, जिन्हें चुनावी भ्रष्टाचार के आरोपों के चलते पी.एम. की कुरसी से हटने का आदेश हाई कोर्ट ने जारी किया। मूंदड़ा कांग्रेस पार्टी को बहुत चंदा देता था, इसलिए उसने सरकार पर दबाव बनाकर अपनी डूबती हुई कंपनी के शेयर एल.आई. सी. द्वारा खरीदवा लिये थे। लेकिन गाज बस वित्तमंत्री पर ही गिरी, किसी को पता नहीं चलता, अगर नेहरूजी और फिरोज गांधी के बीच के पारिवारिक झगड़े के चलते फिरोज इस केस को संसद में नहीं उठाते।

इतना ही नहीं, के.जी.बी. के 'आर्काइव' के प्रभारी मित्रोखिन की 'मित्रोखिन फाइल्स' ने खुलासा किया था कि 1971 के चुनावों में कांग्रेस को काफी फंडिंग मास्को से मिली थी। यह तक खुलासा किया कि कैबिनेट के कई मंत्री के.जी.बी. की सैलरी पर थे। 1986 से 1989 तक कैबिनेट सेक्रेटरी और उससे पहले इंदिरा गांधी की सरकार में कई महत्त्वपूर्ण पदों पर रहे बी.जी. देशमुख ने अपनी आत्मकथा 'एन एनलाइटन ऑटोबायोग्राफी : ए कैबिनेट सेक्रेटरी लुक्स बैक' में लिखा है—"बोफोर्स कांड इंदिरा गांधी और संजय गांधी के समय शुरू हुई गलत परंपराओं की परिणति थी। इंदिरा गांधी रजनी पटेल और वसंत राव नायक जैसे नेताओं पर फंड के लिए निर्भर थीं, उन्हीं दिनों यह तय हुआ कि पार्टी फंड के लिए विदेश से होने वाली डील्स में कट लिया जाए। संजय गांधी ने इसे 1972 से शुरू कर दिया।"[2]

संजय गांधी ने कैसे अपनी कंपनी मारुति की सहयोगी कंपनियों के जरिए सरकारी सौदों में कमीशन लेना शुरू किया था और रिश्वत को संस्थागत स्वरूप बना दिया था, उसे आप विस्तार से इसी पुस्तक के अगले अध्याय 'मारुति का मकड़जाल' में पढ़ेंगे। मोतीलाल नेहरू के बड़े भाई नंदलाल नेहरू के नाती और भारतीय राजनयिक बी.के. नेहरू ने अपनी आत्मकथा 'नाइस गायज फिनिश सेकंड' में भी एक और दिलचस्प खुलासा किया है। जब संजय गांधी के अंतिम संस्कार के वक्त उन्होंने राजीव गांधी से यह पूछा था कि क्या संजय गांधी ने कांग्रेस के लिए जो तथाकथित धन इकट्ठा किया था, वो सुरक्षित है? राजीव का जवाब था कि कुल मिलाकर उन्हें कांग्रेस की अलमारियों में बीस लाख रुपया मिला है। सोचिए, अंतिम संस्कार से पहले ही संजय गांधी के पैसे

को खँगालना शुरू कर दिया गया था! तब बी.के. नेहरू ने राजीव से पूछा कि संजय के पास कितना था? राजीव ने अपना सिर अपने हाथों से पकड़कर कहा कि 'अनअकाउंटेड करोर्स।'[3] इसे उनके भाई और भारत के पूर्व पी.एम. का आधिकारिक बयान क्यों न माना जाए? इंदिरा कांग्रेस की नींव इंदिरा गांधी ने ऐसे ही हथकंडों और गलत परंपराओं पर रखी थी।

बोफोर्स मामले में आपको जे.आर.डी. टाटा के एक बयान को भी जरूर जानना चाहिए, जो पूर्व राष्ट्रपति वेंकटरमण से कभी उन्होंने कहा था। इस बयान को वेंकटरमण ने अपनी आत्मकथा 'माई प्रेसिडेंशियल ईयर्स' में लिखा है। बोफोर्स पर वेंकटरमण और जे.आर.डी. टाटा की चर्चा के दौरान टाटा ने कहा था—"1980 से इंडस्ट्रियलिस्ट्स से चंदा लेना कांग्रेस ने बंद कर दिया था, तो उनको लगता है कि जरूर विदेशी डील्स से कमीशन पार्टी को मिल रहा होगा।"

ऐसा आरोप लगे हैं कि भ्रष्टाचार को इंदिरा-राजीव के वक्त में एक संस्थागत और कानूनी रूप दे दिया गया था। इंदिरा गांधी के राज में कई घोटाले चर्चा में आए थे, इन्हीं में से एक था ऑयल स्कैम। 1976 में इमरजेंसी के दौरान हांगकांग की कुओ ऑयल कंपनी के साथ 200 मिलियन डॉलर के एक कॉन्ट्रैक्ट में भारत सरकार को 9 करोड़ का नुकसान हुआ था, उन दिनों कहा गया कि यह पैसा इंदिरा और संजय को मिला है। 'इंडिया टुडे' की इस इनवेस्टीगेटिव रिपोर्ट से इस घपले को आप बेहतर तरीके से समझ सकते हैं।[4]

केवल केंद्र ही नहीं, कांग्रेस की राज्य सरकारें भी कम कमाल नहीं दिखा रही थीं। प्रधानमंत्री ने प्रश्रय में समय से पहले आगे बढ़े महाराष्ट्र के पहले मुसलिम मुख्यमंत्री ए.आर. अंतुले ने इंदिरा गांधी के नाम पर ट्रस्ट खोलकर कैसे सरकारी कॉन्ट्रैक्ट्स को दिलाने के नाम पर कंपनियों से रिश्वत लेने का रास्ता ईजाद किया था, वे आप इसी पुस्तक में आगे एक अध्याय में पढ़ पाएँगे। जिसमें इंदिरा गांधी अपना हाथ होने से साफ मुकर गई थीं, लेकिन 'इंडियन एक्सप्रेस' के संपादक अरुण शौरी ने सुबूतों के साथ बड़ा खुलासा करके झूठ का परदाफाश कर दिया था, लेकिन गाज केवल मुख्यमंत्री पर ही गिरी।

'विकीलीक्स केबल्स' से भी एक बड़ा खुलासा हुआ था। 7 जुलाई, 1976 को अमेरिकी दूतावास, दिल्ली से भेजी गई इस केबल में इंदिरा राज में व्याप्त भ्रष्टाचार की कलई खुल गई थी। इस केबल के मुताबिक, '1971 में एक सरकारी कमेटी ने बताया कि भारत में कुल जी.डी.पी. (तब जी.एन.पी.) का 23 फीसदी लेन-देन काले धन के तौर पर होता था। यहाँ ट्रेन की टिकट बुक करने से लेकर हॉस्पिटल में बैड पाने तक सबमें भ्रष्टाचार है।' इस केबल के मुताबिक 'हर बड़े-छोटे बिजनेसमैन को 'यूनाइडेट

गिवर फंड' यानी कांग्रेस पार्टी को पैसा देना पड़ता था। इसी केबल में बताया गया है कि एक ब्रिटिश एयरक्राफ्ट कंपनी को कैसे संजय गांधी की कंपनी मारुति से असिस्टेंस के लिए अप्रोच किया गया था।[5]

सबसे दिलचस्प था कि घूस के पैसे के 'कलेक्टर' कभी भी बदले जा सकते थे, कैश में ही नहीं वस्तुओं, प्रॉपर्टी तक में रिश्वत ली जाती है। इस केबल की कुछ लाइनें पढ़िए—"AT THE MOMENT K.K. BIRLA IS KNOWN AS THE PRIMARY COLLECTOR BUT NEXT YEAR IT COULD BE SOMEONE DIFFERENT. THE FORM OF CONTRIBUTION IS NORMALLY, THOUGH NOT ALWAYS, CASH. CONTRIBUTIONS ARE ALSO MADE IN KIND SUCH AS PROVISION OF VEHICLES, HOUSING, ETC."[5]

इसी 'विकीलीक्स केबल' में तत्कालीन सिविल एविएशन मंत्री से जुड़े एक कॉन्ट्रैक्ट में रिश्वत के मामले को पढ़कर आप जान सकते हैं कि रिश्वत देने वालों की हिमाकत कितनी बढ़ गई थी उस वक्त—"IN ONE CASE AN INDIAN MANUFACTURER PAID A SUBSTANTIAL BRIBE TO THE MINISTER OF CIVIL AVIATION FOR A PARTICULAR CONTRACT. LATER THE PROJECT BECAME A SOURCE OF CONTROVERSY FOR REASONS WHICH HAD NOTHING TO DO WITH THE BRIBE. THE MINISTER SOUGHT TO RETURN THE BRIBE BUT THE DONOR INSISTED ON INTEREST. A COMPROMISE WAS REACHED WHEREBY AN ADDITIONAL CONTRACT WAS AWARDED THE MANUFACTURER." इतने बड़े खेल सरकार के मंत्री करते थे और रोज अखबारों में खबरें आती थीं कि फलाँ कांस्टेबल रिश्वत लेते पकड़ा गया या एक क्लर्क रँगे हाथों घूस लेते गिरफ्तार।

अब आप समझिए कि इंदिरा गांधी इस पूरे भ्रष्ट सिस्टम को कैसे संरक्षण देती थीं, ये इसी 'विकीलीक्स केबल' की पाँच लाइनों में लिखा है—"THERE ARE AT LEAST TWO REASONS WHY 'THE TOP' PROTECTS THIS SYSTEM. FIRST, MOST OF THE FUNDS SO COLLECTED ARE IN FACT GIVEN TO THE PARTY MINUS A 'COMMISSION' FOR THE COLLECTOR. SECOND, IT PROVIDES A HANDY HOLD ON VIRTUALLY EVERY POLITICIAN. CORRUPTION FILES ARE ACCORDINGLY KEPT IN THE PRIME MINISTER'S OFFICE AND NO CHARGES AGAINST ANY MAJOR FIGURE CAN BE INSTITUED WITHOUT HER PERSONAL APPROVAL."[5] साफ लिखा है कि करप्शन की फाइलें प्रधानमंत्री के कार्यालय में रखी जाती थीं।[5]

केवल एक यह केबल काफी है यह बताने के लिए कि इंदिरा गांधी के राज में

कितना भ्रष्टाचार व्याप्त था। वैसे भी वो सब कुछ एक अध्याय में नहीं समेटा जा सकता। संजय गांधी की मारुति कंपनी और उसकी सहयोगी कंपनियों का काम करने का तरीका भी इसी दिशा में एक कड़ी है, यह समझने के लिए कि जब प्रधानमंत्री का परिवार ही देश की संपत्ति और सरकारी ठेकों में अपना हिस्सा छीनने लग जाए तो वह देश कैसे तरक्की कर सकता है, उसे विस्तार से आप अगले अध्याय 'मारुति का मकड़जाल' में समझेंगे।

संदर्भ

1. Khushwant Singh Interview, Rediff.com, October 2004 https://www.rediff.com/news/interview/inter1/20041027.htm
2. 'An Enlightening Autobiography : A Cabinet Secretary Looks Back' by BG Dehttps://www.indiatoday.in/magazine/special-report/story/19820731-ioc-kuo-oil-deal-resulted-in-rs-9-crore-loss-to-the-exchequer-772034-2013-10-10shmukh, Page no. 218, Published by Harper Collins.
3. 'Nice Guys Finish Second', by BK Nehru, Published by Penguin India.
4. IOC-Kuo Oil deal resulted in Rs 9 crore loss to the exchequer https://www.indiatoday.in/magazine/special-report/story/19820731-ioc-kuo-oil-deal-resulted-in-rs-9-crore-loss-to-the-exchequer-772034-2013-10-10
5. 'Wikeleaks Cable', from New Delhi, 7 July, 1976. https://wikileaks.org/plusd/cables/1976NEWDE09954_b.html

□

12

मारुति का मकड़जाल

आपने अकसर देखा होगा गली-नुक्कड़ पर, यहाँ तक कि सोशल मीडिया पर भी कांग्रेस के मासूम कार्यकर्ता यह कहते मिल जाते हैं कि देश की पहले जनता कार मारुति-800 संजय गांधी ने बनाई थी। लेकिन गांधी परिवार की तरफ से मारुति कार को लेकर कभी कोई बयान आपको देखने को नहीं मिला होगा। आज आप इस अध्याय में इसकी वजह तो जानेंगे ही, साथ ही जानेंगे कि 'मारुति' अकेला ऐसा उदाहरण है, जो राजनीति, इतिहास, बिजनेस और पत्रकारिता जगत् के युवाओं को बताता है कि कैसे इंदिरा गांधी की छत्रच्छाया में संजय गांधी ही नहीं, पूरे गांधी परिवार की संलिप्तता से एक ऐसा मॉडल बनाया गया, जो परिवार, राजनीति और बिजनेस का सबसे दुर्भाग्यपूर्ण मिश्रण था। आने वाली पीढ़ियों के लिए बहुत बड़ा सबक कि ऐसा कतई नहीं करना है।

शुरुआत हुई ब्रिटेन की रॉल्स रॉयस फैक्टरी में संजय गांधी के ट्रेनिंग अधूरी छोड़कर भारत वापस आने से। कारों से संजय गांधी के प्रेम की तमाम कुख्यात कहानियाँ हैं, कैसे गलत ड्राइविंग के चलते वे लंदन में गिरफ्तार हुए, दिल्ली में कार चोरी का गैंग बनाया, जो कारें चुराकर लंबी रेस या लॉन्ग ड्राइव लेने के बाद कहीं भी लावारिस छोड़ जाता था आदि। इसमें सबसे कुख्यात कहानी है नेहरू परिवार के करीबी मोहम्मद युनुस के बेटे आदिल शहरयार की कहानी। मोहम्मद युनुस के घर में ही संजय गांधी की शादी हुई थी। उनके बेटा आदिल शहरयार संजय और राजीव दोनों का दोस्त था। कैथरीन फ्रैंक से लेकर कूमी कपूर तक ने उसकी कार चोरी की हरकतों के बारे में लिखा है। हालाँकि, यह बस मस्ती के लिए होता था।

कहानी तब सामने आई, जब 1964 में एक मोटरसाइकिल एक्सीडेंट में आदिल शहरयार घायल हो गए, उसी रात आर्मी के एक मेजर की कार चोरी हो गई थी और आदिल का नाम सामने आया। 'करंट' मैगजीन ने इंदिरा गांधी को चुनौती दी कि संजय

गांधी इसमें शामिल हैं, उन्हें बेगुनाह साबित करके दिखाएँ। इंदिरा गांधी ने बयान दिया कि संजय तो कश्मीर में हैं। आरोप लगे कि रातोंरात संजय को कश्मीर भेज दिया गया है। जनार्दन ठाकुर ने 'ऑल द प्राइम मिनिस्टर्स मैन' में इसे विस्तार से लिखा है कि कैसे 16 मई की रात को पेट्रोल पंप पर बिना पैसे दिए भाग रहे तीन लड़कों की कार चौराहे के बूथ से टकरा गई और तीनों पकड़े गए। फिर पी.एम. आवास को अपना पता बताया, तो पुलिस अधिकारी चौंका। 11 दिन बाद ही नेहरूजी की मौत से यह मामला नेपथ्य में चला गया था। जनार्दन ठाकुर ने यह भी लिखा है कि कैसे मोहम्मद युनुस ने कार को मोटरसाइकिल में बदला और कैसे इंदिरा गांधी ने नेहरूजी की मौत से उबरकर 10 अक्तूबर, 1964 को उस मेजर से मिलकर बात को रफा-दफा किया।[1]

ऐसे बेटे ने जब भारत की पहली जनता कार बनाने की बात अपनी प्रधानमंत्री माँ से की तो माँ को लगा कि चलो कहीं तो व्यस्त रहेगा, शायद कुछ कर ही डाले! इससे पहले गांधी-नेहरू परिवार कभी इस तरह के बिजनेस में नहीं उतरा था। उससे पहले संजय गांधी रॉल्स रॉयस में इंटर्नशिप के लिए लंदन भेज दिए गए और आदिल शहरयार को आगे की पढ़ाई के लिए अमेरिका। लेकिन 12 अगस्त, 2015 को तत्कालीन विदेश मंत्री सुषमा स्वराज ने संसद में यह आरोप लगाकर सनसनी फैला दी कि भोपाल गैस कांड के लिए जिम्मेदार यूनियन कार्बाइड के वॉरेन एंडरसन को राजीव गांधी ने अमेरिकी राष्ट्रपति रोनाल्ड रीगन के कहने पर छोड़ दिया और बदले में एक फ्रॉड के मामले में अमेरिकी कोर्ट से 35 साल की सजा पाए आदिल शहरयार की सजा माफ करवा ली। उस पर फ्लोरिडा के शेरेटन बीच होटल में अपने कमरे में बॉम्ब से आग लगाने का भी आरोप था। तब राजीव गांधी ने इंडियन अमेरिकन अखबार 'इंडिया एब्रोड' को बस इतनी सफाई दी कि 'We do believe that he has been wrongly imprisoned.'[2]

संजय गांधी ने कहा कि पहले वे अपनी कार का एक नमूना बनाकर लोगों को दिखाएँगे और इसके लिए दिल्ली के गुलाबी बाग में एक गैराज भी शुरू किया। जो नमूना बना, वह किसी को पसंद नहीं आया, दूसरा टेस्ट रन में फेल हो गया। उनकी तमाम आलोचनाओं के बावजूद उनको कार बनाने का लाइसेंस मिल गया, तब, जबकि उनको कार बनाना तो दूर, किसी भी बिजनेस का अनुभव नहीं था। उनको हर साल 50,000 कारों को बनाने का लाइसेंस दिया गया, इस शर्त के साथ कि सस्ती कारें बनानी थीं, संसाधन स्वदेशी इस्तेमाल करने थे। हालाँकि, लाइसेंस देने वाले अधिकारियों को पता था कि इतनी कारें एक साल में बनाना मुमकिन नहीं, फिर भी तमाम नियम-कायदों को दरकिनार करते हुए 'स्पेशल केस' के तौर पर प्रधानमंत्री के बेटे का केस लिया गया।[3]

और उस वक्त इंडस्ट्रियल डेवलपमेंट मिनिस्टर थे फखरुद्दीन अली अहमद, जिनके हाथों से बाद में इमरजेंसी की घोषणा पर हस्ताक्षर करवाए गए थे। कूमी कपूर

अपनी पुस्तक, 'द इमरजेंसी : अ पर्सनल हिस्ट्री' में लिखती हैं—"बंसीलाल ने अपने वरिष्ठ अफसरों को हुक्म दिया कि वे दिल्ली जाकर संजय गांधी को उनकी मारुति फैक्टरी के लिए जमीन दिलवाने में मदद करें। शर्त यह थी कि जमीन दिल्ली के पास होनी चाहिए। मारुति के लिए जिस जमीन को चुना गया, वह खेती योग्य उपजाऊ जमीन थी। वहाँ से हथियारों का एक डिपो और एक हवाई पट्टी एक हजार गज से भी ज्यादा दूर नहीं थी। उन्होंने संजय गांधी को 290 एकड़ जमीन का कब्जा दिलवाया। जमीन के दाम को 18 किश्तों में अदा किया जाना था, लेकिन मारुति ने दो किश्तों के बाद हरियाणा सरकार को बकाया देना बंद कर दिया था।"

कुलदीप नैयर 'इमरजेंसी की इनसाइड स्टोरी' में लिखते हैं—"अपनी चिर-परिचित दबंगई से बंसीलाल ने दिल्ली-गुड़गाँव हाईवे पर 445 एकड़ जमीन का अधिग्रहण कर लिया। जबरन तीन गाँवों—महालड़ा, ढूँढ़ेरा और खेतरपुर के निवासियों को दस-दस हजार रुपए प्रति एकड़ भुगतान देकर गाँव से बेदखल कर दिया, यानी कुल भुगतान महज 45 लाख रुपए का किया गया। जबकि उन दिनों उस इलाके की बाजार कीमतें 35,000 रुपए एकड़ की थीं। एक और बड़ा उल्लंघन इस जमीन अधिग्रहण में हुआ था, नियम था कि किसी रक्षा प्रतिष्ठान के 1000 मीटर के दायरे में कोई फैक्टरी नहीं होनी चाहिए। जबकि यह फैक्टरी सेना के गोला-बारूद डंप के ठीक बगल में थी।"[4]

बाद में रक्षा उत्पादन राज्यमंत्री वी.सी. शुक्ला ने उस गोला-बारूद डंप को उस स्थान से कहीं और भेज दिया। खुला खेल फर्रुखाबादी था, तभी तो बंसीलाल जैसा आदमी, जिसे इमरजेंसी के बाद कांग्रेस की वर्किंग कमेटी ने हर ज्यादती के लिए जिम्मेदार ठहराया था, उसे संजय गांधी की नजदीकी के चलते देश का रक्षा मंत्री बनाया गया था। वे भी हरियाणा के सी.एम. बनारसी दास गुप्ता को यह बताकर कि इस कुरसी पर बाद में बंसीलाल बैठेंगे। अब संजय गांधी को पैसा जुटाना था, सो कई लोगों पर दबाव बनाकर कंपनी के शेयर बिकवाने शुरू किए गए। उससे पहले 1971 में वे दुनिया भर की कई कार कंपनियों के दौरे पर गए और बाद में कहा कि यह सब तो उन्हें पहले से ही पता था।

पैसों के लिए संजय गांधी ने बाद में सार्वजनिक बैंकों का रुख किया, जिनका इंदिरा गांधी ने 1 साल पहले ही राष्ट्रीयकरण किया था। मारुति को दबाव में कई बैंकों ने असुरक्षित कर्ज दिया, सेंट्रल बैंक ऑफ इंडिया और पंजाब नेशनल बैंक ने भी 75-75 लाख रुपए दिए। आखिरकार आर.बी.आई. को दखल देना पड़ा, एक सर्कुलर आया, जिसमें आर.बी.आई. ने कहा कि और कोई कर्ज दिया गया तो देश की मुद्रा नीति के आधार को ठेस पहुँचेगी। बाद में आर.बी.आई. और इन बैंकों के कई अधिकारियों पर गाज भी इंदिरा गांधी ने संजय गांधी की सिफारिश पर गिराई। उनका ब्योरा इसी पुस्तक

के दूसरे अध्याय में आपको मिलेगा। पैसे के लिए कांग्रेस नेताओं पर दबाव बनवाकर हर राज्य में मारुति डीलरशिप भी 3 से 5 लाख रुपए में लोगों को दिलवाई, लेकिन मारुति कब मार्केट में आएगी, इसके बारे में किसी को पता नहीं था। कुल 73 लोगों को डीलरशिप दिलवाई गई। कुछ बड़े उद्योगपतियों को मारुति के बोर्ड में रखा गया, जिनमें अपोलो टायर्स के रौनक सिंह, साउदर्न पेट्रोकेमिकल्स के एम.ए. चिदंबरम, कोका कोला की बॉटलर कंपनी प्योर ड्रिंक्स के चरणजीत सिंह और मोहन मीकिन के वी.आर. मोहन आदि।[5]

संजय गांधी मारुति के मामले में असफल साबित हो रहे थे, समय लगातार गुजर रहा था, लेकिन एक ऐसा कामयाब मॉडल नहीं बन पा रहा था, जिसे वाकई में एक अच्छी कार कहा जा सके। मेनका गांधी के करीबी खुशवंत सिंह ने एक दिन संजय गांधी के साथ कार के एक मॉडल में यात्रा करके उसकी काफी तारीफ भी छापी, लेकिन वह भी काम नहीं आई। संजय गांधी ने तब कुछ आयातित उपकरण भी कार में इस्तेमाल किए। मारुति सड़कों पर कब आएगी, इसके लिए संजय गांधी हर बार नई तारीख बता रहे थे।

नवंबर 1970 में उन्हें कार बनाने का लाइसेंस मिला था और पहला प्रोटोटाइप नवंबर 1972 में जब आया तो संजय गांधी ने कहा था कि अगले पाँच महीनों में वे कार का कॉमर्शियल प्रोडक्शन शुरू कर देंगे, यानी अप्रैल 1973 तक। लेकिन इसके 8 महीने बाद दिसंबर 1973 में एक प्रेस कॉन्फ्रेंस में वह बता रहे थे कि कार अगले 6 महीने में तैयार हो जाएगी। लेकिन फिर वही ढाक के तीन पात! डेढ़ साल बाद, इमरजेंसी से ठीक पहले मई 1975 में वे फिर कह रहे थे कि 1977 तक कार फैक्टरी अपनी पूरी क्षमता के साथ काम करने लगेगी, रोज 200 कार निकलेंगी। इमरजेंसी लगने के बाद जनवरी 1976 में कांग्रेस के चंडीगढ़ अधिवेशन तो उनका वादा था कि मार्च के अंत तक चुनिंदा शोरूम्स में उनकी कार उपलब्ध हो जाएगी। लेकिन 1980 जून में उनकी मौत होने तक यह कार कभी सड़कों पर नहीं आ पाई थी। तमाम राजनीति विश्लेषक तो यह तक दावा करते हैं कि इंदिरा गांधी ने जो इमरजेंसी लगाई, उसकी एक बड़ी वजह मारुति प्रोजेक्ट को लेकर जो माँ-बेटे की आलोचना हो रही थी, वे उससे भी परेशान थीं।

संजय ने हनुमानजी के नाम वाले ब्रांड 'मारुति' को लगता है, पूरी तरह मटियामेट करने की कसम खा ली थी। वे अपना बिजनेस साम्राज्य खड़ा करने का सपना पाले हुए थे। उन्होंने मारुति नाम से ही कई कंपनियों को एक-एक करके लॉन्च करना शुरू कर दिया, जिनमें राजीव गांधी और परिवार के बाकी सदस्य भी हिस्सेदार बनने लगे। मारुति टेक्निकल सर्विस प्राइवेट लिमिटेड (एम.टी.एस.) नाम की एक और कंपनी बनाई,

जिसमें राजीव व बाकी सदस्यों को भी हिस्सेदार बनाया गया। जून 1972 में इस कंपनी को मारुति लिमिटेड का सलाहकार नियुक्त कर दिया गया। शर्त यह थी कि शुरुआत में मारुति लिमिटेड एम.टी.एस. को पाँच लाख रुपए देगी, उसके बाद अपनी बिक्री का 2 फीसदी देगी, जो कम–से–कम ढाई लाख रुपए हर साल होगा। आपको ध्यान होगा, अंग्रेजों ने जब भारत में रेल बिछाई थी, तो निवेशकों को 5 फीसदी गारंटीड रिटर्न दिया था। जबकि ये लोग तो निवेशक भी नहीं थे, फायदे के लिए बने सलाहकार थे।[6]

एक और सहायक कंपनी बनाई गई मारुति हेवी वर्क लिमिटेड (एम.एच.डब्ल्यू.), जिसका 59 फीसदी हिस्सा एम.टी.एस. के पास ही था और 8 फीसदी हिस्सा गांधी परिवार के पास भी था।[7] इस कंपनी को रोड रोलर बनाने वाली कंपनी के तौर पर रजिस्टर किया गया था। एम.टी.एस. इसकी सबसे बड़ी हिस्सेदार तो थी ही, सलाहकार भी थी। अब इन कंपनियों के जरिए तमाम निजी और सरकारी कंपनियों से काम लिया जाने लगा।

काम कैसे जबरन लिया जाता था, उसकी बानगी देखिए! जनवरी 1975 में ऑयल एंड नेचुरल गैस कॉरपोरेशन (ओ.एन.जी.सी.) ने रोड रॉलर्स का एक टेंडर निकाला। गार्डन रीच वर्कशॉप (जी.आर.डब्ल्यू.) ने अपने टेंडर में कीमत रखी 1.46 लाख प्रति नग, जबकि मारुति ने 1.6 लाख रखी, बाद में मारुति ने कीमत कम कर दी 1.41 लाख रुपए, लेकिन जी.आर.डब्ल्यू. को ही ऑर्डर मिला, क्योंकि एक तो वह सरकारी उपक्रम था, दूसरे उसकी छवि अच्छी थी, यानी काम का अनुभव था। लेकिन अचानक करार रद्द होने की खबर आई।

संशोधित अनुमान मँगाया गया, उसमें मारुति ने अपनी कीमत और घटाकर 1.25 लाख रुपए कर दी, जबकि जी.आर.डब्ल्यू. ने पहले वाली ही कीमत रखी। टेंडर मारुति के नाम कर दिया गया। संशोधित अनुमान मँगाने का कोई अधिकार उस अधिकारी के पास नहीं था, दूसरे कॉन्ट्रैक्ट देने से पहली उस कंपनी की फैक्टरी को निरीक्षण करने का भी अनिवार्य नियम था, उसका भी पालन नहीं किया गया। सीधे सचिव स्तर के फोन आते थे, सो कोई मना नहीं कर पाता था। वैसे भी आपत्ति कौन करे, मुकाबले में भी सरकारी कंपनी, कॉन्ट्रैक्ट देने वाला भी सरकारी अधिकारी और कॉन्ट्रैक्ट पाने वाला 'सरकार का बेटा'!

सबसे खास बात है कि मारुति ने रोल रोलर्स का बिजनेस शुरू किया तो अचानक से सभी सरकारी विभागों में रोड रोलर्स की माँग भी बढ़ गई, सभी ने टेंडर निकालने शुरू कर दिए। 2000 रुपए में कबाड़ से खरीदे गए रोड रॉलर एम.एच.वी. ने 1.4 लाख रुपए तक के बेचे। बॉर्डर रोड ऑर्गनाइजेशन (बी.आर.ओ.) ने 100 रोड रोलर इस कंपनी से खरीदे। इनमें से ज्यादातर को चुपचाप पठानकोट डिपो में खड़ा कर दिया गया, क्योंकि उन्हें पता लग गया कि यह ऊँचाई पर काम करने वाले नहीं है। वैसे भी नुकसान किसी

अधिकारी का अपना थोड़े ही न था, सरकार का नुकसान था, जिसमें फायदा भी 'सरकार के बेटे' का था।[8]

मारुति की इस कंपनी एम.एच.वी. ने एक और धंधा शुरू कर दिया, बसों की बॉडी बनाने का। कंपनी खुलते ही एम.पी. की कांग्रेस सरकार ने फौरन 39,000 रुपए प्रति बॉडी के हिसाब से 100 बसों का ऑर्डर भी दे दिया, जबकि उनका निगम इसे प्रति बस 27,813 रुपए में बना रहा था। यानी लगभग 25 फीसदी का अतिरिक्त टैक्स गांधी परिवार की कंपनी के नाम, मध्य प्रदेश की जनता की तरफ से, फायदा किसको 'सरकार के बेटों को' और प्रदेश की सरकार को क्या मिला—लंबी उमर! यू.पी. में भी बहुगुणा की जगह एन.डी. तिवारी ने बसों की बॉडी के ऑर्डर मारुति की कंपनी को दिलवाए, पूरे पाँच लाख अतिरिक्त देकर। हरियाणा, राजस्थान, दिल्ली भी पीछे नहीं रहे और कुल जमा 1 करोड़ का शुद्ध लाभ एच.एम.वी. ने कमाया। संजय गांधी जैसा पैसा कमाने का फॉर्मूला (माँ की सरकार की मदद से) किसी के पास था भी तो नहीं, बस कार ही नहीं बन पाई!

संजय गांधी को भी शायद वक्त रहते यह समझ आ चुका था कि मारुति कभी भी बाहर नहीं आ पाएगी, सो उन्होंने बिजनेस का एक और नया रास्ता निकाला। अब मारुति के जरिए एक नया बिजनेस शुरू किया गया, कमीशनखोरी का। मारुति ने तमाम बहुराष्ट्रीय कंपनियों से समझौता करना शुरू किया कि अब वह भारत में उनके एजेंट के तौर पर काम करेगी, रुके हुए काम पूरा करवाने और ठेके आदि दिलवाने में कमीशन लेगी और ऐसा कौन सा काम था, जो संजय गांधी के होते हुए रुक सकता था? अमेरिका की इंटरनेशनल हार्वेस्टर एंड पाइपर कंपनी, पश्चिम जर्मनी की मैन कंपनी और डिमैग कंपनी तथा इटली की शान प्रोगेट्टी कंपनी। हर सौदे में कुल 20 से 25 फीसदी तक कमीशन कमा रही थी मारुति।[9]

अधिकारियों को अनाधिकारिक निर्देश थे कि सभी निजी और सरकारी ऑर्डर्स में उन्हीं कंपनियों को तरजीह दी जाए, जिनकी एजेंट मारुति थी; सारे मंत्री, मुख्यमंत्री और सचिव संजय गांधी को नाराज करने की स्थिति में थे भी नहीं। सबसे दिलचस्प है कि ऐसे कई करारों को रद्द कर दिया गया, जो बिना मारुति के बीच में आए हो गए थे। जैसे पोलैंड के साथ फसल काटने वाली मशीन का करार, ओ.एन.जी.सी. के साथ ब्रिटिश स्टील का करार आदि। ट्राम्बे फूलपुर संयंत्र के विस्तार का टेंडर संजय गांधी के चलते इटली की कंपनी शान प्रोगेट्टी को मिला और जिससे मारुति को मिली 2.5 करोड़ की विदेशी मुद्रा।

अब संजय गांधी यह भी सुनिश्चित करने लगे कि उन कंपनियों के उत्पादों के हिसाब से सरकारी विभागों में उनकी जरूरतें भी पैदा की जाएँ। जैसे—दिल्ली वाटर

सप्लाई और सीवर डिस्पोजल अंडरटेकिंग को इस बात के लिए राजी किया कि वे पारंपरिक तौर पर इस्तेमाल की जा रही फिटकरी की बजाय पानी साफ करने के लिए 'क्विक फ्लॉक पॉलिमिक्स' नाम का एक वाटर प्यूरीफायर अपनाएँ। इसके केमिकल को लेकर कुछ कैमिस्ट्स ने आपत्ति जताई तो उन्हें फौरन निलंबित कर दिया गया।

दरअसल, संजय गांधी के एक दोस्त थे असिस्टेंट प्रोफेसर आर.सी. सिंह, जिन्हें आई.आई.टी. से स्टडी लीव दिलवाकर अपनी कंपनी एम.टी.एस. के जरिए संजय गांधी वो उत्पाद बनवा रहे थे। इतना ही नहीं, उन्हीं आर.सी. सिंह को म्युनिसिपल कमिश्नर बी.आर. टमटा का तकनीकी सलाहकार भी बना दिया गया, यानी जिसकी सलाह पर खरीदा जाएगा, वही प्रोडक्ट का डिजाइनर था, सो आपत्ति करेगा कौन? सबसे खास था, बिना टेंडर के लिए उस केमिकल और उत्पाद का इस्तेमाल शुरू कर दिया गया, लंबे समय बाद उसका टेंडर निकालकर कागजी कार्रवाई की गई। इस मामले में भी एक नियम का उल्लंघन किया गया, किसी भी शहर की जलापूर्ति से पहले राष्ट्रीय पर्यावरण अभियांत्रिकी अनुसंधान, कानपुर से परीक्षण करवाना जरूरी था, जो नहीं किया गया। आपत्ति करने वाले विरोधी जेल में थे। जबकि विदेशों में उस केमिकल का इस्तेमाल केवल सीवेज ट्रीटमेंट के लिए होता था, पीने के पानी को साफ करने के लिए नहीं। मुनाफे के लिए लोगों की जान से खिलवाड़ तक कर रहा था गांधी परिवार। बाद में इस मामले में जनता पार्टी सरकार ने संजय गांधी और आर.सी. सिंह के खिलाफ चार्जशीट तक दाखिल की थी।[10]

संजय और राजीव दोनों को ही विमान उड़ाने का बहुत शौक था, सो संजय गांधी ने पारिवारिक कंपनी के इस समूह में एक और कंपनी को जोड़ दिया—'द मारुति एविएशन कंपनी'। इतना ही नहीं, संजय ने उस वक्त सफदरजंग एयरपोर्ट परिसर के अधिग्रहण का भी प्रयास किया था। इरादा था मारुति की वर्कशॉप को सफदरजंग एयरपोर्ट पर ले जाने का। इंडियन एयरलाइंस को आदेश दे दिया कि सारे हैंगर वहाँ से खाली कर दिए जाएँ और अपने बाकी वाहनों मसलन—बसों, स्टेशन वैगन और कारों को इंद्रप्रस्थ स्टेट में डी.टी.सी. डिपो में पार्क करें। चुनावों में इंदिरा गांधी न हारतीं, तो यह योजना भी परवान चढ़ गई होती। मारुति ने और भी कई तरह के उत्पाद बनाने के ऑर्डर ले लिये थे, बस कार नहीं बन पा रही थी। इतनी कमाई के बावजूद मुनाफा कहाँ जा रहा था, किसी को नहीं पाता। कागजों पर 1976 के अंत तक मारुति 2.3 करोड़ के कर्ज में डूबी थी।

संदर्भ

1. 'All The Prime Minister's Men' by Janardan Thakur, Page no. 1-4, Published by Vikas Publishing House.
2. 'Who is Adil Shahryar and why was he part of Sushma's defence?'

Rediff.com, 12 August, 2015, https://www.rediff.com/news/report/who-is-adil-shahryar-and-why-was-he-part-of-sushmas-reference/20150812.htm

3. 'Committees and Commissions in India, 1947-73 : 1977' (4 v.), by Virendra Kumar, Page no. 256, Published by DK Publishing House.
4. 'Emergency ki Inside Story' (Hindi Edition), by Kuldip Nayar, Page no. 207, Published by Prabhat Prakashan.
5. 'The Maruti Story' by RC Bhargava, Published by Harper Collins.
6. 'Emergency ki Inside Story' (Hindi Edition), by Kuldip Nayar, Page no. 209, Published by Prabhat Prakashan.
7. 'Rise and Fall of Sanjay Empire', by Jagat Singh, Netra Deep, Page no. 193, Published by Pankaj Publications.
8. 'The Judegment : Inside Story of Emergency in India', by Kuldip Nayar, Page no. 198, Published by Vikas Publishing House.
9. 'The Judegment : Inside Story of Emergency in India', by Kuldip Nayar, Page no. 201, Published by Vikas Publishing House.
10. Data India, July 11-17 1977, Page no. 443, Published by Press Institute of India.

□

13

चीन इतना आगे, तो जिम्मेदार इंदिरा गांधी भी

कभी फुरसत में पूर्व प्रधानमंत्री और तत्कालीन वित्तमंत्री मनमोहन सिंह का 1991 का वह ऐतिहासिक बजट भाषण पढ़िए, जिसमें अर्थव्यवस्था के दरवाजे खोल दिए गए थे। सबसे दिलचस्प बात है कि उन्होंने उस भाषण में पं. नेहरू से लेकर राजीव गांधी तक की आर्थिक नीतियों की जमकर तारीफ की, लेकिन इंदिरा गांधी की आर्थिक नीतियों का जिक्र तक नहीं किया। जिस प्रधानमंत्री ने देश पर करीब 17 साल शासन किया, पाकिस्तान के दो टुकड़े किए, पहले परमाणु परीक्षण किए, इस ऐतिहासिक मौके पर उनका जिक्र न करना अनायास ही नहीं था। नरसिम्हा राव और मनमोहन सिंह दोनों बखूबी जानते थे कि उस दिन जो कदम उठाया गया था, वह बीस साल पहले ही उठ जाना चाहिए था, यानी इंदिरा गांधी के शासन काल में, लेकिन वे चूक गईं और नतीजा आने वाली पीढ़ियाँ भुगतने वाली हैं या यों कहें कि भुगत भी रही हैं।

इंदिरा गांधी के नाम का जिक्र इस भाषण में दो बार हुआ है। एक बार मनमोहन सिंह ने गांधी-परिवार को खुश करने के लिए किया। उन्होंने कहा, "पं. नेहरू ने एक बार युवा इंदिरा गांधी को पत्र में सलाह दी थी कि In dealing with the affairs of the state one should be full of sentiments, but never be sentimental." दरअसल इसका जिक्र उन्होंने यह बताने के लिए किया कि वे अपने आप को भावुक होने से नहीं रोक पा रहे हैं, क्योंकि उनका यह पहला बजट भाषण था।

दूसरी बार उनका जिक्र रस्मी तौर पर पं. नेहरू व राजीव गांधी के साथ धन्यवाद देने के लिए किया। उन्होंने कहा, "Thanks to efforts of Pandit Jawahar Lal Nehru, Indira Gandhi and Rajiv Gandhi, we have developed a well-diversified industrial structure." और इंदिरा गांधी की सारी आर्थिक नीतियों की तारीफ इस एक लाइन में उस व्यक्ति ने समेट दी, जिसे कांग्रेस अपनी आर्थिक नीतियों का रोल मॉडल मानती है। लेकिन इस तारीफ के साथ मनमोहन सिंह ने आगे कुछ लाइनें और जोड़कर यह तारीफ भी एक तरह से खारिज ही कर दी। उन्होंने आगे कहा—"However, barriers to entry and limits on growth, in the size of firms, have often led to a proliferation of licensing and an increase in degree of monopoly. This has put shackles on segments of Indian industry and made them serve the interests of producers but not pay adequate attention to the interests of consumers."[1]

उन्होंने साफ कहा कि प्रवेश पर रोक और फर्म के आकार से विकास की सीमा सीमित करना लाइसेंसिंग को बढ़ावा देता है तथा एकाधिकार को भी। इससे कई उद्योगों की गति रुक गई और उन्हें ऐसा बना दिया, जिससे केवल उत्पाद बनाने वाले का फायदा हो, उपभोक्ताओं का नहीं; वह केवल स्वस्थ प्रतियोगिता में हो सकता है। मनमोहन सिंह का यह बजट भाषण काफी हद तक यह बता देता है कि इंदिरा गांधी का लंबा शासनकाल ही मोटे तौर पर जिम्मेदार है कि भारत आज चीन से काफी पिछड़ गया है।

हालाँकि इसी भाषण में अलग से मनमोहन सिंह ने आजादी के बाद के पं. नेहरू के अर्थव्यवस्था में प्रयोगों के लिए तारीफ की और पूरे आधे पेज में यह माना कि वह प्रयोग पूरी तरह सफल नहीं हुए। इसी तरह राजीव गांधी के विजन की तारीफ भाषण के शुरुआत से ही की कि कैसे उन्होंने सेबी की स्थापना का अपना वादा पूरा किया और कैसे टेक्नोलॉजी मिशन शुरू किया। मनमोहन सिंह ने इस भाषण में राजीव गांधी की तमाम तारीफें की हैं। उनका जिक्र आठ बार किया, लेकिन इंदिरा गांधी को जानबूझकर नजरअंदाज किया।

इंदिरा गांधी का शासनकाल ही वह दौर था, जब चीन अपना स्पेशल इकोनॉमिक जोन (एस.ई.जेड.) और तेज आवागमन व माल परिवहन के लिए सड़कें बना रहा था, रेल यातायात मजबूत कर रहा था, 'दुनिया भर की फैक्टरी' बनने के लिए तमाम आर्थिक सुधार कर रहा था, निजी फर्मों को बढ़ावा दे रहा था, जबकि इंदिरा गांधी बैंकों का राष्ट्रीयकरण करके जनता की सारी पूँजी से अधिकारियों और ऐसे बिजनेसमैन के गठजोड़ को बढ़ावा देने का रास्ता खोल रही थीं, जिन्होंने जनता के धन को जमकर लूटा।

आपको यह बात आई.एम.एफ. के आँकड़ों से कुछ ज्यादा अच्छी तरह समझ आएगी। 19 जनवरी, 1966 को इंदिरा गांधी ने पहली बार भारत के प्रधानमंत्री का पद

सँभाला, तो उस साल भारत की नॉमिनल जी.डी.पी. (जो करंट प्राइस में आँकी जाती है) 45.87 बिलियन डॉलर पहुँच गई, जो उससे पहले के साल से पूरे 14 बिलियन डॉलर, यानी करीब 28 प्रतिशत कम हो गई थी और चीन, जो पिछले साल 70 बिलियन डॉलर पर था वह 76 बिलियन डॉलर पार कर गया। इंदिरा के पहले कार्यकाल में ही, यानी 1977 तक यह फासला बढ़कर 53 बिलियन डॉलर से ऊपर हो गया। भारत की नॉमिनल जी.डी.पी. 121.49 और चीन की 174.94 बिलियन डॉलर हो गई। अगले साल मोरारजी देसाई की सरकार में यह फासला बस 12 बिलियन डॉलर पर सिमट गया, अगले साल भी इतना ही रहा।[2]

इंदिरा गांधी दोबारा 1980 में लौटीं, तो यह सिमटकर केवल 5 बिलियन डॉलर का रह गया और अगले साल 2 बिलियन डॉलर का, लेकिन फिर उलटी गिनती शुरू हो गई। अब चीन ने इतने दिनों से आधारभूत ढाँचा निर्माण की क्रांति की थी, निजी कंपनियों को आगे बढ़ाया था, बाहर के बाजार के लिए अपने दरवाजे खोले थे, तमाम नियमों को शिथिल किया था, तमाम जो स्पेशल इकोनॉमिक जोन तैयार किए थे, उनके परिणाम सामने आने लगे थे। 1984 में ही यह फासला चीन के हक में तेजी से बढ़कर 47 बिलियन डॉलर हो गया। जब तक भारत अपने बाजार खोलता, यानी 1991 में यह फासला तेजी से बढ़कर 113 बिलियन डॉलर और बाजपेयी की सरकार आने से पहले दोगुना और मोदी सरकार आने से पहले पाँच गुना से भी अधिक हो गया। 2013 में भारत की नॉमिनल जी.डी.पी. 1856.72 बिलियन डॉलर थी, और चीन की 9570.41।

चूँकि जिस दौर में इंदिरा गांधी शासन कर रही थीं, तब उद्योगों पर तमाम तरह के प्रतिबंध लगाए जा रहे थे। इस दौर को आप नीति आयोग के पूर्व उपाध्यक्ष अरविंद पानगड़िया की फोर्ब्स मार्शल कंपनी के नौशाद फोर्ब्स के साथ एक पोडकास्ट बातचीत में समझ सकते हैं। फोर्ब्स मार्शल भारतीय जड़ों वाली एक मल्टीनेशनल इंजीनियरिंग कंपनी है, जिसके 18 देशों में ऑफिस हैं और नौशाद सी.आई.आई. के प्रेसीडेंट भी रह चुके हैं। उन्होंने बताया कि कैसे इंदिरा गांधी के सत्ता सँभालते ही उनके पिता के लिए बिजनेस करना कितना मुश्किल हो गया। उससे पहले लाइसेंस लेना, किसी भी विदेशी कंपनी के साथ संयुक्त उपक्रम लगाना कितना आसान था।

दरअसल उनके पिता ने पी.एच. इलेक्ट्रोड्स भारत में बनाने के लिए एक स्विस कंपनी से समझौता किया था। उनको पूरे पाँच साल तक अनुमति पाने के लिए संघर्ष करना पड़ा, क्योंकि चंडीगढ़ की सरकारी लैब ने कह दिया था कि जब हमारे पास पीएच इलेक्ट्रोड्स बनाने की तकनीक है, तो आप स्विस कंपनी के पास क्यों जा रहे हो? लेकिन जब लैब में गए तो उन्होंने कहा कि हमारे पास कुछ नहीं है, लेकिन कुछ

आइडियाज है, जिन पर हम काम कर सकते हैं। नौशाद के पिता ने कहा, तो आप मना कर दो कि आपके पास तकनीक नहीं है, लेकिन लैब ने कहा कि ऐसा कह देंगे तो हमें मिलने वाला बजट हम खो देंगे। ऐसे पाँच साल बरबाद हुए और वह संयुक्त उपक्रम भी शुरू नहीं हो पाया।[3]

यह अकेला उदाहरण है कि इंदिरा गांधी उस दौर में क्या कर रही थीं और चीन क्या कर रहा था। नौशाद ने इस बातचीत में बताया कि उन दिनों आयात करने पर 400 फीसदी तक टैक्स देना पड़ता था। पूरी बातचीत में इंदिरा गांधी के दौर में उद्योगपतियों को आने वाली काफी दिक्कतों के बारे में आप जान सकते हैं।

इसी पुस्तक में आप जमशेदजी टाटा से जुड़ा विवाद, महाराष्ट्र में अंतुले के राज में ट्रस्ट बनाकर बिजनेसमैन से घूसखोरी, संजय गांधी की कंपनी का सरकारी टेंडर या किसी भी किस्म की मंजूरी दिलाने के लिए कंपनियों से कंसल्टेंसी के नाम पर 25 प्रतिशत तक कमीशन वसूलना आदि, सब जोड़कर देखेंगे तो चीन के आगे जाने की असल वजहें समझ आ जाएँगी। जिस वक्त इंदिरा सरकार में यह सब हो रहा था, उन दिनों चीन दक्षिणी हिस्से में पर्ल नदी के डेल्टा रीजन में आई.टी., इलेक्ट्रॉनिक्स, टेक्सटाइल्स और टॉयज का इंडस्ट्रियल क्लस्टर व पूर्वी हिस्से में यांग्यट्ज नदी डेल्टा रीजन में ऑटोमोबाइल, केमिकल व इलेक्ट्रोनिक्स का हब तैयार करने में जुटा हुआ था।

आप आधारभूत ढाँचे में भारत और चीन की तुलना ऐसे भी समझ सकते हैं कि तकरीबन एक ही समय पर आजाद हुए देश चीन और भारत ने इंफ्रास्ट्रक्चर में कितना-कितना निवेश किया? शुरुआत के पचास सालों में भारत का निवेश जी.डी.पी. का 3 प्रतिशत था, जो 6.5 प्रतिशत होना चाहिए था, वहीं चीन ने इस दौरान 9 प्रतिशत निवेश इंफ्रास्ट्रक्चर में किया, यानी भारत से तिगुना। चीन ने दशकों पहले ही तीन बातों पर और फोकस किया, जिन पर भारत में अब मोदी सरकार में जाकर फोकस हो रहा है—सोलर एनर्जी पर ध्यान देना, इलेक्ट्रिक गाड़ियों के उत्पादन पर जोर देकर तेल की जरूरत कम करना और तीसरे पीने वाले पानी को लेकर सख्ती।

दूसरे कार्यकाल तक इंदिरा गांधी को समझ आने लगा था कि चीन का आधारभूत ढाँचा पूरी तरह तैयार हो चुका है और वह तेजी से छलाँग लगाने को तैयार है। माओ के बाद नए नेताओं ने 1978 में बाजार भी खोल दिया था। तब इंदिरा गांधी ने 1982 में जाकर सीमेंट उद्योग पर से प्रतिबंध हटाए, रातोंरात सीमेंट की कालाबाजारी खत्म हो गई और वास्तविक कीमतें भी गिर गईं। उसके बाद 1983 में ऑटोमोबाइल्स और कंज्यूमर इलेक्ट्रॉनिक्स में भी उन्होंने विदेशी निवेश को मंजूरी दी, लेकिन तब तक काफी देर हो चुकी थी, फिर वे पंजाब की समस्या में उलझ गईं और वही साल उनका आखिरी साबित

हुआ। लेकिन आने वाली पीढ़ियों ने उनकी इस लेटलतीफी का खामियाजा भुगता और अभी तक भुगत रहे हैं।

चीन से पिता नेहरू की अगुवाई में हार को लेकर इंदिरा गांधी के मन मे जो कड़वाहट थी, वह कई मायनों में सही थी, लेकिन अगर वह सही थी तो बाद में सोनिया-राहुल की अगुवाई में चीन की सत्तारूढ़ पार्टी के साथ कांग्रेस ने समझौता क्यों किया? और यह सब करना ही था, तो इंदिरा गांधी के समय करते तो देश को भी आर्थिक लाभ होता। माओ ने एक बार सोवियत संघ से रिश्ते बिगड़ने के बाद 1970 में इंदिरा से समझौता करने की कोशिश की थी, लेकिन इंदिरा गांधी ने सोवियत संघ से रिश्ता जोड़ना ज्यादा बेहतर समझा। पूर्व विदेश सचिव श्याम शरण अपनी पुस्तक 'How India Sees The World : Kautilya to 21st Century' में जिक्र करते हैं कि कैसे चीन से रिश्ते जोड़ने का एक और मौका इंदिरा गांधी ने 1983 में भी गँवा दिया था।

उनका कहना है कि इससे केवल रिश्ते नहीं जुड़ते, बल्कि उसके कब्जे में हमारी जमीन का कुछ हिस्सा भी वापस मिलने का मौका था। शायद माओ के वक्त यह और आसान था—अपनी जमीन वापस पाना। चीनी नेतृत्व ने 1983 में भारत के राजदूत वेंकटेश्वरन को यह प्रस्ताव दिया था कि अगर गुटनिरपेक्ष सम्मेलन (एन.ए.एम.) के नेता और भारतीय प्रधानमंत्री के तौर पर इंदिरा गांधी बीजिंग दौरे पर आती हैं तो उनके सामने पश्चिमी सेक्टर में कुछ जमीन देने का प्रस्ताव पर चर्चा हो सकती है। वेंकटेश्वरन ने यह बात श्याम शरण को बताई, जो बीजिंग में वरिष्ठ राजनयिक के तौर पर तैनात थे। शरण ने इसे जी. पार्थसारथी को बताया, जो उस वक्त इंदिरा गांधी के विदेशी मामलों में प्रमुख सलाहकार थे। पार्थसारथी इंदिरा गांधी के बीजिंग दौरे के सख्त खिलाफ थे। उनका कहना था कि इंदिरा 1962 को लेकर अभी तक चीन से काफी नाराज हैं। बाद में शरण ने भी इंदिरा गांधी से चर्चा की, लेकिन उन्होंने इसे 1985 के आम चुनाव तक टाल दिया, जो वह देख भी नहीं पाईं।[4]

दिक्कत यह भी थी कि मनमोहन सिंह ने जब सुधार शुरू किए, तब भी हमारा इंफ्रास्ट्रक्चर खड़ा नहीं हुआ था और दूसरी तरफ चीन की मेहनत ने रंग लाना शुरू कर दिया था। ऐसे में आई.टी. क्रांति ने जरूर भारत की मदद करनी शुरू की, लेकिन उससे हुआ यह कि चीन 'विश्व की फैक्टरी' बन गया और भारत 'विश्व का बैक ऑफिस'। अब जाकर मोदी सरकार में नितिन गडकरी की अगुवाई में दिल्ली-मुंबई मैन्युफैक्चरिंग कॉरिडोर, फ्रेट कॉरिडोर, हाई-वे और एक्सप्रेस-वेज निर्माण की गति में कई गुना की तेजी, वाटर वेज का निर्माण, हवाई अड्डों की बढ़ती संख्या, रेल लाइनों का दोहरीकरण आदि तेजी से हो रहा है, उसका पूरा असर आने वाले सालों में लग जाएँगे।

संदर्भ

1. Finance Minister Manmohan Singh's Budget Speech, 24 July, 1991, https://www.indiabudget.gov.in/budget2021-22/doc/bspeech/bs199192.pdf
2. Estimates by World Bank, Comparing China and India by Economy, Statistics Times. Com, Date-16 May, 2021, https://statisticstimes.com/economy/china-vs-india-economy.php
3. Arvind Pangaria's Podcast Talk (Transforming India) with Naushad Forbes, India's Manufacturing Sector, 21 December, 2019, https://timesofindia.indiatimes.com/blogs/transforming-india/indias-manufacturing-sector/
4. 'How India Sees The World : Kautilya to 21st Century', by Shyam Sharan, Page No. 138, Publisher-Juggernaut Books.

□

14

42वाँ संशोधन : बदलकर रखा दिया पूरा संविधान

आप अकसर नेताओं के बयान सुनते होंगे कि 'ये संविधान को बदलना चाहते हैं', 'संविधान का अपमान, नहीं सहेगा हिंदुस्तान', 'संविधान की मूल भावना से खिलवाड़ नहीं होने देंगे' आदि। विपक्ष में होने पर कांग्रेस के लोग भी इसमें पीछे नहीं रहते। यह सब बताने की जरूरत इसलिए पड़ी, क्योंकि आज की पीढ़ी इंदिरा गांधी का 42वाँ संविधान संशोधन भूल गई है, जिसे तब 'लघु संविधान' कहा गया था। एक तरह से इंदिरा गांधी ने एक ही संशोधन में इतना संविधान बदल दिया था, जितना सारी गैर-कांग्रेस सरकारें मिलकर आज तक नहीं कर पाई होंगी और एक संशोधन तो उन्होंने ऐसा किया, जोकि कोई करने की न सोचता था और न ही संविधान इजाजत देता है, फिर भी उसको कभी भी वापस नहीं लिया जा सका।

दिलचस्प बात है कि इस संविधान संशोधन का कहर कम करने के लिए जनता पार्टी सरकार को दो-दो संविधान संशोधन और करने पड़े, फिर भी बेहद मामूली बातें ही पुरानी जैसी हो पाईं। इंदिरा गांधी का यह संविधान संशोधन भारत में कई शोध का हिस्सा रह चुका है। पहली और अब तक आखिरी बार न केवल संविधान की प्रस्तावना में ही संशोधन कर दिया गया, बल्कि 40 प्रावधान किए गए, 14 नए आर्टिकल्स जोड़े गए, केंद्र-राज्यों के अधिकार-क्षेत्र के विषय तय करने वाली सूची में संशोधन जैसे तमाम बड़ी वजहों से 42वें संविधान संशोधन को इतिहास में 'लघु संविधान' के तौर पर जाना जाता है। सबसे बड़ी बात, यह संशोधन इमरजेंसी के दौरान किया किया, जबकि सारे विपक्ष के नेता पहले ही जेलों में ठूँसे जा चुके थे।

संविधान की प्रस्तावना में संशोधन स्पष्ट तौर पर केशवानंद भारती केस में 1973 में 13 जजों की बेंच द्वारा दिए गए फैसले के खिलाफ था, जिसमें साफ कहा गया था कि

संविधान के मूल ढाँचे और भावना में कोई बदलाव नहीं किया जा सकता। फैसले ने यह सुनिश्चित किया कि देश में कानून का शासन और न्यायपालिका की आजादी रहेगी, इसे 'बेसिक स्ट्रक्चर थ्योरी' भी कहा जाता है। जबकि प्रस्तावना तो संविधान की आत्मा है। उसमें 'समाजवाद' और 'धर्मनिरपेक्ष' दो शब्द जोड़े गए और एकता के साथ 'अखंडता' शब्द जोड़ दिया गया।[1]

भारत के संविधान की प्रस्तावना जब तैयार की गई तो शुरुआत में इसमें धर्मनिरपेक्ष (सेक्युलर) शब्द नहीं था। साल 1976 में इमरजेंसी के दौरान प्रस्तावना में संशोधन किया गया, जिसमें धर्मनिरपेक्ष यानी 'सेक्युलर' शब्द को शामिल किया गया। इस पर एक पक्ष का मानना है कि संविधान में इससे पहले भी पंथनिरपेक्षता का भाव शामिल था। संविधान में सभी नागरिकों को विचार, अभिव्यक्ति, विश्वास, धर्म और उपासना की स्वतंत्रता और समानता के अधिकार दिए गए हैं, ऐसे में 42वें संशोधन में 'सेक्युलर' शब्द को जोड़ने का क्या मतलब था?

धारा-14 देश ने नागरिकों को कानून की नजर में एक समान होने का प्रावधान देती है। धारा-15 के तहत धर्म, जाति, नस्ल, लिंग और जन्म स्थल के आधार पर भेदभाव करने पर रोक है। अगर देश को सही मायने में सेक्युलर ही बनाना है तो सबसे पहले 'समान नागरिक संहिता' (यूनिफॉर्म सिविल कोड) लागू होनी चाहिए। उस पर सभी दल खामोश रहते हैं।

कुछ और बड़े बदलाव इस संशोधन के जरिए किए गए, संविधान में नीति निर्देशक तत्त्वों को जोड़ा गया, सभी नीति निर्देशक सिद्धांतों को मूल अधिकारों पर सर्वोच्चता सुनिश्चित की गई। इसके अंतर्गत संविधान में दस मौलिक कर्तव्यों को जोड़ा गया। राज्यों के अधिकार कम कर केंद्र को मजबूत बना दिया गया। वन संपदा, शिक्षा, जनसंख्या-नियंत्रण आदि विषयों को राज्य सूची से समवर्ती सूची के अंतर्गत कर दिया गया। निर्धारित किया गया कि राष्ट्रपति मंत्रिपरिषद् और उसके प्रमुख प्रधानमंत्री की सलाह के अनुसार कार्य करेगा। इसने संसद को राष्ट्रविरोधी गतिविधियों से निपटने के लिए कानून बनाने के अधिकार दिए और सर्वोच्चता स्थापित की।

सबसे बड़ी बात यह थी कि आर्टिकल 32ए जोड़कर संसद द्वारा बनाए कानूनों को न्यायिक समीक्षा की परिधि से बाहर कर दिया गया। 42वें संशोधन में साफ लिखा है—"Not with standing anything in article 32, the Supreme Court shall not consider the constitutional validity of any State law in any proceedings under that article unless the constitutional validity of any Central law is also in issue in such proceedings." इस तरह से न केवल राज्यों को कमजोर कर संघ की अवधारणा पर चोट की गई, बल्कि न्यायिक

प्रणाली को भी साफ तौर पर कमजोर कर दिया गया और केंद्र निरंकुश बन गया। इलाहाबाद हाई कोर्ट से सजा मिलने के बाद इंदिरा गांधी इतनी ज्यादा नाराज थीं कि इस 42वें संशोधन का आप पूरा ड्राफ्ट पढ़ेंगे तो पाएँगे कि इसमें एक-दो नहीं, पूरे 78 बार 'कोर्ट' का जिक्र किया गया है।[2]

इससे पहले भी इंदिरा गांधी ने इमरजेंसी के दौरान ही 38वें, 39वें संविधान संशोधन पेश किए। 38वें संशोधन के जरिए न केवल इमरजेंसी के दौरान मूलभूल अधिकारों को निलंबित करने का सरकार का अधिकार और बढ़ा दिया, बल्कि 39वें संशोधन के जरिए हाई कोर्ट्स का वो अधिकार ही खत्म कर दिया, जिसके तहत यू.पी. हाई कोर्ट के जज जगमोहन लाल सिन्हा ने पी.एम. इंदिरा गांधी को दोषी ठहराया था। अब कोई भी हाई कोर्ट पी.एम. के चुनाव की न जाँच कर सकता था और न केस सुन सकता था। इस मामलों में जाँच और सुनवाई का अधिकार विशेष संसदीय समिति के हवाले कर दिया गया।[3]

सबसे बड़ी बात कि जब संविधान सभा में 'समाजवाद' और 'धर्मनिरपेक्ष' शब्दों को संविधान की प्रस्तावना में शामिल करने की चर्चा चली थी तो उसके विरोधी खुद डॉ. भीमराव आंबेडकर थे। 1946 में जब 1938 में नेहरूजी की अध्यक्षता वाली नेशनल प्लानिंग कमेटी के सदस्य रहे के.टी. शाह ने संविधान सभा में संविधान में देश को सेक्युलर, फेडरल व सोशलिस्ट घोषित करने के लिए संशोधन रखा था, तब ड्राफ्टिंग कमेटी के चेयरमैन डॉ. भीमराव आंबेडकर ने इसका विरोध किया था। यह 15 नवंबर, 1948 की बात है। डॉ. आंबेडकर ने के.टी. शाह के संशोधन प्रस्ताव पर कहा था कि आर्टिकल-31 सबको समानता का अधिकार देता है, तो भेदभाव तो पहले ही मिटा दिया गया। उनका यह भी मानना था कि सोशलिस्ट या कैपिटलिस्ट चुनना जनता का काम है। जो उसको पसंद आएगा, वो वैसी शासन पद्धति तय करेगी, उसके लिए हम क्यों बताएँ कि कौन सी शासन पद्धति बेहतर है? यह जनता को ही तय करना होगा।[4]

यानी जो माँग मूल संविधान बनते वक्त संविधान सभा में खारिज हो गई थी और संविधान निर्माता बाबा साहब आंबेडकर जिसके खिलाफ थे, उसी संशोधन को 28 साल बाद इंदिरा गांधी लाईं, वो भी निजी फायदे के लिए। दरअसल, ये इमरजेंसी के वक्त की कुछ परेशानियाँ थीं, जो बार-बार तानाशाही चलाने के काम में सरकार के रास्ते में आ रही थीं, सो बाकायदा इंदिरा गांधी सरकार ने विदेश मंत्री स्वर्ण सिंह की अगुवाई में एक कमेटी बनाई और संविधान संशोधनों की एक लंबी सूची बनाई गई, ताकि निरकुंशता के रास्ते में आ रहे कानूनों को बदला जा सके, न्यायपालिका की भूमिका कम-से-कम की जा सके।

इस संशोधन के अलग-अलग क्लॉज जानेंगे तो हैरान रह जाएँगे। 59वें क्लॉज के जरिए संसदीय संप्रभुता के रास्ते में आने से रोकने के लिए सुप्रीम कोर्ट से कई शक्तियाँ छीन ली गईं। यानी वे सब ताकत अब इंदिरा गांधी के पास आ गईं। सारे इलेक्शन से जुड़े

विवाद कोर्ट की परिधि से बाहर निकाल दिए गए, केंद्रीय सत्ता मजबूत करने के लिए राज्यों की काफी ताकतें उनसे छीन ली गईं। संविधान में संशोधन करने की संसद की ताकत को और बढ़ाने के लिए किसी भी हिस्से में संशोधन की इजाजत दे दी गई और उसे न्यायिक समीक्षा से बाहर कर दिया गया, यानी सीधे-सीधे अदालतों की ही ताकत छीन ली। नीति निर्देशक तत्त्वों को मूल अधिकारों के ऊपर रख दिया गया; हालाँकि, 43वें और 44वें संशोधन से इसे फिर पहले जैसा ही कर दिया था जनता पार्टी सरकार ने।

इस लेख में आपको मोटे तौर पर ही समझाया गया है कि क्या-क्या बदलाव लाए गए, लेकिन एक-एक आर्टिकल के अंदर बारीकी से जाएँगे तो आपको पता चलेगा कि कैसे अदालतों, राज्यों और विपक्षियों पर इस संविधान संशोधन के जरिए शिकंजा कसा गया, लोकतंत्र में उठने वाली हर आवाज को दबाया गया। आर्टिकल 226ए और 228ए के तहत हाई कोर्ट्स से केंद्र के कानूनों की वैधता का अधिकार छीनकर केवल राज्यों के कानूनों की वैधता जाँचने का अधिकार ही उन पर छोड़ा गया। इसी तरह आर्टिकल 144ए, 131ए और 228ए के जरिए सुप्रीम कोर्ट की ताकत कम की गई, यह प्रावधान किया गया कि अगर केंद्र के किसी कानून की संवैधानिकता पर सवाल उठता है तो सुप्रीम कोर्ट को 7 जजों की बेंच बनाकर सुनवाई करनी होगी और नतीजा तभी मान्य होगा, जब वह दो-तिहाई बहुमत से आए। सोचिए, सुप्रीम कोर्ट केवल बहुमत से फैसला देता है और किस केस के लिए कितनी बड़ी बेंच हो, यह तय करना केवल मुख्य न्यायाधीश का अधिकार होता है, लेकिन यहाँ सारे अधिकार इंदिरा गांधी ने अपने हाथ में ले लिये थे!

आर्टिकल-170 में संशोधन के जरिए विधायकों को अयोग्य ठहराने की जो ताकत राज्यपाल के पास थी, चुनाव आयोग की सलाह के साथ राष्ट्रपति को दे दी गई। इस संशोधन के जरिए लोकसभा और सारी राज्य विधानसभाओं के परिसीमन पर 2001 की जनगणना तक रोक लगा दी गई। इसी तरह, एस.सी. और एस.टी. सीटों पर भी यह प्रतिबंध लगा दिया गया। एक और बड़ा बदलाव इस संशोधन के जरिए किया गया था, लोकसभा के सदस्यों का कार्यकाल बढ़ाकर 5 से 6 साल कर दिया गया। यानी बिना चुनाव के सत्ता के एक साल और आनंद लिया इंदिरा सरकार ने। हालाँकि, जनता पार्टी सरकार ने इसको फिर से पाँच साल कर दिया था। इसी तरह 31 जुलाई को मिनर्वा मिल्स केस में सुप्रीम कोर्ट ने 42वें संशोधन के 2 और प्रावधानों को असंवैधानिक करार देकर रद्द कर दिया था, वे थे—संविधान संशोधनों को अदालत के सवाल उठाने का अधिकार खत्म करना और दूसरा, मूल अधिकारों से ऊपर नीति निर्देशक तत्त्वों को रखना।

तब सुप्रीम कोर्ट जज वाई.वी. चंद्रचूड़ ने सेक्शन 4 और 55 को असंवैधानिक बताते हुए कहा था—"Parliament cannot, under Article 368, expand its amending power so as to acquire for itself the right to repeal or abrogate the Constitution or to destroy its basic and essential features. The donee of a limited power cannot by the exercise of that power convert the limited power into an unlimited one."[5] उस वक्त चरण सिंह की सरकार थी, इंदिरा गांधी ने भी इस फैसले को चुनौती न देना ही बेहतर समझा, क्योंकि हवा उनके खिलाफ ही थी।

जनता पार्टी सरकार की मुश्किल पूरे 42वें संशोधन को वापस लेने में यह थी कि 250 राज्यसभा सीटों में से कांग्रेस के पास 163 थीं। 8 जनवरी, 2008 को एक एन.जी.ओ. गुड गवर्नेंस इंडिया फाउंडेशन ने 42वें संशोधन की सेक्शन 2 की वैधता पर सवाल उठाते हुए याचिका डाली, जिसके तहत 'धर्मनिरपेक्ष' और 'समाजवादी' शब्दों को संविधान की प्रस्तावना में डाला गया था। लेकिन जस्टिस एच.एस. कपाड़िया का बयान दिलचस्प था, उन्होंने कहा कि किसी भी राजनीतिक पार्टी ने इस संशोधन को चुनौती नहीं दी है, ये 'Too Academic' है।[6] इशारा साफ था कि कोर्ट इसकी सुनवाई तभी करेगा, जब कई राजनीतिक पार्टी इसे चुनौती देगी। याचिकाकर्ता ने याचिका वापस ले ली, लेकिन अभी तक कोई भी पार्टी इसके खिलाफ कोर्ट नहीं गई, क्योंकि उनकी अपनी मजबूरियाँ हैं, क्योंकि सभी पार्टियों ने अपने-अपने संविधानों में खुद को धर्मनिरपेक्ष और समाजवादी घोषित किया हुआ है।

42वाँ संविधान संशोधन एक संपूर्ण दस्तावेज है, इंदिरा गांधी की तानाशाही प्रवृत्ति को समझने के लिए। सोचिए, जो नेता लोकतंत्र के सभी प्रहरी संस्थाओं की ताकत छीनकर अपने खिलाफ उठने वाली, सरकारी मनमानियों की आलोचना करने वाली आवाजों को दबाने के लिए ऐसा कानून ला सकती हो और उसको ज्यादा-से-ज्यादा स्वीकार्यता दिलाने के लिए 'धर्मनिरपेक्ष' कार्ड खेल सकती हो, वो कितनी अलोकतांत्रिक और डरी हुई राजनीतिज्ञ रही होगी!

संदर्भ

1. 'Digest of Central Acts', Volume 13, Page No. 12, Published by Lok Sabha Secretariat.
2. The Constitution (Forty-Second Amendment) Act, 1976 https://www.india.gov.in/my-government/constitution-india/amendments/constitution-india-forty-second-amendment-act-1976
3. The Constitution (Thirty-Ninth Amendment) Act, 1975 https://www.india.gov.in/my-government/constitution-india/amendments/constitution-india-thirty-ninth-amendment-act-1975
4. 'Constitute Assembly Debates', Official Report, Volume VII, Page No. 401-02, 15 November, 1948.

5. 'Supreme Court Judgment of Minerva Mills Lts Vs Others', Page No. 2, Date of Judgment-31.07.1980, Supreme Court of India Website https://main.sci.gov.in/jonew/judis/4488.pdf
6. The Hindu Report, 13 July, 2010, https://indianexpress.com/article/news-archive/web/issue-too-academic-so-pil-on-socialism-in-statute-withdrawn/

□

15

'शिमला समझौता' के दौरान हमारे अधिकारी थे शर्मिंदा

"फिर भी हम ज्यादा हासिल नहीं कर सके। हम अपनी जीत पर शर्मिंदा दिख रहे थे। हम समझौता करने की इच्छा में पाकिस्तान के सामने झुके जा रहे थे।" ये लाइनें 2007 के एक साक्षात्कार में उस व्यक्ति ने कहीं, जो इंदिरा गांधी-भुट्टो के बीच हुए 'शिमला समझौता' में भारत की तरफ से शामिल थे। नाम था के.एन. बख्शी, भारतीय राजनयिक और उस वक्त कराची में तैनात असिस्टेंट हाई कमिश्नर। इस केवल एक लाइन से समझ लीजिए कि 1971 में भारत-पाक युद्ध के बाद 1972 में हुए जिस 'शिमला समझौता' को लेकर इतने बड़े-बड़े कसीदे पढ़े जाते रहे हैं, उसकी सच्चाई क्या थी?

के.एन. बख्शी ने बाद में कई लेखों और साक्षात्कारों के जरिए 'शिमला समझौता' की पूरी कहानी बताई थी। उनके मुताबिक भुट्टो की पहली प्राथमिकता थी, भारत की सेनाओं के कब्जे से पाकिस्तान का 5,600 वर्ग मील हिस्सा वापस करवाना; दूसरी पाकिस्तान के जिन 93,000 सैनिकों ने आत्मसमर्पण किया था, उनकी रिहाई सुनिश्चित करवाना और तीसरी, कश्मीर विवाद का कोई हल न निकलने देना, जिसका कि भारतीय प्रधानमंत्री के पास बहुत बड़ा मौका था।[1]

आप बी.बी.सी. का ये लेख[2] पढ़ेंगे तो पाएँगे कि कितने योजनाबद्ध तरीके से बेनजीर भुट्टो के वाचाल पिता जुल्फिकार अली भुट्टो ने इंदिरा गांधी को फँसाकर अपनी सारी माँगें मनवा ली थीं, लेकिन इंदिरा गांधी की एक बड़ी माँग पूरी करने का वादा करके भी वे साफ मुकर गए और इंदिरा गांधी कुछ भी नहीं कर पाईं और फिर भी आज तक इंदिरा गांधी के समर्थक इस 'शिमला समझौता' की उपलब्धियों का बखान करते थकते नहीं।

लंबे सैन्य शासन के बाद पाकिस्तान में एक सिविलियन जुल्फिकार अली भुट्टो को शासक बनाया गया था। जब सैनिकों की रिहाई का कोई तरीका नहीं सूझा तो मार्शल लॉ नियम जारी करके एक सिविलियन को चीफ मार्शल एडमिनिस्ट्रेटर बनाकर सत्ता सौंप दी गई थी। इसी बात को वे लगातार भारतीय पक्ष और मीडिया में रख रहे थे कि उनको समर्थन देने से लोकतंत्र के हाथ मजबूत होंगे। शुरुआत में तो इंदिरा गांधी किसी भी तरह के समझौते के लिए तैयार ही नहीं हुईं, लेकिन भुट्टो सोवियत रूस की यात्रा पर गए और 1965 के युद्ध की तरह फिर रूस सक्रिय हुआ, इंदिरा गांधी रूस का दबाव टाल नहीं सकती थीं।

भुट्टो के बयान कुछ इस तरह के थे, जो पाकिस्तान की तरफ से पहले कभी नहीं आए थे—"हमारे दोनों देशों की जनता शांति से ही तरक्की कर सकती है, हमें अपने दोनों देशों के बीच संघर्ष और युद्ध के इतिहास को समाप्त करना होगा। मेरा विश्वास करो, जब मैं ऐसा कहता हूँ तो मुझे अहसास होता है कि यही एकमात्र तरीका है, जिससे हम आगे बढ़ सकते हैं।" पाकिस्तान कश्मीर और युद्ध की बात न करके शांति के कबूतर उड़ा रहा था, इंदिरा गांधी उनकी बातों में आ भी गईं।

पूरी तैयारी थी भुट्टो की; अपनी बेटी बेनजीर भुट्टो को साथ ले जाना और उसे वहाँ क्या करना है, क्या पहनना है, कैसे बोलना है, क्या बोलना है, ऐसी तालीम न केवल बेटी को, बल्कि पूरी टीम को भी दी गई थी। उस वक्त केवल 19 साल की थीं बेनजीर, बाद में उन्होंने अपनी आत्मकथा में लिखा कि कैसे विमान में उनके पिता ने उन्हें समझाया था कि तुम्हें पूरी यात्रा के दौरान मुसकराना नहीं है, नहीं तो यह संदेश जाएगा कि हमारे 93,000 कैदी जिस जमीन पर कैद हैं, वहाँ की यात्रा में हमें मजा आ रहा है। साथ ही यह भी हिदायत दी कि दुःखी भी नहीं दिखना है, नहीं तो यह संदेश जाएगा कि पाकिस्तानी खेमे में मातम का माहौल है। 84 सदस्यीय प्रतिनिधिमंडल लेकर गए थे भुट्टो शिमला में, जिसमें न केवल अधिकारी और राजनेता थे, बल्कि खुफिया अधिकारी, भारत में प्रभाव व संपर्क रखने वाले नेता, पत्रकार, बुद्धिजीवी और सैन्य अधिकारी भी शामिल थे।

यहाँ ये सारे लोग भारतीय पक्ष में जो भी परिचित था, उससे बात करके भारतीय पक्ष का मिजाज बदलने की पूरी कोशिश कर रहे थे, आप इसे 'अमन की आशा' की योजना समझ सकते हैं। जो लोग 'शिमला समझौता' का मूल फायदा, यानी दोनों पक्ष आपस में ही विवाद हल करेंगे, तीसरे पक्ष को शामिल नहीं करेंगे, की बातें करते हैं, उनको के.एन. बख्शी ने अपने एक इंटरव्यू में 'शिमला समझौता' के पैरा नंबर 4.2 की तरफ ध्यान दिलाया है, जिसमें साफ लिखा है—"लाइन ऑफ कंट्रोल का 17 दिसंबर, 1971 के युद्धविराम के नतीजों में दोनों पक्षों की तरफ से किसी भी पक्ष की स्वीकार्य स्थिति का पूर्वाग्रह के बिना सम्मान किया जाएगा।"[3]

यानी पाकिस्तान की स्वीकार्य स्थिति अगर यह है कि बिना जनमत-संग्रह के कश्मीर का फैसला नहीं हो सकता तो भारत कश्मीर में एल.ओ.सी. पर इसका सम्मान करेगा। कुल मिलाकर काफी कुछ बातें थीं, जो स्पष्ट नहीं थीं। पाकिस्तान भी इसका फायदा उठाकर यही व्याख्या करता है कि 'शिमला समझौता' का मतलब भारत-पाक आपसी मसले संयुक्त राष्ट्र चार्टर के अनुसार सुलझाएँगे। लेकिन एक बात स्पष्ट थी, बिना कश्मीर पर कोई समझौता किए और बिना अपने सैनिकों पर युद्ध अपराधी का केस चलाए जाने के लिए राजी हुए भुट्टो ने भारत के कब्जे से 5,600 वर्ग मील भूमि और बाद में 'दिल्ली समझौता' के जरिए 93,000 सैनिक छुड़ा लिये।

यह भी खास बात है कि भुट्टो ने पहली प्राथमिकता में 5,600 वर्ग मील भूमि को वापस करना रखा था। बेनजीर भुट्टो ने लिखा है कि समझौते पर हस्ताक्षर करने के बाद जब पिता कमरे में आए तो उनका यही सवाल था कि आपने युद्धबंदियों के बजाय जमीन को वापस लेने पर ज्यादा जोर क्यों दिया? तो भुट्टो का कहना था कि भारतीय पक्ष केवल एक माँग पूरी करना चाहता था और उनको पता था कि युद्धबंदी तो मानवीय पक्ष है, विश्व भर का दबाव एक दिन भारत को उन्हें रिहा करने पर मजबूर कर देगा। वैसे भी भारत उन्हें कब तक खाना और रहने की जगह देगा? भुट्टो ने तब उदाहरण दिया अरबों का, कि 1967 की जंग में गँवाई अपनी जमीन अरब कब से इजरायल से वापस लेने की कोशिश कर रहे हैं। भुट्टो के मुताबिक, जमीन का मुद्दा अंतरराष्ट्रीय स्तर पर लोगों का ध्यान नहीं खींचता, जैसा कि कैदियों के मामले में होता है। बेनजीर ने अपनी डायरी में भुट्टो के शब्दों को ऐसे बयाँ किया है—"Prisoners are a human problem. The magnitude is increased when there are 93,000 of them. It would be inhuman for India to keep them indefinitely. And it will be also a problem to keep on feeding and housing them. Territory, on the other hand, is not a human problem. Territory can be assimilated. Prisoners cannot. The Arabs have still not succeeded in regaining the territory lost in the 1967 war. But the capturing of the land doesn't cry out for international attention the same way prisoners do."[4]

जहाँ इतने बड़े-बड़े मुद्दे जुल्फिकार अली भुट्टो के दिमाग में चल रहे थे, वहाँ सोचिए कि इंदिरा गांधी के दिमाग में क्या चल रहा होगा? वे भुट्टो की मेहमाननवाजी को लेकर परेशान थीं और एक दिन पहले ही शिमला के हिमाचल भवन जा पहुँचीं और भुट्टो के कमरे का मुआयना किया, वहाँ अपनी तसवीर लगी देखी तो हटवा दी कि भुट्टो कहीं यह न समझें कि उन पर नजर रखी जा रही है। उनके टॉयलेट तक का मुआयना किया, वहाँ प्रसाधन की सारी चीजें भारत में बनी हुई देखीं तो थोड़ा खुश हुईं। इंदिरा के

सचिव पी.एन. धर 'इंदिरा गांधी : द इमरजेंसी एंड इंडियन डेमोक्रेसी' में लिखते हैं कि इंदिरा ने तब कहा था कि 'भुट्टो को पता होना चाहिए कि भारत की अर्थव्यवस्था लोगों की जरूरतें पूरा करने में सक्षम है।'[5]

आप इससे अंदाजा लगा सकते हैं कि 1971 की जंग जीतने के बाद हमारी प्रधानमंत्री इंदिरा गांधी का फोकस कहाँ था! मौका तो यह था कि ऐसे में पाकिस्तान को जमीन और युद्धबंदी छोड़ने के बदले कश्मीर का मुद्दा फौरन सुलझा लिया जाए, लेकिन उनका ज्यादा फोकस मेहमाननवाजी पर दिख रहा था। इंदिरा समर्थक कहते हैं कि इंदिरा को लगता था कि पाक दो टुकड़े होने के बाद जर्मनी के रास्ते पर जाकर नाजियों जैसे कट्टर बन सकता है, क्योंकि प्रथम विश्वयुद्ध के बाद 'वर्साय' की अपमानजनक संधि ने उसे कट्टर बना दिया था। हालाँकि, पाकिस्तान अब भी वैसा ही है, लेकिन उससे फर्क क्या पड़ता है, भारत का तो हमेशा ही ऐसे ही पाकिस्तान से पाला पड़ा है। आप सोचिए, अगर पाकिस्तान ने इस समझौते में कुछ खोया होता तो पाकिस्तान लौटने पर भुट्टो का एयरपोर्ट पर हजारों की भीड़ स्वागत करती? पाकिस्तान की नेशनल असेंबली 'शिमला समझौता' को निर्विरोध पारित करती?

लेकिन ऐसा भी नहीं कि इंदिरा गांधी ने 'शिमला समझौता' में सब कुछ खोया ही, पाने की कोशिश नहीं की, बिल्कुल की, लेकिन नरेंद्र मोदी की भाजपा सरकार की तरह पी.ओ.के. को मिलाकर पूरा कश्मीर लेने के बजाय भुट्टो को इस बात पर राजी करने की कोशिश की, जो भी कश्मीर में नियंत्रण रेखा (एल.ओ.सी.) है, उसी को स्थायी मानकर विवाद हमेशा के लिए खत्म कर दिया जाए। लेकिन वह भी वाचाल भुट्टो ने उन्हें झूठा वादा करके बहला दिया।

दरअसल, भुट्टो को अंदाजा था कि भारत कश्मीर को लेकर माँग करेगा, सो पहले से तैयारी के साथ आए थे। इसलिए अपने साथ अजीज अहमद को लाए थे, जो बीच-बीच में बातचीत के दौरान अपना कट्टर रुख दिखाता रहता था कि कश्मीर पर पाकिस्तान नहीं झुकेगा आदि। भुट्टो यह दिखाना चाहता था कि कितना मुश्किल काम है, जबकि हकीकत में पाकिस्तान इस समझौते के लिए इस कदर परेशान था कि पाक प्रतिनिधिमंडल ने कोड वर्ड तक बना लिया था कि अगर समझौता होगा तो कहेंगे कि लड़का हुआ है और नहीं हुआ तो कहेंगे कि लड़की पैदा हुई है।

उस वक्त के समझौते को लेकर डी.पी. धर के दामाद और आई.ए.एस. ऑफिसर एम.के. काव की पुस्तक 'एन आउटसाइड एव्रीव्हेयर' के आधार पर न्यूज एजेंसी आई.ए.एन.एस. की स्टोरी एक नया दावा करती है। दरअसल, शिमला में भुट्टो की यात्रा के दौरान काव को बेनजीर की जिम्मेदारी मिली थी। आई.ए.एन.एस. की स्टोरी कहती है कि जब इंदिरा गांधी आसानी से तैयार नहीं हुईं तो आधी रात से पहले भुट्टो

इंदिराजी के कमरे में पहुँचा और उनके पैरों में गिरकर कहा कि वह पाकिस्तान नहीं लौट सकता, जब तक कि सभी पाकिस्तान सैनिकों को भारत रिहा नहीं कर देता। उसने कहा कि अगर कोई सम्मानजनक समझौता नहीं हुआ तो उसकी पाकिस्तान में लिंचिंग कर दी जाएगी।" काव के मुताबिक, इंदिरा गांधी ने उसे बताया कि वह कश्मीर में एल.ओ.सी. को ही इंटरनेशनल बॉर्डर का दर्जा दिलवाना चाहती हैं और यह उन्हें लिखित में चाहिए।[6]

'शिमला समझौता' में पैरा नंबर 4.2 (ऊपर उल्लेखित) के अलावा भी कश्मीर को लेकर एक बिंदु जोड़ा गया, जो इस समझौते का छठा और आखिरी बिंदु था, जिसकी आखिरी लाइन में जम्मू-कश्मीर का जिक्र था। आप वह छठवाँ बिंदु पूरा पढ़िए—"Both Governments agree that their respective Heads will meet again at a mutually convenient time in the future and that, in the meanwhile, the representatives of the two sides will meet to discuss further the modalities and arrangements for the establishment of durable peace and normalization of relations, including the questions of repatriation of prisoners of war and civilian internees, a final settlement of Jammu and Kashmir and the resumption of diplomatic relations."[7]

साफ लिखा है कि दोनों सरकारों के प्रमुख फिर उपयुक्त समय पर मिलेंगे और तब तक दोनों देशों के अधिकारी युद्धबंदियों, जम्मू-कश्मीर के स्थायी हल व राजनयिक रिश्तों को बहाल करने को लेकर बातचीत आगे बढ़ाएँगे। यह अलग बात है कि युद्धबंदियों को लेकर तो 1 महीने बाद समझौता हो गया और पाक के कैदी रिहा कर दिए गए, लेकिन कश्मीर पर कोई समझौता नहीं हुआ। जब इन लाइनों को प्रधानमंत्री के सचिव डी.पी. धर ने पढ़ा तो पूछा, 'Is this understanding on which to proceed?' भुट्टो का जवाब था, 'बिल्कुल, आप मुझ पर भरोसा कीजिए।'[8]

लेकिन भुट्टो कभी भी अपने शब्दों पर कायम नहीं रहे। वे बड़ा काम कर चुके थे, पाकिस्तान युद्ध जरूर हार चुका था, 2 टुकड़े हो चुके थे, लेकिन वह बातों में फँसाकर इंदिरा गांधी से अपनी 5,600 मील भूमि और 93,000 सैनिकों को वापस ले जाने में कामयाब रहा था। तमाम लोग कहते हैं कि इंदिरा गांधी 'शिमला समझौता' को लेकर तीसरे पक्ष को बिल्कुल खत्म कर दिया है। दरअसल, यह परमाणु ताकत बनने का फायदा है कि अब बड़े युद्ध नहीं होते, वरना ऐसे ढेरों मौके हैं, जब अमेरिका से लेकर चीन तक कई देशों ने बयान जारी किए हैं कि हम तीसरा पक्ष बनना चाहते हैं। पाकिस्तान भी ऐसी गुहार लगाता ही रहता है।

एक और बड़ा आरोप इंदिरा गांधी पर लगता रहा है, उनकी मौत के बाद भी। यहाँ तक कि जब विंग कमांडर अभिनंदन वर्धमान को पाकिस्तान ने रिहा किया था, तब कांग्रेस

के ही मुख्यमंत्री कैप्टन अमरिंदर सिंह ने भी वही मुद्दा उठा दिया।[9] यह मुद्दा था—1971 युद्ध के दौरान 54 भारतीय सैनिकों के पाक की गिरफ्त में होने का। पाक हमेशा इससे इनकार करता रहा है, लेकिन आज भी तमाम भारतीय ऐसा मानते हैं कि इंदिरा गांधी ने उनके तो 93,000 कैदी छोड़ दिए, लेकिन अपने 54 सैनिक वहाँ मरने के लिए छोड़ दिए।

संदर्भ

1. https://www.news18.com/news/india/indo-pak-shimla-agreement-40-years-later-485305.html
2. Article by Saqlain Imam, BBC Urdu Service, London, https://www.bbc.com/hindi/india-57731027
3. K.N. Bakshi, 'Simla Agreement (1972) : From Military Victory to a Diplomatic Defeat?' Indian Foreign Affairs Journal, Vol. 2, No. 3, July-September, 2007, pp- 105-119.
4. 'Daughter of the East : An Autobiography', by Benazir Bhutto, Page no. 56, Published by Simon & Schuster UK.
5. 'Indira Gandhi, the 'Emergency' and Indian Democracy', by PN Dhar, Page no. 202, Published by Oxford University Press.
6. https://www.news18.com/news/india/indo-pak-shimla-agreement-40-years-later-485305.html
7. Simla Agreement, 2 July, 1972 https://mea.gov.in/in-focus-article.htm?19005/Simla+Agreement+July+2+1972
8. 'Indira Gandhi, the 'Emergency' and Indian Democracy', by PN Dhar, Page no. 196, Published by Oxford University Press.
9. TOI Report March 3, 1919 https://timesofindia.indiatimes.com/india/pilot-freed-kin-of-missing-54-ask-what-about-our-men/articleshow/68238985.cms

□

16

भारतीय शहर पर इंदिरा के हुक्म से बमबारी

आगे जो घटना आप पढ़ेंगे, उसको कश्मीर से तुलना करके जरूर देखिएगा। 19 जनवरी, 1966 को इंदिरा गांधी देश की पहली बार प्रधानमंत्री बनी थीं और 5 मार्च को इंडियन एयरफोर्स के लड़ाकू विमान मिजोरम के सबसे प्रमुख शहर ऐजवाल पर मँडरा रहे थे। अचानक से उन विमानों से मशीनगन की गोलियाँ बरसने लगीं, पूरे शहर में अफरा-तफरी मच गई। अगले दिन वे विमान फिर आकाश में दिखे, लोगों में दहशत फैल गई। वे कुछ करते, उससे पहले ही एयरफोर्स के विमानों से बम बरसने लगे, कइयों की मौत हो गई। शहर के चार प्रमुख इलाके रिपब्लिक वेंग, ह्लेच्चे वेंग, डव्रपुई वेंग और छिंगा वेंग, पूरी तरह इस बमबारी के चलते तबाह हो गए। आजादी के बाद का यह पहला और आखिरी मामला है, जब अपने ही देश की वायुसेना ने अपने ही देश के नागरिकों पर बमबारी की हो और यह इंदिरा गांधी के आदेश से हुआ।

देश में अलगाववाद के आंदोलन तो बहुत हुए हैं, बहुत सी लाशें भी गिरी हैं, दंगे भी हुए हैं, लेकिन वायुसेना के विमानों ने कभी बमबारी की हो, ऐसा केवल इंदिरा गांधी की ही सरकार में हुआ। उससे भी ज्यादा आप हैरान तब हो जाएँगे, जब यह जानेंगे कि इस बमबारी की खबर सालों तक सरकार ने बाकी देश को, जनता को पता ही नहीं चलने दी। जब पता चली, तब भी सरकार ने उसकी पुष्टि नहीं की। मार्च 1966 में कलकत्ता के अखबार 'हिंदुस्तान स्टैंडर्ड' ने इंदिरा गांधी का एक बयान छापा कि विमान केवल जवानों और उनकी रसद को 'एयर ड्रॉप' करने के लिए भेजे गए थे। तब सवाल यह भी उठा कि रसद पहुँचाने के लिए चार-चार जेट फाइटर्स की क्या जरूरत थी? दिलचस्प बात यह भी है कि ये जेट फाइटर्स उसी फ्रांसीसी कंपनी दस्सों के एयरक्राफ्ट्स थे, जिनके

फाइटर प्लेन राफेल को लेकर मोदी के जमाने में इंदिरा गांधी के नाती राहुल गांधी ने काफी बवाल किया था।

इन ऑरागन फाइटर जेट्स का निकनेम रखा गया था 'तूफानी'। ऐसे चार जेट फाइटर्स ने ऐसा कहर ऐजवाल पर बरसाया कि शहर के सारे लोग घरों से बचते-बचाते पास के जंगल और पहाड़ियों में भाग गए। मिजोरम में वैसे भी 90 फीसदी से ज्यादा जंगल हैं। सोचिए, छोटे बच्चे और बुजुर्गों का क्या हाल हुआ होगा? सोचिए, जिनके घरों पर बम गिरे होंगे, लाशें गिरी होंगी, वे किससे मदद माँगेंगे, जब सरकार ही बम बरसा रही हो?

आपके दिमाग में सवाल उठ रहा होगा कि आखिर मामला क्या था? इंदिरा गांधी ने क्यों ऐसा किया? दरअसल, यह विवाद तो आजादी से पहले का है, जब 1895 में मिजो आदिवासियों के साथ कई दौर की लड़ाई के बाद अंग्रेजों ने 1895 में इस इलाके पर कब्जा कर लिया था। उसके बाद वहाँ ईसाई मिशनरियाँ पहुँचीं और लगभग सारी जनता का धर्मांतरण कर दिया गया। अंग्रेजी फौज के आगे उनकी क्या बिसात थी, वैसे भी कई सुविधाएँ उन्हें ईसाई बनने के बाद ही मिलनी थीं। वहाँ 87 फीसदी से ज्यादा जनता अब भी ईसाई है।

आजादी के बाद अंग्रेज तो चले गए, लेकिन मिशनरियाँ छोड़ गए। मिजोरम का ज्यादातर हिस्सा असम में था। मिजो यूनियन के बैनर तले मिजो नेता असम के नेताओं पर मिजोरम क्षेत्र के साथ सौतेला व्यवहार करने के आरोप लगाने लगे और अलग से मिजोरम राज्य की माँग करने लगे। शायद वह उन्हें मिल जाता तो बात इतनी आगे न बढ़ती। बिना मिजो नेताओं से पूछे असमिया को राज्य की आधिकारिक भाषा बनाने से भी वे नाराज थे। इधर नेहरूजी ने एक और बड़ी गलती यह कर दी कि 1959-60 में जब मौटम अकाल पड़ा तो सरकार ने मिजो आदिवासियों को अकेले मरने के लिए छोड़ दिया, सरकार की तरफ से कोई मदद नहीं मिली, ऐसा दावा आज भी मिजो नेता करते हैं। तब मिजो नेताओं ने अकाल राहत के लिए मिलकर एक संगठन बनाया 'मिजो नेशनल फेमाइन फ्रंट'। जिसका नेता था लालडेंगा। लोगों की भरपूर मदद इस संगठन ने गाँव-गाँव, पहाड़ी-पहाड़ी की तो लोग इस संगठन की काफी इज्जत करने लगे। वहीं भारतीय सरकार के खिलाफ अलगाववाद की भावना भी भड़कने लगी।[1]

लालडेंगा इंडियन आर्मी में हवलदार था, बाद में असम सरकार के साथ अकाउंट्स क्लर्क के तौर पर काम किया, लेकिन मिजो डिस्ट्रिक्टिस में अकाल के समय असम सरकार का रवैया देखकर वह विद्रोही हो गया। दो साल बाद इस संगठन ने अपना नाम बदलकर मिजो नेशनल फ्रंट (एमएनएफ) रख लिया और अब स्वरूप भी राजनीतिक रख लिया। अगले पाँच सालों में इस संगठन ने भारत विरोधी विदेशी शक्तियों से संपर्क

बढ़ाकर अपनी ताकत काफी बढ़ा ली। इसी की एक शाखा थी 'मिजो नेशनल आर्मी' (एमएनए), जिसने 8 मिजो नायकों के नाम पर सशस्त्र बटालियनें खड़ी कर दीं।[2]

पूर्वी पाकिस्तान (अब बांग्लादेश) से सीधे उसे सैन्य मदद मिलने लगी और एमएनएफ ने सीधे-सीधे भारत से अलग होकर अलग देश बनाने की माँग शुरू कर दी। मिजो नेता लालडेंगा ने पूर्वी पाकिस्तान की यात्रा भी की और हथियारों व ट्रेनिंग का समझौता भी कर लिया। असम सरकार ने उसे एक बार गिरफ्तार भी कर लिया, लेकिन अच्छे आचरण के चलते जल्द छोड़ दिया गया। वह कई बार गिरफ्तार हुआ और रिहा हुआ। दरअसल, लालडेंगा आधुनिक म्यांमार के 'फादर ऑफ नेशन' कहे जाने वाले आंग सान सूकी के पिता और पूर्व प्रधानमंत्री आंग सान की सशस्त्र संघर्ष की रणनीति का कायल था और उन्हीं से प्रेरणा लेता था। कम्युनिस्ट विचारधारा से जुड़ा आंग सान वैसे ही राष्ट्र के विचार को नहीं मानता था, ऐसे में लालडेंगा को भी विदेशी मदद के जरिए मिजोरम को भारत से अलग करके नया देश बनाने में कोई गुरेज नहीं था।[3]

लालडेंगा ने 28 फरवरी, 1966 को एक बड़े विद्रोह का ऐलान किया और 1 मार्च को मिजोरम को एक अलग देश घोषित कर दिया और उसके साथ ही 'ऑपरेशन' शुरू करके असम के सरकारी दफ्तरों कब्जा व सुरक्षा बलों पर हमला करना शुरू कर दिया। सरकार के दावे के मुताबिक, एमएनएफ के 10,000 मिजो लड़ाकों की फौज ने ऐजवाल में सरकारी खजाने, मिजो डिस्ट्रिक्ट के हथियार डिपो के साथ-साथ पेट्रोल पंप आदि पर भी कब्जा करना शुरू कर दिया। तमाम अधिकारियों और कर्मचारियों को बंदी बना लिया गया। रसद और मदद पहुँचाने की कोशिशें हेलीकॉप्टर से भी की गईं, लेकिन विद्रोहियों की फायरिंग के चलते वे उतर नहीं पाए।[4]

उस वक्त ईस्टर्न कमांड प्रभारी सैम मानेकशॉ थे। 4 मार्च को जेट फाइटर्स से फायरिंग के बाद अगले दिन विमानों ने 5 घंटे बमबारी की। शेखर गुप्ता ने अपने एक लेख में यह तक खुलासा किया था कि ऐजवाल पर बम गिराने वाले विमानों में दो पायलट राजेश पायलट व सुरेश कलमाड़ी थे[5], जिन्हें बाद में कांग्रेस पार्टी में काफी तरक्की दी गई। 1998 में मिजोरम के मुख्यमंत्री बनने वाले पू जोरामथंगा ने एक इंटरव्यू में कहा था कि मैं एमएनएफ में अगर शामिल हुआ था तो 1966 में हुई इसी बमबारी के खिलाफ हुआ था। आज तक मिजोरम के लोग 5 मार्च को 'जोराम नी' यानी 'जोराम दिवस' के तौर पर इस दिन का शोक मनाते हैं। लोग इतने गुस्सा थे इस बमबारी से कि जब सैम मानेकशॉ एक बार 1968 में मिजोरम के ऊपर से उड़ रहे थे, उनके रूसी एमआई-4 हेलीकॉप्टर पर मिजो स्नाइपर्स ने फायरिंग की थी; एक नहीं, चार अलग-अलग जगह पर निशाना लगाया गया था। सैम के सौभाग्य से स्नाइपर्स का निशाना तो अच्छा था,

लेकिन उन्हें हेलीकॉप्टर के कमजोर बिंदुओं की जानकारी नहीं थी, सो ज्यादा नुकसान नहीं हुआ।[6]

यूँ ऐजवाल और आसपास के इलाके 25 मार्च तक फिर से भारत सरकार के कब्जे में आ गए थे। लेकिन ये सवाल उठने लगे कि एयरफोर्स के जरिए अपने ही नागरिकों पर बमबारी की क्या जरूरत थी? अगले 20 साल तक आक्रोश कायम रहा, जंगलों में छुपकर, म्यांमार व पूर्वी पाकिस्तान (बाद में बांग्लादेश) से उनका सशस्त्र संघर्ष चलता रहा। इधर भारत सरकार ने भी कई बटालियनें वहाँ तैनात कर दीं, साथ ही एक बड़ा फैसला किया, 'विलेज रिग्रुपिंग का'। इन गाँवों को 'प्रोटेक्टेड एंड प्रोग्रेसिव विलेजेज' (पी.पी.वी.) कहा गया।

जो लोग दूर-दराज की पहाड़ियों पर बने गाँवों में रहते थे, उनको कहा गया कि एक ही रोड के किनारे आपको बसाया जाना है, सो जो सामान साथ ले सकते हैं, ले लीजिए और बाकी जला दीजिए। आपको जलाने में दिक्कत हो तो यह काम इंडियन आर्मी कर देगी और उसने किया भी। सरकार उग्रवादी समूहों की ताकत को समझ रही थी, जो पहाड़ियों पर बसे इन गाँवों में छुप जाते थे। तब उसने वह रास्ता अपनाया, जो ब्रिटेश सरकार ने दक्षिण अफ्रीका के बोअर युद्ध में, मलाया में चीनियों के साथ, केन्या में मऊ विद्रोह को दबाने के लिए गाँव वालों के साथ किया था, यानी गाँवों से निकालकर स्पेशल कैंप में रखना।

लेकिन न इंदिरा गांधी और न आर्मी के अफसर समझ पाए कि जो उन्होंने अंग्रेजी आर्मी की रूल बुक में से आइडिया कॉपी किया है, वह सब अंग्रेजों ने दूसरे देश की जनता के साथ किया था, मिजो आदिवासी तो भारतीय ही थे। कुल 764 गाँवों में से 516 को पूरी तरह खाली करवा लिया गया और उनको 110 पी.पी.वी. कैंपों में रख दिया गया, जबकि 138 गाँवों को ऐसे ही छोड़ दिया गया। कुल 95 फीसदी जनता इन कैंपों में आ गई थी।[7]

मिजो आदिवासियों के लिए काफी मुश्किल हो गई। इन कैंपों में काफी कम जमीन थी और वे झूम खेती करते थे, कभी एक जगह तो कभी दूसरी जगह। अब वे एक तरह से कैद थे। सेना उन्हें रसद आदि भी नहीं दे रही थी, हजारों आदमी इन कैंपों रूपी विशेष रूप से बने गाँवों में रह रहे थे। केवल इसलिए, क्योंकि वे उग्रवादियों की मदद न कर सकें। लेकिन वे लोग एक तरह से दूसरे किस्म की भुखमरी झेल रहे थे।

इसका विरोध होना शुरू हुआ, तो 1971 में पहली पी.पी.वी. तोड़ा गया और आखिरी 8 साल बाद। 1971 में ही इंदिरा गांधी थोड़ा झुकीं और मिजोरम को केंद्रशासित प्रदेश घोषित कर दिया गया। लेकिन मिजो नेशनल फ्रंट लगातार सक्रिय रहा और विदेशी धरती से ही अपना अभियान चलाता रहा। वे इंदिरा गांधी से खफा थे, 1984 में इंदिरा

गांधी की हत्या के बाद फिर से शांति के प्रयास शुरू हुए और 1986 में 'मिजोरम शांति समझौता' हुआ और 1987 में मिजोरम को पूर्ण राज्य का दर्जा मिल गया। लालडेंगा ही उसका पहला मुख्यमंत्री बना, 1986 से 1988 तक मुख्यमंत्री रहा।

लेकिन ऐसे में जब भी लाल किले में किसान आंदोलन के बहाने खालिस्तानियों के 26 जनवरी, 2021 को हुए बवाल जैसी घटनाएँ देश में होंगी, यह भी याद रखा जाएगा कि इतनी बड़ी हिमाकत के बावजूद वहाँ दिल्ली पुलिस ने अपने नागरिकों पर गोली चलाने से साफ मना कर दिया था, जबकि 1966 में एक ऐसी भी सरकार केंद्र में थी, जिसने अपने ही लोगों पर वायुसेना के लड़ाकू विमान भेजकर बमबारी करवा दी थी! कोई और रास्ता नहीं निकाला गया और इस सरकार की मुखिया थीं इंदिरा गांधी। यह भी दिलचस्प है कि अपनी ही जनता पर बम बरसाने वाले दो पायलट बाद में कांग्रेस की सरकारों में केंद्रीय मंत्री जैसे पद पर पहुँचे।

संदर्भ

1. 'Making of Mizoram Role of Laldenga', Volume-1, by Suhas Chatterjee, Page no. 26, Published by MD Publications.
2. 'Mizoram, The Dagger Brigade', by Nirmal Nibedon, Page no. 70, Published by Lancers Publishers.
3. 'Making of Mizoram Role of Laldenga' Volume-1, by Suhas Chatterjee, Page no. 53, Published by MD Publications .
4. 'Mizoram, The Dagger Brigade', by Nirmal Nibedon, Page no. 78, Published by Lancers Publishers.
5. Shekhar Gupta's Article in Indian Express, 10 April, 2010, https://indianexpress.com/article/opinion/columns/the-buck-starts-here/
6. 'Leadership, Field Marshal Sam Manekshaw', by Shubhi Sood, Page no. 54, Published by SDS Publishers.
7. 'Ethnic Unrest in India and Her Neighbors', by Pannalal Dhar, page no. 28, Published by Deep & Deep Publications.

□

17

भिंडरावाले को यूँ खड़ा किया इंदिरा गांधी ने

जरनैल सिंह भिंडरावाले का 30 साल की उम्र में जब 'दमदमी टकसाल' के मुखिया के तौर पर नाम का ऐलान हुआ तो इस मौके पर मुख्यमंत्री प्रकाश सिंह बादल के साथ-साथ शिरोमणि गुरुद्वारा प्रबंधक कमेटी (एस.जी.पी.सी.) के अध्यक्ष गुरुचरण सिंह तोहड़ा भी शुभकामनाएँ देने के लिए मौजूद थे। 'दमदमी टकसाल' दमदमा गुरद्वारे की वजह से काफी प्रतिष्ठित थी, जहाँ गुरु गोविंद सिंह ने काफी समय गुजारा था और जब तक एस.जी.पी.सी. ने सिख धर्म की शिक्षा के लिए कॉलेज शुरू नहीं किए, दमदमी टकसाल ही सिखों को धार्मिक ज्ञान देने का सबसे बड़ा केंद्र था। भिंडरावाले ने चुनाव में हारने वाले अपने गुरुभाई अमरीक सिंह को भी अपना साथी बना लिया था। इस घटना से भिंडरावाले का जलवा पूरी तरह कायम हो गया था।

इधर जब से अकालियों ने कांग्रेस मुख्यमंत्री ज्ञानी जैल सिंह को हराकर पंजाब में अपनी सरकार बनाई थी, गांधी परिवार को काफी चुभ रही थी। ज्ञानी जैल सिंह को तो केंद्र में गृहमंत्री बनाकर बुला लिया गया। कुलदीप नैयर और खुशवंत सिंह पुस्तक 'ट्रैजिडी ऑफ पंजाब' में लिखते हैं कि संजय गांधी ने सुझाव दिया कि अकालियों के खिलाफ कोई 'संत' खड़ा करना होगा। कभी अकाली नेता तारा सिंह के खिलाफ पंजाब के पूर्व सी.एम. प्रताप सिंह कैरों संत फतेह सिंह को ऐसे ही खड़ा कर चुके थे। इस योजना को आगे बढ़ाया ज्ञानी जैल सिंह और कांग्रेस कार्यसमिति के सदस्य दरबारा सिंह ने। दो संतों को ढूँढ़ा गया, कांग्रेस नेता कमलनाथ ने कुलदीप नैयर को बताया—"The first one we interviewed did not look a 'courageous type'. Bhindranwale, strong in tone and tenor, seemed to fit the bill. We would give him money off and on, but we never thought he would turn into a terrorist."[1]

इस बयान से साफ जाहिर है कि भिंडरावाले को कांग्रेस हाई कमान यानी इंदिरा गांधी की शह पर खड़ा किया गया था और जैसा कि कमलनाथ बताते हैं कि इसके लिए उन्हें वैध और अवैध तरीके से पैसा भी दिया गया। इतना ही नहीं, अकाली दल की विचारधारा से टकराने के लिए एक दल 'दल खालसा' भी खड़ा कर दिया गया। अगस्त 1978 में चंडीगढ़ के सेक्टर 22 के एक होटल में 'दल खालसा' के चीफ गजेंद्र सिंह की एक बड़ी प्रेस कॉन्फ्रेंस के बिल तक का भुगतान ज्ञानी जैल सिंह ने अपनी जेब से किया था। 'इन अमृतसर : मिसेज गांधीज लास्ट बैटल' में बी.बी.सी. के पत्रकार सतीश जैकब व मार्क टली दावा करते हैं कि ये बिल 600 रुपए का था। लेकिन राष्ट्रपति बनने के बाद वे इस आरोप से मुकर गए, कई पत्रकार यह दावा करते थे कि इस भुगतान की रसीद उनके पास है। इस प्रेस कॉन्फ्रेंस में पत्रकार बी.के. चुग भी मौजूद थे, उन्होंने भी अपनी पुस्तक में लिखा है कि भुगतान ज्ञानी जेल सिंह ने किया था।[2]

इससे यह साफ होता है कि भिंडरावाले को किस तरह खड़ा किया गया था। दावा तो यह तक किया जाता है कि भिंडरावाले ने दिल्ली में इंदिरा गांधी से गुप्त रूप से मुलाकात की थी, लेकिन इसका कोई साक्ष्य नहीं मिलता। पंजाब में कांग्रेस के सी.एम. रहे कैप्टन अमरिंदर की खुशवंत सिंह द्वारा लिखित आधिकारिक आत्मकथा 'कैप्टन अमरिंदर सिंह : द पीपल्स महाराजा' में अमरिंदर से जुड़ी एक दिलचस्प घटना की जानकारी मिलती है कि कैसे 1980 में एक दिन इंदिरा गांधी ने अमरिंदर को संसद में अपने कार्यालय में बुलाया था। उन्हें निर्देश दिया कि जरनैल सिंह भिंडरावाले को मिलो और एक मीटिंग राजीव गांधी से करवाओ।

अमरिंदर सिंह अपने भाई के साथ भिंडरावाले के घर पहुँचे, देर रात तक उनके बिस्तर पर ही सोकर इंतजार किया और फिर बमुश्किल राजीव गांधी से मिलने के लिए राजी किया। उन्होंने यह तक दावा किया है कि वे शायद पहले व्यक्ति थे, जो भिंडरावाले के बिस्तर पर सोए। लेकिन यह मीटिंग नहीं हो पाई। दो बार ऐसा हुआ कि राजीव गांधी के साथ अमरिंदर सफदरजंग एयरपोर्ट पर हेलीकॉप्टर के लिए निकले, लेकिन खबर लीक हो गई, जो एजेंसियों के जरिए दरबारा सिंह तक जा पहुँची और दरबारा सिंह ने भिंडरावाले से मिलने में राजीव गांधी की जान को खतरा बताया।[3]

इधर 1978 में निरंकारियों के एक हमले में 16 अकालियों की मौत के बाद भिंडरावाले का रुख हमलावर हो चुका था। मुख्यमंत्री प्रकाश सिंह बादल उस दिन मुंबई में थे, भागकर आए, कुछ पुलिस वालों को सस्पेंड कर दिया गया और निरंकारी चीफ गुरबचन सिंह को गिरफ्तार भी किया गया। लेकिन उनका ट्रायल पंजाब से बाहर, यानी हरियाणा भेज दिया गया। भिंडरावाले को यह और नागवार गुजरा।

भिंडरावाले ने अकालियों के खिलाफ मोरचा खोल दिया। निरंकारियों की स्थिति वैसे ही सिख धर्म में वैसे ही होती है, जैसे मुसलिमों में अहमदियों की। वे खुद को तो अंदर का मानते हैं, लोग उन्हें बाहर का ही मानते हैं, सो सिखों को भिंडरावाले की बात में दम लगा।

अकालियों के खिलाफ खड़ा होने की वजह से इंदिरा गांधी ने भिंडरावाले पर हाथ रख दिया। इतना ही नहीं, भिंडरावाले ने 1980 के चुनाव में पंजाब में कुछ कांग्रेस प्रत्याशियों का खुला समर्थन भी किया। इधर चुनाव से कुछ समय पहले ही निरंकारी चीफ गुरबचन सिंह और उनके समर्थकों को छोड़ दिया गया। इससे भिंडरावाले और उनके समर्थकों का गुस्सा भड़क उठा। फिर दिल्ली में निरंकारी चीफ गुरबचन सिंह की अपने ही घर में हत्या हो गई। सी.बी.आई. और पुलिस की जाँच में जब भिंडरावाले का नाम उछला तो भिंडरावाले ने स्वर्ण मंदिर के गुरुनानक निवास में शरण ली।

यह वह जगह थी, जब 1955 में पहली और आखिरी बार अकाली कार्यकर्ताओं को गिरफ्तार करने के लिए पुलिस घुसी थी, तो बाद में अकाल तख्त के सामने मुख्यमंत्री भीमसेन सच्चर को माफी माँगनी पड़ गई थी, वहाँ पुलिस नहीं जा सकती थी। सोचिए, आगे क्या हुआ होगा? एक हत्या के आरोपी को बचाने के लिए देश का गृहमंत्री संसद में खड़े होकर कहता है कि उसके ऊपर कोई चार्ज नहीं है, वह निर्दोष है, निरंकारी बाबा की हत्या उसने नहीं की।[4] जबकि हत्या में प्रयुक्त एक हथियार का लाइसेंस भिंडरावाले के भाई के नाम था। ये गृहमंत्री थे—ज्ञानी जैल सिंह। जाहिर है, वे इंदिरा गांधी के हाथ की कठपुतली थे, जिसको उनके इशारे पर भरी संसद में बचाया, एक दिन वही इंदिरा की मौत की वजह बन गया।

दूसरी हत्या 'पंजाब केसरी' समूह के मालिक लाला जगत नारायण की हो गई, जो निरंकारी संत का समर्थन करते थे। इससे सिखों का बड़ा समर्थन भिंडरावाले को मिल गया। भिंडरावाले के स्वर्ण मंदिर में डेरा जमाते ही समर्थकों की तादाद बढ़ने लगी, देश-विदेश में बैठे हार्डलाइनर्स सिखों को अब खालिस्तान की आस जगने लगी थी। इधर पी.एम. बनते ही इंदिरा गांधी ने कई राज्य सरकारों को बरखास्त कर दिया, जो इंदिरा गांधी की फितरत थी। अब दरबारा सिंह मुख्यमंत्री बन चुके थे।

इधर भिंडरावाले को लेकर लोकदल व बीजेपी का दबाव सरकार पर बढ़ने लगा, उधर भिंडरावाले को आशंका थी कि अकाली उसकी हत्या करवा सकते हैं। वह अकाल तख्त में रहना चाहता था, लेकिन हालाँकि, मुख्य ग्रंथी कृपाल सिंह ने साफ मना कर दिया कि उस पवित्र जगह में हथियारों का कोई काम नहीं। लेकिन सालों से एस.जी.पी.सी. चीफ की कुरसी पर जमे पड़े गुरुचरण सिंह तोहड़ा को इंदिरा गांधी

से तभी से बड़ी नाराजगी थी, जब उन्हें इमरजेंसी के दौरान जेल भेज दिया गया था। तोहड़ा ने कृपाल सिंह को कहा और 15 दिसंबर, 1983 को भिंडरावाले का प्रवेश अकाल तख्त में हो गया।[5]

इधर अकाली दल को समझ आ चुका था कि भिंडरावाले की तरह हार्डलाइन लिये बिना पंजाब की सिख राजनीति में गुजारा नहीं था। अकाली दल के सम्मेलन में सिखों की ऐसी माँगें रखी गईं, जो अलगाववाद की तरफ साफ इशारा थीं, उनसे 'आनंदपुर साहिब प्रस्ताव' कहा गया। जिसमें विदेश नीति, मुद्रा, रक्षा, संचार आदि को छोड़कर सारे अधिकार राज्य को देने को कहा गया, संसद में जिसका जितना प्रतिनिधित्व, उतना ही आर्थिक योगदान दें। विवाद हुआ तो कहा गया कि अकाली चीफ फतेह सिंह को एक बरखास्त सिविल सर्विस अधिकारी ने इंगलिश में ड्राफ्ट दिया था, उन्हें समझ नहीं आया होगा।[6]

लेकिन अकालियों ने भिंडरावाले को समर्थन देना शुरू कर दिया, इधर वह इंदिरा गांधी के हाथ से बाहर निकलने लगा। सितंबर 1981 में जब भिंडरावाले की मेहता चौक गुरुद्वारे के सामने गिरफ्तारी हुई तो काफी भीड़ जमा हो गई, हंगामा हुआ, 11 लोग मारे गए। पंजाब अब जलने लगा था। कई हिंसक घटनाएँ होने लगीं। लुधियाना के डी.आई. जी. के ऑफिस में बस से हमला हुआ, सी.एम. दरबारा सिंह पर हमला हुआ। 1983 में तो स्वर्ण मंदिर में बाहर निकलते वक्त डी.आई.जी. ए.एस. अटवाल की हत्या कर दी गई। एक जगह हिंदुओं को बस से निकालकर भून दिया गया। इंदिरा गांधी ने अपनी ही कांग्रेस सरकार को बरखास्त करके राष्ट्रपति शासन लगा दिया।

हालात बेकाबू होने लगे थे। रही-सही कसर 1971 की जंग के हीरो शाबेग सिंह ने पूरी कर दी, जिन पर छोटे-छोटे आरोप लगाकर कोर्ट मार्शल कर दिया गया था। जब इंदिरा गांधी ने भी उनकी बात नहीं सुनी तो गुस्से में शाबेग सिंह ने भिंडरावाले का दामन थाम लिया। उसकी आर्मी के लिए हथियार विदेशों से जुटाए और उन्हें कमांडो ट्रेनिंग दी। लगातार इंदिरा गांधी ने गलतियों पर गलतियाँ कीं तथा भिंडरावाले खड़ा होता चला गया और फिर उसे खत्म करने के लिए 'ऑपरेशन ब्लू स्टार' करना पड़ा। एक दिन वह आया, जब इंदिरा गांधी को अपनी जान देकर इस गलती की सजा भुगतनी पड़ी। उनकी हत्या के चलते 1984 के दंगे हुए, सो अलग!

संदर्भ

1. 'Beyond The Lines : An Autobiography', by Kuldip Nayar, Page No. 290, Published by Roli Books.
2. 'Behind Closed Doors : Politics of Punjab, Haryana and the Emergency', by BK Chum, Published by Hay House.

3. 'Captain Amrinder Singh : The People's Maharaja', by Khushwant Singh, Chapter 12 'Rendezvous with Jarnail Singh Bhindrawale'.
4. 'The Sikhs of The Punjab', Volume 2-3, Page No. 219, Published by Cambridge University Press.
5. 'Beyond The Lines : An Autobiography', by Kuldip Nayar, Page No. 296, Published by Roli Books.
6. 'Tragedy of Punjab : Operation Blue Star and After', by Kuldip Nayar & Khushwant Singh, Page No. 34, Published by Vision Books.

□

18

इंदिरा की चूक, 1971 का हीरो बना भिंडरावाले का दायाँ हाथ

बांग्लादेश युद्ध के हीरो का ताज कभी इंदिरा के सिर पर रखा जाता है, तो कभी सैम मानेकशॉ के सर। लेकिन शेख मुजीबुर्रहमान की मुक्तिवाहिनी को आर्म्स और वॉर ट्रेनिंग में कई भारतीय अफसरों ने बड़ी भूमिका निभाई। जिनमें रॉ जैसी गुप्तचर संस्था को खड़ा करने वाले रामेश्वर नाथ काव भी थे और मेजर जनरल शाबेग सिंह भी। दिलचस्प बात यह थी कि इंदिरा का साथ देने वाले ये दोनों अधिकारी 'ऑपरेशन ब्लू स्टार' में भी सक्रिय थे, लेकिन दोनों ही अलग-अलग पक्ष में खड़े थे। शाबेग सिंह भिंडरावाला की आर्मी की कमान सँभाले हुए थे और रामेश्वर नाथ काव स्पेशल कमांडो फोर्स को एक एयरफोर्स बेस पर ट्रेनिंग दे रहे थे। आखिर ऐसा कैसे हुआ कि 1971 के युद्ध का इतना बड़ा हीरो देश के खिलाफ लड़ने वाली ताकतों को मजबूत करने में जुट गया, जिस आर्मी का वह सेनापति था, उसी के खिलाफ आतंकियों को प्रशिक्षण देने में जुट गया, उनके लिए बम, बारूद और हथियार जुटाने में लग गया? उसकी वजह थीं इंदिरा गांधी।

1971 के युद्ध के बाद शाबेग सिंह को मेजर जनरल बना दिया गया और उन्हें 'परम विशिष्ट सेवा पदक' से भी सम्मानित किया गया था। जब भी बांग्लादेश को अलग करने के इतिहास की चर्चा होगी, मुक्तिवाहिनी को प्रशिक्षित करने के लिए शाबेग सिंह का नाम भी लिया जाएगा। लेकिन अंत बुरा तो सब बुरा! समय चक्र घूमा तो इमरजेंसी के बाद दोबारा इंदिरा सत्ता में लौटीं तो आर.एन. काव इंदिरा के डायरेक्टर जनरल, सिक्योरिटी (डी.जी.एस.) के तौर पर इंदिरा के पंजाब से जुड़े मुद्दों पर सलाहकार थे, तो शाबेग सिंह को रिटायरमेंट से ठीक पहले भ्रष्टाचार के आरोप में सेना ने बरखास्त कर दिया था। ऐसे में शाबेग सिंह को लगा कि उनके साथ ज्यादती हुई है। उनके करीबियों ने आरोप

लगाया कि इतने शानदार कॅरियर वाले ऑफिसर पर छोटे-मोटे आरोप जानबूझकर लगाए गए—2500 रुपए का किसी से उपहार लेना या अपने सरकारी आवास में तरकारी आदि की खेती करना, किसी और के नाम से ट्रक खरीदना, 1.75 लाख रुपए में बने घर की कीमत 9 लाख रुपए ठहराना आदि।

कई मशहूर पत्रकारों और रक्षा विशेषज्ञों के लेखों से सजी पुस्तक 'द पंजाब स्टोरी' बताती है कि कैसे रिटायरमेंट से ठीक 1 दिन पहले उसे आर्मी से बरखास्त कर दिया गया और एक ऐसे क्लॉज के तहत, जिसमें ट्रायल की जरूरत नहीं थी। इससे पहले किसी भी आर्मी ऑफिसर पर वह क्लॉज इस्तेमाल नहीं हुआ था। इसके बाद इस केस को सी.बी.आई. को सौंप दिया गया। सी.बी.आई. ने शाबेग सिंह के ऊपर दो केस लगाए—आर्मी ट्रांसपोर्ट का गलत इस्तेमाल करके किसी और के नाम पर ट्रक लेने का और दूसरा, 9 लाख रुपए की लागत से घर बनाने का। उससे भी ज्यादा उनकी निराशा तब और बढ़ गई, जब सालों तक दिल्ली के चक्कर लगाने पड़े कि कम-से-कम उसका ट्रायल तो हो और उन्हें अपनी बात रखने का मौका तो मिले! उस पर उनकी पत्नी की गंभीर बीमारी ने उन्हें तोड़कर रख दिया कि जिस देश के लिए उन्होंने पूरी 12 साल की सर्विस में केवल 6 महीने का ब्रेक लिया था, सिख होने के बावजूद केश कटवाकर बांग्लादेश में मुसलिम वेश तक रखा था, आज बुढ़ापे में वहीं अन्याय हो रहा था।[1]

शाबेग सिंह के भाई बेअंत सिंह ने 'टाइम्स ऑफ इंडिया' को बताया कि शाबेग को बरखास्तगी का पत्र बाजपुर (उत्तराखंड) में एक रिश्तेदार के यहाँ भोज में मिला, शाबेग को काफी बेइज्जती महसूस हुई। माँ प्रीतम कौर ने भी पूछा कि देश की इतनी सेवा की तो फौज ने उसके साथ ऐसा बरताव क्यों किया?[2] सच्चाई जो भी हो, उन्हें नौकरी से बरखास्त कर दिया गया। पेंशन रोक ली गई, तीन महीने के लिए जेल में भी रखा। शाबेग की पत्नी के ब्लैडर में ट्यूमर था, उन दिनों हालत काफी खराब थी। शाबेग सिंह ने 1984 मई में 'टेलीग्राफ' से इंटरव्यू में आरोप लगाया कि मेरा ट्रायल भी नहीं हुआ, कोर्ट मार्शल की प्रक्रिया तक नहीं हुई और मुझे सजा दे दी गई! शाबेग ने कहा कि उनके ऊपर जो क्लॉज लगाया गया, वह इससे पहले किसी भी आर्मी ऑफिसर के ऊपर नहीं लगा था, यहाँ तक कि ब्रिटिश आर्मी में भी नहीं। दिक्कत उससे ज्यादा तब हुई, जब सी.बी.आई. का केस पाँच साल तक खिंचता रहा और वे गृहमंत्री ज्ञानी जेल सिंह से भी मिले, लेकिन वादा करके भी उन्होंने कोई मदद नहीं की। इतने साल तक कोर्ट और नेताओं के चक्कर काट-काटकर उनका मोह धीरे-धीरे सिस्टम से हटता चला गया।

तब वे पहले अकालियों के साथ जुड़े, लेकिन 'सिख विकी' के मुताबिक उत्तराखंड में हल्द्वानी के तराई इलाके में रह रहे उनके भाई की जब एक कांग्रेसी नेता ने हत्या कर

दी, तो उनके विचार और भी उग्र हो गए।[3] फिर वे भिंडरावाला के साथ हो गए और उसकी आर्मी को प्रशिक्षित करने लगे। शाबेग इंडियन आर्मी और पैरा कमांडोज की ताकत और कमजोरी दोनों जानते थे। शाबेग की शुरुआती पढ़ाई अमृतसर के खालसा कॉलेज में ही हुई थी, सो उनका लगाव शुरुआत से ही स्वर्ण मंदिर से था भी। उनका गाँव ख्याला वहाँ से महज 16 किमी. दूर था। ऐसे में सरकार से कानूनी लड़ाई लड़ते वक्त भी काफी समय वे स्वर्ण मंदिर में गुजारते और फिर गाँव चले जाते। धीरे-धीरे शाबेग सिंह का भरोसा भिंडरावाले में बढ़ने लगा था। शाबेग को दोनों की लड़ाई एक ही लगने लगी थी, जो सरकार के खिलाफ थी। शाबेग सिंह के शब्दों में—"He is a man who stands by the truth. The government is deliberately terming him a traitor because his brand of politics probably doesn't suit them. But the fact is that There is hardly a Sikh in this world who doesn't accept him as a leader. I also accept him as a leader."[4]

भिंडरावाले में यह श्रद्धा इसलिए भी बढ़ गई थी, क्योंकि दोनों ही सरकार के खिलाफ थे, दोनों को लगता था कि सरकार ने उन्हें धोखा दिया है। शाबेग ने भिंडरावाले के मिलिटरी एडवाइजर के तौर पर अत्याधुनिक हथियारों की खेप जुटा ली। जब स्वर्ण मंदिर पर 'ऑपरेशन ब्लू स्टार' के बाद शाबेग सिंह भी मारे गए तो कुल 51 तो लाइट मशीन गन्स ही बरामद हुईं, बाकी और भी तमाम हथियार थे। जाहिर है कि यह सब हथियार शाबेग सिंह ने ही अपने संबंधों के जरिए जुटाए होंगे। हालाँकि, आरोप लगते रहे हैं कि ये पाकिस्तान की मदद से हासिल किए गए थे।

दिलचस्प बात यह भी है कि पत्रकार वरिंदर वालिया ने शाबेग सिंह की भूमिका के बारे में अपनी पुस्तक 'तनखैये' में बताया कि कैसे बांग्लादेश में पाकिस्तान के सरेंडर डॉक्यूमेंट पर हस्ताक्षर करने वाले पाक अफसर नियाजी ने अपनी बायोग्राफी में लिखा था कि उनको एक बार शाबेग सिंह ने खालिस्तान का नक्शा दिखाया था। लेकिन इस घटना के बारे में पूरी जानकारी नहीं दी। साफ था कि शाबेग सिंह कहीं-न-कहीं बाद में भी नियाजी के संपर्क में रहे हो सकते हैं। ऐसे में बहुतों को काफी हैरानी हुई थी कि बांग्लादेश युद्ध में भगत सिंह की तरह अपने सिर के केश कटवा देने वाले शाबेग सिंह ने ऐसा क्यों किया? क्यों उन्होंने यह तक कहा कि गुरु गोविंद सिंह के बाद संत भिंडरावाले ही सिखों के सबसे बड़े लीडर पैदा हुए हैं।

'टेलीग्राफ' को जो इंटरव्यू शाबेग सिंह ने दिया था, उसमें खुलकर बताया कि उन्होंने इंदिरा गांधी से कई अपील कीं, कहा कि उनका मुकदमा या तो सिविल कोर्ट में चलाया जाए या फिर कोर्ट मार्शल की प्रक्रिया हो, लेकिन जल्दी किया जाए। उन्होंने अपनी पत्नी की बीमारी का हवाला भी दिया, उनको आर्थिक दिक्कतें भी होने लगी

थीं। बावजूद उसके शाबेग सिंह ने मुक्तिवाहिनी से जुड़े किसी भी सीक्रेट ऑपरेशन की जानकारी इस इंटरव्यू में नहीं दी। कहा कि मैं देशभक्त हूँ और इस मुद्दे पर कुछ भी नहीं बोल सकता हूँ। यह इंटरव्यू मई 1984 में हुआ था। तब नहीं लगा था कि इतना कुछ होगा, उसके बाद बाकी सिख विद्रोहियों समेत शाबेग सिंह की लाश ही मिली। लेकिन सोचिए कि अगर इस कद के सैन्य अधिकारी की इंदिरा ने बातें सुन ली होतीं, उनका पक्ष भी जान लेतीं, ठीक से जाँच करवातीं, मुकदमा फास्ट ट्रैक करवा लेतीं तो शायद 'ऑपरेशन ब्लू स्टार' होता ही नहीं, भिंडरावाले की आर्मी से टकराने की हिम्मत ही न होती, न ही इंदिरा गांधी की हत्या होती और न ही हजारों सिखों को 1984 के दंगों में अपनी जान, माल तथा परिवारों से हाथ धोना पड़ता।

संदर्भ

1. 'The Punjab Story' by Shekhar Gupta, Tavleen Singh, Amarjeet Kaur, Khushwant Singh etc, Page No. 100, Published by Roli Books.
2. TOI Report, https://timesofindia.indiatimes.com/cityamritsar/1971-war-war-hero-helped-bhindranwale-as-he-wanted-to-avenge-sacking-insult-say-kins/articleshow/88251788.cms
3. https://www.sikhiwiki.org/index.php/General_Shabeg_Singh
4. 'The Punjab Story' by Shekhar Gupta, Tavleen Singh, Amarjeet Kaur, Khushwant Singh etc, Page No. 101, Published by Roli Books.

□

19

हिंदी अब तक राजभाषा नहीं, जिम्मेदार इंदिरा गांधी भी

इंदिरा गांधी के समर्थक या चाहने वालों को इस अध्याय के शीर्षक से ऐतराज हो सकता है, लेकिन इसे लिखने के पीछे कुछ बड़ी वजहें हैं, जिसे इस अध्याय में आप आगे पढ़ेंगे, उन घटनाओं को विस्तार से जानेंगे, जिनके चलते यह शीर्षक दिया गया है। लेकिन शुरुआत करेंगे, देश की एक जानी-मानी महिला नेता के एक लेख[1] से, इस लेख को बी.बी.सी. से साभार लिया गया है। इस महिला नेता का मानना था कि तमिलनाडु में हिंदी विरोधी आंदोलन शुरू हुआ तो सारी गलती इंदिरा गांधी की थी—

"तब इंदिरा गांधी कुछ ही दिन पहले सूचना एवं प्रसारण मंत्री बनी थीं। इंदिरा गांधी के मंत्रालय ने हिंदी में एक सर्कुलर जारी किया था और इस सर्कुलर के कारण भी हिंदी विरोधी आंदोलन को हवा मिली थी। मेरी नानी अमु स्वामीनाथन कांग्रेस की बड़ी नेता थीं। वे नेहरू-गांधी परिवार के काफी करीबी थीं।

इंदिराजी मेरी नानी के घर पर आई थीं। तब मैं भी वहीं थी। मैं काफी अस्त-व्यस्त स्थिति में थी। मैं भावनात्मक रूप से भी ज्यादा परेशान थी। तब इंदिरा गांधी का व्यक्तित्व काफी संतुलित और शांत था। इंदिरा गांधी आकर बैठ गईं और मेरी नानी से हिंदी विरोधी आंदोलन के बारे में बात करने लगीं।

उन्होंने बताया कि वे इस आंदोलन से किस कदर विचलित हैं। इंदिराजी ने हिंदी विरोधी आंदोलन को लेकर जारी गतिरोध को खत्म करने की बात की थी। उस वक्त मैं एक कॉलेज स्टूडेंट थी। इस आंदोलन को लेकर मेरे मन में भी गुस्सा था। मैंने दोनों की बातचीत में हस्तक्षेप किया और इंदिराजी से कहा कि इसमें सारी गलती आपकी है।

मैंने कहा कि यह आप ही का मंत्रालय है, जिसके एक सर्कुलर के कारण सारा

हंगामा खड़ा हुआ है और अब आप शांति बहाल करने की बात कर रही हैं! उन्होंने मेरी तरफ देखा और पूछा कि मैं इसके बारे में सब कुछ कैसे जानती हूँ? मैंने उनसे कहा कि मैं इस आंदोलन की समर्थक हूँ। ऐसा एक हिंदी भाषी होने के बावजूद था।

मेरे जवाब के बाद इंदिराजी की दिलचस्पी बढ़ गई थी। उन्होंने मुझसे कुछ सवाल पूछना शुरू किया। इंदिराजी की दिलचस्पी इस आंदोलन में शामिल छात्रों को लेकर थी। इस आंदोलन में शामिल छात्रों को मैंने करीब से देखा था।

मैंने इंदिराजी से सरकार की कठोर कारवाइयों के बारे में बात की। मैंने कहा कि उनकी सरकार गोलीबारी कर रही है और तमिलों को अलग-थलग कर रही है। मैंने कहा कि उन्हें इसे लेकर माफी माँगनी चाहिए। वे पूरी तरह से हैरान रह गईं और कुछ मिनट बाद वहाँ से चली गईं। हालाँकि, बाद में उन्होंने अधूरे मन से माफी माँगी थी, लेकिन तब तक काफी देर हो गई थी।"

यह लेख भारत में वामपंथी राजनीति की दिग्गज नेता सुभासिनी अली ने लिखा था। अगर आप रामचंद्र गुहा की पुस्तक 'भारत : गांधी के बाद' पढ़ेंगे तो कई पन्ने शास्त्रीजी के समय में 1965 में चल रहे इस हिंदी विरोधी आंदोलन को लेकर भी लिखे गए हैं। लेकिन पूरे प्रकरण में एक शब्द इंदिरा गांधी को लेकर नहीं लिखा है, मानो उनकी इस पूरे विवाद में कोई भूमिका ही नहीं थी! उन्होंने तो यह तक बताना जरूरी नहीं समझा कि इंदिरा गांधी कैसे इस आंदोलन को खत्म करने के लिए बिना प्रधानमंत्री लालबहादुर शास्त्री को बताए मद्रास उड़ गई थीं और भारत सरकार की तरफ से उन्होंने आंदोलनकारियों को यह आश्वासन दे दिया था कि हिंदी इकलौती राजभाषा के तौर पर नहीं लागू की जाएगी, बल्कि अंग्रेजी का भी विकल्प मिलेगा। तो आज की तारीख में युवाओं के मन में प्रतिष्ठित इतिहासकार के तौर पर पैठ बना चुके रामचंद्र गुहा ही नहीं लिखेंगे तो कौन मान लेगा? ऐसे में सुभाषिनी अली के लिखे को भी झूठ कैसे मान सकते हैं आप?

आखिर पूरा मामला था क्या? शुरुआत संविधान सभा से हुई। राजभाषा के ऊपर तीन साल तक कई बार चर्चा हुई, लेकिन कोई बात नहीं बन पा रही थी। आखिरी चर्चा 12 सितंबर, 1949 से 14 सितंबर, 1949 तक लंबी चर्चा हुई। दक्षिण के तमाम सदस्य हिंदी और देवनागरी को उनके ऊपर थोपने को लेकर विरोध जता रहे थे। बाद में नेहरू कैबिनेट में शामिल हुए टी.टी. कृष्णमाचारी और गोपालस्वामी आयंगर इनमें प्रमुख थे। तो बहुत से लोग देश पर विदेशी भाषा अंग्रेजी को थोपना नहीं चाहते थे, इनमें अलगू राय शास्त्री और आरवी धुलेकर जैसे सदस्य थे। आखिर में बीच का रास्ता निकाला गया और इस फॉर्मूले का नाम था 'मुंशी-आयंगर फॉर्मूला' (के.एम. मुंशी और गोपालस्वामी आयंगर)। हिंदी को देवनागरी लिपि के साथ राष्ट्रीय भाषा नहीं, बल्कि आधिकारिक भाषा

घोषित किया गया, लेकिन तय किया गया कि 15 साल तक अंग्रेजी भी प्रयोग में रहेगी। फिर धीरे-धीरे अंग्रेजी को चलन से बाहर कर दिया जाएगा। हर पाँच साल में राजभाषा आयोग बनाने की बात भी की गई। 1955 में 'बी.जी. खेर आयोग' बना।[2]

'खेर आयोग' की सिफारिशों के बाद गोविंद बल्लभ पंत की अध्यक्षता में 1957 में कमेटी बनाई गई, जिसने 2 साल बाद अपनी सिफारिशें दीं कि हिंदी को प्राथमिक और अंग्रेजी को द्वितीयक आधिकारिक भाषा घोषित किया जाए। इन सिफारिशों का विरोध शुरू हो गया तो नेहरूजी ने हिंदी विरोधियों को संसद में 7 अगस्त, 1959 को आश्वासन दिया कि कुछ भी थोपा नहीं जाएगा, अंग्रेजी बंद नहीं की जाएगी। नेहरूजी को यह अंदाजा था कि 1965 में क्या हो सकता है, क्योंकि आसानी से हिंदी आधिकारिक भाषा के तौर पर लागू नहीं हो सकती थी। सो उन्होंने 'राजभाषा अधिनियम-1963' पहले ही लागू कर दिया, जिसमें एक लाइन ऐसी थी, जिसको लेकर तमिल नेताओं को स्पष्टता नहीं थी। इस ऐक्ट की धारा 3 में लिखा गया था कि 1965 के बाद भी अंग्रेजी भाषा को सरकारी भाषा के रूप में प्रयोग किया जा सकता है (May be used)। लेकिन इन शब्दों से गैर-हिंदी भाषी क्षेत्रों में नाराजगी फैल गई। लोग चाहते थे कि 'May' की जगह 'Shall' शब्द का इस्तेमाल किया जाए। उनको लग रहा था कि यह बयान उत्तर भारतीयों के दबाव में लिखा गया है।

15 साल होने वाले थे, देश का नेतृत्व लालबहादुर शास्त्री के हाथ में था। इधर अरसे से भाषा और तमिल राष्ट्रवाद के नाम पर राजनीति करने के बावजूद सत्ता से दूर रहने वाले राजनीतिक दल डीएमके ने मौका देखकर माहौल बिगाड़ना शुरू कर दिया। लेकिन असली माहौल तब बिगड़ा, जिसका जिक्र सुभासिनी अली ने अपने लेख में किया है, इंदिरा गांधी के मंत्रालय सूचना प्रसारण मंत्रालय ने और गुलजारी लाल नंदा के मंत्रालय यानी गृह मंत्रालय ने सर्कुलर जारी करके बताया कि 26 जनवरी से केंद्र का राज्यों से पत्राचार केवल हिंदी में होगा। आज तक नहीं पता चल पाया कि ये सर्कुलर प्रधानमंत्री के कहने पर जारी किए गए थे, या फिर अनजाने में या फिर जानबूझकर माहौल खराब करने के लिए? लेकिन जब इंदिरा गांधी को नेहरूजी का रुख हिंदी को लेकर पता था, तो फिर उन्हें सर्कुलर जारी करने की क्या जल्दी थी, वह भी तब, जब कामराज और शास्त्रीजी इस मामले को देख रहे थे?[3]

जैसे ही यह तारीख करीब आई, डीएमके नेता सी.एन. अन्नादुरै ने 1963 में घोषणा की कि—'यह तमिल लोगों का कर्तव्य है कि वे हिंदी थोपने वालों के खिलाफ जंग लड़ें।' 16 जनवरी को अन्नादुरै ने घोषणा की कि 26 जनवरी 'शोक दिवस' के रूप में मनाया जाएगा। कांग्रेस के मुख्यमंत्री भक्तवत्सलम ने चेतावनी दी कि राज्य सरकार गणतंत्र दिवस की पवित्रता पर कोई भी कुठाराघात बरदाश्त नहीं करेगी और अगर छात्रों

ने गणतंत्र दिवस को अपमानित करने वाले किसी भी कार्यक्रम में भाग लिया तो कठोर कार्रवाई होगी। तब द्रमुक ने एक दिन 'शोक का दिन' बढ़ाया।

फिर भी 25 जनवरी को 3,000 डीएमके सदस्यों के साथ अन्नादुरै को हिरासत में ले लिया गया था। बावजूद इसके 26 जनवरी को मद्रास शहर के कॉलेजों के 50,000 छात्र जुटे और मुख्यमंत्री का घेराव करने की कोशिश की गई। कांग्रेस के कार्यकर्ताओं से डीएमके कार्यकर्ताओं और आंदोलन से जुड़ते जा रहे लोगों का टकराव बढ़ता चला गया और फिर यह हिंसक रूप लेता गया। तमाम लोगों ने आत्महत्या कर ली।

आग लगने, लूटपाट और सार्वजनिक संपत्ति के नुकसान की घटनाएँ आम हो गईं। रेलवे स्टेशनों पर हिंदी नाम वाले बोर्ड्स को जला दिया गया; टेलीग्राफ लाइंस को काटा गया और रेलवे लाइनों को भी उखाड़ने की घटनाएँ सामने आने लगीं। कांग्रेसी मुख्यमंत्री ने पैरा मिलिटरी को भी निपटने के लिए लगाया। 11 फरवरी को डीएमके से जुड़े मद्रास राज्य के दो केंद्रीय मंत्रियों—सी. सुब्रह्मण्यम और ओ.वी. एलगेसन ने सरकार की भाषा नीति का विरोध करते हुए इस्तीफा दे दिया।[4]

11 फरवरी को जब दो दक्षिण भारतीय केंद्रीय मंत्रियों का इस्तीफा आया तो शास्त्रीजी ने रेडियो पर भाषण देते हुए कहा भी कि हम नेहरूजी के आश्वासन का सम्मान करेंगे और आई.ए.एस. परीक्षा अंग्रेजी में भी आयोजित करेंगे। केंद्र और राज्य के पत्राचार में हिंदी के साथ अंग्रेजी भी बनी रहेगी। उस वक्त कांग्रेस के राष्ट्रीय अध्यक्ष थे कामराज, तमिलनाडु के पूर्व मुख्यमंत्री, उनकी काफी साख थी तमिलनाडु में। कामराज और शास्त्रीजी ने तय किया था कि 'वेट एंड वॉच' की रणनीति अपनाएँगे। वैसे भी हर आंदोलन के आगे सरकारें झुकने लगें, तो विपक्ष कोई काम ही नहीं होने देगा और सरकारें उसमें ही उलझी रहेंगी। जिस तरह मोदी सरकार के जमाने में किसान आंदोलन था, उसी तरह का मसला हिंदी आंदोलन का था; एक तबका केवल खिलाफ था और उसका उद्देश्य पूरी तरह राजनीतिक लाभ लेना था, जो उसे मिला भी। हालाँकि, कांग्रेस का इस आंदोलन के चलते तमिलनाडु की राजनीति में पत्ता ही साफ हो गया था।

लेकिन इंदिरा गांधी ने कमाल ही कर दिया, अचानक से मद्रास की फ्लाइट पकड़ी और बिना प्रधानमंत्री को बताए मद्रास चली गईं। वे सरकार की आधिकारिक प्रतिनिधि नहीं थीं, लेकिन सरकार की प्रतिनिधि की तरह वहाँ के नेताओं से मिलीं और बिना पी.एम. से चर्चा किए उनको आश्वासन दे दिया कि हिंदी देश की आधिकारिक भाषा नहीं बनेगी। यह एक ऐसा काम था, जो किसी भी प्रधानमंत्री का कैबिनेट मंत्री सोच भी नहीं सकता। लेकिन इंदिरा गांधी ने किया, क्योंकि वो मानती थीं कि इस देश के प्रधानमंत्री उनके पिता की बदौलत इतने बड़े नेता बने हैं।

जाहिर है, यह शास्त्रीजी को भी पसंद नहीं आया, लेकिन वे कोई एक्शन लेने की स्थिति में भी नहीं थे। बाद में शास्त्रीजी ने किसी को यह नाराजगी जताई कि 'शी हैड जंप्ड ओवर हिज हैड'। पत्रकार इंदर मल्होत्रा ने जब यह सवाल इंदिरा गांधी से पूछा तो इंदिरा गांधी का कहना था कि 'मैं खुद को केवल देश का सूचना प्रसारण मंत्री ही नहीं समझती, बल्कि देश के बड़े नेताओं में से एक हूँ', उन्होंने यह भी कहा, 'क्या तुम सोचते हो कि मैं इस्तीफा दे दूँ तो यह सरकार खुद को गिरने से बचा पाएगी? मैं बता रही हूँ कि नहीं बचा पाएगी' और सबसे दिलचस्प बात इंदिरा गांधी ने आखिर में कही, 'यस, आई हैव जंप्ड ओवर द प्राइम मिनिस्टर'स हैड और आई वुड डू इट अगेन व्हैन एवर द नीड एराइजेज'।[5]

देश शास्त्रीजी की कितनी इज्जत करता है, कैसा लगेगा आज भी आम आदमी को यह जानकर कि इंदिरा गांधी उनकी कितनी इज्जत करती थीं! यह शास्त्रीजी का नहीं, बल्कि देश के प्रधानमंत्री का अपमान था और इंदिरा गांधी यह इसलिए करने की जुर्रत कर पाईं, क्योंकि वे पं. नेहरू की बेटी थीं। जो इंदिरा गांधी एक साल पहले तक लंदन बसने की सोच रही थीं, अब वे प्रधानमंत्री बनने के ख्वाब देख रही थीं। तभी तो जिस मामले में शास्त्रीजी और कामराज फूँक-फूँक कर कदम रख रहे थे, उस मामले में इंदिरा गांधी बिना किसी के चर्चा किए कूद पड़ीं और आश्वासन दे आईं कि 'हिंदी लागू नहीं होगी।'

इस मामले में शास्त्रीजी ने फिर भी कूटनीति से काम लिया था और नेहरूजी के समय में लागू किए ऐक्ट की ही बात की, जिसमें अंग्रेजी को लेकर स्पष्टता नहीं थी। लेकिन इंदिरा गांधी ने वह काम कर दिया, जो नेहरूजी भी करने से बचते रहे। उन्होंने हिंदी देश की आधिकारिक भाषा बनने का रास्ता एक तरह से हमेशा के लिए बंद कर दिया। इतना ही नहीं, इसका कोई फायदा कांग्रेस को नहीं मिला, कांग्रेस तमिलनाडु से हमेशा के लिए साफ हो गई, सत्ता में अकेले दम पर आने की उसकी हैसियत खत्म ही हो गई। इसके बाद इंदिरा गांधी जब प्रधानमंत्री बनीं तो राजभाषा ऐक्ट में बदलाव करके हिंदी के लिए और कड़ी दीवार खड़ी कर दी।

तमिल राजनीति में कूदना इंदिरा गांधी ने पी.एम. बनने के बाद भी जारी रखा और लिट्टे को प्रश्रय देना शुरू कर दिया। लिट्टे की मदद के लिए भारत की धरती पर ट्रेनिंग कैंप लगवाए, रॉ ने उन्हें सभी तरह की मदद देना शुरू किया और एक दिन ऐसा आया कि उनके बेटे राजीव गांधी इसी तमिल राजनीति की भेंट चढ़ गए। यह पूरी कहानी आप इसी पुस्तक के लिट्टे और प्रभाकरण वाले अध्याय में पढ़ सकते हैं।

संदर्भ

1. 'जब मैं इंदिरा गांधी पर गुस्सा हो गई थी' by Subhashini Ali, 21 Nov, 2017, BBC Article, https://www.bbc.com/hindi/india-42052963
2. 'Problem of Hindi : A Study' by Ashok Kumar Majmudar, Page No. 39, Published by Bhartiya Vidya Bhawan.
3. 'Anna : The Life and Times of C.N. Annadurai', by R. Kannan, Page No. 288, Published by Penguin Books India.
4. 'Portrait of Lal Bahadur Shastri : A Quintessential Gandhian' by Lallan Prasad Singh, Page No. 48, Published by Ravi Dayal Publisher.
5. 'Indira Gandhi : A Personal and Political Biography' by Inder Malhotra, Page No. 70.

□

20
इंदिरा गांधी की 'काउ पॉलिटिक्स'

इमरजेंसी चल रही थी, अचानक ही इंदिरा गांधी ने चुनावों का ऐलान कर दिया। सारे विपक्षी नेताओं को जेल से छोड़ दिया और चुनाव-प्रचार अभियान शुरू कर दिया। सरकार में रहते हुए कांग्रेस के पास फंड की तो कोई कमी थी ही नहीं, इधर इमरजेंसी में कोई पूछने वाला भी नहीं था, सो जमकर सरकारी साधनों का भी इस्तेमाल किया गया। पार्टी बड़े-बड़े विज्ञापन अखबारों में दे रही थी, जिनमें मतदान से ठीक एक दिन पहले चार कॉलम का एक विज्ञापन काफी चर्चा में रहा। इसका शीर्षक था, 'प्रधानमंत्री इंदिरा गांधी को भारत के शीर्षस्थ महात्माओं का आशीर्वाद', विज्ञापन में ही करीब 25 महात्माओं के हस्ताक्षर भी छापे गए थे।[1] 'भूतो न भविष्यति', न इससे पहले किसी ने महात्माओं के हस्ताक्षरों वाला आशीर्वाद लिया था और न ही कभी महात्माओं के हस्ताक्षरों का विज्ञापनों में इस्तेमाल हुआ था।

इस विज्ञापन में आगे जो कहा गया था, वह इंदिरा गांधी की 'काउ पॉलिटिक्स' यानी 'गाय की राजनीति' को समझाता है। इस विज्ञापन में कहा गया था कि 'यह अत्यंत प्रसन्नता की बात है कि भारत की लोकप्रिय प्रधानमंत्री श्रीमती इंदिरा गांधी ने गत वर्ष देश के सभी राज्यों में गौ-हत्याबंदी संबंधी कानून लागू करा दिया है। ऐसा करके उन्होंने भारतीय संस्कृति और धर्म की महत्त्वपूर्ण सेवा की है, जिसमें प्रधानमंत्री के रूप में उनका नाम इतिहास में अमर रहेगा। राष्ट्रीय एवं धार्मिक महत्त्व के कार्य को पूरा करने के लिए हम श्रीमती इंदिरा गांधी को उनके मंगलमय दीर्घ जीवन तथा कुशल नेतृत्व के लिए अपना आशीर्वाद और शुभकामना देते हैं, जिससे भविष्य में वे राष्ट्र के धार्मिक, आर्थिक एवं सांस्कृतिक कार्यों को गतिशील बनाती रहें और भारत का नाम विश्व में उजागर करती रहें।'

अब जानिए कि इस विज्ञापन पर किस-किस साधु-संत के हस्ताक्षर थे। आचार्य स्वामी मुक्तजीवन दास (स्वामी नारायण संप्रदाय, गुजरात), जगदगुरु शंकराचार्य स्वामी

शांतानंदजी सरस्वती (ज्योर्तिमठ बद्रिकाश्रम), स्वामी हरिनारायणानंद (महामंत्री, भारत साधु समाज), स्वामी गुरुचरण दास (अध्यक्ष, भारत साधु समाज), स्वामी गिरिधारी लाल (मंत्री, सनातन धर्म प्रतिनिधि सभा, दिल्ली), महामंडलेश्वर स्वामी प्रेमदास (अयोध्या), स्वामी कृष्णानंदजी (वृंदावन), महामंडलेश्वर स्वामी भजनानंदजी सरस्वती (ऋषिकेश) आदि।

चूँकि देवराहा बाबा के हस्ताक्षर लाना किसी के वश की बात नहीं रही होगी, सो विज्ञापन में उनकी तरफ से एक लाइन लिखी गई कि 'श्री संत शिरोमणि योगीराज देवराहा बाबा ने भी यह पत्र पढ़कर प्रसन्नता प्रकट करते हुए अपना आशीर्वाद प्रदान किया।' आखिर में निवेदक के तौर पर लिखा था—स्वामी चैतन्यानंद सरस्वती, मंत्री, भारत साधु समाज, सरदार पटेल मार्ग, नई दिल्ली द्वारा प्रकाशित एवं प्रसारित। यानी सरकार सिरे से गायब थी। अब सबसे दिलचस्प बात जानिए, जब 1966 में इंदिरा गांधी ने करपात्री महाराज के भक्तों पर संसद घेराव करने पर जब गोलियाँ चलवाई थीं, तो गोली चलाने का आदेश जिस गृहमंत्री ने दिया था, यानी गुलजारी लाल नंदा, वे इसी संगठन, भारत साधु समाज के अध्यक्ष थे, जिसने इस विज्ञापन को 1977 में जारी किया था।

अब दूसरी दिलचस्प बात जानिए, चुनाव से एक दिन पहले यह विज्ञापन पूरे देश के अखबारों में जारी करके जनता को पूरी तरह से भ्रमित करने का काम किया गया था। दरअसल, यह दावा ही सिरे से गलत था कि पूरे देश में गौ-हत्या पर प्रतिबंध लगाने वाला कानून लागू हो गया है, वह तो आज तक नहीं हो पाया। उसका अधिकार तो राज्यों के पास था, लेकिन चुनाव जीतने के लिए जनता को साफ तौर पर भ्रमित करने के लिए यह विज्ञापन दिया गया था और उन्हें इसका कोई लाभ मिला भी नहीं, इंदिरा बुरी तरह यह चुनाव हारी थीं।

दरअसल, गौसेवकों से इंदिरा गांधी के रिश्ते प्रधानमंत्री बनते ही बिगड़ने शुरू हो गए थे। सालों से चल रहा गौ-हत्या विरोधी अभियान प्रधानमंत्री बनते ही इंदिरा गांधी के हिस्से आ गया। यूँ यह सदियों पुरानी समस्या थी, जब से गैर-हिंदुओं ने गायों को काटना शुरू किया था। खुद पं. जवाहरलाल नेहरू ने अपनी आत्मकथा में जिक्र किया है कि कैसे बकरीद के दिन गाय काटने से विवाद बढ़ जाता था और दंगे होते थे। लेकिन जब संविधान सभा में पं. ठाकुर दास भार्गव, सेठ गोविंद दास, शिब्बन लाल सक्सेना, राम सहाय और रघुवीरा ने गौ-हत्या पर प्रतिबंध की माँग की तो पं. नेहरू और डॉ. आंबेडकर दोनों ही इस बात पर राजी नहीं हुए कि कोई केंद्रीय कानून बनाया जाए, इसे राज्यों की सूची में डाल दिया गया। 2 अप्रैल, 1955 को जबलपुर से कांग्रेस के ही सांसद सेठ गोविंद दास ने एक निजी विधेयक के जरिए गौ-हत्या पर प्रतिबंध का मुद्दा उठाया, लेकिन वह विधेयक गिर गया।[2]

नेहरूजी की मौत के बाद देश में फिर बड़ी आम राय बनने लगी थी कि गौ-हत्या पर प्रतिबंध लगना चाहिए। क्योंकि 1947 में विभाजन के दंगों ने 15-20 साल देश में शांति रखी थी, लेकिन अब नई पीढ़ियाँ जो आईं, उनको अंदाज ही नहीं था कि गौ-हत्या कितना बड़ा मुद्दा था! गायें कटने की फिर घटनाएँ काफी बढ़ गईं तो कई संगठनों और पार्टियों के गौ-प्रेमियों ने फिर से गौ-हत्या प्रतिबंध का मामला उठाना शुरू किया। इनमें राष्ट्रीय स्वयंसेवक संघ के गुरु गोलवलकर, जनसंघ के मुरली प्रसाद शर्मा, राम राज्य परिषद् के संस्थापक करपात्री महाराज, डालमिया सेठ, हिंदू महासभा आदि शामिल थे। सितंबर 1966 में जयप्रकाश नारायण (जे.पी.) ने भी इंदिरा गांधी को गौ-हत्या पर प्रतिबंध के लिए लिखे पत्र में लिखा था—"I cannot understand why, in a Hindu majority country like India, where rightly or wrongly, there is such a strong feeling about cow-slaughter, there cannot be a legal ban."[3]

बड़ा आंदोलन शुरू हुआ। महाराष्ट्र के वासिम में 11 लोग पुलिस की गोली से मारे गए। देश के गृहमंत्री गुलजारी लाल नंदा के घर की सुरक्षा अगस्त 1966 से ही बढ़ गई थी। हालाँकि, भारत साधु समाज से जुड़े होने के नाते उनको यकीन था कि वे सबको समझा लेंगे, लेकिन ऐसा हो नहीं पाया। 'सर्वदलीय गोरक्ष महाअभियान समिति' के बैनर तले लाखों साधु दिल्ली में जुट गए, जिनमें हजारों तो नागा साधु थे। दिल्ली में आजादी के बाद शायद यह सबसे बड़ा जमावड़ा था। ऐलान था संसद घेराव का, स्वामी करपात्री के अलावा, जो सबसे मुखर थे, वे थे, जनसंघ के करनाल के सांसद स्वामी रामेश्वरानंद। अटल बिहारी वाजपेयी की अपील तक को अनसुना कर दिया गया।

बहुत ज्यादा बवाल हुआ। आज तक स्पष्ट पता नहीं है कि कितने साधु मारे गए थे? फिर भीड़ ने कई कांग्रेस नेताओं के घरों में तोड़-फोड़ मचा दी, पूरी दिल्ली में 48 घंटे का कर्फ्यू लगा दिया गया, पहली बार दिल्ली में आर्मी बुलाई गई। हालाँकि, कर्फ्यू सुबह ही हटा दिया गया, लेकिन गुलजारी लाल नंदा को इस्तीफा देना पड़ा। तब इंदिरा गांधी ने कमेटी का ऐलान कर दिया, जिसमें गुरु गोलवलकर व श्यामाप्रसाद मुखर्जी के बड़े भाई भी थे, ताकि गौ-हत्या पर प्रतिबंध लगाने को लेकर वह अपनी सिफारिशें दे सकें। उसके बाद भी कई साधु आमरण अनशन पर बैठ गए थे, जिनमें से एक-दो की मौत भी हो गई। हालाँकि, इंदिरा गांधी ने राज्यों को सिफारिश की कि वे अपने यहाँ गौ-हत्या पर प्रतिबंध लगाएँ। जिसके चलते 1967 के चुनावों में वे अपनी गद्दी बड़ी मुश्किल से बचा पाईं।[4]

यह अलग बात है कि आज तक किसी को पता नहीं है कि उस कमेटी का क्या हुआ, जिसे इंदिरा गांधी ने 1966 में बनाया था? उसने सिफारिशें दीं भी कि नहीं, अगर दीं

तो उनका क्या हुआ? उस कमेटी के अध्यक्ष सुप्रीम कोर्ट के एक रिटायर्ड जज थे और समय केवल 6 महीने का दिया गया था। 1971 के चुनावों में भी इंदिरा गांधी ने गाय का सहारा लिया, कांग्रेस विभाजन के बाद बनी उनकी नई पार्टी कांग्रेस (आर-रूलिंग) ने 'गाय और बछड़े' का चुनाव चिह्न लिया और उसी के सहारे लोगों के बीच यह बताया कि वे गाय को कितना महत्त्व देती हैं! एक बार फिर इंदिरा गाय का सहारा लेकर चुनाव जीत गईं। लेकिन इमरजेंसी में एक बड़े गाय भक्त पर इंदिरा गांधी के कहर ने उसकी जान ले ली, यह बात इमरजेंसी की अंध गलियों में ज्यादा सामने आ ही नहीं पाई।

जिन विनोबा भावे के कहने पर हजारों लोगों ने करोड़ों की जमीन दान कर दी, उनके सहयोगी थे प्रभाकर शर्मा। उनकी पत्रिका 'मैत्र' की 4200 कॉपियों को केवल इसलिए जब्त कर लिया था, क्योंकि उसमें गौ-हत्या पर प्रतिबंध की माँग रखी गई थी। प्रभाकर शर्मा ने गुस्से और हताशा में इंदिरा गांधी को एक पत्र लिखकर आत्मदाह कर लिया। उन्होंने इंदिराजी को पत्र में लिखा था—"भगवान् तथा इनसानियत को भूलकर और अपने आपको व्यापक बर्बर शक्तियों से लैस कर सरकार ने अखबारों को अभिव्यक्ति की आजादी से वंचित कर दिया। आपके मीसा शासन ने नौकरशाहों को शैतान और लोगों को कायर बना दिया है...जज आपके चमचे हैं, ऐसे में जेल जाना आपके दमन को स्वीकार करना होगा...आपको चिट्ठी लिखना भी एक प्रकार का अपराध है, इसलिए आपके पापी शासन में मैं जीवित नहीं रहना चाहता हूँ।"[5] इमरजेंसी को 'अनुशासन पर्व' कहकर विवादों में आने वाले संत विनोबा भावे भी इस मुद्दे पर शायद खामोश ही रहे।

आप इसी पुस्तक में पढ़ेंगे कि इंदिरा गांधी ने न जाने कितने कानूनों को निज लाभ के लिए न्यायिक समीक्षा की परिधि से बाहर निकाल दिया था, उन्हें नौवीं अनुसूची में डाल दिया था। कई कानूनों को राज्यों की सूची से निकालकर समवर्ती सूची में डाल दिया था। इंदिरा गौ-हत्या पर वाकई में प्रतिबंध चाहतीं तो गौ-हत्या को भी राज्यों की सूची से निकालकर समवर्ती सूची में डाल सकती थीं। लेकिन उन्होंने ऐसा नहीं किया; बल्कि जब जनता पार्टी सरकार ने ऐसा करने के लिए विपक्ष की नेता इंदिरा गांधी से समर्थन माँगा तो उन्होंने समर्थन करने से साफ इनकार कर दिया और तर्क दिया कि इससे देश की एकता को खतरा पैदा हो सकता है।

दरअसल, जिस काम को नेहरूजी नहीं चाहते थे, वह इंदिरा कर ही नहीं सकती थीं। इंदिरा गांधी बस गाय-बछड़े जैसे चुनाव चिह्न अपनाकर, या झूठे विज्ञापन देकर ही जनता को खुश करना चाहती थीं, लेकिन सच यही है कि गौ-हत्या पर प्रतिबंध लगवाने जैसा उन्होंने कोई काम केंद्र सरकार के जरिए नहीं किया। यह बड़ी वजह थी कि जितने दक्षिणपंथी थे, धीरे-धीरे कांग्रेस से उनका भरोसा उठता गया, जिसका खामियाजा इंदिरा गांधी ने 1977 के चुनावों में करारी हार से भुगता भी और बाद में उनकी पीढ़ियों ने भी।

यही वजह है कि राज्यों में कांग्रेस अब कभी गोमूत्र के प्रोडक्ट्स को बढ़ावा देने की बातें चुनावी घोषणा-पत्र में रखती है, तो कभी गोबर बेचने की।

संदर्भ

1. 'Emergency ka Kahar aur Censor ka Zahar', by Balbir Dutt, Page No. 234, Published by Prabhat Prakashan.
2. 'India : The Critical Decade After Nehru', by P. Tharyan, Page No. 113, Published by Sterling Publishers.
3. 'The Quest and The Goal : Philosophy of Jayprakash Narayan', by JP's 76's birthday celebration Committee, Page No. 91.
4. 'The Guardian Report' by Inder Malhotra, Page 1, 08 November] 1966] https://www.newspapers.com/clip/48431404/holy-men-stir-up-riots-in-delhi/
5. 'Emergency ki Inside Story', by Kuldip Nayar, Page No. 160, Published by Prabhat Prakashan.

□

21

इंदिरा गांधी का सीक्रेट ऑपरेशन 'सनडाउन'

स्वर्ण मंदिर पर इंदिरा गांधी का 'ऑपरेशन ब्लू स्टार' एक भयंकर भूल थी और इस बात का अंदाजा इंदिरा गांधी को भी था। उन्होंने कोशिश भी की कि कोई और रास्ता निकले और यह रास्ता दशकों तक सारी दुनिया से सीक्रेट ही रहा। यह सीक्रेट खुला भी तो तीन दशक बाद ब्रिटेन की धरती पर। लेकिन उससे भी ज्यादा आपके लिए यह जानना जरूरी है कि इस सीक्रेट ऑपरेशन से इंदिरा गांधी को यकीनी तौर पर पता चल गया कि स्वर्ण मंदिर को खाली करवाना बिना लाशें गिराए हो ही नहीं सकता। फिर भी इंदिरा गांधी ने खून बहाया, बस एक चालाकी यह की कि इस ऑपरेशन की जिम्मेदारी आर्मी को दे दी, उस आर्मी को, जिस पर कभी कोई देशभक्त उँगली नहीं उठाता। शायद इसलिए कि लाशें तो गिरेंगी, लेकिन आर्मी की गोलियों से, ऐसे में कोई भी उन पर उँगली नहीं उठाएगा।

भारत में कई ऐसे सीक्रेट ऑपरेशंस हुए हैं, जिनके बारे में दशकों बाद खुलासे हुए हैं। यह भी ऐसा ही एक सीक्रेट ऑपरेशन था, जो यू.पी. के सहारनपुर के सरसावा एयरबेस पर हुआ था। इंदिरा गांधी के आदेश पर हुए इस टॉप सीक्रेट ऑपरेशन से जुड़े थे 'रॉ' जैसी गुप्तचर संस्था स्थापित करने वाले रामेश्वर नाथ काव (आर.एन. काव) भी। लेकिन देश को इसके बारे में तभी पता चला, जब इंग्लैंड में कुछ सीक्रेट डॉक्यूमेंट्स बाहर आए तो, मार्गरेट थैचर और इंदिरा सरकार के बीच हुए इस गुप्त समझौते की जानकारी बाहर आई। ब्रिटेन ने बस इतना माना कि ब्रिटेन का सहयोग बस 'सलाहकारी प्रवृत्ति' का था। इस पर विपक्षी पार्टियों के सांसदों ने हंगामा कर दिया। उसी दौरान 'रॉ' के चीफ गिरीश सक्सेना ने ब्रिटेन की खुफिया एजेंसी एमआई-6 के अधिकारियों से 'ऑपरेशन ब्लू स्टार' से पहले कई मुलाकातें की थीं।[1]

'ऑपरेशन ब्लू स्टार' से कई महीने पहले ही इंदिरा गांधी ने इस ऑपरेशन की योजना बना ली थी। इस ऑपरेशन का नाम रखा गया था—'ऑपरेशन सनडाउन', क्योंकि ऑपरेशन देर रात में अंजाम दिया जाना था। सरसावा के एयरबेस पर अमृतसर के स्वर्ण मंदिर की तरह का ही एक ढाँचा (मॉडल) खड़ा किया गया। योजना थी—अत्याधुनिक हेलीकॉप्टर्स या छोटे विमानों से कमांडोज को उतारकर स्वर्ण मंदिर पर धावा बोलना और स्वर्ण मंदिर के करीब बने गुरुनानक निवास गेस्ट हाउस से भिंडरावाले को चुपचाप अगवा कर ले आना, जिसकी यहाँ मॉकड्रिल की जानी थी। इस पूरी कवायद का जिम्मा सौंपा गया था 'रॉ' को खड़ा करने वाले और उस वक्त एन.एस.ए. जैसी पोजीशन वाले डायरेक्टर जनरल ऑफ सिक्योरिटी (डी.जी.एस.) आर.एन. काव को। जिसके लिए काव ने एक स्पेशल नई यूनिट भी बनाई थी, नाम रखा था—'स्पेशल ग्रुप' यानी 'एस.जी.'। जिसको पंजाब और असम के काउंटर टैररिस्ट ऑपरेशंस में इस्तेमाल किया जाना था।

सबसे पहले आम श्रद्धालुओं व पत्रकारों के वेश में जाकर एस.जी. के ऑफिसर्स ने स्वर्ण मंदिर के अंदर का मानचित्र (मैप) बनाया। रॉ के अधिकारियों ने अंदर की सुरक्षा का ऐसे ही जायजा लिया। फिर उसी आधार पर सरसावा एयरफोर्स बेस पर वैसा ही एक मॉडल खड़ा किया गया। 200 कमाडोंज ने एमआई4 ट्रांसपोर्ट हेलीकॉप्टर्स के जरिए कई बार मॉक ड्रिल ऑपरेशन भी किया।

इसके लिए ब्रिटिश सरकार की गुप्तचर एजेंसी 'स्पेशल एयर सर्विसेज' (एस.ए.एस.) की भी मदद ली गई, ट्रेनिंग उनके ही विशेषज्ञों ने दी। एस.जी. कमांडोज की ट्रेनिंग इजरायली गुप्तचर एजेंसी मोसाद ने दी, जिसके बारे में विस्तार से आप इजरायल वाले अध्याय में पढ़ेंगे। जब मॉक ड्रिल का अंतिम ऑपरेशन संपन्न हो गया तो आर.एन. काव पूरी जानकारी के साथ रिपोर्ट बनाकर पी.एम. से मिलने पहुँचे। इंदिरा ने बस एक सवाल पूछा कि मॉक ड्रिल में कितनी मौतें हुईं, तो डी.जी.एस. काव का जवाब था कि 20 प्रतिशत कमांडोज की मौत हो गई और दो हेलीकॉप्टर भी बरबाद हुए। चूँकि भिंडरावाले के निजी अंगरक्षकों से मुठभेड़ स्वाभाविक थी। लेकिन जब इंदिरा ने पूछा तो उनके पास इसका कोई आँकड़ा नहीं था कि कितने आम नागरिक या सिख श्रद्धालु मरे? काव निरुत्तर थे। उन्होंने इस बारे में सोचा तक नहीं था कि यह सवाल भी पूछा जा सकता है! तब इंदिरा ने फौरन उस ऑपरेशन को मना कर दिया। इस तरह यह ऑपरेशन यहीं खत्म हो गया। इंदिरा गांधी की समझ में आ गया था कि बिना लाशें गिराए या अपनों का खून बहाए स्वर्ण मंदिर को खाली करवाना मुमकिन नहीं है।[2]

ठीक दो महीने बाद ही इंदिरा ने इस स्पेशल फोर्स के बजाय आर्मी को ऑपरेशन

की जिम्मेदारी सौंप दी। कुल 83 लोग सेना के और 492 आम श्रद्धालु भिंडरावाले के साथ मारे गए। टैंक तक इस ऑपरेशन में इस्तेमाल हुए, अकाल तख्त से उठते धुएँ की तसवीरें आज भी इंटरनेट पर घूमती रहती हैं। पूरे देश में कभी यह राज नहीं खुला कि 'सनडाउन' जैसे किसी ऑपरेशन की भी कभी योजना बनी थी! लेकिन तीस साल बाद जब लंदन में एक डिक्लासिफाइड लैटर सामने आया, तो पता चला कि इस ऑपरेशन में मार्गरेट थैचर ने इंदिरा गांधी की मदद की थी। यह पत्र ब्रिटेन के विदेश सचिव के प्रधान निजी सचिव ने ब्रिटेन के गृह सचिव को लिखा था।

रॉ की काउंटर टैररिज्म डिवीजन के पूर्व प्रमुख बी. रामन ने अपनी पुस्तक 'द काउबॉयज ऑफ रॉ' में बताया है कि कैसे ब्रिटेन की खुफिया एजेंसी एमआई5 और रॉ के बीच एक हॉटलाइन भी बनाई गई थी, ताकि तेजी से सूचनाएँ, जो खासतौर पर खालिस्तानी आतंकियों से जुड़ी होती थीं, आपस में बाँट सकें। इसमें एमआई5 और एमआई6 ने आई.एस.आई. के बारे में भी सूचनाएँ दी हैं। ये पुस्तक यह भी खुलासा करती हैं कि कैसे एमआई5 ने ब्रिटेन के चैरिटीज कमीशन को सिख गुरुद्वारों के बैंक खाते भी जाँचते रहने रहने को कहा, ताकि यह देखा जा सके कि कहीं उनका पैसा खालिस्तानी आतंकियों को तो नहीं जा रहा है! इंदिरा गांधी की मौत के बाद ब्रिटेन की पी.एम. मार्गरेट थैचर ने खुद फोन करके एमआई5 और रॉ के प्रोजेक्ट के बारे में नए प्रधानमंत्री राजीव गांधी को बताया था।[3]

दो महीने इस ऑपरेशन की तैयारी हुई, लेकिन अप्रैल में इसकी योजना खत्म कर दी गई। काव ने कुछ विदेशी सिख अलगाववादियों के जरिए भी भिंडरावाले को समझाने की कोशिश की, लेकिन कामयाबी नहीं मिली। राजीव गांधी ने भी यही कोशिश की, लेकिन वे भी कामयाब नहीं हुए। इंदिरा गांधी के कहने पर दो बार राजीव गांधी ने भिंडरावाले से मिलने की कोशिश की थी, लेकिन पंजाब की सी.एम. दरबारा सिंह की वजह से वह टल गई, क्योंकि उसमें कैप्टन अमरिंदर सिंह शामिल थे। अमरिंदर सिंह को लगता था कि दरबारा सिंह को खबर लग जाती थी और वे इंदिरा गांधी तक बात पहुँचा देते थे।[4] जून 1984 में इंदिरा गांधी ने 'ऑपरेशन ब्लू स्टार' शुरू करवा दिया। फिर तो जो होना था, हुआ ही, लेकिन इतना तय था कि इंदिरा गांधी ने सब कुछ पता होते हुए भी लाशें गिराईं, यहाँ तक कि उसकी बदनामी उनके हिस्से में न आए, इसलिए आर्मी को मोरचे पर उतारा। यह अलग बात है कि बाद में उन्हें अपनी जान देकर इसकी कीमत चुकानी पड़ी।

संदर्भ

1. The Hindu Report by Praveen Swami, 16 January, 2014, https://www.thehindu.com/news/national/RAW-chief-consulted-MI6-in-build-up-to-Operation-Bluestar/article11497124.ece

2. India Today Report by Sandeep Unnithan, 30 November, 1999, https://www.indiatoday.in/magazine/the-big-story/story/20140210-operation-bluestar-indira-gandhi-singh-bhindranwale-army-80003 1-1999-11-30
3. 'The Kaoboys of R&AW : Down Memory Lane', by B. Raman, Page No. 114, Published by Lancer Publishers.
4. HT Report, 19 February, 2017 based on Book 'Captain Amrinder Singh : The People's Maharaja' by Khushwant Singh, https://www.hindustantimes.com/punjab/the-secret-rajiv-bhindranwale-meetings-that-never-happened/story-A7cco F9nwSWvGJXXknLyYM.html

□

22

भारत सरकार का बेटा

एक बार इमरजेंसी की ज्यादतियों के लिए बनाए गए शाह आयोग की सुनवाई चल रही थी, दिल्ली के पूर्व नगर आयुक्त बहादुर राम टमटा की गवाही चल रही थी, उन्होंने बताया, "संजय गांधी जब भोजन के लिए ससुराल जाते थे, तब दिल्ली नगर निगम को अतिरिक्त व्यवस्था करनी पड़ती थी कि सड़क पर आवारा पशु नजर न आएँ, नहीं तो उनकी नौकरी जा सकती थी। एक सहायक क्षेत्रीय आयुक्त की बरखास्तगी का तो संजय गांधी ने आदेश भी दे दिया था··बड़ी मुश्किल से नौकरी बची थी।" यह था संजय गांधी का खौफ! और संजय गांधी के पास पद क्या था? उन्हें अनाधिकारिक रूप से 'भारत सरकार का बेटा' कहा जाता था।

कुछ गवाहों ने तो शाह आयोग को यह तक बताया कि किस प्रकार दिल्ली के एक गाँव कापसखेड़ा में संजय गांधी की सुविधा के लिए कुछ मकानों, इमारतों तक को तोड़ दिया गया था। इस गाँव में 1975 में सितंबर से दिसंबर के दौरान कई मकान, कारखाने और वर्कशॉप्स को केवल इसलिए गिरा दिया गया था, क्योंकि संजय गांधी की कार मारुति के फैक्टरी में जाते समय वहाँ से गुजरती थी और इन सब इमारतों के पास ट्रैफिक आदि के चलते उनकी कार धीमी होने लगती थी।" संजय गांधी के वक्त की कीमत चुकानी पड़ी थी उन इमारतों के मालिकों को और वहाँ काम करने वाले, रहने वालों को, लेकिन इसके खिलाफ कोई सुनवाई नहीं थी, वैसे भी इमरजेंसी में यह मुमकिन भी नहीं था। एक व्यक्ति रामकिशन के कुत्तों तक को एम.सी.डी. स्टाफ ने मार दिया कि कहीं वे संजय गांधी के गुजरते वक्त रास्ते में न आ जाएँ। सबने जगमोहन का नाम लिया और जगमोहन ने तत्कालीन नगर आयुक्त बी.आर. टमटा का और टमटा ने अपनी गवाही में खुलासा किया कि कैसे उन पर संजय गांधी लगातार दबाव बना रहे थे और अकसर पी.एम. के घर में अपमानित करते थे।[1]

एक बड़ी दिलचस्प बात थी कि जिन बुलडोजर्स को तोड़-फोड़ में इस्तेमाल

किया जाता था, उन पर लिखा होता था—'मैं गूँगा और बहरा हूँ।' संजय गांधी जब रॉल्स रॉयस कार की इंग्लैंड की फैक्टरी में इंटर्नशिप अधूरी छोड़कर आ गए, तो उन्हें अपनी कार कंपनी शुरू करने की जिद चढ़ी। चूँकि भारत सरकार के बेटे थे, सो फौरन उन्हें 290 एकड़ जमीन बेहद सस्ते दामों में हरियाणा के गुड़गाँव में आवंटित की गई, उस पर भी राष्ट्रीयकृत बैंक कर्ज देने के लिए एकदम तैयार खड़े थे। बावजूद इसके मारुति प्रोजेक्ट फेल हो गया। इमरजेंसी में यह नारा खूब चला था कि 'बेटा कार बनाता है, माँ बेकार बनाती है।' इंदिरा जब दोबारा सत्ता में लौटीं तो उस फेल प्रोजेक्ट का राष्ट्रीयकरण करके जापान से करार कर लिया गया और कंपनी बन गई मारुति-सुजुकी। आज का पी.एम. अपने परिवार के किसी भी बच्चे के लिए ऐसा करने की सोच भी सकता है क्या?

संजय गांधी सुपर पी.एम. थे, उनको युवक कांग्रेस की जिम्मेदारी मिली, तो अपनी बेहद करीबी और एक आई.एफ.एस. अधिकारी की पत्नी अंबिका सोनी को युवक कांग्रेस का राष्ट्रीय अध्यक्ष बना दिया, बंगाल में सिद्धार्थ शंकर रे के करीबी प्रियरंजन दास मुंशी का इस्तीफा ले लिया। संजय गांधी को भी राहुल गांधी की तरह माँ के लोगों पर ज्यादा भरोसा नहीं था, वे केवल और केवल अपने लोग पसंद करते थे, तभी तो उनको स्वामी विवेकानंद कहने वाले देवकांत बरुआ या बंसीलाल जैसे चरणदास ही उनके करीबी बन पाए।

इंदिरा गांधी अपने बेटे पर इतना अधिक निर्भर करती थीं कि उनकी हर बात को मानने लगी थीं और हर नाजायज फैसले पर परदा डालने लगी थीं। उस वक्त सूचना प्रसारण मंत्री इंद्र कुमार गुजराल से संजय गांधी की बदतमीजी के बावजूद इंदिरा गांधी ने संजय से कुछ नहीं कहा। यहाँ तक कि राजीव गांधी भी संजय गांधी की हरकतों को पसंद नहीं करते थे। जब इंदिरा गांधी के खिलाफ इलाहाबाद हाई कोर्ट का फैसला आया था, तो राजीव गांधी के शब्द थे, 'मैं मम्मी को इस हालत में पहुँचाने के लिए संजय को कभी माफ नहीं करूँगा।'[2]

संजय पर इतना भरोसा करने लगी थीं इंदिरा कि इलाहाबाद हाई कोर्ट के फैसले के बाद इस्तीफा देने का मूड बना रही थीं इंदिरा, लेकिन संजय के कहने पर रुक गईं। पंजाब में अकालियों से निपटने के लिए उनके मुकाबले जरनैल सिंह भिंडरावाले को खड़ा करने का मूल सुझाव संजय गांधी का ही था। इमरजेंसी में न जाने कितने लोगों की मौत हो गईं, दिल्ली के तुर्कमान गेट में हजारों घर तुड़वा दिए गए, बहुत से लोग मर गए, बेघर हो गए, शाह आयोग के मुताबिक 17,000 तो केवल दुकानें तोड़ दी गई थीं (पूरी या आंशिक रूप से)। इन सबके लिए जिम्मेदार केवल एक आदमी था, वह था संजय गांधी। जबकि इंदिरा गांधी गांधारी बन गई थीं, कहने लगी थीं कि संजय गांधी जवाहरलाल से अधिक

लोकप्रिय हैं। यह तक कहा कि इलाहाबाद हाई कोर्ट का जब फैसला आया तो मेरी रक्षा के लिए कोई आगे नहीं आया, केवल संजय आया।[3]

इसी से सोचिए, पुत्र-मोह में लगभग अंधी हो चुकीं इंदिरा गांधी इतने बड़े देश के प्रधानमंत्री का पद कितनी ईमानदारी से सँभाल पा रही होंगी, करोड़ों लोगों की आकांक्षाओं को कैसे समझ पा रही होंगी, पूरा करना तो बहुत दूर की बात है। एक तरह से कांग्रेस की राजनीति को कुटिल राजनीति में तब्दील करने में संजय गांधी का बहुत योगदान था। मोरारजी देसाई सरकार कैसे गिरी, कैसे इंदिरा गांधी को हरवाने वाले राज नारायण और चौधरी चरण सिंह को संजय गांधी ने मोहरा बनाकर सरकार गिराने के काम को अंजाम दिया और फिर कैसे चौधरी चरण सिंह को संसद का मुँह तक देखने नहीं दिया, ये सब संजय गांधी की कुटिल नीति के ही कारनामे थे।

सिद्धार्थ शंकर रे के शाह आयोग में एक बयान से इस बात को बखूबी समझा जा सकता है कि संजय गांधी ने कैसे लोकतंत्र की धज्जियाँ उड़ाईं। उन्होंने कहा था कि '25 जून की आधी रात को कुछ 'अनुत्तरदायी' व्यक्तियों ने एक बैठक में फैसला किया कि अदालतें बंद कर दी जाएँ और समाचार-पत्रों को बिजली कनेक्शन काट दिए जाएँ।' कौन थे वो अनुत्तरदायी व्यक्ति, जो देश के पी.एम. के होते हुए बिना पद पर होते हुए भी फैसले ले रहे थे, संजय गांधी उनके अगुवा थे। तभी तो इस गवाही के बाद शाह आयोग ने संजय गांधी के लिए यह शब्द इस्तेमाल किया था—'भारत सरकार का बेटा'।[4]

1978 के जुलाई महीने में एक और हृदय-विदारक घटना हुई, जिसका सच आज तक सामने नहीं आ पाया। शाह आयोग के समक्ष इंदिरा गांधी के करीबी अधिकारियों—आर.के. धवन, नवीन चावला, पी.एस. भिंडर और जगमोहन आदि ने जिस व्यक्ति के सिर कई फैसलों का ठीकरा फोड़ा था, वे थे दिल्ली के तत्कालीन उप-राज्यपाल कृष्ण चंद। कृष्ण चंद ने शाह आयोग के सामने गवाही देने के बाद अचानक सुसाइड कर लिया। उनकी लाश उनके घर से 2 किलोमीटर दूर एक 60 फीट गहरे कुएँ में मिली। एक सुसाइड नोट पत्नी के नाम छोड़ा कि वह शाह आयोग के सामने हुई गवाहियों के चलते तनाव में हैं, जबकि दूसरा सुसाइड नोट कुएँ की बाउंड्री वॉल पर रखे जूतों से मिला, जिसमें लिखा था—'जीना जिल्लत से है, तो उससे मरना अच्छा है।'[5]

दरअसल, कृष्ण चंद ने अपनी गवाही में बताया था कि कैसे कई नेताओं की गिरफ्तारी, तोड़-फोड़ आदि जैसे आदेश ज्यादातर संजय गांधी से मिले थे और कई इंदिरा गांधी से भी। हालाँकि, इंदिरा के करीबियों ने इमरजेंसी में ज्यादतियों का पूरा जिम्मेदार कृष्णचंद को ठहराने की कोशिश की, जबकि कृष्ण चंद ने बताया था कि कैसे तोड़-

फोड़ के दौरान खुद संजय गांधी मौजूद रहते थे। विपक्ष ने हत्या का आरोप भी लगाया, क्योंकि उसी तरह जून 1977 में संजय गांधी के श्वसुर कर्नल आनंद की भी संदिग्ध मौत हुई थी। आज तक कृष्णचंद की मौत का राज नहीं खुल पाया। ऐसे ही इंदिरा गांधी के राज में सबसे शक्तिशाली अधिकारी उनके प्रधान सचिव को पी.एन. हक्सर कैसे इंदिरा गांधी ने संजय गांधी के खिलाफ सलाह देने के चलते इंदिरा गांधी ने साइड लाइन कर दिया था, आप उनसे संबंधित अध्याय में पढ़ेंगे।

संजय गांधी से जुड़ी एक और हत्या या आत्महत्या की कहानी का राज कभी खुल नहीं पाया। एक खबर अखबारों में छपी कि अलवर के राजा के बड़े बेटे प्रताप सिंह मारे गए। सरकार ने कहा कि प्रताप सिंह और उनका सचिव भागीरथ मिश्र गलत कार्यों में लिप्त थे, एक-दूसरे से लड़ते मारे गए। इमरजेंसी खत्म होने के बाद चर्चा चली कि संजय गांधी किसी बात पर प्रताप सिंह से खफा थे, जिस तरह जयपुर की महारानी गायत्री देवी को निशाने पर लिया गया था, उसी तरह टैक्स की जाँच उनके खिलाफ भी बैठ गई, कई रेड्स हुईं। फिर 23 मार्च को जयपुर से एक बटालियन के साथ अलवर पुलिस ने उनके घर को घेर लिया, बिजली, पानी, फोन सब काट दिए गए। बाहर से रसद आना भी बंद हो गई। 27 मार्च को प्रताप सिंह व भागीरथ मिश्र ने आत्महत्या कर ली।[6]

इंदिरा गांधी ने जब बीस सूत्रीय कार्यक्रमों का ऐलान किया था, संजय गांधी के पाँच सूत्रीय कार्यक्रमों को भी उनसे जोड़ दिया गया था। बिना संवैधानिक पद या हैसियत के इन कार्यक्रमों के सरकारी प्रचार में पी.एम. इंदिरा गांधी के साथ उनके बेटे का भी फोटो लगाया जाना शुरू हो गया। कैसे संजय गांधी ने अमृत नाहटा की फिल्म 'किस्सा कुरसी का' के प्रिंट अपनी मारुति फैक्टरी में आग के हवाले कर दिए थे, ऐसा कभी किसी नेता ने नहीं किया, पूरे प्रकरण को आप फिल्मी दुनिया वाले अध्याय में पढ़ेंगे।

दिल्ली से एक साप्ताहिक पत्रिका निकलती थी 'मेनस्ट्रीम', उसमें एक कार्टून छपा, जिसमें बेटा पिता से पूछता है कि संजय गांधी ने पाँच सूत्रीय कार्यक्रम का ही क्यों ऐलान किया है? तो पिता का जवाब था—क्योंकि संजय गांधी को इतनी ही गिनती आती है। इंदिरा गांधी की तरह संजय गांधी ने भी कहीं अपनी पढ़ाई पूरी नहीं की थी। सो उसको काफी बुरा लगा और वी.सी. शुक्ला को संपादक निखिल चक्रवर्ती को सबक सिखाने को कहा था।

जबकि संजय गांधी अपने मुख्यमंत्रियों या कांग्रेस के नेताओं की कितनी इज्जत करते थे, इन दो घटनाओं से आप समझेंगे। आगरा यात्रा में मुख्यमंत्री एन.डी. तिवारी के साथ गए संजय गांधी ने ही सारे सरकारी फैसले लिये थे, यहाँ तक कि उनकी कुरसी पर भी वही बैठे थे, यह खुलासा तब हुआ, जब शाह आयोग ने उन मीटिंगों का ब्योरा

माँगा। उस ब्योरे में साफ लिखा था कि बैठक की अध्यक्षता भी संजय गांधी ने की और आदेश भी उन्होंने ही दिए, बैठक में सी.एम. एन.डी. तिवारी भी मौजूथ थे। दो अफसरों की गवाहियाँ भी हुईं।

लेकिन एन.डी. तिवारी शाह आयोग के सामने मुकर गए। कहने लगे कि बैठक का ब्योरा काफी गड़बड़ी के साथ तैयार किया गया है, संजय गांधी क्यों सरकारी बैठक में मौजूद थे, यह पूछने पर हास्यास्पद ढंग से बोले कि युवाओं के गैर-सरकारी प्रतिनिधि के तौर पर। जबकि भोपाल में सी.एम. श्यामाचरण शुक्ल के साथ एक कार्यक्रम में उनके आने पर संजय गांधी खड़े नहीं हुए और किसी और के प्रोटोकॉल याद दिलाने पर मुँह बना दिया था।

राष्ट्रपति जैसे पद पर रह चुके ज्ञानी जैल सिंह ने प्रभु चावला को दिए एक इंटरव्यू में जब यह कहा कि इंदिरा गांधी मेरी 'रहनुमा' हैं, तो प्रभु चावला ने पूछ लिया कि क्या संजय गांधी भी उनके रहनुमा हैं? तो उन्होंने हामी भरी थी। उनका जवाब था—"He has not compelled me to accept him as my leader but Sanjayji is also my rahnuma."[7]

संजय गांधी और उनके तोड़-फोड़, नसबंदी गैंग की आप तमाम कहानियाँ पढ़ेंगे। लेकिन जिस अंदाज में जेल में बंद अटल बिहारी वाजपेयी ने लिखा, उस अंदाज में कहीं नहीं पढ़ेंगे। संजय गांधी को लेकर उनकी कविता की लाइनें थीं—

सब सरकारों से बड़े हैं छोटे सरकार,
गुड्डी जिनकी चढ़ रही, दिल्ली के दरबार!
दिल्ली के दरबार, बुढ़ापा खिसियाता है,
पूत सवाया सिंहासन, चढ़ता आता है!
कह कैदी कविराय, लोकशाही की छुट्टी,
बेटा राज करेगा, पीकर मुगली घुट्टी!![8]

संदर्भ

1. Shah Commission of Inquiry, Interim Report 2nd, 26 April, 1978, Chapter-XIII, Page 103-106, http://library.bjp.org/jspui/handle/123456789/742
2. 'Indira Gandh : A Biography', by Pupul Jaykar, Page No. 321, Published by Penguin Group.
3. 'New York Times Story', by Kasturi Rangan, Date-21 August, 1977, https://www.nytimes.com/1977/08/21/archives/quite-the-contrary-indias-new-leaders-have-not-forgotten-sanjay.html
4. 'Emergency ka Kahar aur Censor ka Zahar', by Balbir Dutt, Page No. 278, Published by Prabhat Prakashan.

5. 'India Today Report', by Dilip Bobb & Ashok Raina, https://www.indiatoday.in/magazine/indiascope/story/19780815-delhi-lt.-governor-krishan-chands-death-remains-a-mystery-818546-2015-02-06
6. Dainik Bhaskar Report, https://www.bhaskar.com/news/RAJ-JAI-HMU-murder-mystery-of-yuvraj-pratap-singh-in-emergency-5031223-PHO.html
7. Giani Jail Singh Interview by Prabhu Chawla, India Today, https://www.indiatoday.in/magazine/interview/story/19800331-i-was-born-as-a-congressman-and-would-also-die-as-one-giani-zail-singh-806561-2014-02-01
8. 'Kavi Rajneta Atal Bihari Vajpayee', by Chandirka Prasad Sharma, Page No. 155, Published by Kitabghar.

□

23

ऑपरेशन महारानी गायत्री देवी, राजनीतिक बदले की क्रूर कहानी

शायद ही कोई बड़ी हस्ती बची हो, जिसने अपनी व्यक्तिगत खुन्नस पद पर रहते हुए न निकाली हो, किसी ने कम तो किसी ने ज्यादा। इंदिरा गांधी की जयपुर की महारानी गायत्री देवी से कुछ ऐसी ही दुश्मनी थी, जिसमें उनकी खूबसूरती से लेकर उनके तौर-तरीकों तक सबसे जलन थी। उन्होंने गायत्री देवी से ऐसा बदला लिया कि एक दौर में दुनिया की सबसे खूबसूरत महिला चुनी गई इस महारानी को दिल्ली की सबसे खतरनाक तिहाड़ जेल की सलाखों के पीछे ही पहुँचवा दिया और इसके लिए मौका चुना गया इमरजेंसी का, ताकि कोई वकील उन्हें जेल की सलाखों से बचा ही न पाए।

दिल्ली की तिहाड़ जेल, 1975 में दीवाली के आसपास का वक्त था, 'वोग' पत्रिका ने, जिसे दुनिया की 10 सबसे खूबसूरत महिलाओं में से एक चुना था, वे महारानी एक दूसरी महारानी के इंतजार में थीं। ये थीं जयपुर की महारानी गायत्री देवी और तिहाड़ जेल की अपनी सेल में उन्हें इंतजार था ग्वालियर घराने की राजमाता विजया राजे सिंधिया का। दो-दो राजघरानों की राजमाताओं को यह दिन दिखाया देश की प्रधानमंत्री इंदिरा गांधी ने। इमरजेंसी में सभी बड़े विपक्षी नेताओं के साथ विजया राजे सिंधिया भी गिरफ्तार की गईं, लेकिन विदेशी अखबारों की ज्यादा दिलचस्पी थी महारानी गायत्री देवी की गिरफ्तारी में, क्योंकि वे इंटरनेशनल सोशलिस्ट थीं।

खुशवंत सिंह ने भी लिखा था—"इंदिरा गांधी एक ऐसी महिला को कैसे बरदाश्त कर सकती थीं, जो उनसे ज्यादा खूबसूरत हो और संसद में उनकी बेइज्जती कर चुकी हो!"[1] गायत्री देवी पर कोई राजनीतिक आरोप नहीं लगाए गए थे, बल्कि उनके खिलाफ तो अरसे से इंदिरा गांधी के इनकम टैक्स अफसर जंग छेड़े हुए थे। मूवी

'बादशाहो' में थोड़ा ड्रामेटिक तरीके से इसे दिखाया गया है। 'न्यूयॉर्क टाइम्स' ने सरकार के हवाले से छापा था कि 17 मिलियन डॉलर का सोना, हीरे महारानी के खजाने से अब तक मिले हैं। लेकिन महारानी बेपरवाह थीं, कह दिया कि सारा हिसाब पहले ही दिया जा चुका है।[2]

इसी बीच इमरजेंसी लग गई और महारानी मुंबई किसी बीमारी के इलाज के लिए गई थीं, खबर मिली थी कि गिरफ्तारी हो सकती है। वे फिर भी दिल्ली गईं, मानसून सत्र में भाग लेने के लिए लोकसभा भी गईं, विपक्ष बिल्कुल नदारद था। शाम को घर पर इनकम टैक्स अधिकारी आ पहुँचे, वहीं उनके सौतेले बेटे भवानी सिंह को भी जब उन्होंने गिरफ्तार कर लिया तो तमाम आर्मी के लोग विरोध करने आ पहुँचे, यह भी खासा दिलचस्प है, क्योंकि जिस 1971 के युद्ध का श्रेय इंदिरा गांधी लेती हैं, उसी युद्ध में अपार वीरता दिखाने के लिए भवानी सिंह को 'महावीर चक्र' भी उन्हीं की सरकार ने दिया था। शाह आयोग की रिपोर्ट बताती है कि नवंबर 1974 में उन्होंने सेना से निजी कारणों के चलते स्वैच्छिक सेवानिवृत्ति ले ली थी।[3]

आखिर इंदिरा गांधी से उनका ऐसा क्या झगड़ा था? दरअसल, इंदिरा गांधी और गायत्री देवी एक ही समय में शांति निकेतन में पढ़ी थीं, सो पहचान थी। कूचबिहार के महाराजा की बेटी गायत्री की शादी जयपुर के महाराजा मान सिंह से हुई थी, वे उनकी तीसरी पत्नी थीं, लेकिन सबसे ज्यादा स्टाइलिश, उस दौर में परदा करने से साफ मना कर दिया था। इतनी खूबसूरत कि विदेशी पत्रिकाओं में उनकी चर्चा होती थी। इंदिरा गांधी की आँखों में वे तब खटकीं, जब लंदन में पली-बढ़ी गायत्री देवी कांग्रेस में शामिल होने के बजाय स्वतंत्र पार्टी की टिकट पर 1962 में लोकसभा चुनाव लड़ीं और उन्हें 2,46,515 वोट्स में से 1,92,909 वोट्स मिले, यानी 78 फीसदी। विदेशी अखबारों ने इसे दुनिया की सबसे बड़ी जीत बताया। इतने वोट तो इंदिरा के पिता नेहरूजी को भी नहीं मिले थे। वे हर बार कांग्रेस को चुनावों में हराती थीं, इससे इंदिरा को चिढ़ स्वाभाविक थी।

संसद के गलियारों में इंदिरा गांधी पर उनकी टिप्पणियों का जिक्र खुशवंत सिंह ने किया है, इससे इंदिरा को लगने लगा था कि उन्हें सबक सिखाना चाहिए। इंदिरा गांधी ने इसलिए राजघरानों को मिलने वाले प्रिवी पर्स तक को बंद करवा दिया और इमरजेंसी में मौका देखकर गायत्री देवी को तिहाड़ जेल भेज दिया।

तिहाड़ के अपनी साढ़े पाँच महीने के कारावास के बारे में काफी कुछ गायत्री देवी ने लिखा और बताया है कि कैसे उनकी जेल सेल में एक कम्युनिस्ट कार्यकर्ता श्रीलता स्वामीनाथन भी बंद थी, जिसने अपना बिस्तर महारानी को दिया, उनको राजीव गांधी के कृषि फार्म में मजदूरों की दिक्कतों के लिए आवाज उठाने के चलते गिरफ्तार किया गया

था। श्रीलता की कहानी भी एक उदाहरण है कि अगर कोई आपके निजी फार्म हाउस पर मजदूरों पर अत्याचार हो रहा हो तो आवाज उठाने वाले को ही जेल भेज दो!

रानी के एक तरफ महिलाओं की सेल थी तो दूसरी तरफ राजनीतिक मर्द कैदियों की। महिलाओं की सेल में जहाँ देह के व्यापार के आरोप में गिरफ्तार महिलाएँ चिल्लाती थीं, वहीं मर्द कैदी अकसर देशभक्ति गीत गाते थे। ऐसे में रानी ने अपनी आत्मकथा 'ए प्रिंसेज रिमेंबर्स' में लिखा है कि 'In Tihar Jail, The noise was like a fish market. Filled with petty thieves and prostitutes screaming.' लिखा है कि एक महिला का प्रसव तो बाथरूम में ही हो गया था।[4] सोचिए, इंदिरा गांधी ने अपनी व्यक्तिगत ईर्ष्या के लिए एक महारानी को क्या-क्या दिन दिखाए! कम परेशानी ग्वालियर की महारानी विजया राजे सिंधिया ने भी नहीं झेली थीं, लेकिन वे राजनैतिक कैदी थीं। जबकि गायत्री देवी पर इमरजेंसी के बहाने उन्होंने व्यक्तिगत खुन्नस निकाली थी, ताकि वे अच्छे वकीलों की मदद से जल्दी जमानत न ले लें।

इधर गायत्री देवी पर चार बार दोस्तों के परिवारों से दबाव पड़ा कि राजनीति से संन्यास लेने, इमरजेंसी व इंदिरा के 20 सूत्रीय कार्यक्रम को समर्थन देने वाले पत्र पर हस्ताक्षर कर दो तो छूट जाओगी। लेकिन हर बार उन्होंने मना किया। लेकिन पाँचवीं बार उनकी बहन ने परेशान होकर दबाव बनाया तो उन्हें साइन करने पड़े। ऐसे में वे जनवरी 1976 में पेरोल पर किसी ऑपरेशन के बहाने बाहर आ पाईं। हालाँकि, बताया जाता है कि माउंटबेटन ने भी उनके लिए इंदिरा गांधी से बात की थी। 9 जनवरी, 1976 को महारानी को पेरोल मिला और उससे पहले 11 दिसंबर को इस पेरोल के लिए प्रार्थना-पत्र उनसे लिखवाया गया। शाह कमीशन ने अपनी रिपोर्ट में वह पूरा पत्र छापा है, जिसमें गायत्री देवी साफ वादा कर रही हैं कि वे राजनीति से संन्यास ले लेंगी। उसकी लाइनें हैं—"As the International Women Year coming to an end, may I take this opportunity to assure you in person and your programme in the interest and betterment of our country. May I also add that I have decided to give up politics ever since Rajaji demise and will not take any further interest in politics as the Swatantra Party has already defunct and I have decided not to join any political party."[5]

इस पत्र की भाषा से आप समझ सकते हैं कि इमरजेंसी का फायदा किस तरह सालों पुरानी अपनी खुन्नस को निकालने में किया था इंदिरा गांधी ने; जो कभी किसी के आगे नहीं झुकी, उसको जेल में तब डालकर झुका दिया, जब कोर्ट में सुनवाई नहीं हो सकती थी। इमरजेंसी के दौरान ऐसे तमाम बदले संजय गांधी और गांधी परिवार के करीबियों ने लिये थे। दिलचस्प बात है कि गायत्री देवी की माँ का नाम भी इंदिरा देवी

था, उनकी प्रेरणास्रोत! उनकी माँ इंदिरा देवी बड़ौदा के गायकवाड़ परिवार से थीं, वही परिवार, जिसकी सदस्य शुभांगिनी राजे गायकवाड़ बड़ौदा से पी.एम. मोदी के पहले लोकसभा चुनाव में उनकी प्रस्तावक थीं। इसी परिवार के राजा सैयाजी राव गायकवाड़ ने डॉ. भीमराव आंबेडकर की बॉम्बे, इंग्लैंड और अमेरिका में पढ़ाई का पूरा खर्च उठाया था।

बाद में शाह आयोग ने इस केस की सुनवाई की और वित्त मंत्रालय के तमाम अधिकारियों को बुलाया, खासतौर पर यह पूछा कि COFEPOSA ऐक्ट के तहत गिरफ्तारी क्यों की गई? पूछताछ में पता चला कि आई.बी. की एक रिपोर्ट के आधार पर कि गायत्री देवी देश छोड़कर भाग सकती हैं, उस वक्त इंदिरा सरकार में राज्यमंत्री प्रणब मुखर्जी ने लिखित आदेश दिया था कि इंदिरा देवी और भवानी सिंह को गिरफ्तार कर लिया जाए। शाह आयोग ने अपनी जाँच में पाया कि वित्त मंत्रालय ने इन दोनों पर COFEPOSA ऐक्ट लगाते वक्त ऐक्ट के नियमों और प्रक्रिया का सही से पालन नहीं किया। आयोग ने यह भी पाया कि ये प्रणब मुखर्जी ही थे, जो इंदिरा गांधी के 'ऑपरेशन गायत्री देवी' की कमान सँभाल रहे थे। यहाँ तक कि पेरोल के लिए उनके एक नोट का शाह आयोग ने जिक्र किया है—"May be released on parole as proposed. However PM may kindly like to see."[6]

इससे साफ पता चलता है कि गायत्री देवी के मामले में रिपोर्ट सीधे पी.एम. को जा रही थी और पी.एम. इंदिरा गांधी अपने ईगो को संतुष्ट करने के बाद ही मानीं, जब तक विश्व रिकॉर्ड से चुनाव जीतने वाली और विश्व की सबसे सुंदर महारानी करार दी गईं महारानी गायत्री देवी को राजनीति से बाहर का रास्ता नहीं दिखा दिया, तब तक जेल से बाहर निकलने का रास्ता नहीं खुलने दिया।

संदर्भ

1. 'Why I Supported the Emergency : Essays and Profiles', by Khuswant Singh, Chapter-On The Maharajas, Published By- Penguin Books Ltd.
2. 'New York Times Report', by William Borders, 1 August, 1975, https://www.nytimes.com/1975/08/01/archives/maharani-critical-of-mrs-gandhi-jailed.html
3. 'Shah Commission', Interim Report-1, Page No. 78.
4. 'A Princess Remembers : The Memoirs of the Maharani of Jaipur', by Gaytri Devi, Page No. 372, Published by Rupa.
5. 'Shah Commission', Interim Report-1, Page No. 81.
6. 'Shah Commission', Interim Report-1, Page No.- 81.

□

24
राजनीति में 'भीड़तंत्र' के इस्तेमाल की शुरुआत

जब जनता के वोट न मिलें और न ही देश की अदालतें पक्ष में निर्णय सुनाएँ तो एक बड़े नेता के पास विकल्प क्या होगा? यही कि समय का इंतजार करे और फिर से जनता के बीच जाकर जनमत को अपने पक्ष में करे। मोदी सरकार के खिलाफ हुए किसान आंदोलन के नेताओं के साथ भी ऐसा ही था, न चुनी हुई सरकार उनके साथ थी और न ही अदालतें, सो वे दोनों के ही खिलाफ थे, केवल भीड़तंत्र का इस्तेमाल करके दिल्ली को घेरे पड़े रहे। अदालती और चुनावी प्रक्रिया से इतर जाकर भीड़तंत्र के जरिए अपनी बात मनवा लेने की परंपरा की नींव शायद देश में इंदिरा गांधी ने ही रखी थी।

शुरुआत तब हुई, जब एक वक्त में पाकिस्तान के दो टुकड़े करवाकर प्रसिद्धि के सातवें आसमान पर पहुँचने वाली इंदिरा गांधी 12 जून, 1975 को इलाहाबाद हाई कोर्ट में इस बात की दोषी पाई गईं कि चुनाव जीतने के लिए उन्होंने धाँधली की, उनको फौरन पी.एम. पद से हट जाने का आदेश हुआ। लेकिन उन्होंने अगले ही कुछ दिनों में साबित कर दिया कि भले ही कानून उनके खिलाफ हो, चुनावी प्रक्रिया उनके खिलाफ चली गई हो, लेकिन भीड़तंत्र के सहारे वे अपनी तानाशाही चला सकती हैं, लोकतंत्र को ठेंगे पर रख सकती हैं।

हालाँकि, इसका पहला प्रयोग उन्होंने अपने वित्तमंत्री मोरारजी देसाई को ही नीचा दिखाने के लिए 1969 में तब किया था, जब उनको पद से हटाकर बैंकों का राष्ट्रीयकरण किया था और उनको दक्षिणपंथी साबित करने के लिए माहौल अपने हक में करने के लिए रैलियाँ आयोजित की थीं। लेकिन अब मसला दूसरा था। इंदिरा के फैसले की खबर आते ही उनके पी.एम. आवास के बाहर भीड़ जुटने लगी, कई सरकारी गाड़ियों के जरिए

उन्हें ढो-ढोकर लाया जाता था। वे खुलेआम कोर्ट के खिलाफ नारे लगाते थे—'हमारी प्रधानमंत्री-इंदिरा गांधी, इंदिरा गांधी' 'कोर्ट का फैसला नहीं मानेंगे··नहीं मानेंगे।' वे यही नहीं रुकते थे, बल्कि फैसला सुनाने वाले उच्च न्यायालय जज के खिलाफ तो भद्दे नारे भी लगाए गए थे और जस्टिस जगमोहन लाल सिन्हा को सी.आई.ए. एजेंट व आरएसएस का आदमी तक कहा गया। आज कोई भी पार्टी किसी जज के खिलाफ ये नारे लगवा दे, तो फौरन अवमानना के आरोप में सभी जेल भेज दिए जाएँगे, लेकिन मामला प्रधानमंत्री का था।[1]

इस बारे में डॉ. राजेंद्र प्रसाद के बेटे मृत्युंजय प्रसाद ने अपनी पुस्तक 'पुण्य स्मरण' में थोड़ा विस्तार से इस भीड़तंत्र के बारे में लिखा है—"इंदिरा समर्थकों ने उनके पक्ष में प्रधानमंत्री बनाए रखने के नारे लगाने के लिए उत्तर प्रदेश और हरियाणा से बड़े-बड़े जत्थे बुलवाने शुरू कर दिए। अधिक-से-अधिक आदमियों को ले जाने के लिए यातायात के हर साधन का उपयोग किया गया—सार्वजनिक वाहनों, जैसे कि मोटर-बसों का, यहाँ तक कि ट्रैक्टरों का भी, जो सवारी के काम में नहीं लाए जाते हैं। वाहनों को उनके मालिकों से ले लिया गया। रेलगाड़ियों में लोग बिना भाड़ा दिए, बिना टिकट खरीदे लाए जाने लगे। भीड़ जमा करने के लिए हर तरह के हथकंडे अपनाए गए। कल-कारखानों, दफ्तरों और शिक्षा संस्थानों में छुट्टी भी कर दी गई। पड़ोसी राज्यों की सरकारों और साधनों का दुरुपयोग किया गया।"[2]

इंदिरा गांधी ने भी सारे ट्रैफिक नियम ताक पर रख दिए। उनके घर के बाहर एक चौराहा है, वहाँ यातायात पुलिसकर्मी के खड़े होने के लिए बीचोंबीच एक चबूतरा था। इस घटना के बाद इंदिरा गांधी दिन में तीन बार आकर इस चबूतरे पर खड़े होकर बाहर जमा भीड़ को भाषण देती थीं। 13 जून को दिल्ली में चलने वाली डी.टी.सी. की सभी 983 बसों को हर रूट से हटाकर उनके आवास की तरफ भेज दिया गया। जिसका आदेश पी.एम. के अतिरिक्त निजी सचिव आर.के. धवन ने दिल्ली के उप-राज्यपाल के सचिव नवीन चावला को दिया था। दिल्ली में उन दिनों दूध भी राशन पर मिलता था, तो दिल्ली मिल्क सप्लाई के वाहनों को भी पार्टी की सेवा में लगा दिया गया। सोचिए, जिस आम जनता को न बस मिली होगी और न दूध, उस पर, उनके परिवारों पर क्या गुजरी होगी?

20 जून को इंदिरा गांधी ने वोट क्लब पर विशाल रैली की, पूरे परिवार के साथ, दावा किया कि यह विश्व की सबसे बड़ी रैली है। सारे सरकारी वाहनों व रेल में फ्री में आए कार्यकर्ता, आसपास के राज्यों से भी। इसी रैली को दिल्ली दूरदर्शन पर कम कवरेज देने को लेकर सूचना प्रसारण मंत्री इंद्र कुमार गुजराल की संजय गांधी से झड़प के बाद पद से हटा दिया गया था। वैसे भी गुजराल को लेकर संजय गांधी और उनके करीबियों का मानना था कि ये पत्रकारों से ज्यादा दोस्ती रखते हैं, इसलिए सख्ती नहीं दिखा पाते।

आर.के. धवन ने तो यह तक कहा था—"गुजराल ने पत्रकारों को माथे पर चढ़ा रखा है, उन्हें उनकी हैसियत बताने की जरूरत है।" वहीं बंसीलाल ने बताया कि 'ट्रिब्यून' अखबार को कैसे उन्होंने सीधा कर दिया था, सरकारी विज्ञापन रोककर व अखबार लेकर हरियाणा में आने वाली गाड़ियों पर जुरमाना ठोककर।[3]

इसी वोट क्लब पर इमरजेंसी के बाद फिर इंदिरा गांधी की रैली हुई, चुनावों के लिए 1 मार्च, 1977 को। इंदिरा को लग रहा था कि लोग नहीं आएँगे, लेकिन फिर भी संतोषजनक भीड़ थी। असल में, वे सरकारी कर्मचारी थे, जो एक घंटे के भोजन अवकाश के दौरान रैली में लाए गए थे। कुछ लोग पुनर्वास कॉलोनीज से भी पाँच रुपए और दोपहर के भोजन के वादे के साथ लाए गए थे। लोग तालियाँ नहीं बजा रहे थे, इंदिरा परेशान थीं, कांग्रेस के नेता लगातार तालियाँ बजाने को उकसा रहे थे, लेकिन भीड़ में लोग कुछ कहना चाह रहे थे।

इंदिरा गांधी ने भी बोलना शुरू किया, लेकिन तब भी वे तालियाँ नहीं बजा रहे थे। भीड़ में से कुछ आवाजें आ रही थीं, लेकिन ढंग से सुनाई नहीं दे रहा था। असल में, वे आवाजें सरकारी कर्मचारियों की थीं, जो कह रहे थे कि 'महँगाई भत्ता नहीं, तो वोट भी नहीं।' पुलिस ने उन्हें शांत करने की कोशिश की, लेकिन वे सुनने को तैयार नहीं थे। तब इंदिरा गांधी ने कहा, "मैं जानती हूँ कि पिछले 19 महीनों में जो-जो हुआ, उससे आप में से बहुत सारे लोग खुश नहीं हैं, जानती हूँ कि कुछ ज्यादतियाँ भी की गई हैं।" उनका यह कहना था कि भीड़ ने तालियाँ बजा दीं। वे बोलती रहीं।

अचानक से लोग खड़े हो गए और सभा छोड़कर जाने लगे, इंदिरा समझ गईं, बोलीं, "मैं जानती हूँ कि आपका भोजन अवकाश खत्म हो गया है और आप लोग अपने-अपने कार्यालयों में लौटना चाहते हैं, लेकिन जाने से पहले इतना याद रख लीजिए कि आपको अपना वोट कांग्रेस को ही देना है।"[4]

हालाँकि, उस बार तो इंदिरा की बात उन्होंने याद नहीं रखी थी। लेकिन यह समझा जा सकता है कि प्रधानमंत्री स्तर के व्यक्ति को भीड़ जुटाने के लिए क्या-क्या जतन करने होते थे और उस भीड़तंत्र को इस्तेमाल करके वो क्या-क्या कानूनी, गैर-कानूनी हित साधते थे!

बाद में इसी भीड़तंत्र को कांग्रेस के नेताओं ने अपना हथियार बना लिया और इसका सबसे ज्यादा दुष्प्रभाव देखने को मिला, इंदिरा गांधी की हत्या के बाद हुए 84 के दंगों में। कितने ही कांग्रेस नेताओं ने गुंडों, मवालियों, बेरोजगारों की भीड़ को इकट्ठा किया, भड़काया और सिखों की बस्तियों को जलाया, लोगों को मारा, दंगे किए। यह फौरी गुस्सा नहीं था, बल्कि रिपोर्ट्स बताती हैं कि सुनियोजित दंगे थे, जिनको ऊपर से समर्थन हासिल था। तभी तो उन दंगों के आरोपियों को बार-बार कांग्रेस के हाई कमान ने

बढ़ावा दिया, यहाँ तक कि रकाबगंज गुरुद्वारा हिंसा के आरोपी कमलनाथ को तो सी.एम. तक बना दिया। उन्हें इंदिरा गांधी का 'तीसरा बेटा' कहा जाता था।

संदर्भ

1. 'Emergency ka Kahar aur Censor ka Zahar', by Balbir Dutt, Page No. 78, Published by Prabhat Prakashan.
2. 'Punya Smaram', by Mrityunjay Prasad, page No. 355, Published by Vidyapati Foundation.
3. 'Emergency ki Inside Story', by Kuldip Nayar, Page No. 37, Published by Prabhat Prakashan.
4. 'For Reasons of State: Delhi Under Emergency', by Ajay Bose & John Dayal, Published by Penguin Random House India Pvt. Ltd.

□

25

ऐसे बने सैन्य और खुफिया अफसर कठपुतली

इंदिरा गांधी जब सत्ता में वापस लौटीं तो एक दिन इंटेलिजेंस ब्यूरो के एक अधिकारी ने बड़ी ही सनसनीखेज खबर इंदिरा गांधी को दी और वह यह कि दिल्ली एयरपोर्ट पर लेफ्टिनेंट जनरल एस.के. सिन्हा को जयप्रकाश नारायण यानी जे.पी. का बैग उठाए हुए देखा गया। दोनों साथ-साथ एक ही फ्लाइट से कहीं से आए थे। जबकि हकीकत यह थी कि एस.के. सिन्हा के पिता और दादा दोनों बिहार पुलिस के आई.जी.पी. रहे थे, उनके पिता के मित्र थे, जयप्रकाश नारायण। एस.के. सिन्हा भी बिहार के ही रहने वाले थे और उन्हें फ्लाइट में जयप्रकाश नारायण मिल गए तो बुजुर्ग होने के नाते उनका बैग ले लिया था। हालाँकि, लोग बताते हैं कि उनकी दूर की कोई रिश्तेदारी भी थी।

इंदिरा गांधी 1980 में जब सत्ता में लौटीं तो वे ऐसे ही लोगों की सूची बनाने में लगी थीं, जो जनता पार्टी की सरकार के दौरान उनके खिलाफ चले गए थे। ऐसे में उनके करीबी नेता और अधिकारी भी झूठी-सच्ची खबरें परोसकर अपनी वफादारी साबित करने में लगे थे। एस.के. सिन्हा वरिष्ठ आर्मी ऑफिसर थे, तीन साल बाद उनको आर्मी चीफ नियुक्त होना था। 1 जनवरी, 1983 को उन्हें वाइस चीफ ऑफ आर्मी स्टाफ बनाया गया और 1 जून को उन्होंने आर्मी से प्री-मैच्यौर रिटायरमेंट ले लिया था। वजह ऐसी थी, जो पहले कभी आर्मी में नहीं हुई थी। इंदिरा गांधी ने आर्मी में वरिष्ठता का क्रम तोड़ दिया था, उनकी बजाय उनके जूनियर अधिकारी ए.एस. वैद्य को आर्मी चीफ नियुक्त कर दिया था। अपने जूनियर की अगुवाई में काम करना एस.के. सिन्हा को गवारा नहीं हुआ।[1]

ऐसा ही इंदिरा गांधी ने सुप्रीम कोर्ट में भी किया था। तीन-तीन वरिष्ठ जजों को

किनारे करके चौथे नंबर के जूनियर जज को मुख्य न्यायाधीश बना दिया और अपमान के चलते बाकी तीनों जजों ने इस्तीफा दे दिया था। लेकिन आर्मी के साथ राजनीति करना इंदिरा गांधी ने ही शुरू किया था। शुरुआत उन्होंने मार्च 1977 में ही तब कर दी थी, जब उन्हें ये सूचनाएँ मिलने लगी थीं कि कांग्रेस पार्टी चुनाव हार सकती है। ऐसे में यह अफवाह उड़ गई कि इंदिरा गांधी मार्शल लॉ लगा सकती हैं, पाकिस्तान में जुल्फिकार अली भुट्टो ने ऐसा ही किया था। रोटरी क्लब के एक कार्यक्रम में जब आर्मी चीफ जनरल टी.एस. रैना पहुँचे तो उनसे भी यही सवाल पूछा गया तो उनका जवाब था कि सेना का देश की राजनीति से कोई सरोकार नहीं है। लेकिन इस बयान से और बात बिगड़ गई।

अमेरिकी पत्रिका 'नेशन' ने उन दिनों एक लेख छापा और बताया कि कैसे इंदिरा गांधी मार्शल लॉ लगाना चाहती थीं, लेकिन उनकी कोशिश कामयाब नहीं हो पाई। चुनाव के दौरान इंदिरा गांधी ने आर्मी चीफ से कानून व्यवस्था के नाम पर विशिष्ट निर्वाचन-क्षेत्रों में कानून व्यवस्था की खराब स्थिति बताकर सेना तैनात करने को कहा। इस लेख में लिखा गया कि जब जनरल रैना ने मना कर दिया तो उनको कैबिनेट ने आदेश दिया। हालाँकि, इस लेख में खबरों के सूत्र नहीं बताए गए। सिद्धार्थ शंकर राय ने तो एक चुनावी भाषण में यह तक बोल दिया कि अगर विपक्षी दल सत्ता में आए तो सरकार नहीं चला पाएँगे और पाकिस्तान की तरह सैन्य शासन लागू हो सकता है। यानी हर हाल में येन-केन-प्रकारेण, चाहे सेना की छवि खराब करनी पड़े, वे चुनाव जीतना चाहती थीं।

हालाँकि, मार्शल लॉ लगने की आशंका उस वक्त सुब्रह्मण्यम स्वामी ने तब भी जताई थी, जब रामलीला मैदान की ऐतिहासिक रैली के बाद जे.पी., मोरारजी व बाकी नेताओं के साथ दीनदयाल उपाध्याय रोड पर राधाकृष्ण के घर वापस आए थे और उन्हें घर के बाहर इंटेलिजेंस ब्यूरो के अधिकारी दिखे थे। हालाँकि, जे.पी. और मोरारजी उनसे सहमत नहीं थे, कहा था कि नेहरूजी की बेटी ऐसा नहीं कर सकती।[2]

दरअसल, नेहरूजी के युग से ही यह शुरू हो गया था कि बाकी विभागों के अधिकारियों की तरह सेना में भी परिवार के कुछ वफादार अधिकारी बनने लगे थे, हालाँकि, संख्या बड़ी कम थी। तभी तो चाहे इंदिरा गांधी का बिना किसी पद पर रहते हुए 1962 के युद्ध में तेजपुर बॉर्डर पर जाना हो या फिर 1965 के युद्ध में सूचना प्रसारण मंत्री रहते हुए पाक बॉर्डर पर जाना हो, उनके करीबी सैन्य अधिकारी ही उन्हें यह रास्ता दिखाते थे। जब गुलजारी लाल नंदा चाहकर भी प्रधानमंत्री नहीं बन पाए तो इंदिरा गांधी ने पी.एम. बनते ही उनका एक राज खोल डाला कि उन्होंने बतौर कार्यवाहक पी.एम. दिल्ली में मदद के लिए चुपचाप कुछ सैन्य टुकड़ियाँ बुला ली थीं।

हालाँकि, नंदा ने सफाई दी कि वे सभी नेताओं की सुरक्षा के लिए थीं, क्योंकि कुछ बवाल के इनपुट मिले थे, लेकिन इंदिरा को कैसे पता चला, इस बात से वे काफी हैरान थे। इससे पता चलता है कि इंदिरा गांधी की न केवल सिविल सेवा, बल्कि खुफिया एजेंसियों से लेकर सेना में भी काफी तगड़ी घुसपैठ बना ली थी। यह तभी हो सकता है, जब कुछ अफसरों पर विशेष कृपा बरतकर उन्हें वफादार बना लिया जाए। पुपुल जयकर उस दिन उनके साथ ही थीं, 19 जनवरी को कांग्रेस संसदीय बोर्ड में वे पी.एम. चुनी गई थीं, लेकिन उससे ठीक एक दिन पहले नेहरूजी के जमाने से विश्वस्त एक अधिकारी ने इंदिरा को फोन करके बताया था कि कार्यवाहक प्रधानमंत्री गुलजारी लाल नंदा ने 'बॉर्डर सिक्योरिटी फोर्स' (बी.एस.एफ.) की कुछ टुकड़ियाँ दिल्ली बुलाई हैं। इंदिरा गांधी ने इसे सैन्य बगावत का संकेत माना था।[3]

इमरजेंसी में रॉ जैसी प्रतिष्ठित एजेंसी का भी दुरुपयोग इंदिरा गांधी ने किया था। रामेश्वर नाथ काव के करीबी अधिकारी बी. रामन ने लिखा है कि वे उन दिनों पेरिस (फ्रांस) में तैनात थे, सरकार ने उनसे पेरिस में जॉर्ज फर्नांडीज की पत्नी लैला फर्नांडीज की मौजूदगी पता करने का काम सौंपा था। उन्हें शक था कि फ्रांस की सोशलिस्ट पार्टी उन्हें पनाह दे सकती है। लेकिन अपनी जाँच में बी. रामन को लैला के बारे में कुछ नहीं पता चला। वे आगे लिखते हैं कि उन दिनों रॉ के लोग आपस में बातचीत करते थे कि इमरजेंसी के दौरान रॉ के अफसरों का काफी गलत इस्तेमाल किया रहा था, खासतौर पर विदेश सेवा के अधिकारियों का।[4]

आई.बी. में संयुक्त निदेशक स्तर पर काम कर चुके आई.बी. आधिकारी मलय कृष्ण धर (एम.के. धर) भी अपनी पुस्तक 'ओपन सीक्रेट्स : इंडियाज सीक्रेट्स अनवेल्ड' में काफी कुछ खुलासे इस तरह के कर गए हैं, जिनसे आप जान सकते हैं कि आई.बी. का इस्तेमाल इंदिरा गांधी कैसे स्नूपिंग के लिए करती थीं, मेनका गांधी से लेकर अपने गृहमंत्री ज्ञानी जैल सिंह तक के घरों और दफ्तरों में उन्होंने किस तरह जासूसी उपकरण लगवाए, वे आप इसी पुस्तक के एक अध्याय में पढ़ेंगे, साथ ही किस तरह उन्होंने एम.के. धर के जरिए आई.बी. दफ्तर से गांधी परिवार के खिलाफ कुछ कागज गायब ही करवा दिए, वे भी पढ़ेंगे। साथ ही, किस तरह एम.ओ. मथाई की पुस्तक से इंदिरा गांधी से जुड़ा विवादित अध्याय 'SHE' हटवाया था, वे प्रकरण भी मथाई वाले अध्याय में पढ़ेंगे।

लेकिन धर ने एक मामला वाकई में दिलचस्प लिखा है, इससे पता चलता है कि सत्ता में न रहने के बावजूद जिस तरह इंदिरा गांधी को गुलजारी लाल नंदा की तथाकथित बगावत और बी.एस.एफ. टुकड़ियों के दिल्ली बुलाने की खबर मिल गई थी। वैसे ही उन्होंने 1977 की हार के बाद 1980 के चुनावों में किस तरह आई.बी. समेत कई विभाग के अधिकारियों का इस्तेमाल किया था। धर को दरअसल चौधरी

चरण सिंह ने पी.एम. बनने के बाद अपने उम्मीदवारों की चुनावों में क्या स्थिति है, इसकी जानकारी के लिए लोकल आई.बी. यूनिट्स से सूचना लेकर रिपोर्ट तैयार करने को कहा था। लेकिन रिपोर्ट में जब यह आया कि इंदिरा गांधी 300 से ज्यादा सीटों के साथ वापसी कर सकती है, तो चरण सिंह उन पर बिफर गए कि तुम तो इंदिरा के आदमी हो। सोचिए, यह बात पी.एम. के आधिकारिक दफ्तर में हो रही थी, और फिर भी इंदिरा गांधी तक पहुँच गई! उसी रात साढ़े 11 बजे कोई उनके पास आर.के. धवन का संदेश लेकर आया और परिवार के दबाव में एम.के. धर अगले दिन इंदिरा आवास में थे।[5]

इंदिरा को चौधरी चरण सिंह से हुई उनकी पूरी बातचीत पता थी। पूछा कि कितनी सीटें आपके आकलन के हिसाब से हमें मिलेंगी, उन्होंने जब यह बताया कि 335 सीटें, तो इंदिरा गांधी हैरान थीं, क्योंकि किसी और रिपोर्ट में उन्हें 200 सीटें भी नहीं मिल रही थीं, लेफ्ट का समर्थन लेना पड़ता। इंदिरा गांधी बाद में 351 सीटें लेकर आईं। तो जाहिर है कि एम.के. धर का इंदिरा दरबार में रुतबा बढ़ गया था। हालाँकि, धर ने टी.वी. राजेश्वर जैसे कुछ और अधिकारियों के नाम लिखे हैं, जो जनता सरकार में भी इंदिरा को फिर से वापस लाने के काम में लगे हुए थे।

धर ने एक और दिलचस्प घटना अपनी पुस्तक में लिखी है। एक बार उनको इंदिरा गांधी के आदेश पर गृह राज्यमंत्री ने 1972 में मणिपुर के मुख्यमंत्री मोहम्मद अलीमुद्दीन की 'मणिपुर पीपुल्स पार्टी' की सरकार को गिराने के लिए कहा गया था। पूरी कहानी एम.के. धर ने लिखी है कि कैसे गृह मंत्रालय के अधिकारी ने कुछ ब्रीफकेस विधायकों तक पूरे नहीं पहुँचाए, जिसके चलते कुछ विधायक बाद में मुकर गए, लेकिन सरकार तो गिर गई। यह एक केस स्टडी है कि कैसे इंदिरा गांधी आई.बी. आदि गुप्तचर एजेंसियों, गृह विभाग के अधिकारियों की मदद से, धन बल की मदद से जनता द्वारा चुनी गई सरकारें भी बेहिचक गिरा देती थीं![6]

नेहरूजी पर एयरफोर्स के विमानों के निजी इस्तेमाल के आरोप सुब्रह्मण्यम स्वामी ने लगाए ही थे, इंदिरा गांधी पर भी इलाहाबाद हाई कोर्ट के मुकदमे में चुनावी प्रचार के लिए एयरफोर्स के प्लेन इस्तेमाल करने के आरोप लगे ही थे। राजीव गांधी की दिसंबर 1987 में आई.एन.एस. विराट् पर लक्षद्वीप में छुट्टियाँ भी इसी परंपरा का हिस्सा हैं। इन छुट्टियों में न केवल सोनिया, राहुल-प्रियंका थे, बल्कि राहुल के चार दोस्त भी थे। पूरा बच्चन परिवार भी था, यानी अमिताभ-जया और उनके बच्चों के साथ अजिताभ बच्चन का परिवार भी था। सोनिया गांधी की माँ-बहन और बाकी रिश्तेदार भी थे, कुछ और बाहरी विदेशी भी थे।

संदर्भ

1. 'Daily Report : South Asia', Volume-83, Issues 106-127, Page No. 36, Published by Foreign Broadcast Information Service.
2. 'Deccan Herald Report' by Ravi Visheswas veria, & Sharda Prasad.
3. 'Indira Gandhi : A Biography', by Pupul Jaykar, Page No. 178, Published by Penguin Group.
4. 'The Kaoboys of R&AW', by B. Raman, Page No. 47, Page 47, Published by Lancer Publishers.
5. 'Open Secrets : India's Intelligence Unveiled', by Maloy Krishna Dhar, Page No. 232, Published by Manas Publications.
6. 'Open Secrets : India's Intelligence Unveiled', by Maloy Krishna Dhar, Page No. 138-39, Published by Manas Publications.

□

26

भारत-मित्र इजरायल के साथ 'धोखा'

1962 का युद्ध हो रहा था, भारत अचानक आई इस चीनी आफत के लिए तैयार नहीं था और प्रधानमंत्री नेहरू का क्या रवैया था, वे आप इसी पुस्तक के किसी और अध्याय में पढ़ेंगे। ऐसे में नेहरूजी को यह तक समझ नहीं आ रहा था कि वो किससे मदद माँगें? चूँकि भारत गुटनिरपेक्ष देश था, सो अमेरिका या उनके सहयोगियों से हथियार माँग नहीं सकता था, चीन के खिलाफ रूस भी मदद नहीं करता। ऐसे में पं. नेहरू के करीबियों ने सुझाया कि आपको इस वक्त हथियार बस एक ही देश दे सकता है और वह है इजरायल। इजरायल तब भी अपनी श्रेष्ठतम टेक्नोलॉजी के लिए जाना जाता था। नेहरूजी ने फौरन इजरायल के पी.एम. बेन गुरियन को पत्र लिखकर सहायता माँगी और बेन गुरियन ने सहायता भेजी भी थी। यह अलग बात है कि चीन ने खुद ही युद्ध विराम का ऐलान कर दिया और हजारों एकड़ भारतीय भूमि पर कब्जा कर लिया। नेहरूजी ने भी आगे युद्ध लड़ते रहना ठीक नहीं समझा।

2011 में जब आर.टी.आई. कार्यकर्ता सुभाष अग्रवाल ने विदेश मंत्रालय में आर.टी. आई. लगाकर यह पूछा था कि क्या पं. नेहरू ने 1962 के युद्ध में इजरायल से हथियार मँगाने के लिए उनके तत्कालीन प्रधानमंत्री को कोई पत्र लिखा था, तो विदेश मंत्रालय के पास उस पत्र का कोई रिकॉर्ड नहीं था, क्योंकि इजरायल का रिकॉर्ड रखा जाना तो 1992 से तब शुरू हुआ था, जब दोनों के बीच आधिकारिक राजनयिक रिश्ते शुरू हुए थे। हालाँकि, इजरायल सारे रिकॉड्र्स तब भी रखता था। इस बात का खुलासा 2017 में इजरायल ने जब अपने आर्काइवल रिकॉर्ड जारी किए, तब जाकर पता चला। नेहरू और बेन गुरियन दोनों के बीच हुए इस पत्राचार से पता चलता है कि नेहरू चाहते थे कि उनको हथियार जिन पानी के जहाजों के जरिए मिलें, उन पर इजरायली झंडे न लगे हों। लेकिन बेन गुरियन ने साफ इनकार कर दिया और आखिरकार इजरायली झंडों के साथ ही हथियार भरे जहाज भारत आए थे।[1]

यह केवल 1962 की कहानी नहीं है, सरकार किसी की भी हो, भारत ने जब भी इजरायल से सहायता माँगी, तब उसे इजरायल से सहायता मिली, यहाँ तक कि 1965 और 1971 के युद्ध में भी। जाहिर है कि वह सहायता अत्याधुनिक तकनीकी के हथियारों की होती थी। इजरायल जानता था कि जिस इसलामिक कट्टरपंथ के खिलाफ वह लड़ाई लड़ रहा है, भारत भी कश्मीर, केरल आदि में दशकों से उसी इसलामिक आतंकवाद का शिकार है, वह शुरू से ही जानता था कि भारत ने यहूदी हो या पारसी सभी को शरण दी है। ऐसे में इजरायल बिना कोई सवाल उठाए, भारत की सहायता के लिए शुरू से ही तत्पर रहा है। मोदी या अटल युग में नहीं, बल्कि जब नेहरू, इंदिरा गांधी या शास्त्री की सरकारें थीं, तब भी। वह भी तब, जब भारत ने उसके साथ औपचारिक राजनयिक रिश्ते बनाना भी ठीक नहीं समझा था कि कहीं इसलामिक देश नाराज न हो जाए। दशकों तक न इजरायल में हमारा कोई दूतावास था और न ही भारत में उनका दूतावास खोलने की अनुमति कभी दी गई थी।

ध्यान में लाने वाली बात यह है कि इंदिरा गांधी तो बाकी सभी प्रधानमंत्रियों से आगे निकल गईं, पं. नेहरू ने उनके साथ राजनयिक संबंध बनाने में कोई दिलचस्पी नहीं ली, हाँ 1962 में उनसे सहायता माँगने और लेने में नहीं हिचकिचाए, फिर भी उन्होंने संबंधों को बहाल नहीं किया। 1965 के भारत-पाक युद्ध में इजरायल की सहायता शास्त्रीजी ने ली, लेकिन उनको इतना समय ही नहीं मिल पाया कि वे इजरायल का यह कर्ज चुका पाते। लेकिन इंदिरा गांधी के पास तो समय भी था और 1971 के युद्ध में उन्होंने भी इजरायल से उस वक्त सहायता ली, जब इजरायल का संरक्षक अमेरिका भी भारत के खिलाफ था और अपना सातवाँ बेड़ा बंगाल की खाड़ी की तरफ रवाना कर चुका था, फिर भी इजरायल ने भारत की बेहिचक सहायता की और जो भी हथियार या गोला-बारूद हमें चाहिए था, वो भिजवाया। बावजूद इसके इंदिरा गांधी ने इजरायल के दुश्मन फिलीस्तीन की वह सहायता की, जो उनसे पहले किसी भी प्रधानमंत्री ने नहीं की थी।

आइंस्टीन की बात तक नहीं मानी नेहरू ने

हालाँकि, यह नीति शायद उन्हें उनके पिता से ही मिली होगी, क्योंकि आजादी से ठीक पहले जब पं. नेहरू ब्रिटिश भारत में अंतरिम सरकार के मुखिया थे, जाने-माने साइंटिस्ट अल्बर्ट आइंस्टीन ने 13 जून, 1947 को एक पत्र लिखकर इजरायल को समर्थन देने की अपील की थी, बावजूद इसके नेहरू ने उन्हें जवाबी पत्र में मना कर दिया था और पूछा था कि अरब देशों को इजरायल अपने साथ क्यों नहीं जोड़ पाया? फिर 11 महीने बाद जब संयुक्त राष्ट्र संघ में इजरायल के गठन पर जब वोटिंग हुई तो भारत

ने उसके खिलाफ ही वोट किया, बावजूद इसके 1962 में पं. नेहरू इजरायली मदद लेने से नहीं हिचके।[2]

इंदिरा गांधी ने तीन बार ली इजरायल की मदद

आप यह जानकर तो हैरत में ही पड़ जाएँगे कि जिस कांग्रेस पार्टी के नेता आज मुँह धोकर इजरायल के पीछे पड़े रहते हैं, उनकी सबसे ताकतवर प्रधानमंत्री ने एक बार नहीं, बल्कि तीन-तीन बार इजरायल की मदद ली थी और ये तीनों ही मामले छोटे नहीं थे, बल्कि भारत की अंतरराष्ट्रीय साख से जुड़े थे। पहली मदद 1971 के युद्ध में ली गई, जबकि दूसरी बार मदद स्वर्ण मंदिर में हुए 'ऑपरेशन ब्लू स्टार' में ली गई थी। हालाँकि, आप इसी पुस्तक के ऑपरेशन सनडाउन वाले अध्याय में जानेंगे कि कैसे ब्रिटेन की सहायता 'ऑपरेशन ब्लू स्टार' में ली गई थी, लेकिन इजरायल की अदृश्य सहायता के बारे में कम ही लोग जानते हैं। तीसरी बार मदद पाकिस्तान के खिलाफ एक गुप्त अभियान के लिए ली थी।

दरअसल 'ऑपरेशन ब्लू स्टार' में 'स्पेशल ग्रुप' यानी एस.जी. कमांडोज की बड़ी भूमिका थी, जिसे 1981 में खड़ा किया गया था। इसमें रॉ के संस्थापक और बाद में इंदिरा गांधी के सुरक्षा सलाहकार बने रामेश्वर नाथ काव की बड़ी भूमिका थी। इंदिरा ने उन्हीं के कहने पर इजरायल की गुप्तचर एजेंसी 'मोसाद' से भारत की संस्था 'रॉ' के साथ गठजोड़ किया था। इजरायल सुरक्षा तकनीकों का महारथी था और हमारे स्पेशल ग्रुप कमांडोज की ट्रेनिंग इजरायल में 'मोसाद' ने ही दी थी। 'मोसाद' के कमांडो ट्रेनर ने बड़े ही खुफिया तरीके से भारतीय कमांडोज को यह ट्रेनिंग इजरायल के सीक्रेट बेस सयीरत मतकल में दी थी। 1983 में तीन हफ्ते यह ट्रेनिंग चली, उसमें उन्हें सिखाया गया कि भीड़भाड़ वाली गलियों, बड़ी इमारतों आदि में ऑपरेशन को कैसे अंजाम देना है, साथ ही कमांडोज को उस वक्त अत्याधुनिक उपकरणों की भी ट्रेनिंग दी गई, जैसे—एम-1 स्टील हेलमेट्स, नाइट विजन ग्लासेज, बुलेट प्रूफ जैकेट्स और यहाँ तक कि ए.के.-47 जैसे हथियारों की भी। उनको सिखाया गया कि बेआवाज 40 किमी प्रति घंटे जॉगिंग कैसे की जाती है।[3]

रामेश्वर नाथ काव को अच्छे से पता था कि उनके साथ बांग्लादेश मुक्ति संग्राम में हिस्सा ले चुके जनरल शाबेग सिंह को भारतीय सेना के जवानों की ट्रेनिंग की भरपूर जानकारी है। इसलिए इजरायल की मदद ली गई थी। इससे पहले और 1971 के युद्ध के बाद एक बार और इंदिरा गांधी ने इजरायल से सहायता माँगी थी, यह अलग बात है कि वह ऑपरेशन अंजाम तक नहीं पहुँच सका, जिसकी जानकारी आम जनता को तब हुई, जब 2015 में अमेरिका ने अपने टॉप सीक्रेट डॉक्यूमेंट्स डिक्लासिफाई किए,

जोकि पाकिस्तानी नाभिकीय कार्यक्रम से संबंधित थे।

इन्हीं कागजातों से जानकारी मिली कि कैसे भारत ने दो बार पाकिस्तान के कहूटा में स्थित परमाणु संयंत्र पर हमला करने की योजना बनाई थी, एक बार 1981 में और दूसरी बार 1984 में। यह रास्ता इंदिरा गांधी को सर्वोच्च सैन्य अधिकारियों ने 1981 में इजरायल की बहादुरी देखकर इंदिरा गांधी को सुझाया था। 1981 में इजरायल ने इराक के निर्माणाधीन परमाणु संयंत्रों पर अपने जेट विमानों की मदद से हमला किया, जो कई दुश्मन देशों के ऊपर से उड़ते हुए इराकी परमाणु संयंत्रों पर बम गिराकर सुरक्षित लौट आए। हालाँकि, 1982 में छपी 'वाशिंगटन पोस्ट' की खबर के मुताबिक इंदिरा गांधी ने हमले की बात को खारिज कर दिया था।

लेकिन मार्च 1984 में भारत ने इजरायल की मदद से फिर से इसी ऑपरेशन को अंजाम देने का मन बनाया और तय किया गया कि गुजरात के जामनगर बेस के अलावा इजरायल के बेस रिफ्यूलिंग के लिए एक और बेस का सहारा लेंगे। ऐसा कहा जाता है कि इजरायली जेट इस हमले के लिए भारत आ भी गए थे, लेकिन अचानक अमेरिका सक्रिय हुआ और इंदिरा गांधी को लगा कि यह ऑपरेशन अब सीक्रेट नहीं रह गया है तो उन्होंने फौरन इस ऑपरेशन को बीच में ही रोक दिया।[4]

इससे एक बात साफ हो जाती है कि भारत और इजरायल के बीच न दूतावास था और न ही राजनयिक रिश्ते, फिर भी इजरायल भारत की मदद को तैयार रहता था। बावजूद इसके उसे धोखा मिले तो क्या संदेश एक आम इजरायली नागरिक को गया होगा? इस धोखे को समझने के लिए इजरायल और भारत के रिश्तों को शुरू से समझना होगा। 1950 में भारत ने इजरायल को मान्यता तो दे दी, लेकिन उसके साथ किसी भी तरह के राजनयिक रिश्ते नहीं रखने का फैसला किया। इसलामिक देशों से रिश्ते खराब होने का जितना डर था, उससे ज्यादा डर भारत में मुसलिम वोटबैंक के हाथ से निकल जाने का था, जो इजरायल से मुसलिम देशों की ही तर्ज पर नफरत करते हैं।

1956 में पहली बार कोई इजरायली मंत्री भारत आया, यह थे वहाँ के तत्कालीन विदेश मंत्री मोशे शेरेट। लेकिन उनके आने की वजह थी स्वेज नहर का संकट। मिस्र ने स्वेज नहर का राष्ट्रीयकरण कर दिया था, जिससे मिस्र के खिलाफ इजरायल ने अपनी सेनाएँ उतार दी थीं और भारत अमेरिका, ब्रिटेन व यूगोस्लाविया के साथ इस विवाद में मध्यस्थ के तौर पर था। 1962, 1965 और 1971 में हमने उनकी मदद ली, लेकिन कोई भी बाकी रिश्ता नहीं था। 1977 में मोरारजी देसाई सरकार ने जरूर इजरायल से पहली बार औपचारिक रिश्तों की शुरुआत की थी, पहली बार हमारे प्रधानमंत्री से द्विपक्षीय मुलाकात करने इजरायल से विदेश मंत्री मोशे डयान की यात्रा हुई। फिर रॉ और मोसाद के रिश्ते जुड़े।

फिर भी इंदिरा गांधी ने दिया धोखा

बावजूद इसके 1974 में भारत ने वह किया, जो अरब देशों को छोड़कर बाकी दुनिया के किसी भी देश ने नहीं किया था। यासर अराफात से इंदिरा गांधी की बढ़ती दोस्ती के चलते भारत 1974 में फिलीस्तीन लिबरेशन ऑर्गनाइजेशन (PLO) को मान्यता देने वाला पहला गैर-अरब देश बन गया। अगले ही साल 1975 में इंदिरा गांधी ने पी.एल.ओ. को नई दिल्ली में अपना ऑफिस खोलने की अनुमति दे दी, ताकि पी.एल.ओ. यहाँ से भी फिलीस्तीनियों की आवाज उठा सके। सोचिए, इजरायल को तब भी भारत में अपने ऑफिस या दूतावास को खोलने की अनुमति नहीं थी! बाद में राजीव गांधी ने 1988 में फिलीस्तीन को देश के तौर पर भी मान्यता दे दी थी। हालाँकि, संयुक्त राष्ट्र महासभा की एक बैठक के दौरान राजीव गांधी ही पहले ऐसे भारतीय प्रधानमंत्री बने, जो इजरायल के पी.एम. से मिले।

कांग्रेस से गांधी परिवार का साया हटा, तब इजरायल से जुड़े राजनयिक रिश्ते

लेकिन इजरायल को मान्यता फिर भी नहीं दी। इजरायल को मान्यता तब मिली, जब गांधी-नेहरू परिवार का व्यक्ति कांग्रेस से पी.एम. की गद्दी पर नहीं रहा, वे थे पी.वी. नरसिम्हा राव। राव साहब ने 1992 में सबसे पहली बार इजरायल से राजनयिक रिश्ते स्थापित किए, उसे मान्यता दी और दोनों ही देशों में एक-दूसरे के दूतावास स्थापित हुए। इजरायल ने अपना दूतावास फरवरी में तो भारत ने तेल अबीब में मई में अपना दूतावास खोल दिया। उसके बाद अटल बिहारी वाजपेयी की सरकार में काफी समझौते इजरायल की तकनीक को लेकर हुए और मोदी सरकार में तो ये सर्वोच्च स्थिति में हैं। लेकिन इंदिरा गांधी की ऐसी क्या मजबूरियाँ थीं, जो उन्हें बार-बार इजरायल से सहायता लेने के बावजूद उसे मान्यता देने से रोक रही थीं? जाहिर है, मुसलिम देशों के खिलाफ जाकर इजरायल से दोस्ती बढ़ाना मतलब यहाँ के अपने वोटबैंक को खतरे में डालना था, जिसका जोखिम इंदिरा गांधी नहीं उठा पाईं।

संदर्भ

1. 'India and The Middle East', by Prithivi Ram Mudiam, Page No. 162, Published by Bloomsbury Academic.
2. 'India's Israel Policy', by P.R. Kumaraswamy, Page no. 296, Published by Columbia University Press.
3. 'India Today Report', 6 June, 2018, by Prabhash K. Dutta, Israel's invisible

hand behind Operation Blue Star of 1984, https://www.indiatoday.in/india/story/operation-blue-star-special-group-commandos-mossad-training-israel-1251738-2018-06-06

4. E.T. Report, 24 January, 2017, India's covert operation to blow a Pakistani nuclear plant that never happened https://economictimes.indiatimes.com/nation-world/indias-covert-operation-to-blow-a-pakistani-nuclear-plant-that-never-happened/the-secret-story-of-kahuta-attack/slideshow/56757688.cms

□

27

खेल संस्थानों में राजनीतिक दखल और इस्तेमाल

2021 में जब ओलंपिक में पुरुष हॉकी टीम ने 41 साल बाद कोई पदक (कांस्य) जीता तो मौका देखते ही मोदी सरकार ने फौरन देश के सबसे प्रतिष्ठित खेल पुरस्कार का नाम 'राजीव गांधी खेल रत्न पुरस्कार' से बदलकर 'मेजर ध्यान चंद्र खेल रत्न पुरस्कार' कर दिया। ऐसे में एक बार फिर बहस उठी कि खेल संस्थाओं में इतना राजनीतिक दखल क्यों? जिन पं. नेहरू के जमाने में ओलंपिक जाने वाली फुटबॉल टीम को जूते तक न मिलते हों, इंदिरा गांधी के जमाने में मशहूर अभिनेता प्राण को कपिल देव की विदेशी अकादमी में गेंदबाजी की ट्रेनिंग के लिए सामने आना पड़ता हो, उनके नामों पर तमाम स्टेडियमों का नामकरण क्यों? कांग्रेस ने भी सवाल उठाया कि पी.एम. मोदी के नाम देश के सबसे बड़े स्टेडियम का नाम क्यों? ऐसे में इंदिरा गांधी के शासनकाल की एक दिलचस्प घटना आपको पता होनी चाहिए, वो शुरुआत तो नहीं थी, लेकिन यह जरूर पता चलता है कि किस कदर तानाशाही थी कि एक फोन से ओलंपिक एसोसिएशन का अध्यक्ष बदलकर एक एयरफोर्स अधिकारी को बना दिया गया।

ओलंपिक एसोसिएशन के संविधान के मुताबिक हर तीन साल में चुनाव होते हैं, ऐसे में 1974 के बाद 1977 में चुनाव होने थे, लेकिन 1975 में इमरजेंसी के बाद देश का माहौल बदल गया था। लोग सोच रहे थे कि खेल संस्थाएँ अछूती रहेंगी, लेकिन गांधी माँ-बेटे से इमरजेंसी के दौरान चमचों ने काफी मन-मुताबिक काम करवाए। 1976 में मांट्रियल ओलंपिक होने थे, पंजाब के सी.एम. अमरिंदर सिंह के चाचा राजा भालिंदर सिंह ओलंपिक एसोसिएशन के अध्यक्ष थे। यह भी विडंबना है कि यूँ वे क्रिकेटर थे, लेकिन बना दिए गए ओलंपिक एसोसिएशन के अध्यक्ष! हालाँकि, 1951

में एशियन गेम्स दिल्ली में करवाने में उनकी भूमिका रही थी। यह अलग बात है कि इससे पहले के दो अध्यक्ष भी उन्हीं के परिवार से रहे थे। एक थे उनके पिता पटियाला के राजा भूपेंद्र सिंह तथा दूसरे थे उनके भाई और कैप्टन अमरिंदर सिंह के पिता राजा यादवेंद्र सिंह।

संजय गांधी के एक फोन से बदल गया ओलंपिक एसोसिएशन का अध्यक्ष

उन दिनों संजय गांधी रहते तो पी.एम. आवास में ही थे, बगल के बँगले में पी.एम. कार्यालय था। उन्हें भी बिना किसी दायित्व के दो फोन दे दिए गए थे और उनके फोन पी.एम. कार्यालय के आदेश के तौर पर लिये जाते थे। संजय गांधी का आदेश एसोसिएशन के पास गया कि वायुसेना के पूर्व प्रमुख ओमप्रकाश मेहरा को ओलंपिक एसोसिएशन का अध्यक्ष बनाना है। तमाम खेल संघों के अधिकारियों के बैठक में रहने के बावजूद किसी ने फैसले पर उँगली नहीं उठाई और बीच कार्यकाल में ही राजा भालिंदर की जगह ओमप्रकाश मेहरा ओलंपिक एसोसिएशन के अध्यक्ष चुन लिये गए। गांधी परिवार का उनसे विशेष लगाव था। दो साल बाद ही उन्हें 'पद्म विभूषण' भी दिया गया, बाद में महाराष्ट्र और राजस्थान का राज्यपाल भी नियुक्त किया गया।[1]

पहली बार बिना पदक ओलंपिक से वापस आई भारतीय टीम

एयर चीफ मार्शल ओमप्रकाश मेहरा का इससे पहले खेल से दूर-दूर तक कोई लेना-देना नहीं था। इस पद पर आने के लिए कम-से-कम किसी भी राज्य या राष्ट्रीय स्तर के खेल संघ का अध्यक्ष तो होना ही चाहिए था। लेकिन संजय गांधी की कृपा ही उनके लिए सबसे बड़ी शर्त थी। नतीजा भी भुगता देश ने कि जिस मांट्रियल ओलंपिक (1976) से ठीक पहले उन्हें ओलंपिक एसोसिएशन का अध्यक्ष चुना गया था, उसमें भारत का प्रदर्शन काफी खराब रहा। भारत एक भी पदक नहीं जीत पाया, यहाँ तक कि भारतीय हॉकी पुरुष टीम, जो 1928 से लगातार कोई-न-कोई पदक जीतती आ रही थी, पहली बार बिना पदक के वापस भारत आई।[2]

यह अलग बात है कि बाद में राजा भालिंदर सिंह को ही इस पद पर वापस लाना पड़ा था, क्योंकि जनता पार्टी ने सत्ता में आते ही एयर मार्शल मेहरा जैसी तमाम राजनीतिक नियुक्तियों को रद्द कर दिया था। फिर 1980 में सत्ता में इंदिरा वापस लौटीं तो उनको सबसे पहले अपनी इमरजेंसी की 'तानाशाह छवि' से छुटकारा पाना था। ऐसे में 1982 के एशियन गेम्स ने उनको वह मौका दे दिया। पं. नेहरू ने 1951 के एशियन

गेम्स में कम-से-कम दखल दिया था। बोरिया मजमूदार की पुस्तक 'इंडिया एंड द ओलंपिक्स' दिलचस्प तरीके से व्याख्या करती है कि कैसे इंदिरा गांधी ने बाकायदा 1982 के उस एशियन गेम्स के मंच को देश-विदेश में अपनी छवि चमकाने के लिए इस्तेमाल किया। बूटा सिंह ने तो बाकायदा 1982 के एशियाई गेम्स को 'इंदिरा गेम्स' नाम दिया था।[3]

राजीव गांधी की खेल राजनीति में ऐसे हुई एंट्री

विदेशी मीडिया इमरजेंसी के समय उन्हें व्यंग्य में 'इम्प्रेस ऑफ इंडिया' कहने लगी थी। इंदिरा गांधी ने एशियन गेम्स के प्रचार के लिए रूस, अमेरिका, ब्रिटेन सहित कई देशों में 'इंडिया फेस्टिवल' आयोजित किए। ऐसे ही एक फेस्टिवल में जब इंदिरा गांधी लंदन पहुँचीं तो उन्हें कहना पड़ गया कि 'I hope you will stop calling me the Empress of India now.'[4] लेकिन यह भी सच है कि दिल्ली में दो साल के अंदर कई स्टेडियम और फ्लाईओवर्स बने। लेकिन और भी तेजी के लिए इंदिरा गांधी ने ओलंपिक एसोसिशन के ऊपर भी एक एशियन गेम्स स्पेशल ऑर्गनाइजिंग कमेटी बना दी, जिसमें 33 सदस्य थे। जिसमें 6 केंद्रीय मंत्री, कई मुख्यमंत्री, 11 सचिव, डीडीए-डीडी व ऑल इंडिया रेडियो के सर्वोच्च अधिकारियों के साथ-साथ बी.एस.एफ. और सी.आर.पी.एफ. जैसे सुरक्षा बलों के निदेशक भी थे। यूँ एशियन गेम्स 82 करवाने में श्रेय का एक बड़ा हिस्सा जगमोहन को भी जाना चाहिए, जो बाद में अटल सरकार में मंत्री बने थे। एशियाड के दौरान दो साल के अंदर नेहरू स्टेडियम, इंदिरा गांधी इनडोर स्टेडियम, तालकटोरा पूल, करणी सिंह शूटिंग रेंज, गेम्स विलेज जैसे इंफ्रास्ट्रक्चर खड़ा करना जगमोहन के बस की ही बात थी।

सबसे दिलचस्प था इस कमेटी में राजीव गांधी का होना जो संजय गांधी की मौत के बाद अचानक सक्रिय हो गए थे, अमेठी से सांसद बन गए थे। जब पी.एम. का बेटा कमेटी में होगा तो जाहिर है, उनकी ही चलनी थी और चली भी। इंदिरा गांधी ने एशियन गेम्स का अपनी छवि सुधारने में काफी फायदा लिया था, लेकिन उतनी ही सरकारी दखलअंदाजी गेम्स के मैदान में बढ़ चली थी। जो बाद में भी जारी रही। इंदिरा ने 1984 में भालिंदर सिंह के बाद अपने विश्वस्त विद्या चरण शुक्ल को ओलंपिक एसोसिएशन का अध्यक्ष पद दे दिया, फिर तो यह परंपरा ही बन गई। एक दिन गांधी परिवार को खुश करने के लिए खेल के क्षेत्र में सबसे बड़े पुरस्कार का नाम 'राजीव गांधी खेल रत्न पुरस्कार' रख दिया गया।

एशियाड की एक विवादित डाकटिकट की कहानी

इंदिरा गांधी के समय भी खेल पर राजनीति कितनी हावी रहती थी, आप इस घटना से बखूबी समझ सकते हैं। आपने सोशल मीडिया पर एक पोस्ट देखी होगी, जिसमें एक डाकटिकट को शेयर किया गया है, यह डाकटिकट 1982 के एशियन गेम्स की है। इसमें डाकटिकट में एक चित्र छपा हुआ है, यह चित्र है दो पहलवानों की कुश्ती का। इस चित्र को तब की जनता ने शायद ध्यान नहीं दिया होगा, वैसे भी जनता के पास, तब आज की तरह सोशल मीडिया जैसे माध्यम तो मौजूद नहीं थे।

हो सकता है कि किसी ने तब विरोध भी किया हो, लेकिन आज वह चित्र और वह डाकटिकट इंदिरा गांधी ही नहीं, कांग्रेस सरकार की भी कलुषित मानसिकता को प्रदर्शित करता है। पूरी कहानी समझने के लिए उस कुश्ती वाले चित्र को समझना जरूरी है। दरअसल, उस चित्र में तुर्की का एक पहलवान एक चोटी वाले पहलवान को ऊपर उठाकर पटकने ही जा रहा है।

चोटी भारत की पहचान है, लेकिन शायद इस डाकटिकट के जरिए ब्राह्मणों पर निशाना साधा गया है। एक तो आप एक भारतीय पहलवान को पिटता दिखा रहे हैं और दूसरे पी.एम. होकर सरकारी साधनों से ही जातिवाद भड़का रहे हैं! हो सकता है कि इंदिरा गांधी ने यह खुद न किया हो, लेकिन इससे यह तो साबित होता है कि इंदिरा खुद बहुत ही लापरवाह तरीके से बड़े फैसले लेती थीं और उनके आसपास वाले जो फैसले लेते थे, उन पर या तो उनका कोई जोर नहीं था या वे इसके जरिए मुसलिमों को खुश करके तुष्टीकरण का कार्ड खेल रही थीं। दोनों ही मामलों में इंदिरा गांधी की छवि ही धूमिल होती है।

जब सरकार ने नहीं की मदद, तो कपिल देव के लिए आगे आए प्राण

इंदिरा गांधी के समय की एक बड़ी खेल उपलब्धि है क्रिकेट का वर्ल्ड कप जीतकर लाना। आज भी उन दिनों की तसवीरों में इंदिरा गांधी विजेता क्रिकेट टीम के साथ दिखती हैं। जबकि उन दिनों सरकार इस टीम की कितनी मदद कर रही थी, इसके लिए आप रणवीर सिंह की मूवी '83' देखिए, खुद समझ आ जाएगा कि 25,000 रुपए के इनाम को भी खिलाड़ी झूठी खबर मान रहे थे। कप्तान बनने से पहले कपिल देव ऑस्ट्रेलिया जाना चाहते थे, अपनी बॉलिंग स्किल्स को और निखारने के लिए।

लेकिन भारतीय क्रिकेट बोर्ड के पास उन दिनों फंड नहीं होता था। तो ऐसे में अपनी मैगजीन में खालिद अंसारी ने यह ऐलान किया कि कपिल का एयरफेयर वे देने को तैयार हैं, अगर बाकी के खर्चे के लिए कोई प्रायोजक मिल जाए तो! जब मशहूर अभिनेता प्राण को यह पता चला तो उन्होंने फौरन यह ऐलान कर दिया कि वे कपिल देव की ऑस्ट्रेलिया

ट्रिप का पूरा खर्च उठाने के लिए तैयार हैं, एयरफेयर भी और बाकी खर्च भी। प्राण ने क्रिकेट बोर्ड को एक पत्र भी उन दिनों लिख डाला था कि अगर आपके पास पैसे नहीं है तो सारा खर्च मैं देने के तैयार हूँ, लेकिन एक प्रतिभाशाली खिलाड़ी को ट्रेनिंग के लिए जरूर भिजवाओ। उस पत्र का इतना असर हुआ कि बोर्ड कपिल देव की ट्रेनिंग का पूरा खर्च खुद उठाने को तैयार हो गया और बाद में कपिल देव ने भी प्राण साहब को दिल से धन्यवाद दिया।[5] लेकिन सरकार चुप्पी ही साधे रही। जब कपिल देव वर्ल्ड कप लेकर आए, तभी सरकार को उनकी सुध आई।

संदर्भ

1. 'Emergency ka Kahar aur Censor ka Zahar', by Balbir Dutt, Page No. 282, Published by Prabhat Prakashan.
2. India Today Report on Montreal Olympics, 'Indian Contingent return empty-handed, https://www.indiatoday.in/magazine/spor t/ story/19760815-montreal-olympics-indian-contingent-returns-empty-handed-819262-2015-04-13
3. 'India and The Olympics', by Boria Majmudar & Nalin Mehta, Page No. 127, Published by Taylor & Francis.
4. 'India After Gandhi : The History of the World's Largest Democracy', by Ram Chandra Guha, Page No. III, Published by Pan Macmillan.
5. 'And Pran : A Biography', by Bunny Reuben, Page No. 166, Published by Harper Collins.

□

28
ऑपरेशन न्यायपालिका

केंद्र सरकार और न्यायपालिका, दोनों ही लोकतंत्र के मजबूत स्तंभ हैं और अकसर इन दोनों में आपसी खींचतान होती रहती है। कोई भी प्रधानमंत्री ऐसा नहीं, जिसका विवाद न्यायपालिका के साथ नहीं हुआ हो, सीधे न भी हुआ हो, पर आरोप तो लगते ही रहे हैं। लेकिन इंदिरा गांधी के समय न्यायपालिका और केंद्र सरकार का विवाद शायद अब तक के इतिहास में चरम पर माना जाता है। इंदिरा गांधी देश की पहली ऐसी प्रधानमंत्री बनीं, जिनको हाई कोर्ट ने फैसले में अपने पद से हटने का आदेश पारित कर दिया, चुनावी अनियमितता का आरोपी ठहराकर चुनाव ही रद्द कर दिया, 6 साल तक चुनाव लड़ने पर पाबंदी लगा दी। वहीं इंदिरा गांधी पहली ऐसी प्रधानमंत्री थीं, जिनके एक फैसले के चलते सुप्रीम कोर्ट के सबसे वरिष्ठ तीन न्यायाधीशों ने सेवा से त्याग-पत्र ही दे दिया था। ऐसे में इंदिरा गांधी और न्यायपालिका के रिश्ते शोध का विषय बन गए।

रायबरेली के चुनावों में इंदिरा गांधी के खिलाफ खड़े प्रत्याशी राजनारायण की याचिका पर सुनवाई करते हुए इलाहाबाद हाई कोर्ट के न्यायाधीश जगमोहन लाल सिन्हा ने जनप्रतिनिधित्व कानून की धारा-123/7 के तहत इंदिरा गांधी को दो मुद्दों पर चुनाव में अनुचित साधन अपनाने का दोषी पाया। पहला तो यह कि इंदिरा गांधी के सचिवालय में काम करने वाले यशपाल कपूर को उनका चुनाव एजेंट बनाया गया, जबकि वे अभी भी सरकारी अफसर थे। उन्होंने 7 जनवरी से इंदिरा गांधी के लिए चुनाव-प्रचार करना शुरू कर दिया, जबकि 13 जनवरी को उन्होंने अपने पद से इस्तीफा दिया, जिसे अंततः 25 जनवरी को स्वीकार किया गया। जस्टिस सिन्हा ने एक और आरोप में इंदिरा गांधी को दोषी पाया, वह था अपनी चुनाव सभाओं के मंच बनवाने में उत्तर प्रदेश के अधिकारियों की मदद लेना। इन अधिकारियों ने कथित रूप से उन सभाओं के लिए सरकारी खर्चे पर लाउडस्पीकरों और शामियानों की व्यवस्था कराई।

आम आदमी को इससे आगे की कहानी पढ़ने–सुनने को नहीं मिलती, जिसे विस्तार से पत्रकार कुलदीप नैयर ने अपनी पुस्तक 'इमरजेंसी की इनसाइड स्टोरी' में लिखा है। 7 नवंबर को सुप्रीम कोर्ट ने एकमत से इलाहाबाद हाई कोर्ट के इस फैसले को पलट दिया, इंदिरा गांधी के चुनाव लड़ने पर लगी पाबंदी को भी हटा दिया। दिलचस्प बात यह थी कि इंदिरा गांधी केस में सुप्रीम कोर्ट की 5 सदस्यीय पीठ का यह फैसला केस के तथ्यों के आधार पर नहीं था, बल्कि उस संविधान संशोधन पर आधारित था, जो संसद में अगस्त में किया गया था।[1]

क्या शानदार योजना थी! 12 जून को फैसला आया, 25 जून को इमरजेंसी का ऐलान हुआ, सारे विपक्षी नेता और सांसद जेलों में कैद कर दिए गए और फिर अगस्त में संसद के अंदर उस कानून में ही संशोधन कर दिया गया, जिसके आधार पर उन्हें सजा मिली थी। उससे भी बड़ी हैरत की बात यह थी कि 53 वोट से पारित इस विशेष संविधान संशोधन के तहत प्रधानमंत्री के चुनाव के मामले में अदालतों से फैसला करने का अधिकार ही छीन लिया गया था। मतलब अगर पी.एम. चुनाव लड़ रहा हो तो वो कोई भी गड़बड़ी करने के लिए स्वतंत्र था, उसे किसी अदालत में चुनौती नहीं दी जा सकती थी। सुप्रीम कोर्ट ने इंदिरा गांधी को राहत जरूर दी, लेकिन इस विशेष संविधान संशोधन के उस हिस्से को भी रद्द कर दिया, जिसमें प्रधानमंत्री के चुनाव के मामले में अदालतों से फैसला करने का अधिकार छीन लिया गया था। अगर आज सुप्रीम कोर्ट ऐसा कुछ करती, तो सरकार को त्याग-पत्र देने के लिए मजबूर कर दिया जाता।

इंदिरा की सजा बची तो समर्थकों ने जमकर खुशियाँ मनाईं। इसी बीच सरकार ने 13 जजों की उस बैंच से अपने फैसले की समीक्षा करने का भी अनुरोध कर दिया, जिसने केशवानंद भारती केस में फैसला सुनाया था कि संविधान संशोधनों के मामले में एकमात्र प्रतिबंध यह है कि इसके जरिए संविधान के मूल ढाँचे में कोई बदलाव न हो, जबकि यह मामला साफ-साफ मौलिक अधिकारों को दबाने का मामला था। 3 दिन पीठ ने सुनवाई भी की, लेकिन बाद में मुख्य न्यायाधीश ने उसे भंग करके दूसरी बार सरकार को झटका दे दिया।[2]

इधर जितने लोग इमरजेंसी के दौरान गिरफ्तार हुए थे, अलग-अलग अदालतों में उनकी सुनवाई चल रही थी। जैसे कर्नाटक से गिरफ्तार हुए थे अटल बिहारी वाजपेयी। लालकृष्ण आडवाणी और मधु दंडवते की सुनवाई कर्नाटक हाई कोर्ट में चल रही थी। वी.एम. तारकुंडे ने ऐसे मामलों को लेकर 'सिटीजंस फॉर डेमोक्रेसी' नाम से एक मंच का ही गठन कर दिया था।

दिल्ली के वकील बनाम संजय गांधी

वकील भी दो हिस्सों में बँट चुके थे, लेकिन ज्यादातर सरकार के खिलाफ थे। कर्नाटक सरकार के 1 लाख रुपए की मदद से कांग्रेस से जुड़े वकीलों ने इमरजेंसी के समर्थन में 600 वकीलों का एक सम्मेलन बुलाया, लेकिन जब समर्थन का प्रस्ताव लाया गया तो केवल 10 वोट समर्थन में पड़े, 100 ने वोट नहीं किया और विरोध में 490 वोट थे। दिल्ली में तो संजय गांधी के गुट को तब बड़ा झटका वकीलों ने दिया, जब उनके उम्मीदवार डी.डी. चावला को हाई कोर्ट बार काउंसिल के चुनावों में हराकर तिहाड़ जेल में बंद वकील प्राणनाथ लेखी को जिता दिया। संजय गांधी ने वहाँ भी तुर्कमान गेट जैसा आदेश दिया, 1000 वकीलों के चैंबरों को तोड़ने का, वह भी छुट्टी के दिन! जब वकील विरोध जताने मुख्य न्यायाधीश के यहाँ पहुँचे तो उन्हें गिरफ्तार करके तिहाड़ भेज दिया गया।[3]

लगातार संविधान संशोधनों के जरिए इंदिरा गांधी संविधान के कुछ प्रावधानों को या तो निलंबित कर रही थीं या न्यायपालिका की ताकत को कम कर रही थीं। इसी दिशा में 42वाँ संविधान संशोधन तो एक 'लघु संविधान' ही था। इसी पुस्तक में 42वें संशोधन पर एक पूरा अध्याय है, जिसे पढ़कर और ज्यादा समझा जा सकता है। मीसा कानून में भी 22 जनवरी, 1976 को एक नया संशोधन लाया गया, जिसके तहत सरकार को राजनीतिक बंदियों को किसी को भी बताए बिना, यहाँ तक कि कोर्ट को बताए बिना भी, हिरासत में रखने का अधिकार मिल गया। साथ ही उन लोगों को भी फिर से गिरफ्तार करने की इजाजत मिल गई, जिनकी गिरफ्तारी का आदेश पुराना पड़ गया था या उसे वापस ले लिया गया था।

जस्टिस खन्ना को इसलिए नहीं भूलते लोग

सात उच्च न्यायालयों—इलाहाबाद, बॉम्बे, दिल्ली, मध्य प्रदेश, पंजाब, हरियाणा और राजस्थान ने 43 बंदियों पर बंदी प्रत्यक्षीकरण की इजाजत दे दी थी। अदालतों ने कहा कि संविधान का अनुच्छेद-226 इमरजेंसी की शक्तियों के तहत निरस्त नहीं किया जा सकता। लेकिन इंदिरा गांधी के प्रभाव में सुप्रीम कोर्ट की 5 जजों की पीठ ने इस फैसले को पलट दिया और आदेश दिया कि किसी व्यक्ति को अधिकार नहीं है कि वह हिरासत में लिये जाने के बाद हिरासत में लिये जाने के किसी भी आदेश को चुनौती देने की अर्जी दे। इसके लिए पीठ ने 27 जून, 1975 के राष्ट्रपति के आदेश का हवाला दिया।

इन पाँच जजों की पीठ में एक ही व्यक्ति था, जिसे बाद में सबसे साहसी कहा गया और आज भी कहा जाता है, जिसने उस फैसले का विरोध किया और वो थे जस्टिस एच.आर. खन्ना। जबकि बाकी जजों—ए.एन. रे, एम.एच. बेग, वाई.वी. चंद्रचूड़ और

पी.एन. भगवती ने बहुमत का साथ दिया। लेकिन एक वक्त आया, जब जस्टिस भगवती ने माना कि उन्होंने गलती की थी, उन्हें उस फैसले पर विरोध करना चाहिए था, जस्टिस चंद्रचूड़ के तो बेटे ने भी फैसले को गलत बताया था। जबकि बाकी दो न्यायाधीश में से ए.एन. रे तो इंदिरा गांधी की कृपा से ही तीन-तीन जजों को दरकिनार कर मुख्य न्यायाधीश बने थे और बेग साहब भी बाद में समय से पहले मुख्य न्यायाधीश बनाए गए थे।

चौथे नंबर के जज को बनाया मुख्य न्यायाधीश, ऊपर के तीनों का इस्तीफा

ए.एन. रे यानी अजीत नाथ रे का मामला वाकई में दिलचस्प है। केशवानंद भारती केस में जब सरकार के खिलाफ फैसला आया तो अगले ही दिन यानी 25 अप्रैल, 1973 को उन्हें सुप्रीम कोर्ट का मुख्य न्यायाधीश नियुक्त कर दिया गया था, जबकि वे वरिष्ठता क्रम में चौथे स्थान पर थे। इतना बड़ा फैसला इंदिरा गांधी ही कर सकती थीं, उन्होंने ऊपर के तीन न्यायाधीशों को सिरे से नजरअंदाज कर दिया और ऐसे में वे तीनों क्या अपने कनिष्ठ जज को अपना मुखिया मानकर काम कर सकते थे? उन तीनों ने फौरन सर्वोच्च न्यायालय की सेवाओं से इस्तीफा देकर ही अपनी इज्जत बचाना बेहतर समझा। हालाँकि, ए.एन. रे के एक इंटरव्यू को जस्टिस वाई.वी. चंद्रचूड़ के पोते अभिनव चंद्रचूड़ की पुस्तक 'सुप्रीम कोर्ट व्हिसपर्स' में जगह दी गई है।[4]

उस इंटरव्यू में ए.एन. रे ने कहा था कि मुझे पद स्वीकारने के लिए केवल 2 घंटे दिए गए थे, यदि मैं उस पद के लिए न कर देता तो वह किसी और को चला जाता। यानी लालच और डर दोनों में उन्होंने यह पद स्वीकार किया था, जिसके लिए वे उस वक्त लायक नहीं थे और बाद में उन्होंने इंदिरा गांधी के पक्ष में तमाम फैसले देकर पद की गरिमा भी गिराई थी। सोचिए, इंदिरा गांधी किस हद तक न्यायपालिका के मामलों में हस्तक्षेप करती थीं!

केरल के इस संत ने हिला दी सरकार और न्यायपालिका

केशवानंद भारती केरल के कासरगोड़ स्थित इडनीर मठ के प्रमुख थे। 19 साल की आयु में ही उन्होंने संन्यास ले लिया था और इडनीर मठ के प्रमुख बन गए थे। साठ-सत्तर के दशक में इस मठ के नाम सैकड़ों एकड़ जमीन थी। 1969 में केरल सरकार भू-सुधार कानून लेकर आई और मठ की 400 एकड़ जमीन का टेकओवर कर लिया। केरल सरकार के इस फैसले के बाद मठ की आय में जबरदस्त गिरावट आई। युवा महंत केशवानंद भारती इस मामले को अदालत में ले गए। हाई कोर्ट में तो उन्हें कामयाबी नहीं मिली। इसके बाद वे सुप्रीम कोर्ट गए, उन्होंने अदालत से संविधान द्वारा अनुच्छेद 25,

26, 14, 19 और 31 के तहत प्रदत्त अधिकारों को लागू कराने की माँग की। केशवानंद भारती का कहना था कि सरकार का बनाया कानून उनके मूल अधिकारों के खिलाफ है।

मामले की सुनवाई के लिए सुप्रीम कोर्ट ने 13 जजों की एक भारी-भरकम बेंच बनाई। आजाद भारत के न्यायिक इतिहास में पहली बार इतनी बड़ी बेंच का गठन किया गया। उस समय देश के मुख्य न्यायाधीश थे एस.एम. सीकरी। केशवानंद भारती की ओर से सुप्रीम कोर्ट में मुकदमे की पैरवी कर रहे थे प्रख्यात वकील नानी पालकीवाला। यह मामला काफी अहम था, क्योंकि इससे संविधान के मुकाबले संसद की ताकत, यानी कि सरकार की ताकत, यानी प्रधानमंत्री की ताकत तय होने वाली थी। इंदिरा चाहती थीं कि सुप्रीम कोर्ट यह फैसला केरल सरकार के पक्ष में हो।

इतने अहम मुद्दे पर सुप्रीम कोर्ट के 13 जज एकमत नहीं हो पाए। सुप्रीम कोर्ट की बेंच ने 7:6 के बहुमत से फैसला सुनाया। अदालत ने कहा कि संविधान का मूल ढाँचा अनुल्लंघनीय है और संसद भी इसमें बदलाव नहीं कर सकती है। अदालत ने कहा कि संसद अपने संशोधन के अधिकार का इस्तेमाल कर संविधान की मूल भावना को बदल नहीं सकती। असहमति रखने वालों में ए.एन. रे, चंद्रचूड़ और बेग साहब भी थे।

आप सोचेंगे कि इससे इंदिरा गांधी पर क्या फर्क पड़ा, मामला तो केंद्र सरकार का था? आखिर अगले दिन ही मुख्य न्यायाधीश के तौर पर ए.एन. रे के नाम का ऐलान क्यों कर दिया, वह भी तीन वरिष्ठ न्यायाधीशों को दरकिनार करके? दरअसल, इस फैसले की वजह से इमरजेंसी के दौरान इंदिरा सरकार के द्वारा किए गए कई संशोधन निरस्त हो गए। इंदिरा गांधी ने संविधान का 39वाँ संशोधन किया था। इसमें राष्ट्रपति, उप-राष्ट्रपति, लोकसभा स्पीकर और प्रधानमंत्री के चुनाव को किसी भी तरह की चुनौती नहीं देने का प्रावधान था। 41वें संशोधन के मुताबिक राष्ट्रपति, उप-राष्ट्रपति, प्रधानमंत्री और राज्यपालों के खिलाफ किसी भी तरह का केस नहीं किया जा सकेगा। न उनके कार्यकाल के दौरान, न कार्यकाल खत्म होने के बाद। इन सब संशोधनों पर बाद में जब सुप्रीम कोर्ट में 'संविधान के मूल ढाँचे में बदलाव नहीं' की रोशनी में बहस हुई तो इंदिरा की आभा धूमिल हो गई। अदालत ने इन संशोधनों को निरस्त कर दिया।

उस दिन मुख्य न्यायाधीश सीकरी का आखिरी दिन था, इसलिए अगले दिन ही मुख्य न्यायाधीश को शपथ लेनी थी और जिन तीन जजों को नजरअंदाज किया गया था, वे तीनों जस्टिस के.एस. हेगड़े, जे.एम. शेलात और ए.एन. ग्रोवर का फैसला केशवानंद भारती की तरफ था। इस वजह से वे इंदिरा गांधी सरकार के निशाने पर थे। इस तरह उनको पद छोड़ने पर मजबूर कर दिया इंदिरा गांधी ने, जो जिंदगी भर न्यायाधीश बनकर सबको न्याय दिलाते रहे, आखिरी वक्त में खुद ही अन्याय के शिकार हो गए, एक तानाशाह प्रधानमंत्री के हाथों!

जज बहरुल इस्लाम पर यूँ हुई इंदिरा गांधी की असीम कृपा

इंदिरा गांधी की सरकार में जज बहरुल इस्लाम का मामला भी दिलचस्प है। वकील बहरुल इस्लाम इंडियन नेशनल कांग्रेस के सदस्य थे। असम हाई कोर्ट का जज बनने के लिए उन्होंने कांग्रेस छोड़ दी। जब हाई कोर्ट से रिटायर हुए तो 9 महीने बाद इंदिरा गांधी ने अचानक ही उन्हें सुप्रीम कोर्ट का जज बना दिया। वहाँ से रिटायर होने से छह हफ्ते पहले ही असम से लोकसभा चुनावों में बरपेटा सीट से खड़े हो गए। हिंसा के चलते चुनाव टले तो इंदिरा गांधी ने उन्हें तीसरी बार राज्यसभा भेज दिया। अब आप सोचिए, जिस व्यक्ति पर देश की पी.एम. इतनी मेहरबान हों तो उन्होंने कितने गलत फैसले अपने आकाओं को खुश रखने के लिए दिए होंगे! एक ऐसा ही फैसला बेहद चर्चित है, जिसमें उन्होंने बिहार के मुख्यमंत्री जगन्नाथ मिश्र को विवादस्पद अर्बन कोऑपरेटिव बैंक घोटाले में क्लीन चिट दे दी थी। इसके फैसले के अगले महीने ही उन्होंने सुप्रीम कोर्ट से इस्तीफा दे दिया था।

लेकिन जिस जज पर इंदिरा गांधी की निगाह टेढ़ी हुई, उसने काफी कुछ भुगता। जस्टिस ए.एन. ग्रोवर ने एक बार खुलासा किया था कि कैसे बंबई के एक जज का ट्रांसफर कलकत्ता हाई कोर्ट में कर दिया गया, जबकि वे हृदय रोगी थे। उनको ऐसा घर रहने को दिया गया, जो किसी भी हालत में एक जज के लिए रहने लायक नहीं था और न ही वह इलाका। उन्हें उस घर में दिल का दौरा पड़ा और वे मर गए।

सिद्धार्थ शंकर रे ने तो शाह आयोग को दिए अपने बयान में यह तक बताया था कि कुछ 'अनुत्तरदायी व्यक्तियों' ने 25 जून, 1975 की आधी रात को पी.एम. आवास पर एक बैठक में फैसला लिया कि अदालतों को बंद कर दिया जाए और समाचार-पत्रों की बिजली काट दी जाए। सिद्धार्थ का कहना था कि उन्होंने इंदिरा गांधी को समझाया कि अदालतों को बंद करने का फैसला ठीक नहीं, तो वे मान गई थीं। इन 'अनुत्तरदायी' व्यक्तियों के बारे में उनका इशारा संजय गांधी की तरफ था।

न्यायपालिका से जुड़े इंदिरा गांधी के ऐसे तमाम किस्से हैं, जहाँ कृपापात्रों की लंबी फौज है, जिन्हें सारे नियम-कानून तोड़कर फायदा पहुँचाया गया, तो ऐसे भी तमाम वाकये हैं, जिनमें इंदिरा गांधी का विरोध करने वालों को बरबाद कर दिया गया और इसके लिए इंदिरा गांधी सर्वोच्च न्यायालय की शक्तियों पर भी अंकुश लगाने तक से नहीं चूकीं। उनकी यह तानाशाही और गैर-लोकतांत्रिक हरकतें, उनके अंधभक्तों को उस दौर में काफी पसंद आती थीं। सोशल मीडिया में इंदिरा गांधी को बचाने में लगे कुछ यू-ट्यूबर यह तक दावा करते हैं कि इमरजेंसी लगाने के पीछे सुप्रीम कोर्ट जिम्मेदार था, क्योंकि उसने इंदिरा सरकार के प्रिवी पर्स खत्म करने और और बैंकों के राष्ट्रीयकरण से जुड़े फैसलों को पलट दिया था, जिसके लिए बाद में इंदिरा गांधी को अध्यादेश लाने पड़ गए थे।

संदर्भ

1. The Constitution (Thirty-Ninth Amendment) Act, 1975, https://www.india.gov.in/my-government/constitution-india/amendments/constitution-india-thirty-ninth-amendment-act-1975
2. 'Emergency ki Inside Story', by Kuldip Nayar, Page No. 106, Published by Prabhat Prakashan.
3. 'A Rebel At Law', by P.L. Lakhanpal, Page No. 447, Published by Humanist.
4. 'Supreme Whispers : Conversations with Judges of the Supreme Court of India 1980-89', by Abhinav Chandrachood, Published by Penguin Random House.

□

29

मीडिया के लिए सबसे बुरी प्रधानमंत्री

1956 से पहले देश की संसद में क्या चल रहा है, इस बात की रिपोर्टिंग संवाददाता नहीं कर पाते थे। उन्हें इसकी अनुमति नहीं थी। अगर वे संसद की कार्रवाई को लेकर कुछ लिख भी देते थे, तो यह डर रहता था कि कोई भी कानूनी कार्रवाई उनके खिलाफ हो सकती है। ऐसे में फिरोज गांधी 1952 में देश की संसद में चुनकर पहुँचे। चूँकि वे खुद पत्रकार रह चुके थे, लंदन में पढ़ चुके थे, उनके ढेर सारे दोस्त पत्रकार ही थे, उनको लगा कि भारत में भी पत्रकारों को यह अनुमति मिलनी चाहिए। तो वह एक निजी बिल लेकर आए, जो 'संसदीय कार्रवाई ऐक्ट-1956' बन गया, जिसके तहत पत्रकारों को यह अनुमति मिल गई कि वे संसद के दोनों सदनों की कार्रवाई को छाप सकते हैं और कोई कानूनी कार्रवाई उन पर नहीं की जाएगी, बशर्ते तथ्यों के साथ कोई खिलवाड़ नहीं किया हो।[1]

इंदिरा ने पति के प्रेस कानून को कूड़ेदान में डाल दिया

अब तसवीर का दूसरा पहलू देखिए, फिरोज की पत्नी इंदिरा गांधी जब देश की प्रधानमंत्री बनीं तो मीडिया ने उनके राज में, खासतौर पर आपातकाल के दौरान जो झेला, उसे हर साल देश भर में मीडिया 'काला दिन' के तौर पर मनाती है और फिरोज गांधी पर पुस्तक 'फिरोज : द फॉरगॉटन गांधी' लिखने वाले स्वीडिश पत्रकार बर्टिल फॉक के शब्दों में—"इंदिरा गांधी ने इमरजेंसी लगाकर सबसे पहले अपने पति फिरोज के प्रेस कानून को कूड़ेदान में डाल दिया।" बर्टिल दो बार इंदिरा गांधी से भी मिले थे और उनका मानना था कि इंदिरा गांधी पत्रकारों को कतई पसंद नहीं करती थीं।[2]

यह तब था, जब उनके पिता पं. नेहरू ने खुद 'नेशनल हेराल्ड' जैसे अखबार की नींव रखी थी, दादा मोतीलाल नेहरू ने 'इंडिपेंडेंट' नाम का अखबार शुरू किया था, पति

फिरोज गांधी खुद एक पत्रकार थे। पं. नेहरू भी मीडिया को लेकर अपने नरम रुख के लिए जाने जाते थे। पं. नेहरू के समय चीन युद्ध को लेकर भी 1962 में इमरजेंसी लगी थी, लेकिन मीडिया पर कोई प्रतिबंध नहीं लगाया गया था, बल्कि उन दिनों कई वामपंथी पत्रकार तो खुलकर चीन का साथ दे रहे थे और कई ने सीधे नेहरू को हार के लिए जिम्मेदार ठहराया, लेकिन नेहरूजी ने किसी से बदला लिया हो, ऐसी जानकारी बाहर नहीं आई। नेहरू ने न केवल प्रेस आयोग बैठाए, बल्कि उनकी कई सिफारिशों को लागू भी किया।

अब इंदिरा गांधी का राज देखिए—इमरजेंसी लागू होने के अगले दिन पी.टी.आई. ने एक समाचार प्रसारित किया—"राजधानी के कई समाचार-पत्र, जिनमें कुछ श्रीमती गांधी समर्थक पत्र भी शामिल हैं, आज प्रात: नहीं निकल सके, क्योंकि बहादुर शाह जफर मार्ग प्रेस एरिया में बिजली की आपूर्ति ठप हो गई, बिजली आधी रात के बाद 1:30 बजे गुल हुई। इनमें कनॉट प्लेस से छपने वाले स्टेट्समेन, 'हिंदुस्तान टाइम्स' जैसे अखबार तो छपे, लेकिन बहादुर शाह जफर मार्ग से प्रकाशित होने वाले इंडियन एक्सप्रेस, नेशनल हेराल्ड और पेट्रियट नहीं निकल पाए। झंडेवालान से निकलने वाला जनसंघ समर्थित 'द मदरलैंड' भी प्रकाशित हो गया, लेकिन उसके संपादक के.आर. मलकानी भी देर रात गिरफ्तार किए जाने वाले कुछ लोगों में शामिल थे।"

केवल दिल्ली में ही नहीं, देश के हर बड़े शहर के अखबारों का यही हाल था। पूरी दिल्ली की बिजली इसलिए नहीं कट पाई थी, क्योंकि आदेश केवल दिल्ली नगर निगम को दिया गया था, इसलिए उसके अधिकार-क्षेत्र के बाहर के इलाके के अखबार छपे। शाह आयोग के सामने यह खुलासा हुआ कि खुद पी.एम. इंदिरा गांधी के सामने अखबारों की बिजली काटने का फैसला हुआ था। दिल्ली के उप-राज्यपाल कृष्ण चंद ने शाह आयोग के सामने गवाही में कहा था कि उन्हें दिन में पी.एम. आवास पर बुलाया गया था और जिस मीटिंग में बिजली काटने के आदेश दिए गए थे, उसमें पी.एम. इंदिरा गांधी, बंसीलाल, ओम मेहता, कृष्ण चंद के सचिव नवीन चावला और आर.के. धवन भी उपस्थित थे। लेकिन नवीन चावला यह कहकर मुकर गए कि वे तो दूसरे कमरे में थे। इसी गवाही में आर.के. धवन की धमकी के बारे में भी कृष्ण चंद ने आयोग को बताया था कि अगर नेताओं की गिरफ्तारी में देर होती तो कुछ भी बुरा हो सकता था। बाद में कृष्ण चंद की लाश संदिग्ध अवस्था में एक सुसाइड नोट के साथ घर से दो किमी. दूर एक कुएँ में पड़ी मिली थी।

संपादकीय खाली रखना भी था गुनाह, 'इंदिरा जिंदाबाद' लिखा तो भी गुनाह

अखबार में 'क्या छपेगा, क्या नहीं' इसके लिए सेंसर अधिकारी नियुक्त कर दिए गए। विरोध में अखबारों ने संपादकीय पृष्ठ को कोरा रखना शुरू कर दिया, तो कुलदीप नैयर ने लिखा है कि तत्कालीन सूचना प्रसारण मंत्री विद्याचरण शुक्ल ने संपादकीय स्थान खाली रखने वालों को गिरफ्तार करने की धमकी तक दी थी। आलम यह था कि अगर गलती से भी आकाशवाणी के किसी अंशकालिक संवाददाता ने किसी भी शहर से किसी भी विपक्षी नेता के भाषण के अंश भेज दिए, तो उस पर गाज गिरनी तय थी। कई पत्रकारों और उनके रिश्तेदारों के दस-दस साल पुराने आयकर वाले मामले फिर से खुलवाए गए और उनको धमकियाँ दी गईं। इस दौर में करीब 6 प्रेस फोटोग्राफर्स और 2 कार्टूनिस्ट्स सहित 54 पत्रकारों की सरकारी मान्यताएँ रद्द कर दी गईं और एक अनुमान के मुताबिक 250 बड़े पत्रकारों को गिरफ्तार करके तिहाड़ जेल भेज दिया गया था।[3]

'मैं नहीं समझती कि इसकी सूचना मंत्रिमंडल को देने की आवश्यकता है'

मीडिया को लेकर इंदिरा गांधी की तानाशाही समझिए, जिसमें कैबिनेट के हस्तक्षेप की कोई जगह नहीं थी। 4 मई, 1976 को इंदिरा गांधी एक सरकारी फाइल के नोट में लिखती हैं—"प्रसारण के बारे में जो मार्गदर्शक सिद्धांत तय किए गए हैं, वे सब पुराने पड़ गए हैं, इसलिए नियमावली को खत्म किया जा रहा है, पर मैं नहीं समझती कि इसकी औपचारिक सूचना मंत्रिमंडल को देने की आवश्यकता है।"[4] तमाम मीडिया समूह भी ऐसे थे, जो इंदिरा गांधी के सामने पूरी तरह झुक गए, तभी तो लालकृष्ण आडवाणी ने कहा था, "आपातकाल के दौरान पत्रकारों से मात्र झुकने के लिए कहा गया था, लेकिन वे घुटनों के बल रेंगने लगे।"

सच भी था, 'टाइम्स ऑफ इंडिया' के पत्रकार के.आर. सुंदरराजन ने खुलासा किया था कि कैसे जब इमरजेंसी का विरोध अखबार में हो, ऐसे सुझाव संपादक श्यामलाल ने नहीं माने तो 100 के करीब पत्रकारों ने उन्हें लिखकर विरोध जताया, यह खबर न केवल प्रबंधन को दे दी गई, बल्कि इंदिरा गांधी तक भी पहुँच गई थी। फिर सरकार ने अखबारों को कहा कि वे अपनी गाइड लाइन खुद तय कर लें कि क्या छापना है और क्या नहीं! अखबार राजी हो गए, फिर भी सरकार की तरफ से प्रेस अधिकारियों के निर्देश आते ही रहते थे।

कुछ उदाहरण इस प्रकार हैं—जे.पी. का फोटो नहीं छापें, परिवार नियोजन कार्यक्रम की आलोचना नहीं छापें, पाठकों के पत्र भी नहीं छापें, बांग्लादेश की घटनाओं

पर फिलहाल कोई संपादकीय नहीं लिखें। जेएनयू में छात्र आंदोलन से संबंधित कोई समाचार नहीं छापें, कुलदीप नैयर की याचिका पर दिल्ली हाई कोर्ट का निर्णय नहीं छापें, तुर्कमान गेट वारदात पर केवल प्रेस इन्फॉर्मेशन ब्यूरो का ही वक्तव्य छापें, जे.पी. के कहीं आने-जाने से संबंधित समाचार नहीं छापा जाए, डायनामाइट केस के बारे में अदालत से जॉर्ज फर्नांडीज का कोई बयान नहीं छापा जाए। एक दौर ऐसा आया, जब स्थानीय इंस्पेक्टर संपादकों को बताने लगे थे कि क्या छापना है और क्या नहीं!

संजय गांधी को पाँच से ज्यादा गिनती नहीं आती

'मीडिया स्ट्रीम' के संपादक निखिल चक्रवर्ती ने संजय गांधी का एक कार्टून बना दिया था, जिसमें एक बेटा अपने पिता से पूछता है कि संजय गांधी ने पाँच सूत्रीय कार्यक्रम ही क्यों लागू किया है? पिता जवाब देता है, 'क्योंकि संजय गांधी को पाँच से ज्यादा गिनती नहीं आती है।' संजय गांधी ने कोई पढ़ाई पूरी नहीं की थी, ऐसे में यह कार्टून सीधे दिल पर लगा। विद्याचरण शुक्ला को काम पर लगाया गया, वे किसी तरह निखिल चक्रवर्ती से मिले और कहा कि संजय गांधी उभरते हुए नेता हैं, उनके खिलाफ कुछ न लिखें। निखिल कभी फिरोज गांधी के करीबी रह चुके थे, उन्होंने साफ कह दिया कि कोई गारंटी नहीं दे सकता। तब शुक्ल ने कहा था कि मेरे ऊपर दबाव है कि मैं आप पर कार्रवाई करूँ। तब निखिल ने कहा था, 'मुझे जो ठीक लगता है, मैं करूँगा; जो आपको लगता है, आप करो।'[5]

27 जून, 1975 को इंदिरा गांधी ने राष्ट्र के नाम जो संदेश आकाशवाणी से दिया था, उसमें मीडिया को लेकर भी हिदायत में अपनी नीति स्पष्ट कर दी थी, उन्होंने कहा था—"आपको तो मालूम है…मेरा पूरा विश्वास है अखबार की आजादी में, लेकिन जैसे सब आजादियों में होती है, इसमें भी जिम्मेदारी और संयम होना चाहिए। जब पहले कहीं दंगे हुए हैं, चाहे भाषा के नाम से, चाहे धर्म के नाम से, तो गैर-जिम्मेदारी से लोगों ने लिखा है इसके बारे में, इससे स्थिति और गंभीर हो गई। इस खतरे से बचना जरूरी है। कुछ अरसे से कई अखबार गलत खबरें, जिससे लोग भड़कें या जिससे गलतफहमी फैले, ऐसी खबरें दे रहे थे। हमारा पूरा मकसद इस समय यह है कि स्थिति शांति और स्थिरता की रहे। सेंसरशिप का मतलब यही है, कुछ देर जरूर हुई खबरें देने में, चाहे रेडियो से, चाहे अखबारों से, क्योंकि पूरा इंतजाम करने में समय लगा और इस बीच में अफवाहें फैलाने वालों की मौज रही।"

लेकिन मीडिया के ही कई संस्थान और पत्रकार थे, जिन्होंने इंदिरा गांधी की 1980 में वापसी में अहम भूमिका निभाई। वरिष्ठ पत्रकार बलबीर दत्त की पुस्तक 'इमरजेंसी का कहर और सेंसर का जहर' में एक दिलचस्प घटना का उल्लेख किया है। यह उल्लेख

'प्रॉब इंडिया' के जनवरी 1980 के अंक से दिया है। इसमें एक लेख में लिखा था कि जब राष्ट्रपति नीलम संजीव रेड्डी ने लोकसभा भंग कर आम चुनाव करवाने का ऐलान किया तो इंदिरा गांधी के पारिवारिक समाचार-पत्र 'नेशनल हेराल्ड' के हड़ताली कर्मचारी और पत्रकार एक प्रतिनिधिमंडल बनाकर इंदिरा गांधी से मिलने पहुँचे और कहा कि यह उपयुक्त समय है, जब इस अखबार को चालू किया जा सकता है। चुनावों की घोषणा के बाद कांग्रेस पार्टी को लोगों तक पहुँच बनाने के लिए एक कारगर माध्यम की जरूरत होगी।

'मुझे हेराल्ड की जरूरत किसलिए है?'

इंदिरा गांधी का जवाब दिलचस्प था—"ऐसा प्रतीत होता है कि आप लोग 'नेशनल हेराल्ड' के बारे में अतिरंजित धारणा पाले हुए हैं। बहरहाल, आप यह भूल जाते हैं कि हमारी पार्टी के पास, जिसे सही तौर पर अब यह कहा जा सकता है कि एक अपना अखबार है।" सारे हड़ताली कर्मचारी हैरान थे, तब इंदिरा गांधी ने कहा—"मैं 'टाइम्स ऑफ इंडिया' की बात कर रही हूँ, मुझे 'हेराल्ड' की जरूरत किसलिए है?" सोचिए, मीडिया के तमाम आरोपों के बावजूद कभी नरेंद्र मोदी ने ऐसा किसी भी मीडिया हाउस के बारे में नहीं कहा और न ही कभी टाइम्स ऑफ इंडिया ग्रुप ने कभी इसका विरोध ही किया हो, ऐसी जानकारी नहीं है।

गांधीजी की 'नवजीवन प्रेस' भी कर डाली सील

मीडिया पर इंदिरा गांधी के कहर की बानगी आप इस बात से भी लगा सकते हैं कि उन्होंने उस अखबार को भी नहीं छोड़ा, जिसे कभी महात्मा गांधी ने शुरू किया था। महात्मा गांधी दो ही अखबारों में ज्यादातर अपने विचारों को लिखते थे—'यंग इंडिया' और 'हरिजन'। उनको छापने वाली थी 'नवजीवन ट्रस्ट प्रेस।' इंदिरा गांधी ने गांधीजी से जुड़ी इस प्रेस को भी सील करवा दिया, यानी वह प्रेस, जो आजादी की लड़ाई का हथियार थी, आजाद भारत सरकार ने उसको भी सील कर दिया। 6 दिन बाद वह प्रेस भी तब खुली, जब प्रेस ने गुजरात हाई कोर्ट का दरवाजा खटखटाया और तब भी सरकार ने शर्त रख दी कि प्रेस अगर सरकार को अपनी सारी सामग्री सेंसर के लिए देगी, तभी राहत मिल पाएगी। दरअसल, यह सारा गुस्सा बॉम्बे हाई कोर्ट के पूर्व चीफ जस्टिस एम.सी. छागला का 'सिटीजंस फॉर डेमोक्रेसी' के सम्मेलन में दिए गए भाषण को छापने से जुड़ा था। गांधीजी अगर जिंदा होते तो उनका रुख इंदिरा गांधी के इस कदम पर क्या होता, सोचिए।[6]

'दैनिक जागरण' का संपादकीय इस शब्दों के साथ खाली छोड़ दिया गया था— 'नया लोकतंत्र लागू।' इंदिरा गांधी सरकार ने न केवल संपादक, मालिक पूर्ण चंद्र गुप्त,

बल्कि उनके दोनों बेटों नरेंद्र मोहन गुप्त व महेंद्र मोहन गुप्त को भी गिरफ्तार करके जेल भेज दिया। वाराणसी के 'दैनिक गांडीव' ने एक नया तरीका अपनाया, उसने संपादकीय खाली न छोड़कर उसमें 'इंदिरा गांधी जिंदाबाद, इंदिरा गांधी जिंदाबाद' के नारे लिखकर छाप दिए। लेकिन सरकार को समझ आ गया कि यह व्यंग्यात्मक है और सरकार अब हँसी-ठट्ठे के मोड और मूड में नहीं थी। इस अखबार के संपादक भगवान दास अरोड़ा को भी जेल की हवा खानी पड़ी।

आपातकाल के ही दिनों में इंद्र कुमार गुजराल को हटाकर सूचना प्रसारण मंत्री बने विद्याचरण शुक्ल ने कुछ बड़े पत्रकारों को चाय पर अपने दफ्तर बुलाया। पत्रकारों से जो उन्होंने कहा, उस तरह से किसी मंत्री से उन्होंने पहले नहीं सुना था, शुक्ल ने साफ-साफ कहा, "आप सबके कच्चे-चिट्ठे पुलिस ने मेरे पास भेज रखे हैं। सरकार आपसे जो भी चाहती है, अगर आपने वह नहीं किया तो हम भी जानते हैं कि आपके साथ क्या सुलूक किया जाए!" एक विदेशी पत्रकार की तो उस वक्त टेलीफोन लाइन काट दी गई थी, जब वह स्वयं भारत से बाहर था और घर पर पड़ी उसकी बीमार पत्नी को उसकी काफी जरूरत थी। सात विदेशी पत्रकारों को भारत से निकाल दिया गया था और 29 को प्रतिबंधित कर दिया गया था।

सरकार के टी.वी. और रेडियो तो पूरी तरह नियंत्रण में था ही, अखबारों की आर्थिक रूप से कमर तोड़ने के लिए दो आदेश लागू किए गए—पहला सरकार की आलोचना करने वाले अखबारों का विज्ञापन एकदम से बंद कर दिया गया, आई.बी. सिंह का रिसर्च पेपर बताता है कि 'इंडियन एक्सप्रेस' का विज्ञापन 40 कॉलम से घटकर 7 कॉलम में सिमट गया। दूसरा आदेश यह दिया कि अखबार कितने विज्ञापन छाप सकते हैं, इसको सीमित कर दिया गया। कई अखबार इसके खिलाफ सुप्रीम कोर्ट गए, तब 4-1 के फैसले से पाँच जजों की पीठ ने सरकार के आदेश खिलाफ फैसला दिया। इकलौते जज, जो सरकार के साथ थे, वे थे के.के. मैथ्यू। केशवानंद भारती केस में भी वे सरकार की तरफ थे। प्रेस के खिलाफ फैसला देने वाले इन्हीं मैथ्यू साहब को इंदिरा गांधी ने 1980 में दूसरे प्रेस आयोग का अध्यक्ष तब बना दिया, जब जनता पार्टी सरकार में बने प्रेस आयोग के अध्यक्ष पी.सी. गोस्वामी ने इंदिरा गांधी सरकार के 1980 में फिर से आते ही इस्तीफा दे दिया था।

आकाशवाणी के अनुवादक बना रहे थे 'कांग्रेस मेनिफेस्टो'

सबसे दिलचस्प है कि इमरजेंसी लगी ही इलाहाबाद हाई कोर्ट के उस निर्णय को लेकर, जिसमें इंदिरा गांधी को सरकारी अधिकारियों के चुनावी मदद के तौर पर इस्तेमाल करने का दोषी ठहराया गया था। लेकिन जब इंदिरा गांधी ने इमरजेंसी खत्म कर चुनाव

करवाने का ऐलान किया, तब भी वे आदत से बाज नहीं आईं। शाह आयोग ने अपनी रिपोर्ट में दर्ज किया है कि कैसे 7 फरवरी, 1977 को 'डायरेक्ट्रेट ऑफ एडवरटाइजिंग एंड विजुअल पब्लिसिटी' (डी.ए.वी.पी.) व ऑल इंडिया रेडियो के 22 अनुवादकों को कांग्रेस के चुनावी मेनिफेस्टो का भारत के अलग-अलग भाषाओं में अनुवाद करने के पार्टी के काम में लगाया गया, यानी वेतन आम जनता के सरकारी पैसे का और बेगारी कांग्रेस पार्टी की!

ऑल इंडिया रेडियो के डायरेक्टर, न्यूज सर्विस एस.सी. भट्ट ने गवाही दी कि इसके लिए सूचना प्रसारण मंत्री विद्याचरण शुक्ला के स्पेशल असिस्टेंट वी.एस. त्रिपाठी का फोन आया था। इसके लिए अनुवादकों को चाणक्यपुरी, दिल्ली के 'विश्व युवक केंद्र' में ले जाया गया और काम पूरा होने तक उनको वहाँ से जाने की अनुमति नहीं थी। इस पूरे काम को डी.ए.वी.पी. के डायरेक्टर नरेंद्र सेठी ने सँभाला था।[7]

संदर्भ

1. 'Mass Communication and Journalism in India', by D.S. Mehta, Page No. 220, Published by Allied Publishers
2. 'Bertil Falk Interview', by Vasudha Venugopal, Economic Times, Dated-18 September, 2017, (https://economictimes.indiatimes.com/news/politics-and-nation/feroze-gandhi-would-have-never-approved-of-dynasty-rule-in-the-congress-party-bertil-falk/articleshow/60725184.cms?from=mdr)
3. 'Press at Crossroads in India', by S.K. Aggarwal, Page No. 58, Published by UDH Publishing House.
4. 'Lok Sabha Debates', by India, Page No. 541. Published by Lok Sabha Secretariat.
5. 'Emergency ka Kahar aur Censor ka Zahar', by Balbir Dutt, Page No. 407, Published by Prabhat Prakashan.
6. 'The Emergency, Censorship and The Press in India, 1975-77', by Soli J. Sorabjee, Page No. 33, Published by Central News Agency.
7. 'Shah Commission of Inquiry', Interim Report 2nd, 26 April, 1978, Chapter-VIII, Page 1-6.

□

30

दुश्मनी जमकर निभाती थीं इंदिरा गांधी

उन्होंने गांधी का सरनेम जरूर अपनाया था, लेकिन सिद्धांत नहीं। गांधीजी कहते थे कि कोई अगर आपके गाल पर थप्पड़ मारे तो अपना दूसरा गाल आगे कर दो। इंदिरा गांधी का इस मामले में अघोषित सिद्धांत था कि उसे पूरी तरह बरबाद कर दो! इसके लिए वे साम-दाम-दंड-भेद कोई भी तरीका अपनाने से नहीं चूकती थीं। इसी दिशा में इस अध्याय के अलावा इसी पुस्तक में आपको महारानी गायत्री देवी और सिंडिकेट के नेताओं की कहानी तो पढ़ने को मिलेगी ही, कुछ और घटनाएँ भी हैं।

जब इंदिरा गांधी ने चिकमंगलूर से चुनाव लड़ने का ऐलान किया तो जनता पार्टी खेमे से एक बड़ा नेता था, जिसकी योजना थी, जहाँ-जहाँ इंदिरा गांधी सभा करने जाएँ, उसका विरोध करो या वहाँ के लोगों को बताओ कि इंदिरा गांधी की सच्चाई क्या है? इस नेता का नाम था जॉर्ज फर्नांडीज। जॉर्ज ने कसम ही खा ली थी कि किसी भी कीमत पर इंदिरा गांधी को हराना है। वे भले ही अपनी कसम में कामयाब नहीं हुए, लेकिन तमाम लोगों को आज भी लगता है कि व्यक्तिगत दुश्मनी जैसी जंग क्यों कर रहे थे जॉर्ज फर्नांडीज? आपको इसके पीछे की वजह पता चलेगी तो जॉर्ज के साथ आपको सहानुभूति हो जाएगी।

जॉर्ज के भाई पर अत्याचारों की इंतेहा

जॉर्ज फर्नांडीज के भाई लॉरेंस फर्नांडीज को इमरजेंसी के ही दौरान बेंगलुरु के उनके घर से पुलिस ने उठा लिया था। उनके शब्दों में ही उनकी कहानी कुलदीप नैयर ने अपनी पुस्तक 'इमरजेंसी की इनसाइड स्टोरी' में लिखी है—"पुलिस यह कहकर उनको साथ ले गई कि छोटे भाई माइकल, जिसे मीसा में गिरफ्तार किया गया था, उनकी याचिका को लेकर पूछताछ करनी है। बिना माँ-बाप को बताए ही चले गए, सोचा कि जल्दी आ जाएँगे। एक घंटे पुलिस ने बयान दर्ज किया और फिर जासूसों के हवाले कर

दिया। वहाँ उनके कपड़े उतारकर उनकी पिटाई शुरू हुई, उनकी लाठियाँ तक टूट गईं। लातों से भी पीटा, बरगद के पेड़ की जड़ से बेहोश होने तक पीटा। आँख खुली रात 3 बजे, प्यास लगी तो पानी की भीख माँगी, अफसर ने जवानों से कह दिया कि मुँह पर पेशाब कर दें। उसके लिए तो जवान राजी नहीं हुए। जब वे ज्यादा परेशान होते तो चम्मच में पानी लेकर होंठों को भिगो भर देते थे। वे जानना चाहते थे कि जॉर्ज सितंबर 1975 में पत्नी लीला के साथ बेंगलुरु क्यों आए थे? कई दिन के टॉर्चर, मारपीट के बाद मजिस्ट्रेट के सामने ले जाया गया, जिसने 11 दिन की पुलिस हिरासत दे दी। फिर टॉर्चर हुआ, फिर जेल भेज दिया गया। वहाँ मधु दंडवते ने उनको पहचाना, लेकिन फिर भी उनको पागल बनाने की कोशिशें जारी रहीं।[1]

इस अभिनेत्री का क्या था गुनाह?

जॉर्ज से दोस्ती का खामियाजा स्नेहलता रेड्डी ने भी भुगता। वे जानी-मानी कन्नड़ हीरोइन थीं। स्नेहलता को इमरजेंसी की पहली शहीद माना जाता है। वे समाजवादी नेताओं के भी संपर्क में थीं और उनको जॉर्ज फर्नांडीज का काफी करीबी माना जाता था। वो और उनके पति पट्टाभि रामारेड्डी जॉर्ज के अच्छे मित्रों में से थे और सभी लोहिया समर्थक माने जाते थे। स्नेहलता रेड्डी थिएटर ग्रुप 'मद्रास प्लेयर्स' की सह-संस्थापक थीं, लिखती थीं, एक्टिंग करती थीं और डायरेक्शन भी। जॉर्ज फर्नांडीज से रिश्तों के चलते उनको भी 'बड़ोदा डायनमाइट' केस में 2 मई, 1976 को गिरफ्तार कर लिया गया, उनके घर वालों को टॉर्चर किया गया, सो अलग। वे अस्थमा की मरीज थीं, उनको न इलाज मिला और न जमानत। जब सी.बी.आई. ने इस केस में फाइनल चार्जशीट लगाई तो उनका नाम ही नहीं था, लेकिन फिर भी इतने दिन जेल में बंद करके तमाम यातनाएँ दी गईं। यह सब जॉर्ज से दोस्ती के चलते था। जेल से बाहर आकर उसने बताया था कि 137 लोगों के लिए जो जेल थी, उसमें 1,200 लोग ठूँस दिए गए थे।[2]

जब जेल अधिकारियों को लगा कि वे कभी भी मर सकती हैं तो आनन-फानन में उनको 15 जनवरी, 1977 को छोड़ दिया गया, वह भी पैरोल पर; पाँचवें दिन तो उनकी मौत हो गई। लेकिन उनकी हत्या के जुर्म में किसी को भी दोषी नहीं पाया गया और न ही किसी पर मुकदमा चलाया गया। एक महिला प्रधानमंत्री के राज में तमाम महिलाओं के साथ यह हो रहा था, जो इंदिरा गांधी को पसंद नहीं करती थीं, चाहे गायत्री देवी हों या फिर विजया राजे सिंधिया। उनको तिहाड़ में बदबूदार कोठरियों में बंद करवाकर रखा इंदिरा गांधी ने, महीनों तक। उनकी कहानी आप इसी पुस्तक के एक अध्याय में पढ़ेंगे।

अलवर के युवराज की दर्दनाक मौत

राहुल गांधी के एक बहुत करीबी नेता हैं राजस्थान के, केंद्र में राज्यमंत्री भी रह चुके हैं, नाम है कुँवर जितेंद्र सिंह। उनके पिता की इमरजेंसी की कहानी नई पीढ़ी को पता ही नहीं थी। एक बार पी.एम. नरेंद्र मोदी ने याद दिलाया कि कैसे कांग्रेस सरकार में उनके पिता अलवर के राजा कुँवर प्रताप सिंह को इतना मजबूर कर दिया गया था कि उन्होंने महल में आत्महत्या कर ली। माना जाता है कि संजय गांधी कुँवर प्रताप सिंह से किसी बात पर खार खाए हुए थे। राजस्थान सरकार फौरन उनके खिलाफ एक्शन मोड में आ गई। 23 मार्च, 1976 को अलवर पुलिस ने जयपुर से आई एक बटालियन के साथ उनके फूल बाग वाले महल पर डेरा डाल दिया। आवागमन पूरी तरह बंद कर दिया गया, कई दिन हो गए, राशन खत्म हो गया, अंदर लोग भूखों मरने लगे, बिजली, पानी और फोन सब काट दिए। मीडिया पर पहले से ही प्रतिबंध था, वह अंदर से किसी को बता भी नहीं पाए। एक दिन पता चला कि प्रताप सिंह और उनके सहयोगी भगीरथ मिश्र ने आत्महत्या कर ली है।[3]

सरकार ने जले पर नमक भी छिड़का, यह बयान देकर कि प्रताप सिंह दुष्ट प्रकृति के थे, उनका सचिव भी बुरे कर्मों में लिप्त था। इंदिरा गांधी की सरकार गिरने के बाद जनता पार्टी सरकार ने एक 'कान सिंह आयोग' बनाया, उस पर सिविल सर्विस अधिकारियों की एक कमेटी बैठी और मामला ठंडे बस्ते में चला गया। प्रताप सिंह की पत्नी बीजेपी की टिकट पर सांसद बनीं, बाद में वे बेटे के साथ उसी कांग्रेस में चली गईं, जिसके राज में पति को ऐसी हालत में आत्महत्या करनी पड़ी थी। बेटा बाद में मनमोहन सिंह सरकार में राज्यमंत्री भी बना। क्योंकि तब न संजय गांधी जिंदा बचे थे और न इंदिरा गांधी। यूँ महारानी गायत्री देवी के मामले में भी उसी विषय पर बनी मिलन लूथरिया की मूवी 'बादशाहो' में भी संजय गांधी की तरफ इशारा किया गया था।

काबिल पढ़े-लिखे लोगों के साथ असहज महसूस करती थीं इंदिरा

इंदिरा गांधी के व्यक्तित्व को लेकर कभी मशहूर पत्रकार खुशवंत सिंह ने 'रेडिफ डॉट कॉम' को एक इंटरव्यू दिया था, उसकी कुछ लाइनें पढ़िए—"She felt uncomfortable with educated, sophisticated people. So you have the rise of people like Yashpal Kapoor, R K Dhawan, who was a stenographer who worked in her office, Mohammad Yunus, who just hung around her. I believe this was because she had no real education. She went to Shanti Niketan, then she went to Badminton School abroad, then to Oxford. Nowhere did she pass an exam or acquire a degree. I think that bred a sort of inferiority complex of not being recognised as an educated person. She would pretend to have read a lot of books. She spoke French, which she picked up when she accompanied her ailing mother Kamala to Switzerland, which went in her favour. There were pros and cons but there was this sense of insecurity when it came to highly intelligent people and people with clear records. She felt more comfortable with second-rate people."[4]

हो सकता है कि खुशवंत सिंह की सारी बातें सही नहीं हों, लेकिन यह तय है कि काबिल लोग उनके करीबी घेरे में कम ही आए, आए तो उनका हाल बाद में पी.एन. हक्सर जैसा हुआ, या फिर उन लोगों ने अपने स्वाभिमान को गिरवी रख दिया या फिर शरद पवार, बीजू पटनायक, देवराज अर्स आदि की तरह अलग रास्ते चुनने पड़े। लेकिन जिन लोगों ने इंदिरा के खिलाफ खड़े होने की कोशिश की, उनको समय देखकर इंदिरा गांधी ने राजनीतिक या आर्थिक रूप से निपटाने में भी कसर नहीं छोड़ी। उसी तरह यशवंत राय चव्हाण ने जब पार्टी में वापस आने की कोशिश की, तो उसको महीनों लटका दिया था इंदिरा गांधी ने।

हेमवती नंदन बहुगुणा पर यूँ उतरा गुस्सा

एक बार किसी ने इंदिरा गांधी के सचिव यशपाल कपूर को यह बता दिया कि यू.पी. के मुख्यमंत्री हेमवती नंदन बहुगुणा ने इंदिरा गांधी और संजय गांधी के खात्मे के लिए चार तांत्रिकों को पूजा-पाठ के लिए लगाया है। एम.पी. के मुख्यमंत्री पी.सी. सेठी की मदद से कपूर ने उनमें से दो को ढूँढ़ निकाला और मीसा के तहत गिरफ्तार कर लिया, कहा, दोनों ने गुनाह कुबूल कर लिया है। जबकि बहुगुणा ने कुलदीप नैयर को बताया था कि ये सब मनगढ़ंत बातें हैं, दरअसल, संजय गांधी उनकी जगह अपने आदमी को यू.पी. का सी.एम. बनाना चाहते थे। उन्होंने मौका देखकर बहुगुणा को हटाकर एन.डी. तिवारी को सी.एम. बना दिया।[5]

दरअसल, इंदिरा गांधी तभी से बहुगुणा से नाराज थीं, जब 1974 में यू.पी. विधानसभा में जीत के बाद बहुगुणा ने अपनी तसवीर वाला एक धन्यवाद का पोस्टर जारी कर दिया था। इंदिरा, संजय दोनों को लगा था कि बहुगुणा की महत्त्वाकांक्षाएँ जाग रही हैं और वे बड़ा बनना चाहते हैं। इसी तरह इंदिरा गांधी उस वक्त शास्त्रीजी से काफी नाराज हुई थीं, जब पी.एम. शास्त्रीजी ने स्वर्ण सिंह को विदेश मंत्री बना दिया था, उनको लगा था कि उनसे पूछा जाना चाहिए था। स्वर्ण सिंह को लेकर उनके मन में यह खुन्नस बची रही। फिर इलाहाबाद हाई कोर्ट के फैसले के बाद जब विश्वास मत के वक्तव्य पर दस्तखत करने में स्वर्ण सिंह ने एक दिन की देरी की तो मौका देखकर उन्हें भी कैबिनेट से बाहर

कर दिया गया। इंदर मल्होत्रा तो लिखते हैं कि जब इमरजेंसी पर कैबिनेट की मोहर लगाने की मीटिंग हुई तो स्वर्ण सिंह ने ही कुछ पूछा था। उसके बाद उन्होंने अपने मिलने वालों से कहीं कहा कि 'यह थानेदारी नहीं चलेगी।' 1952 से हर कैबिनेट का सदस्य रहे स्वर्ण सिंह से रक्षा मंत्रालय का प्रभार लेकर संजय के करीबी बंसीलाल को दे दिया गया।

शीला दीक्षित के परिवार पर भी गिरी गाज

कुलदीप नैयर लिखते हैं कि इंदिरा गांधी को कांग्रेस के वरिष्ठ नेताओं की बहुओं की दखलअंदाजी भी पसंद नहीं आती थी, 'श्रीमती गांधी के पास बहुओं से निपटने का अच्छा-खासा तजुरबा था।' उमाशंकर दीक्षित 1971 से ही पार्टी कोषाध्यक्ष थे, इंदिरा उनसे काफी खुश रहती थीं, लेकिन जब उनकी बहू (शीला दीक्षित) प्रशासन में दखल देने लगीं तो पहले उनके नौकरशाह पति का तबादला दिल्ली से बाहर किया, फिर उमाशंकर दीक्षित को संजय गांधी की इच्छा के मुताबिक कैबिनेट से हटाकर कर्नाटक का राज्यपाल बनाकर भेज दिया। लोग हैरान थे, जब उमाशंकर दीक्षित जैसे करीबी और वरिष्ठ के साथ यह हो सकता है, तो किसी के साथ भी ऐसा हो सकता था।

आज के दौर में अगर कोई गठबंधन से अलग हो जाए तो आपके पास कोई चारा नहीं रह जाता उनकी माँगें मानने या बीजेपी की तरह महाराष्ट्र में सरकार का बलिदान देने के अलावा; लेकिन उस दौर में जब केरल के सत्ताधारी गठबंधन से मुसलिम लीग जैसे ही अलग हुई, उनके कई नेताओं को गिरफ्तार कर लिया गया, या तो वापस समर्थन दो या फिर जेल में सड़ो! मीसा के दुरुपयोग के खिलाफ जब सरदार पटेल की बेटी मणि पटेल ने गांधीजी की ही तरह दांडी मार्च निकाला तो इंदिरा सरकार ने मणि पटेल को छोड़कर बाकी सभी को गिरफ्तार कर जेलों में ठूँस दिया था और उस दिन रक्षाबंधन का दिन था, तारीख थी 9 अगस्त, 1976।[6]

एयर चीफ मार्शल ने भी भुगता खामियाजा

इसी तरह वायुसेना के पूर्व चीफ एयर मार्शल पी.सी. लाल को भी इंदिरा गांधी की बात न मानना भारी पड़ गया। उन्हें इंडियन एयरलाइंस का चेयरमैन बनाया गया था, जब वे रिटायर होने वाले थे तो अपने उत्तराधिकारी सत्यमूर्ति को आगे बढ़ाना चाहते थे और छुट्टी लेकर जाना चाहते थे। लेकिन राजीव गांधी के कहने पर उनके करीबी तीन पायलटों को आउट ऑफ टर्न प्रमोशन देने से मना कर दिया, वे पायलट उनके हिसाब से मापदंडों पर खरे नहीं थे। इंदिरा गांधी इतना नाराज हुईं कि उनको पद से ही नहीं हटा दिया गया, बल्कि उनको डराने के लिए उनके दफ्तर में पुलिस तैनात कर दी गई। सत्यमूर्ति की जगह एक जूनियर अधिकारी को इंडियन एयरलाइंस का

चेयरमैन बना दिया गया और बाद में उनको व उनके भाई को आयकर अधिकारियों ने काफी परेशान किया।

राजनैतिक कैदियों के साथ भी जमकर दुर्व्यवहार किया जाता था। यहाँ तक कि कुलदीप नैयर ने लाल किले में एक स्पेशल टॉर्चर रूम के बारे में भी लिखा है—"लाल किले में एक बेहद अत्याधुनिक कमरा था, जिसमें विदेश से नवीनतम उपकरण मँगाए गए थे, जिनका इस्तेमाल बयान निकलवाने या कन्फेशन के लिए किया जाता था। किसी बंदी पर घंटों फ्लडलाइट डाली जाती थी और पीछे से उसे तेज साउंड इफेक्ट के जरिए तोड़ने की कोशिश की जाती थी। खुफिया अधिकारी उसके बयानों को यहीं ऑडियो-वीडियो टेप में रिकॉर्ड करते थे।"[7]

ऐसे ही सूचना प्रसारण मंत्रालय का कर्मचारी था इंदर मोहन, जामा मसजिद के हटाए गए व्यापारियों की तरफ से वह संजय से उनकी फरियाद लेकर पहुँचा। उसी शाम इंदर के घर में 11 पुलिसवाले घुसे, उसे जमकर पीटा और गिरफ्तार करके घसीटते हुए ले गए, बाद में किसी वकील ने जमानत दिलवाई। संजय गांधी को ये पसंद नहीं था कि कोई उसके फैसले के खिलाफ उन्हीं को समझाने आए!

संजय गांधी प्रणब मुखर्जी के जरिए आयकर, उत्पाद शुल्क व प्रवर्तन निदेशालय के अधिकारियों को रेड का आदेश दिया करते थे, आज्ञा न मानने वाले उद्योगपतियों, दुकानदारों या सरकारी अधिकारियों के 10 साल पुराने टैक्स असेंसमेंट को खुलवा दिया करते थे और गृह राज्यमंत्री ओम मेहता के जरिए सी.बी.आई., पुलिस आदि का इस्तेमाल लोगों को डराने या सबक सिखाने में किया करते थे। संजय की बात न मानने के चलते दिल्ली के तत्कालीन आई.जी. राजोपालन का तबादला सीमा सुरक्षाबल में कर दिया गया। ऐसी तमाम घटनाएँ हैं, जो यह बताती हैं कि माँ-बेटे दोनों ने ही जमकर दुश्मनी निभाई और सत्ता का दुरुपयोग निजी खुन्नस निकालने के लिए किया। तभी तो नाराज चौधरी चरण सिंह ने गृहमंत्री बनते ही गुस्से में उनको दो-दो बार जेल भिजवाया।

बुआ का गुस्सा बुआ की बेटी पर

इंदिरा गांधी को अपनी बुआ विजयलक्ष्मी पंडित से भी खासी चिढ़ थी, क्योंकि बचपन से बुआ उनको 'पगली व स्टुपिड' कहकर बुलाती थीं। इंदिरा ने ही अपनी दोस्त पुपुल जयकर से यह खुलासा किया था कि उनकी माँ कमला नेहरू के साथ विजयलक्ष्मी पंडित ने काफी दुर्व्यवहार किया था। तभी तो प्रधानमंत्री बनने के बाद बुआ को किनारे कर दिया। इतना ही नहीं, मोरारजी देसाई विजय लक्ष्मी की बेटी नयनतारा सहगल को रोम का राजदूत बनाकर भेज रहे थे, लेकिन पी.एम. बनते ही उन्होंने न केवल यह अप्वाइंटमेंट रद्द करवा दिया, बल्कि अपने पति से अलग होकर जिस आई.सी.एस. अफसर के साथ

नयनतारा लिव-इन में रह रही थीं, उनका रिटायरमेंट तक करवा दिया। उनका नाम था मंगत राय और वे केंद्र सरकार में एडिशनल सेक्रेटरी के पद पर थे। बाद में दोनों ने शादी कर ली थी।[8]

संदर्भ

1. 'Emergency ki Inside Story', by Kuldip Nayar, Page No. 137-38, Published by Prabhat Prakashan.
2. 'Indian Bureaucracy : An Inside Story', by Badudeba Panda, Page No. 67, Published by Uppal Publishing House.
3. Dainik Bhaskar Report, https://www.bhaskar.com/news/RAJ-JAI-HMU-murder-mystery-of-yuvraj-pratap-singh-in-emergency-5031223-PHO.html
4. Khuswant Singh Interview in Rediff.com, by Amberish K Diwanji, Date-27 October, 2004, https://www.rediff.com/news/2004/oct/ 27inter1.htm
5. 'Emergency ki Inside Story', by Kuldip Nayar, Page No. 126, Published by Prabhat Prakashan.
6. 'The Janta (People's) Struggle', by Dhirendra Sharma, Page No. 80.
7. 'The Judgment : Inside Story of The Emergency in India', by Kuldip Nayar, Page No. 85, Published by Vikas Publishing House.
8. Memoirs of Vijaya Laxmi Pandit, Khushwant Singh's Column in Tribune, 2 September, 2000 https://www.tribuneindia.com/2000/20000916/windows/above.htm

□

31

इंदिरा की तानाशाही : कांग्रेस के 17 टुकड़े, 50 राज्य सरकारें गिराईं

इंदिरा गांधी की तानाशाही को लेकर आपातकाल की चर्चा होती है, कांग्रेस के दिग्गज भी आपातकाल को एक भूल मानकर इंदिरा गांधी के बाकी मामलों में गुण गाने लग जाते हैं कि कैसे उन्होंने बांग्लादेश बनवाया, सिक्किम को शामिल किया आदि, लेकिन वे आपातकाल के अलावा बाकी किसी मामले में इंदिरा गांधी को तानाशाह नहीं कहते। लेकिन आँकड़े उन्हें साफ झूठा ठहराते हैं, यह सामान्य सा आँकड़ा पूरे देश के अखबारों में कई बार छप चुका है कि उनके राज में जितनी बार धारा-356 का इस्तेमाल करके राष्ट्रपति शासन लगा, उसका आधा क्या, तिहाई बार भी किसी दूसरे प्रधानमंत्री के समय नहीं लगा।

पूरे 50 बार इंदिरा गांधी के राज में राष्ट्रपति शासन लगाया गया, 17 साल नेहरूजी देश के प्रधानमंत्री रहे, जिनमें से 13-14 साल राज्यों में चुनी हुई सरकारें रहीं। लेकिन उन्होंने केवल 8 बार ही राष्ट्रपति शासन राज्यों में लगाया। ऐसे में 15-16 साल में इंदिरा गांधी का 50 राज्य सरकारें समय से पहले गिराना यह साबित करता है कि वे विरोधियों को कतई बरदाश्त नहीं करती थीं। यहाँ तक कि आपातकाल जब लगा तो उनका सबसे पहला काम विपक्ष के राष्ट्रीय नेताओं को जेल में डालना था, मीडिया विरोध कर सकता था, तो पत्रकारों और मीडिया कंपनियों पर भी पाबंदी लगा दी। ऐसा लगता है कि उनको कोई विरोधी, या विपक्षी पसंद ही नहीं था। तभी तो उन्हें यह कतई नहीं भाया था कि जब पूरे देश में कांग्रेस की सरकार हो और केरल में वामपंथी अपनी सरकार बना लें, सो पिता के प्रधानमंत्री रहते हुए भी केरल समेत तमाम सरकारों के गिराने में इंदिरा गांधी की ही भूमिका मानी जाती रही है।

इंदिरा गांधी ने अपने पहले निर्बाध कार्यकाल, यानी जनवरी 1966 से मार्च 1977

तक कुल 35 बार धारा-356 का इस्तेमाल करके 35 राज्यों में राष्ट्रपति शासन लगाया था। सो औसत निकाला जाए तो वह हर साल चुनी हुई तीन राज्य सरकारों को गिरा रही थीं, कुछ जगह लगाना जरूरी भी हो सकता है। तो वहीं दूसरे कार्यकाल, यानी जनवरी 1980 से अक्तूबर 1984 तक उन्होंने कुल 15 बार धारा-356 का इस्तेमाल करके 15 चुनी हुई सरकारों को गिराकर राष्ट्रपति शासन लगाया था। यूँ यह औसत हर साल 4 सरकारों का आता है, लेकिन उनमें से ज्यादातर जनता पार्टी को जवाब देने के लिए गिराई गई थीं।

बावजूद इसके, उनके आसपास कोई फटकता है तो वे थे मोरारजी देसाई, जिनके छोटे से कार्यकाल में 16 सरकारों को गिरा दिया गया था।[1] मनमोहन सिंह ने भी अपने 10 साल के कार्यकाल में कुल 12 बार धारा-356 का इस्तेमाल करके राष्ट्रपति शासन लगाया था। बीजेपी की अटल बिहारी वाजपेयी और नरेंद्र मोदी की सरकारें तो उनके आगे इस मामले में कहीं नहीं ठहरती हैं।

इंदिरा काल में 17 बार टूटी कांग्रेस

तानाशाही केवल दूसरी पार्टियों की सरकारें गिराने में ही नहीं दिखती, बल्कि उनकी अपनी पार्टी के नेताओं के साथ इंदिरा गांधी के रिश्तों में भी बखूबी दिखती थी। जिस तरह से इंदिरा गांधी ने सिंडिकेट के नेताओं को एक-एक करके ठिकाने लगाया, उसके बाद नई पार्टी भी बना डाली, उससे साफ यह दिखता है कि न तो उनको देश के लोकतंत्र में भरोसा था और न पार्टी के अंदरूनी लोकतंत्र में। आप यह जानकर हैरान रह जाएँगे कि इंदिरा गांधी की तानाशाही के चलते पार्टी एक-दो बार नहीं, पूरे 17 बार टूटी थी।

आमतौर पर केंद्र में जब भी कोई मजबूत नेता होता है, तो पार्टी भी एकजुट रहती है। लेकिन वही नेता जब पार्टी के क्षेत्रीय नेताओं के साथ अच्छा व्यवहार नहीं रखता तो उस पार्टी के टुकड़े हो जाते हैं। 1966 में जब से इंदिरा गांधी प्रधानमंत्री बनीं, उनके मरने तक कांग्रेस के 17 टुकड़े हो गए और ऐसी 17 क्षेत्रीय पार्टियाँ अस्तित्व में आईं, जिन्होंने राज्यों में कांग्रेस का ही नुकसान किया। इस दौरान इंदिरा का ही नियंत्रण मोटे तौर पर कांग्रेस पर रहा, चाहे वह मूल कांग्रेस हो या फिर उसमें से तोड़कर बनाई गई इंदिरा कांग्रेस।

हालाँकि, नेहरूजी के जमाने में कांग्रेस से टूटकर जो सबसे बड़ी पार्टी बनी थी, उसके पीछे भी इंदिरा गांधी को ही जिम्मेदार बताया जाता रहा है। ये पार्टी थी सी. राजगोपालाचारी की स्वतंत्र पार्टी। राजगोपालाचारी गांधीजी के समधी थे, स्वतंत्र भारत में गवर्नर जनरल रहने के बाद वे फिर से तमिल राजनीति में लौट गए थे और अकसर इस्तीफा दे देते थे। लेकिन जब इंदिरा गांधी को 1959 में नागपुर अधिवेशन में कांग्रेस

अध्यक्ष चुना गया तो बहुतों को नागवार गुजरा था, लेकिन किसी ने सार्वजनिक रूप से कुछ नहीं कहा। नागपुर अधिवेशन की पूरी कहानी आप इसी पुस्तक के एक-दूसरे अध्याय में पढ़ सकते हैं। सी. राजगोपालाचारी के लिए यह कांग्रेस का आखिरी अधिवेशन था। उन्हें समझ आ गया था कि इंदिरा गांधी के हाथ में कमान देने का मतलब कांग्रेस अब नेहरू खानदान की निजी पार्टी होने जा रही थी। हालाँकि, शिकायत तो उन्हें पहले से थीं कि नेहरू तानाशाह होते जा रहे हैं, वामपंथ की तरफ ज्यादा ही झुक रहे हैं, ऐसे में अंकुश लगाने के लिए एक दक्षिणपंथी मजबूत विपक्ष की जरूरत है। लेकिन इंदिरा की नियुक्ति से उन्हें लग गया कि हालात अब सुधरने वाले नहीं।[2]

स्वतंत्र पार्टी की ही उम्मीदवार थीं महारानी गायत्री देवी

लेकिन उन्होंने भी इंदिरा को लेकर शिकायत नहीं की, मीनू मसानी जैसे कुछ नेताओं के साथ मिलकर 'स्वतंत्र पार्टी' की घोषणा कर दी। उनकी पार्टी ने अगले लोकसभा चुनावों यानी 1962 के आम चुनावों में 18 लोकसभा सीटें जीत ली थीं। बिहार, गुजरात, उड़ीसा और राजस्थान में यह पार्टी सबसे बड़ी विपक्षी पार्टी के तौर पर भी उभरी। इसी स्वतंत्र पार्टी से चुनाव लड़कर महारानी गायत्री देवी ने जयपुर लोकसभा सीट से जीत का विश्व रिकॉर्ड बनाया था, जो इंदिरा गांधी को कतई पसंद नहीं आया और इमरजेंसी के दौरान इंदिरा गांधी ने गायत्री देवी को महीनों दिल्ली की तिहाड़ जेल में रखा था। 1967 में स्वतंत्र पार्टी ने और कमाल दिखाया और अपनी सीटें 18 से बढ़ाकर 44 कर ली थीं। लेकिन 1971 में इंदिरा गांधी का बांग्लादेश निर्माण कांग्रेस के लिए चमत्कार कर गया और स्वतंत्र पार्टी की सीटें केवल 8 पर सिमट गईं। अगले साल राजगोपालाचारी की मौत के बाद 1974 में पार्टी ही खत्म हो गई, ज्यादातर नेताओं ने 'भारतीय क्रांति दल' में जाना बेहतर समझा।

दिलचस्प बात है कि 1959 में स्वतंत्र पार्टी बनने के बाद नेहरूजी के समय कांग्रेस से टूटकर कोई और पार्टी नहीं बनी, शास्त्रीजी के समय केवल एक पार्टी बनी, वह थी के.एम. जॉर्ज की केरल कांग्रेस। लेकिन इंदिरा गांधी के सत्ता सँभालते ही कांग्रेस से टूटकर अलग पार्टी बनाने वालों की मानो लाइन ही लग गई। 1966 में ही शुरुआत हुई उड़ीसा जन कांग्रेस से, पूर्व मुख्यमंत्री हरेकृष्ण महताब ने यह पार्टी बनाई और बाद में स्वतंत्र पार्टी के सथ मिलकर उड़ीसा में सरकार भी बनाई, फिर इंदिरा के विरोध में 1977 में जनता पार्टी में अपना विलय कर लिया।

1967 में कांग्रेस से तीन पार्टियाँ टूटकर अलग हुईं—बंगला कांग्रेस, विशाल हरियाणा पार्टी और भारतीय क्रांति दल। बंगला कांग्रेस अजॉय मुखर्जी ने बनाई थी, इसी पार्टी में प्रणब मुखर्जी भी थे, बाद में कांग्रेस में आए। विशाल हरियाणा पार्टी राव बीरेंद्र

सिंह ने बनाई थी, जो इमरजेंसी के बाद वापस कांग्रेस में ही मिल गई थी। भारतीय क्रांति दल यू.पी. के दिग्गज किसान नेता चौधरी चरण सिंह ने बनाया था, वे भी इंदिरा गांधी से नाराज थे और एक दिन कसम खाई कि इंदिरा गांधी को जेल भेजेंगे। उन्होंने बाद में भेजा भी, तब वे जनता पार्टी सरकार में गृहमंत्री थे।[3]

खुद भी बना ली नई पार्टी

1968 में एक पार्टी, तो 1969 में चार पार्टियाँ कांग्रेस से टूटकर अलग हुईं। मोहम्मद अलीमुद्दीन ने 1968 में कांग्रेस से अलग होकर अपनी पार्टी बनाई मणिपुर पीपुल्स पार्टी और मुख्यमंत्री भी बन गए, बाद में मोदी युग में यही पार्टी मणिपुर में एन.डी.ए. का हिस्सा बनी। 1969 में जब इंदिरा गांधी को पार्टी अध्यक्ष निजलिंगप्पा ने निकाल बाहर किया तो उन्होंने एक नई पार्टी बना ली, कांग्रेस आर (R—Requisitionists), जिसे बाद में 'आर फॉर रूलिंग' कहा जाने लगा, क्योंकि सरकार इंदिरा चला रही थीं। जबकि सिंडिकेट प्रभाव वाली कांग्रेस को 'कांग्रेस ओ' (O—Organization) कहा जाने लगा। बाद में जाकर 'कांग्रेस ओ' का जनता पार्टी के साथ विलय हो गया तो कांग्रेस (आर) का नाम कांग्रेस (आई) हो गया, यानी कांग्रेस (इंदिरा)। सोचिए, नाम में ही एक तानाशाही सी झलकती है। इससे पहले आपने कभी किसी प्रधानमंत्री या बड़े राष्ट्रीय नेता के नाम से कोई पार्टी सुनी है, गांधी, नेहरू, मोरारजी देसाई, अटल बिहारी वाजपेयी, नरसिम्हा राव या मोदी आदि? किसी ने ऐसा सोचा तक नहीं।

बीजू पटनायक भी कांग्रेस में रहते इंदिरा से नाराज थे। उन्होंने 1969 में अपनी पार्टी बनाई उत्कल कांग्रेस, बाद में इस पार्टी का भी विलय जनता पार्टी में हो गया और बीजू पटनायक मोरारजी सरकार में स्टील, खान व कोयला मंत्री बने। 1969 में ही एक और पार्टी कांग्रेस से टूटकर बनी तेलंगाना प्रजा समिति, संस्थापक कांग्रेस नेता अनंथुला मदन मोहन थे, बाद में मैरी चेन्ना रेड्डी ने अगुवाई की। 1971 में 10 लोकसभा सीटें भी जीतीं। बनने वाली हर नई पार्टी किसी-न-किसी राज्य में कांग्रेस को ही नुकसान पहुँचा रही थी।

1971 में सुकुमार रॉय ने बंगाल कांग्रेस को तोड़कर विप्लवी बांग्ला कांग्रेस बना ली, अजॉय मुखर्जी की पार्टी का भी इसमें विलय हो गया और लेफ्ट फ्रंट का हिस्सा बन गई। इस तरह बंगाल में लेफ्ट मजबूत होता गया। अजय मुखर्जी ने ही सी.एम. रहते ज्योति बसु को पहली बार उप-मुख्यमंत्री बनाया था। 1971 के युद्ध में जीत के बाद इंदिरा गांधी का कद बढ़ा और पार्टी को भी इंदिरा ने समझना शुरू किया, तभी अगले 5-6 साल तक कांग्रेस में कोई और बिखराव नहीं हुआ।

बाबू जगजीवन राम, देवराज अर्स, बरुआ, चव्हाण, एंटनी सब छोड़ गए साथ

लेकिन इमरजेंसी के बाद होने वाले चुनावों से ठीक पहले बाबू जगजीवन राम जैसे दिग्गज कांग्रेसी ने इंदिरा गांधी को झटका दे दिया और एक नई पार्टी 'कांग्रेस फॉर डेमोक्रेसी' का ऐलान कर दिया, जिसका खामियाजा इंदिरा गांधी को भुगतना भी पड़ा। दलित वोट कांग्रेस से छिटक गए और इंदिरा गांधी को बुरी तरह हार का सामना करना पड़ा। 1979 में इंदिरा गांधी को एक और बड़ा झटका दिया कर्नाटक के दो बार मुख्यमंत्री रह चुके देवराज अर्स ने, इंडियन नेशनल कांग्रेस (यू) का ऐलान करके। वे लोग संजय गांधी की इमरजेंसी में ज्यादतियों से नाराज थे। इस पार्टी में कांग्रेस के कई दिग्गज नेता भी कांग्रेस छोड़कर चले गए, जैसे—यशवंत राव चव्हाण, देवकांत बरुआ, के. ब्रह्मानंद रेड्डी, ए.के. एंटनी, प्रियरंजन दास मुंशी और शरद पवार भी। बाद में देवराज अर्स ने पार्टी का विलय जनता पार्टी में कर दिया और बाकी लोगों की राह अलग हो गई।

मनमोहन सिंह सरकार में रक्षा मंत्री रहे ए.के. एंटनी पहले देवराज अर्स के साथ चले गए थे, बाद में अपनी पार्टी बना ली। 1980 में बनी इस पार्टी ने केरल में कांग्रेस का काफी नुकसान किया। पार्टी का नाम था कांग्रेस (ए)। लेकिन 2 साल बाद ही इंदिरा गांधी ने इस पार्टी का विलय कांग्रेस में करवा लिया। इधर जगजीवन राम भी देवराज अर्स की पार्टी में चले गए थे, लेकिन उनकी बनी नहीं, उनको पार्टी से निकाल दिया गया तो एक और 1981 में नई पार्टी बना ली कांग्रेस (जगजीवन राम), जो बाबू जगजीवन राम के जिंदा होने तक चलती रही, बाद में खत्म हो गई। देवराज अर्स की पार्टी के बचे हुए दिग्गज नेता शरद पवार की अगुवाई में एक हो गए और उन्होंने पार्टी को नया नाम दिया 'इंडियन कांग्रेस सोशलिस्ट'।[4]

इसी पार्टी से शरत चंद्र सिन्हा ने एक और गुट अलग किया, नई पार्टी को नाम दिया गया था—'इंडियन कांग्रेस सोशलिस्ट-शरत चंद्र सिन्हा', हालाँकि, बाद में शरद पवार ने अपनी पार्टी का कांग्रेस में विलय कर लिया, फिर अपनी पार्टी एनसीपी बना ली और शरत सिन्हा की पार्टी का भी 1999 में एनसीपी में विलय हो गया। लेकिन शरद पवार, देवराज अर्स, बाबू जगजीवन राम, बीजू पटनायक, अजॉय मुखर्जी जैसे तमाम नेताओं ने कांग्रेस को बेहद नुकसान पहुँचाया।

कुछ राज्य हमेशा के लिए 'हाथ' से फिसले

इंदिरा गांधी की तानाशाही की नीतियों के चलते न केवल पार्टी के क्षेत्रीय नेताओं के स्वाभिमान को ठेस लगी, बल्कि चुनी हुई सरकारों को जब चाहे तब गिराने से भी कई राज्यों में कांग्रेस के खिलाफ माहौल बना। इन्हीं सब नीतियों और लोगों की

नाराजगी का असर है कि कई राज्यों में कांग्रेस की सरकार बनाना अगले कई दशकों तक असंभव जैसा है, तो कई परंपरागत ठोस कांग्रेस समर्थक समुदाय या जातियों के वोटबैंक भी कांग्रेस से खिसक गए हैं, तो इसके लिए इंदिरा गांधी की नीतियाँ भी कम जिम्मेदार नहीं हैं।

संदर्भ

1. 'New Challenges to Indian Politics', by N.S. Gehlot, Page No. 77, Published by Deep & Deep Publications.
2. 'Politics of Commitment : A Study Based on Fifth General Elections in India', by R.L. Gupta, Page No. 11, Published by Trimurti Publications.
3. 'Indira Gandhi : Charisma and Crisis', by Anser Kidwai, Page No. xxvi, Published by Siddhi Books.
4. 'Sharad Pawar : The Maratha Legacy', by Shiri Ram Bakshi, Sitaram Sharma, S. Gajarani, Page No. 192, Published by APH Publishing Corporation.

□

32

अपने तो अपने होते हैं

कौल-नेहरू-गांधी खानदान से सत्ता का शुरू से ही करीब का नाता रहा है और सत्ता में अपने लोगों को कैसे जगह दिलवानी है, तमाम सिद्धांतों की बातें लगातार दोहराते रहने के बावजूद भी इस परिवार को यह बखूबी आता है। पं. नेहरू के समय जो काम दबे-ढके होता था, इंदिरा-संजय गांधी के जमाने में चरम पर पहुँच गया था। उनके पहले ज्ञात परिजन राज कौल थे, जिनके बारे में परिवार कहता आया है कि 1713 से 1719 तक मुगल बादशाह रहे फर्रुखसियर को उनकी विद्वत्ता पसंद आ गई थी और वे उन्हें कश्मीर से दिल्ली लेकर आ गए थे।

राज कौल ने दिल्ली नहीं छोड़ी

राहुल गांधी ने एक बार कश्मीर यात्रा के दौरान बताया था कि राज कौल संस्कृत विद्वान् थे और 1716 में कश्मीर से दिल्ली में आ बसे थे। ये वाकई में दिलचस्प हैं कि जब फर्रुखसियर के बुलावे पर आए तो फरवरी 1719 में यानी राज कौल के दिल्ली आने के 2 साल के अंदर जब फर्रुखसियर को बंदी बना लिया गया और 2 महीने तक उसको यातनाएँ दी जाती रहीं, अंधा कर दिया गया और अप्रैल में मार दिया गया, तो किसके भरोसे पर राज कौल दिल्ली में टिके रहे? दिल्ली के हालात उस वक्त कश्मीर से बेहद खराब थे, क्योंकि 1739 में नादिर शाह ने बड़ा कत्ल-ए-आम दिल्ली में किया, बीच में कई आक्रमण मराठों ने किए, फिर 1761 में अब्दाली ने तबाही मचाई। राज कौल कैसे दिल्ली में बने रहे, इसके बारे में कोई जानकारी नहीं मिलती। इतने हालात खराब होने पर भी वे वापस अपने पुश्तैनी गाँव में क्यों नहीं लौटे? कश्मीर नहीं गए, जबकि उनका सरपरस्त भी अब जिंदा नहीं था!

राज कौल के बाद सीधे लक्ष्मी नारायण नेहरू की जानकारी मिलती है, जो मुगल दरबार में ईस्ट इंडिया कंपनी के एजेंट या वकील थे। काफी दिलचस्प यह था कि

उनके बेटे गंगाधर नेहरू के बारे में कौल-नेहरू-गांधी परिवार दावा करता है कि वे दिल्ली के आखिरी मुगल कोतवाल थे। इस पर भी यूँ तो काफी विवाद है। लेकिन इससे आपको यह तो पता चलता है कि सभी सत्ता के काफी करीब रहते थे। 1857 की क्रांति को जब अंग्रेजों ने दबाया तो अपने बच्चों को लेकर गंगाधर नेहरू आगरा चले गए। डरकर मुगल कोतवाल ने अपना शहर ही छोड़ दिया था। तीन साल के अंदर ही उनकी मौत हो गई। आगरा में ही उनके तीसरे बच्चे मोतीलाल नेहरू का जन्म उनकी मौत के बाद हुआ।[1]

तो जो खानदान आप देखते हैं, वह मोतीलाल नेहरू से निकलता है, यानी उनके बेटे जवाहरलाल नेहरू, जवाहरलाल की बेटी इंदिरा गांधी, इंदिरा गांधी के बेटे राजीव व संजय गांधी, राजीव के बेटे राहुल गांधी और बेटी प्रियंका गांधी वाड्रा...अब यह वक्त बताएगा कि आगे यह खानदान राहुल गांधी (जो लिखे जाने तक अविवाहित हैं) के वंश से चलेगा या फिर प्रियंका-रॉबर्ट वाड्रा के वंश से? लेकिन ऐसा नहीं है कि बाकी लोग एकदम से हरिवंश राय बच्चन के भाई-भतीजों की तरह गुमनामी में चले गए हों! हाँ, आम आदमी उनके बारे में नहीं जानता। पी.एम. बनते ही अपने कई खानदानियों, मसलन अपने चाचाओं के बच्चों को आगे बढ़ाया तो इंदिरा गांधी ने भी पिता के चाचाओं के बच्चों, नाती और बुआ व बुआ के बच्चों को आगे बढ़ाया। कइयों को सरकार में बड़े पद दिए, तो कइयों को अलग तरह से मदद की। ये पंक्तियाँ तब लिखी जा रही हैं, जब केंद्र सरकार में ऐसा प्रधानमंत्री है, जिसने अपने परिवार से अपनी माँ के अलावा किसी को भी पी.एम. आवास तक में कभी नहीं बुलाया, मदद करना या सरकारी पद देना तो बहुत दूर की बात है।

केवल परिजनों को ही नहीं, नेहरू-गांधी खानदान में अपनों को भी आगे बढ़ाने की पुरानी परंपरा रही है। अपने कई तरह के होते हैं, जैसे—पं. नेहरू को कश्मीरी अधिकारी बहुत पसंद थे, इंदिरा को भी, फिरोज को वामपंथी पसंद थे, तो उनकी मौत के बाद कई वामपंथियों को महत्त्वपूर्ण पदों पर इंदिरा ने रखा, संजय गांधी को उत्तर भारत से यू.पी., पंजाब के लोग ज्यादा पसंद थे, वे उनको आगे बढ़ाते रहे। संजय गांधी को वामपंथियों से गहरी चिढ़ थी, सो उनको किनारे लगाते रहे। लेकिन एक खास किस्म के 'अपने' होते थे, जो न तो गांधी परिवार के थे और न ही पार्टी के वफादार थे, लेकिन वे ताकतवर लोगों को ज्यादा अपने लगने लग जाते हैं, ऐसे लोग चापलूस कहलाते हैं। उनकी भी इनके आसपास कमी नहीं थी। इमरजेंसी में तो इन्हीं लोगों की तूती बोलती थी।

जवाहरलाल नेहरू से सबसे ज्यादा फायदा मिला उनकी बहन विजयलक्ष्मी पंडित को, जिनके बारे में हम बचपन से ही पढ़ते थे कि संयुक्त राष्ट्र संघ महासभा में पहली महिला अध्यक्ष विजयलक्ष्मी पंडित थीं। वे पहली महिला राज्यपाल भी बनी थीं। आजादी

के बाद से ही उनको सोवियत संघ का राजदूत बना दिया गया, उसके बाद वे अमेरिका, आयरलैंड, मेक्सिको, इंग्लैंड, संयुक्त राष्ट्र संघ आदि में राजदूत/उच्चायुक्त के पदों पर रहीं। अपनी मौत से दो साल पहले नेहरूजी ने उन्हें महाराष्ट्र का राज्यपाल बना दिया, लेकिन नेहरू की मौत के बाद वे उनकी उत्तराधिकारी बनना चाहती थीं, सो नेहरूजी की सीट फूलपुर से चुनाव लड़कर सांसद भी बन गईं, लेकिन प्रधानमंत्री नहीं बन पाईं।

इंदिरा गांधी अपनी इस बुआ को वैसे ही पसंद नहीं करती थी, सो इमरजेंसी में इंदिरा के खिलाफ जनता पार्टी को भी समर्थन विजयलक्ष्मी पंडित ने दे दिया। तभी तो उनकी बेटी नयनतारा सहगल ने कभी कुलदीप नैयर को कहा था—"एक वह भी समय था, जब हमारे कुत्ते को भी मामू के घर में सम्मान मिलता था!"[2]

सरूप नेहरू को विजयलक्ष्मी पंडित नाम देने वाले थे, उनके पति रंजीत सीताराम पंडित, यूँ वे कांग्रेस में सक्रिय थे, लेकिन नेहरूजी की बहन से शादी करने के चलते उनकी किस्मत भी चमकी, संयुक्त प्रांत की असेंबली के सदस्य भी चुने गए, एक बार परेशानी में आए तो नेहरू ने पूरा आनंद भवन ही उनके हवाले कर दिया था। जब इंदिरा गांधी को पं. नेहरू ने पत्र में यह जानकारी दी कि केवल उनके व माँ कमला नेहरू के कमरे बंद रहेंगे, तुम्हारा कमरा भी उनको दे दिया जाएगा, तो इंदिरा काफी दुःखी हुई थीं। पुपुल जयकर लिखती हैं—"जवाहरलाल का पारिवारिक घर को विजय लक्ष्मी को देने के फैसले ने ऐसा घाव कर दिया, जो कभी नहीं भरा", और एक दिन पी.एम. बनकर इंदिरा गांधी ने उस घर को संग्रहालय घोषित कर दिया।[3]

खानदान को मिला पूरा फायदा

इंदिरा का गुस्सा तब उनकी बेटी नयनतारा सहगल पर भी उतरा था। इंदिरा गांधी के पी.एम. रहते उन्हें कोई बड़ा पुरस्कार नहीं मिला, साहित्य अकादमी पुरस्कार भी 1986 में मिला। हालाँकि, ज्यादा लाभ बृजलाल नेहरू, उनकी पत्नी रामेश्वरी रैना, बेटे ब्रज नेहरू, खानदान के दो और चेहरों—अरुण नेहरू व रतन कुमार नेहरू आदि को मिला। मोतीलाल नेहरू के भाई नंदलाल नेहरू जल्दी स्वर्गवासी हो गए थे तो मोतीलाल नेहरू ने ही उनके बेटों की मदद की। एक तरफ मोतीलाल-जवाहरलाल अंग्रेजों के खिलाफ कांग्रेस में थे, बृजलाल नेहरू अंग्रेजों की सिविल सर्विस में अकाउंट्स एवं ऑडिट सर्विस में थे। रिटायर होकर जम्मू-कश्मीर राज्य के वित्तमंत्री बन गए और राजपरिवार से पं. नेहरू का विवाद सबको पता ही है। हालाँकि, नेहरूजी ने उनकी समाज-सेवी पत्नी रामेश्वरी रैना (नेहरू) को 1955 में 'पद्म भूषण' से सम्मानित किया।[4]

उनके बेटे और जवाहरलाल के भतीजे ब्रज कुमार नेहरू भी अंग्रेजों की सिविल सर्विस में थे और लंबे समय तक पंजाब में थे। आजादी के बाद वर्ल्ड बैंक के एक्जीक्यूटिव

डायरेक्टर बनने के बाद नेहरूजी ने उन्हें कई देशों में राजदूत बनाया। जब इंदिरा पहली बार बतौर पी.एम. अमेरिका पहुँचीं तो राजदूत यही थे। नेहरूजी ने 1957 में उन्हें इकोनॉमिक अफेयर्स का सेक्रेटरी बनाया और फिर रिटायर होकर एक-एक करके 7 राज्यों के राज्यपाल भी बनाए गए। शायद इतने राज्यों के राज्यपाल बनने का रिकॉर्ड उन्हीं के नाम होगा। अपनी चचेरी बहन इंदिरा गांधी का इमरजेंसी के मुद्दे पर समर्थन भी किया। उन्हें 'पद्म विभूषण' 1999 में मिला।

विदेशी मोरचे पर थे खानदान के लोग

नंदलाल नेहरू के ही एक और बेटे मोहनलाल नेहरू के बेटे थे रतन कुमार नेहरू। रतन नेहरू को भी उसी दौर में आई.सी.एस. में चुना गया था, जिस दौर में मोतीलाल-जवाहरलाल कांग्रेस में थे। पिता थे नहीं, तो लंदन पढ़ने मोतीलाल ने ही भेजा। अंग्रेजी सरकार में सालों अधिकारी रहे, पी.एम. बनते ही जवाहरलाल नेहरू ने उन्हें भी कई देशों में राजदूत बनाकर भेजा था। इस तरह नेहरू परिवार के तीन सदस्य ब्रज नेहरू, विजयलक्ष्मी पंडित और रतन नेहरू पी.एम. नेहरू की मदद के लिए अमेरिका, ब्रिटेन, सोवियत संघ और संयुक्त राष्ट्र संघ जैसे महत्त्वपूर्ण मोरचों पर कई साल तैनात रहे। जैसे ही नेहरू 1951-52 के पहले चुनावों में जीते, उन्होंने रतन नेहरू को देश का विदेश सचिव नियुक्त कर दिया।[5]

रंजीत पंडित की तरह ही राजनीति में नेहरू परिवार का जो दूसरा दामाद आया था, वे थे फिरोज गांधी। उनको भले ही नेहरू पसंद नहीं करते थे, लेकिन जिस तरह उनको 'नेशनल हेराल्ड' में नौकरी दी, उसको मैनेजमेंट में डाला, फिर रामनाथ गोयनका को पत्र लिखकर 'इंडियन एक्सप्रेस' में जनरल मैनेजर की नौकरी दिलवाई थी। उनके बच्चों की विदेश में पढ़ाई का पूरा खर्च भी उठाया। जाहिर है कि लोकसभा टिकट मिलना भी दामाद रहने के चलते ही हुआ होगा।[6]

नेहरू के नाराज बहनोई, लिखा 'नेहरू के नेपोटिज्म' के खिलाफ

यह अलग बात है कि जैसे उनकी नहीं बनी, उसी तरह पं. नेहरू की अपनी दूसरी बहन कृष्णा के पति राजा हट्टी सिंहजी से भी नहीं थी। उन्होंने तो नेहरू को न केवल देश में व्याप्त भ्रष्टाचार, बल्कि 'नेपोटिज्म' के लिए भी दोषी ठहरा दिया था, वे भी सार्वजनिक रूप से। 'टाइम्स' मैगजीन में छपे 'टाइम्स ऑफ इंडिया' को लिखे उनके पत्र की कुछ लाइनें पढ़िए—"Prime Minister is more responsible than the Congress Party for the nation's corruption, nepotism, jobbery and unseemly haste to amass wealth by crooked gains and avoidance of taxation. All these sores of the body politic grow larger and larger every day."[7]

आपने गौर किया, उन्होंने भी पं. नेहरू के 'नेपोटिज्म' पर सवाल उठाए हैं। जाहिर है, उनके करीबी रिश्तेदारों में उनके ये बहनोई काफी स्पष्टवादी और हिम्मती थे। वैसे भी छोटी बहन कृष्णा या उनके पति ने कोई सरकारी पद लिया हो, यह जानकारी में नहीं है, बल्कि वे काफी अमीर बिजनेसमैन थे। 1959 में तो इस दामाद ने नेहरू के विरोध में बनी सी. राजगोपालाचारी की पार्टी 'स्वतंत्र पार्टी' का खुलकर समर्थन भी कर दिया था।

अरुण नेहरू को दिए मौके, अगली पीढ़ी ने बना ली दूरी

लेकिन अगर आजादी के बाद नेहरू, इंदिरा गांधी, विजयलक्ष्मी पंडित और फिरोज गांधी के बाद नेहरू परिवार का कोई और सदस्य राजनीति में आया था तो वे थे अरुण नेहरू। मोतीलाल नेहरू के भाई नंदलाल नेहरू के पड़नाती। 20 साल की उम्र से ही वे बिजनेस से जुड़ गए थे। वे 17 साल तक जेंसन एंड निकोल्सन ग्रुप के सर्वे-सर्वा थे। ऐसे में इंदिरा गांधी ने उन्हें बाकायदा राजनीति में आने के लिए आमंत्रित किया और अपने पति की खाली हुई सीट रायबरेली से चुनाव लड़ने को कहा। राजनारायण से चुनाव हारने के बाद 1980 में जीतने के बावजूद वे इस सीट की सांसद नहीं रहना चाहती थीं, लेकिन इस सीट को कब्जे में रखना चाहती थीं। 1980 के चुनाव में इंदिरा आंध्र प्रदेश के मेंडक से भी जीती थीं, सो वह सीट रखी और अरुण नेहरू उप-चुनाव में रायबरेली से जीते, उसका अगला चुनाव भी अरुण ने वहीं से जीता। इंदिरा की मौत के बाद अरुण नेहरू राजीव गांधी के करीबी सलाहकार के तौर पर उभरे। उन्हें पहले ऊर्जा राज्यमंत्री और फिर आंतरिक सुरक्षा के मंत्रालय का प्रभार दिया गया। लेकिन एक दिन वह आया, जब कैप्टन सतीश शर्मा का चुनाव-प्रचार करते हुए प्रियंका गांधी अरुण नेहरू के बारे में कह रही थीं कि 'मेरे पिता से दगाबाजी करने वाले को आपने घुसने कैसे दिया?'[8]

एक वक्त था, जब अरुण नेहरू और अर्जुन सिंह की सलाहों पर ही राजीव गांधी चला करते थे। अरुण की सलाह पर ही राजीव गांधी ने अमिताभ बच्चन और माधव राव सिंधिया को चुनाव लड़वाया था। लेकिन बाद में दोनों के रिश्ते बिगड़ते चले गए। कमलापति त्रिपाठी ने चेताया कि अरुण नेहरू अपना खुद का राजनीतिक आधार बनाने की कोशिश कर रहे हैं, शाहबानो केस में राजीव गांधी से सहमत न होना जैसी कई बातें थीं, जिसके चलते राजीव गांधी ने उन्हें सरकार से, पार्टी से, खुद से दूर कर दिया। बाद में वे वी.पी. सिंह के साथ चले गए। चेक रिपब्लिक के साथ हुए एक पिस्तौल सौदे में 25 लाख के नुकसान पर उनके खिलाफ सी.बी.आई. जाँच तक बैठा दी गई थी। ऐसे में यह समझा जा सकता है कि नेहरू परिवार मूलतः जवाहरलाल नेहरू का ही परिवार

था, उनके खानदान के बाकी लोगों को मौके तो भरपूर मिलते थे, पर अंध वफादार रहने तक, जैसे ही वे जवाहरलाल की मूल धारा के किसी व्यक्ति के खिलाफ जाते थे, उनको किनारे कर दिया जाता था।

इंदिरा गांधी ने शुरुआती सालों में जरूर सिंडिकेट के दबाव में लोकतांत्रिक व्यवस्था में काम किया था, बाद में तो वे सिर्फ अपनी चलाती रहीं। कुछ समय बाद उनके बेटे संजय गांधी की चलने लगी, बिना किसी पद के सारे फैसले लेने लगे, और उनकी मौत के बाद राजीव गांधी की। आप सोचिए, राजीव गांधी सांसद बनने से पहले ही अपनी मम्मी की सरकार में कौन से पद पर कौन बैठेगा, यह तय करने लगे! आपको यकीन नहीं होगा, लेकिन आप ब्रिटेन की प्रधानमंत्री मार्गरेट थैचर से राजीव गांधी की मुलाकात की यह रिपोर्ट पढ़ेंगे तो चौंक जाएँगे। ये मुलाकात 28 जुलाई, 1981 की है और वे पहली बार सांसद चुने गए 17 अगस्त, 1981 को। उस मुलाकात में उनका दावा पढ़िए—"Rajiv said that he himself saw the appointment of good people to key jobs, particularly in the bureaucracy, as a key to the government's success."[9]

कांग्रेस को इस परिवार से छुटकारा पाने के, एक सच्ची लोकतांत्रिक पार्टी बनने के कई मौके मिले भी, लेकिन ऐसा कोई करिश्माई नेतृत्व खड़ा नहीं कर पाई, जो गांधी-नेहरू परिवार के बिना भी कांग्रेस को जिता सके। नरसिम्हा राव और मनमोहन सिंह जैसे नेता प्रधानमंत्री जरूर बने, लेकिन विशाल समर्थक समूह खड़ा नहीं कर पाए। नरसिम्हा राव का परिवार दिल्ली में उनका अंतिम संस्कार तक नहीं कर पाया, शास्त्रीजी की पत्नी तक को दिल्ली में उनके अंतिम संस्कार और समाधि पर 'जय जवान, जय किसान' लिखवाने के लिए आमरण अनशन तक की धमकी देनी पड़ी थी, तब इंदिरा गांधी झुकी थीं।

ऐसे में जाहिर है कि विदेशी मूल की ही सही, विरासत सोनिया गांधी के हिस्से में आई, उससे पहले राजनीति से दूर रहने वाले राजीव गांधी को माँ और भाई की मौत के बाद राजगद्दी मिली, कोई और नाम किसी के जरिए आगे बढ़े, उससे पहले ही उनका राजतिलक कर दिया गया, इंदिरा के अंतिम संस्कार तक का इंतजार नहीं किया गया। गांधी-नेहरू परिवार के इर्द-गिर्द कुछ कटप्पा जैसे वफादार लोग हैं, जो जानते हैं कि उनका अस्तित्व और ताकत तभी तक है, जब तक गांधी-नेहरू परिवार काबिज है। वही उनको सलाह देते हैं, तभी तो राजीव गांधी हों या राजनीति में एकदम अनाड़ी सोनिया गांधी और फिर राहुल गांधी, सभी ने नेहरू और इंदिरा गांधी की तरह ही कांग्रेस अध्यक्ष पद पर काबिज होते ही सालों तक कब्जाए रखा, घर से बाहर के किसी भी व्यक्ति को यह मौका नहीं दिया।

सोनिया की नागरिकता के लिए तोड़े नियम

अपनी बहुओं के लिए भी इंदिरा गांधी ने कम नहीं किया। जब सोनिया गांधी की राजीव से शादी 1968 में हुई थी, तो 1983 तक भी उन्होंने भारत की नागरिकता नहीं ली थी और उनके पास इटली का ही पासपोर्ट था। बिना नागरिकता के भी सोनिया का नाम 1980 की मतदाता सूची में था और उनका पता 1, सफदरजंग रोड मतदाता सूची में दर्ज था। वोटर नंबर था 388। मीडिया में हंगामा हुआ तो मतदाता सूची से उनका नाम 1982 में निकाल दिया गया। फरवरी 1983 के म्युनिसिपैलिटी चुनावों में फिर उनका नाम मतदाता सूची में शामिल हुआ, तब उनका वोटर नंबर था—236। यूँ पाँच साल तक भारत में रहने के बाद कोई भी विदेशी नागरिक भारतीय नागरिकता पाने के लिए पात्र हो जाता है, यानी सोनिया चाहती तो 1973 में यह हो जाता, लेकिन सोनिया गांधी ने भारत की नागरिकता 30 अप्रैल, 1983 को ली।[10] जाहिर है कि इसमें उनकी मदद इंदिरा गांधी ने ही की थी। मेनका गांधी ने जब अपनी पत्रिका 'सूर्या' शुरू की तो रजिस्ट्रेशन से लेकर विज्ञापनों तक इंदिरा गांधी का ही हाथ रहता था।

हाँ, राहुल गांधी के मामले में बाद में एक चूक जरूर हुई, जिस तरह नेहरूजी, इंदिरा गांधी और राजीव गांधी को बिना लोकसभा चुनाव लड़े ही प्रधानमंत्री पद पर बैठा दिया गया था, उनके साथ ऐसा नहीं हुआ और अब वे प्रधानमंत्री बनने के लिए तरस गए हैं। शायद दूसरी बार मनमोहन सिंह को बनाने की जगह राहुल प्रधानमंत्री बन जाते तो शायद जनता भी आगे तक के लिए मान ही लेती। ना-ना करते हुए प्रियंका गांधी वाड्रा भी मैदान में उतर चुकी हैं, उनके पति रॉबर्ट वाड्रा भी कई बार चुनाव लड़ने की ख्वाहिश जाहिर कर चुके हैं। कल को राहुल गांधी ने शादी नहीं की, तो कांग्रेस की सत्ता उसी तरह प्रियंका के परिवार के पास जा सकती है, जैसे कभी नेहरूजी के बाद इंदिरा के परिवार के पास चली गई थी। सो यह कब तक चलेगा, बस, वक्त को पता है—'हरि अनंत हरि कथा अनंता!'

संदर्भ

1. 'An Autobiography', by Jawahar Lal Nehru, Chapter No. 1- 'Descent From Kashmir', Published by Penguin Books Ltd.
2. 'Emergency ki Inside Story', by Kuldip Nayar, Page no. 182, Published by Prabhat Prakashan.
3. 'Indira Gandhi : A Biography' by Pupul Jayakar, Page No. 72, Published by Penguin Group.
4. 'Asian Recorder', Volume 1, Page No. 41, 1955.
5. 'Selected Works of Jawahar Lal Nehru', Second Series, Page No. 642, Published by Jawahar Lal Nehru Memorial Fund.
6. Sayeed Naqvi Interview to BBC, 22 April, 2017, https://www.bbc.com/hindi/india-39673183

7. Time Magazine Report 'India: The Tiger Rider', Date-19 May, 1958, http://content.time.com/time/subscriber/article/0,33009, 864347,00.html
8. BBC Report by Abhijeet Karande, https://www.bbc.com/hindi/india-46989889
9. No. 10 Record of Conversion, ('call by Rajiv Gandhi') Declassified 2012, https://www.margaretthatcher.org/document/138636
10. 'Sonia : A Biography', by Rasheed Kidwai, Page No. 173, Published by Penguin.

□

33

इंदिरा गांधी के झूठ!

क्या कोई बड़ा नेता पद पर रहने के लिए बिना झूठ बोले रह सकता है? कई बार पार्टी की खातिर, तो कई बार अपनी या अपनों की खातिर उसे झूठ बोलना ही पड़ता है। ऐसे में लगभग सभी प्रधानमंत्रियों पर ऐसे आरोप लगे हैं। हालाँकि, नेहरूजी के मामले में ऐसा कम था, शास्त्रीजी के मामले में शायद बिल्कुल भी नहीं था, लेकिन इंदिरा गांधी के जमाने में ऐसे आरोप चरम पर पहुँच गए थे और बहुत से मामलों में तो सच्चाई भी थी।

इस मामले में इंदिरा गांधी के झूठों के खिलाफ मोरचा खोला था अरुण शौरी ने, जो उन दिनों 'इंडियन एक्सप्रेस' के संपादक थे। उन्हें किसी ने सूचना दी कि महाराष्ट्र के मुख्यमंत्री अब्दुल रहमान अंतुले किसी बिजनेसमैन को होटल खोलने की इजाजत देने के बदले उससे 5 करोड़ रुपए 'इंदिरा गांधी प्रतिभा प्रतिष्ठान' को दान में देने के लिए बोल रहे हैं। पहले इस संगठन का नाम 'प्रतिभा प्रतिष्ठान' था, बाद में इसमें इंदिरा गांधी को ट्रस्टी बनाकर उन्हीं का नाम दे दिया गया था। अरुण शौरी ने इसके लिए 'महाराष्ट्र टाइम्स' के संपादक गोविंद तलवलकर की भी मदद ली। तथ्य जुटाए गए, उस ट्रस्ट से जुड़े सारे कागजात निकाले गए। पता चला कि ऐसे कई ट्रस्ट बनाए गए थे, यह उनमें से ही एक था।

इंदिरा के नाम ट्रस्ट, हर प्रोजेक्ट का चढ़ावा यहाँ चढ़ाओ

पता चला कि यह ट्रस्ट सरकारी कामों को करवाने के बदले रिश्वत लेने के लिए खोला गया है। ए.आर. अंतुले चूँकि इमरजेंसी में और उसके बाद भी इंदिरा के साथ डटे रहे, इसलिए उन्होंने अंतुले को सी.एम. बना दिया था। शरद पवार नई पार्टी बना चुके थे। छानबीन से यह भी पता चला कि सुगर और सीमेंट, जो उन दिनों राशनिंग से मिलते थे, की लॉबी से भी इसी एन.जी.ओ. के जरिए पैसा लिया जा रहा

था। हर गन्ना किसान को प्रति क्विटंल उन दिनों ढाई रुपया इस प्रतिष्ठान को देना पड़ता था। माना जाता है कि यह सब कागजात जुटाने में शरद पवार ने भी शौरी की गुपचुप मदद की थी।

खुलासे की शुरुआत तब हुई, जब अरुण शौरी 'इंडियन एक्सप्रेस' के संपादक थे। कोई उनसे मिलने आया और उसने बताया कि जब उन्होंने महाराष्ट्र में हॉस्पिटल खोलने का मन बनाया तो उनसे मुख्यमंत्री ए.आर. अंतुले ने पाँच करोड़ की रिश्वत माँगी और कहा गया कि 'प्रतिभा प्रतिष्ठान ट्रस्ट' में दान दे दो। बाद में पड़ताल की तो अलग-अलग कंपनियों के ऐसे करीब 100 चैक की जानकारी उन्हें मिल गई, जो उस ट्रस्ट को दिए गए थे।[1]

आर. वेंकटरमण की सफाई, शौरी ने कहा झूठी है

तब अरुण जेटली ने अपने अखबार में न केवल अंतुले को, बल्कि इंदिरा गांधी को भी निशाने पर लिया। इंदिरा गांधी की तरफ से जवाब देने की कमान सँभाली उस वक्त वित्तमंत्री और बाद में राष्ट्रपति बने आर. वेंकटरमण ने। अरुण शौरी को विशेषाधिकार हनन के मामले में संसद तक में घसीटा गया। आखिर सीधे पी.एम. को भ्रष्ट बताया था शौरी ने! कांग्रेस आलाकमान को लग गया था कि वे फँस गए हैं, सो सारा जिम्मा अंतुले के ऊपर डालकर बचने की कोशिश की। प्रधानमंत्री इंदिरा गांधी की तरफ से तत्कालीन वित्तमंत्री आर. वेंकटरमण ने राज्यसभा में सफाई दी कि इंदिरा गांधी को बताया गया था कि सेवा कार्यों के लिए एक ट्रस्ट खोला जाना है, उन्होंने ट्रस्ट खोलने की अनुमति दी थी, न कि अपने नाम पर उसका नाम रखने की। जब उन्हें पता चला तो फौरन उनका नाम हटाने को कहा गया। उन्होंने यह भी कहा कि प्रधानमंत्री ने उस ट्रस्ट का उद्घाटन नहीं किया था।[2]

इस पर शौरी ने एक खबर की कटिंग दिखाई, जिसमें फोटो के साथ शीर्षक लगा था—'इंदिरा गांधी ए.आर. अंतुले को प्रतिभा प्रतिष्ठान को उनके नाम पर करने की अनुमति के दस्तावेजों पर हस्ताक्षर करते हुए'। इसी के साथ उन्होंने हैडिंग लगाई—'यू आर ए लायर मिस्टर वेंकटरमण।' फिर शौरी ने सीधे सवाल पूछा कि जब वे ट्रस्ट में ट्रस्टी हैं तो उनको क्यों नहीं पता कि ट्रस्ट में इतना गड़बड़झाला हो रहा है? जाँच कमेटी बैठाई गई, लेकिन मकसद एक ही था—इंदिरा गांधी को बचाना और इस तरह तमाम झूठ बोले गए और गाज अंतुले पर गिराई गई तथा उनकी सी.एम. की कुरसी ले ली गई। यह भी दावा किया जाता है कि इंदिरा गांधी को बचाने की ऐवज में वेंकटरमण को 1984 में उप-राष्ट्रपति का उम्मीदवार बना दिया गया था।

लाल किले से भी बोले दो झूठ

किस वजह से इमरजेंसी लगाई गई, इसको लेकर भी इंदिरा व उनके सहयोगियों के कई झूठों का उल्लेख 'इंडियन एक्सप्रेस' में अरुण शौरी ने ही अपने 12 जनवरी, 1978 के लेख में किया था, जिसका शीर्षक था—'Lies, Lies all the Way.'[3] 'इमरजेंसी का कहर और सेंसर का जहर' के लेखक बलवीर दत्त भी लिखते हैं कि 15 अगस्त, 1975 को इंदिरा गांधी ने लाल किले से दो बड़े झूठ बोले, एक झूठ यह बोला कि विपक्ष ने तिरंगे को चीथड़े की तरह अपमानित किया है। अनजाने या लापरवाही में तो ऐसा हो जाता है, लेकिन किसी पार्टी के नेता ने तिरंगे के चीथड़े कर डाले हों, ऐसा आजाद भारत में देखा-सुना नहीं गया। लेकिन इंदिरा ने बिना सुबूत, बिना गवाह के यह आरोप मढ़ दिया, न किसी मीडिया को खबर लगी और न ही कहीं खबर छपी। दूसरा झूठ ऐसा था, जिसे वे हर सभा में घुमा-फिराकर दोहराती थीं कि जेलों में बंद नेताओं को सारी सुविधाएँ दी जा रही हैं। बाकायदा बी.के. नेहरू विदेशों में यह मोरचा सँभाले रहे और विदेशी नेतृत्व को समझाते रहे कि भारत में राजनैतिक कैदियों को तमाम सुविधाएँ दी जा रही हैं। इससे बड़ा दूसरा झूठ कोई हो ही नहीं सकता था। तभी तो ब्री.के. नेहरू को लंदन में इंदिरा गांधी का 'प्रोपेगेंडा मैन' बोला जाता था।[4]

शाह आयोग ने भी पकड़े कई झूठ

इमरजेंसी की जाँच के लिए बैठे जाँच आयोग शाह आयोग ने भी काफी झूठ पकड़े किसी भी सरकारी रिपोर्ट में यह नहीं पाया गया कि कहीं भी कानून व्यवस्था भंग होने की संभावना है। सबसे दिलचस्प खुलासा तो यह हुआ कि गृहमंत्री ब्रह्मानंद रेड्डी को इस तरह की कोई जानकारी नहीं थी। न तो उनकी एजेंसियों ने उन्हें कानून व्यवस्था के विषय में कोई प्रतिकूल रिपोर्ट दी और न ही उन्होंने प्रधानमंत्री को दी। यहाँ तक कि इमरजेंसी लगाने से पहले उनसे सलाह तक भी नहीं ली गई। उनको तो 25 जून की रात 10:15 बजे पी.एम. आवास पर बुलाकर बताया गया कि देश में आपातकाल कितना जरूरी हो गया है। जबकि इंदिरा गांधी ने इमरजेंसी की सिफारिश वाले राष्ट्रपति के पत्र में लिखा था—"हमें ऐसी सूचनाएँ मिली हैं, जिनसे पता चलता है कि आंतरिक उपद्रवों से भारत की सुरक्षा को अवश्यंभावी खतरा है। यह मामला अत्यंत आवश्यक है।"

इंदिरा गांधी ने अंग्रेजी में लिखा, जो पत्र राष्ट्रपति फखरुद्दीन अली अहमद को सौंपा था, उसमें ये लाइन यूँ लिखी थी—"There is an imminent danger to the security of India being threatened by internal disturbances." लेकिन अपनी बात को साबित करने के लिए उन्होंने किसी भी एजेंसी की रिपोर्ट नहीं लगाई थी। उस वक्त चंडीगढ़ के उपायुक्त रहते जे.पी. को अपनी हिरासत में रखने वाले अधिकारी

एम.जी. देवसहायम ने 2010 में जब इंदिरा गांधी के इस पत्र की कॉपी को आर.टी.आई. के जरिए माँगा तो महीनों प्रधानमंत्री, गृहमंत्री कार्यालय और नेशनल आर्काइव्स उन्हें घुमाते रहे और जवाब राष्ट्रपति सचिवालय से मिला, गृह मंत्रालय के जरिए कि बाकी सारे कागज हैं, लेकिन इंदिरा गांधी के हस्ताक्षर वाला वह पत्र नहीं है। अनुमान लगाया गया कि गांधी परिवार ने वह पत्र कहीं सुरक्षित रखवा दिया होगा।[5]

लेकिन इंदिरा गांधी और उनके करीबियों को पता था कि इमरजेंसी से जुड़े झूठ एक-एक करके खुलते चले जाएँगे, अगर वे लोग शाह कमीशन के सामने गए तो, तभी तो जहाँ नरेंद्र मोदी ने एस.आई.टी. के सामने बिना किसी ऐतराज के 9 घंटे तक पूछताछ में सहयोग दिया था, वहीं इंदिरा गांधी, संजय गांधी, बंसीलाल, वी.सी. शुक्ला, प्रणब मुखर्जी जैसे कई करीबियों ने शाह आयोग के सामने जाने से साफ इनकार कर दिया था।

हाई कोर्ट से भी झूठ!

इलाहाबाद हाई कोर्ट से भी इंदिरा गांधी के बोले गए झूठ की चर्चा उन दिनों काफी रही थी। पद से हटने के मामले में इंदिरा गांधी ने हाई कोर्ट से यह कहकर स्टे ले लिया था कि पार्टी के संसदीय दल का नया नेता चुनने के लिए उन्हें मोहलत दी जाए, लेकिन बाद में उन्होंने ऐसा कुछ नहीं किया और सुप्रीम कोर्ट चली गईं और यह तक कह दिया कि उनका इस्तीफा देने का कोई इरादा नहीं, यानी साजिशन इलाहाबाद हाई कोर्ट में झूठ बोला गया।

आडवाणी ने भी किया एक झूठ का खुलासा

लालकृष्ण आडवाणी ने भी अपनी पुस्तक 'नजरबंद लोकतंत्र' में इंदिरा गांधी के एक बड़े झूठ का खुलासा किया है कि कैसे वे अपने भाषणों में आपातकाल लगाने के पीछे विपक्ष की एक कपोल-कल्पित योजना, जिसमें इंदिरा गांधी और तमाम कांग्रेस नेताओं का कत्लेआम शामिल था, जिसे 29 जून को अंजाम दिया जाना था, को दोषी ठहराती थीं। जबकि ऐसी कोई योजना थी ही नहीं। 19 सितंबर, 1975 को शिक्षकों के एक सम्मेलन को संबोधित करते हुए इंदिरा गांधी ने कहा था—"क्या यह देश ज्यादा लोकतांत्रिक समझा जाता, यदि 29 जून के बाद देश में बड़ी संख्या में लोगों की हत्या हो जाती? अगर मेरी, मेरे परिवार की, उन सभी मुख्यमंत्रियों की व अन्य लोगों की, जो मेरा समर्थन करते हैं, हत्या हो जाती तो क्या यह देश ज्यादा लोकतांत्रिक समझा जाता?" इंदिरा गांधी का यह भाषण 'लोकतंत्र और अनुशासन-श्रीमती इंदिरा गांधी के भाषण, भारत सरकार प्रकाशन, पृष्ठ-111' में प्रकाशित हुआ है।[6]

आडवाणीजी ने इसी पुस्तक में इंदिरा गांधी के विदेशी मीडिया से एक और बड़े

झूठ का खुलासा किया है। 29 सितंबर, 1975 को इंदिरा गांधी का साक्षात्कार 'नॉर्थ जर्मन टी.वी.' के संवाददाता डॉ. क्रोंजूकर व डॉ. स्कारलाव के साथ था। इस साक्षात्कार में इंदिरा गांधी ने आपातकाल को लेकर साफ झूठ बोला, कहा, "एक बड़ा झूठ, जो प्रचारित किया जा रहा है, वह यह है कि सारी आपात स्थिति का संचालन कुछ मुट्ठी भर लोग कर रहे हैं। इसमें मेरा पुत्र भी सम्मिलित है, यह बिल्कुल झूठ है। यह निर्णय देश के मुख्यमंत्रियों ने ही लिया था और उन्हें ही राज्यों की व्यवस्था चलानी है। आप जानते हैं कि यह एक संघीय व्यवस्था है, इसलिए निर्णय मुख्यमंत्रियों और हमारे वरिष्ठ साथियों ने मिलकर लिया था।"[7]

बुआ की लड़की ने भी बताए कई झूठ

इंदिरा गांधी की बुआ विजयलक्ष्मी पंडित की बेटी नयनतारा सहगल ने अपनी पुस्तक में इंदिरा गांधी के कई झूठों का खुलासा किया है। इन्हें झूठ से भी ज्यादा शेखी बखारना बोल सकते हैं। वे लिखती हैं—"As prime minister, Mrs Gandhi told public meetings she had often faced bullets in her life, provoking a journalist to comment tartly, "If she did face bullets, it might have been in an unchronicled, unsung chapter of her much publicised life." The publicity, however, depended almost entirely on her own statements, there being no other source for much of the material making its appearance in written accounts about her."

इतना ही नहीं, वे बताती हैं कि इंदिरा गांधी अकसर ये आरोप लगाती थीं कि जनसंघ उनकी हत्या की साजिश रच रहा है। लेकिन जब गृह मंत्रालय के मामलों से जुड़ी एक संसदीय समिति में जनसंघ के एक सांसद ने उनसे इस आरोप के पीछे सुबूत माँग लिये तो इंदिरा का स्वीकार करना पड़ा कि उनके दावे के समर्थन में उनके पास कोई सुबूत नहीं हैं और तब जाकर ये आरोप लगाने बंद किए थे। एक और दिलचस्प वाकया सहगल अपनी पुस्तक में लिखती हैं—"इंदिरा गांधी आजादी के पहले केवल एक बार जेल गई थीं। 'भारत छोड़ो आंदोलन' के दौरान कुछ महीने के लिए नैनी सेंट्रल जेल में रही थीं।" लेकिन 1969 में एक इंटरव्यू में उन्होंने कहा कि 'मुझे इतना खतरनाक माना गया था कि मुझे आम कैदी को मिलने वाली सुविधाएँ भी जेल में नहीं दी गईं।' जबकि वह अपनी बुआ विजयलक्ष्मी पंडित, अपनी कजिन चंद्रलेखा पंडित और कुछ अन्य कार्यकर्ताओं के साथ एक ही बैरक में थीं। अपनी जेल डायरी में विजयलक्ष्मी पंडित ने जो लिखा है, उससे इंदिरा का सुविधा न मिलने का दावा सिद्ध नहीं होता, उनकी डायरी में लिखा है—"The treatment given to me and to those who shared the barrack with me was, according to the prison standards, very lenient."[8]

सोचिए, कितने बड़े-बड़े झूठ बोल जाती थीं इंदिरा गांधी, शायद यह सोचकर कि कौन इन झूठों को पकड़ पाएगा! ऐसी तमाम घटनाएँ हैं, जिनके खुलासे उनके करीबियों या मीडिया ने किए, वहीं ऐसे कई आरोप हैं, जो उनके विरोधियों ने लगाए। लेकिन इतना तय है कि शास्त्रीजी का जो दौर एक नैतिक राजनीति का था, और नेहरूजी का जो दौर कम साजिशों का था, वह नहीं रहा और भारतीय राजनीति को इंदिरा गांधी ने एक नई राह दिखलाई, जिसमें साम-दाम-दंड-भेद सब कुछ सम्मिलित था, झूठ बोलना भी!

संदर्भ

1. 'Business Standard Report' by Aditi Phadnis, based on conversation with Arun Shourie, 3 December, 2014, https://www.business-standard.com/article/politics/the-antulay-papers-114120201104_1.html
2. Rajya Sabha Debate, 11 September, 1981, https://rajyasabha.nic.in/rsnew/privileges_digest/priv-40.pdf
3. 'The Inquisition, Revelations Before the Shah Commission', by K. Gangadharan, P.J. Koshy & C.N. Radhakrishnan, Page No. 246, Published by Path Publishers.
4. India Today article 'Commonwealth conference : The India House fiasco', 15 July, 1977 Issue, https://www.indiatoday.in/magazine/indiascope/story/19770715-commonwealth-conference-the-india-house-fiasco-823834-2014-08-23
5. Times of India Report 'Emergency Papers Found Minus Indira Signature by Manoj Mitta, Date-10 December, 2010, https://timesofindia.indiatimes.com/india/emergency-papers-found-minus-indira-signature/articleshow/7074117.cms
6. 'Nazarband Loktantra', by Lal Krishna Adwani, Published by Prabhat Prakashan.
7. 'Nazarband Loktantra', by Lal Krishna Adwani, Published by Prabhat Prakashan.
8. 'Indira Gandhi's Emergence and Style', by Nayantara Sahgal, Page No. 17, Published by Vikas Publishing House.

□

34

पाक को न्यूक्लियर टेक का खुला ऑफर, अमेरिका की खुफिया मदद

प्रधानमंत्री मोदी ने जब काबुल से आते वक्त नवाज शरीफ के जन्मदिन पर पाकिस्तान में विमान उतार दिया था, तो विपक्ष ने आसमान सिर पर उठा लिया था। सोचिए, जब पाकिस्तान के पास न्यूक्लियर टेक्नोलॉजी नहीं थी, तब भारत के प्रधानमंत्री ने यह ऐलान कर दिया था कि हम पाकिस्तान के साथ न्यूक्लियर टेक्नोलॉजी साझा करने को तैयार हैं और दिलचस्प बात यह है कि यह ऐलान संसद में किया गया था, फिर भी किसी ने आसमान सिर पर नहीं उठाया! यहाँ तक कि संसद के बाहर देश को यह बात पता ही नहीं चली। यह बात तब पता चली, जब भारत और पाकिस्तान दोनों के प्रधानमंत्रियों की मौत हो गई। भारत के प्रधानमंत्री की मौत को पूरे 29 साल हो गए, तब देश को पता चला, वे भी 'विकीलीक्स' की केबल से और भारत की ये प्रधानमंत्री थीं इंदिरा गांधी।

सबसे खास बात है कि इस ऐलान से पहले बाकायदा इंदिरा गांधी ने पाकिस्तान के प्रधानमंत्री जुल्फिकार अली भुट्टो को यह खुला ऑफर पत्र लिखकर दिया था। ऐसे में आपके दिमाग में यह सवाल उठना लाजिमी है कि फिर क्यों विपक्ष ने विरोध नहीं किया? क्यों यह खबर मीडिया में नहीं आई? क्यों यह खबर देशवासियों को पता नहीं चली? विरोध की बात, तो आप उस दिन यानी 22 जुलाई, 1974 की लोकसभा की कार्रवाई पढ़ेंगे तो पाएँगे कि प्रधानमंत्री के इस वक्तव्य के बाद लोकसभाध्यक्ष ने संवेदनशील मसला होने के चलते इस विषय पर चर्चा करवाने से साफ मना कर दिया था।

इस विषय पर चर्चा नहीं हो सकती

चूँकि भारत ने 18 मई, 1974 को परमाणु परीक्षण किए थे, इसके चलते एक तरफ देश में इंदिरा गांधी का सिक्का जम गया था, दूसरी तरफ संवेदनशीलता के चलते मीडिया और विपक्ष भी आलोचनात्मक लिखने या बोलने से बच रहा था। 22 जुलाई को जब लोकसभा में प्रधानमंत्री का वक्तव्य खत्म हो गया तो पश्चिम बंगाल से एक लोकसभा सदस्य समर गुहा ने उठकर कहा—"मेरी प्रार्थना है कि इस वक्तव्य पर चर्चा की जाए। सामान्य बजट पर चर्चा किए जाते समय परमाणु ऊर्जा के विषय में कभी चर्चा नहीं की जाती। इसलिए मेरी प्रार्थना है कि चर्चा की जाए।" उसके बाद अध्यक्ष का जवाब था—"इस विषय पर चर्चा नहीं हो सकती।" जिस दृढ़ता के साथ उन्होंने कहा कि नहीं हो सकती, उससे ही अंदाजा लगाया जा सकता है कि किस तरह के निर्देश संवेदनशीलता के नाम पर दिए गए होंगे।[1]

ऐसे दिया था इंदिरा गांधी ने पाकिस्तान को साझीदार बनाने का प्रस्ताव

अब जानिए कि अपने वक्तव्य में आखिर इंदिरा गांधी ने शब्दशः ऐसा क्या कहा था, जो पाकिस्तान को लेकर था। इंदिरा गांधी ने कई देशों की प्रतिक्रिया के बारे में बताया कि परमाणु परीक्षणों को लेकर अमेरिका, सोवियत संघ पॉजीटिव रहे हैं, लेकिन कनाडा और पाकिस्तान ने तीव्र प्रतिक्रिया व्यक्त की है। आगे कहा—"पाकिस्तान की सरकार के प्रतिनिधियों द्वारा बार-बार न्यूक्लियर ब्लैकमेल के बारे में जो भी कहा जाता है, वह भारत सरकार की समझ में नहीं आता है। मैंने इस परीक्षण के शांतिपूर्ण स्वरूप और आर्थिक उद्देश्यों को प्रधानमंत्री भुट्टो को लिखे अपने पत्रों में स्पष्ट कर दिया है। मैंने यह भी कहा है कि अगर आपसी समझ और विश्वास का समुचित वातावरण तैयार कर लिया जाता है तो भारत आणविक क्षेत्र में अपनी टेक्नोलॉजी में पाकिस्तान को भी उसी तरह से साझीदार बनाना चाहता है, जिस प्रकार से अन्य देशों को। मैं इस आश्वासन को एक बार फिर से दोहराना चाहती हूँ तथा आशा करती हूँ कि पाकिस्तान की सरकार इस संबंध में भारत सरकार की स्थिति को स्वीकार करेगी।"[2]

इंदिरा गांधी ने अपने बयान में पाकिस्तान के उस आरोप का भी जवाब दिया, जिसमें पाकिस्तान ने कहा था कि पोखरण विस्फोट से उसके सीमावर्ती इलाकों में विकिरण फैल रहा है। इंदिरा गांधी ने कहा—"पाकिस्तान की सरकार ने यह भी दोष लगाया है कि रेडियो सक्रियता उसके देश तक पहुँची है। इस बारे में मैं यह बताना चाहती हूँ कि यह एक असंभव बात थी।" उन्होंने अपनी लंबी सफाई में यह तक कहा कि उस दिन हवा भी दक्षिण से पश्चिम की तरफ बह रही थी।

जुल्फिकार अली भुट्टो के साथ जब 'शिमला समझौता' हुआ था, तब भी आरोप

लगे थे कि जितना पाकिस्तान अपनी हजारों वर्गमील जमीन और 93,000 कैदियों को वापस लेने के लिए उतावला नहीं था, जितना इंदिरा गांधी देने के लिए उतावली थीं। इसी तरह इस वक्तव्य से भी आपको लगा होगा कि इंदिरा गांधी पाकिस्तान को क्यों इतनी सफाई दे रही हैं और आपने गौर किया कि उन्होंने कहा कि भुट्टो को उन्होंने इस बारे में एक नहीं, बल्कि कई पत्र लिखे थे। जब अमेरिका ने कह दिया कि हमें संतोष है कि भारत ने अंतरराष्ट्रीय परमाणु ऊर्जा अधिकरण की सेफगार्ड प्रणाली से संबंधित समझौतों का पालन किया है। रूस ने कहा कि भारत ने शांतिपूर्ण उद्देश्यों के लिए परीक्षण किया है और फ्रांस ने तो बधाई संदेश तक भेज दिया, फिर पाकिस्तान को इतनी सफाई देने की जरूरत क्यों थी?

संसद को तो पता ही नहीं चलता कि वे भुट्टो को पत्र पर पत्र लिख रही थीं, अगर वे खुद न बतातीं; उन्होंने खुद बताया भी तो लोकसभाध्यक्ष ने वीटो कर दिया कि चर्चा नहीं हो सकती। हो सकता है कि उस वक्त मीडिया पर कुछ पाबंदियाँ लगाई गई होंगी, जिसके चलते यह राज 2013 में 'विकीलीक्स' की केबल से खुला, भारतीय मीडिया को भनक तक नहीं लगी। यह रिपोर्ट भारत में तैनात एक अमेरिकी अधिकारी ने 23 मई, 1974 को टेलीग्राम केबल के रूप में अमेरिका भेजी थी।[3]

अब सबसे बड़ा मुद्दा, आखिर क्यों इंदिरा गांधी अपनी न्यूक्लियर टेक्नोलॉजी पाकिस्तान को ऑफर कर रही थीं? क्या उन्होंने इसके लिए संसद या अपनी पार्टी या अपने कैबिनेट सहयोगियों से चर्चा की थी? क्या यह बड़ी चूक नहीं थी? जो पाकिस्तान अपने दम पर पहला परमाणु परीक्षण 1998 में कर पाया था, उसे यह तकनीकी 24 साल पहले ही देना चाहती थीं इंदिरा गांधी! सोचिए, वह आतंकी देश उस तकनीकी का क्या इस्तेमाल करता? सबसे पहले बम बनाता, जो उसने किया भी। उसका पहला परमाणु परीक्षण शांतिपूर्ण उद्देश्यों के लिए नहीं, बल्कि सीधे एटम बम के लिए था।

कभी इसी तरह की गलती उनके पिता पं. नेहरू ने की थी, जिस चीन के हाथों उन्होंने अक्साई चिन गँवाया था, उसी को कभी संयुक्त राष्ट्र सुरक्षा परिषद् की स्थायी सदस्यता खुद पं. नेहरू ने दे दी थी। जिस स्थायी सदस्यता के लिए दशकों से भारत परेशान है, उसको कभी तोहफे में चीन को हमने ही दिया था, यह बात आज की पीढ़ी को हैरान करती है। अरुण जेटली ने यह आरोप जब लगाया था तो सनसनी फैल गई थी। नेहरू के तमाम चाहने वालों ने उनके पक्ष में तर्क दिए, लेकिन यह भी सच है कि अमेरिका की तरफ से भारत को उस वक्त यह मौका मिल रहा था। जो राष्ट्रवादी चीन (ताइवान) की जगह 'पीपल्स रिपब्लिक ऑफ चाइना' को यह सदस्यता न देकर भारत को देना चाहता था।

इधर दूसरा सवाल आपके मन में यह भी होगा कि क्यों भुट्टो ने इंदिरा गांधी के

प्रस्ताव पर फौरन 'हाँ' नहीं की? भुट्टो ने इसे राजनीतिक बयान की तरह शायद लिया और अपने जवाब में लिखा कि भारत अपने वादों को पहले ही पूरा नहीं करता है। इधर भारत में उसके बाद इंदिरा गांधी के चुनाव को चुनौती देने वाली याचिका खबर बन गई और इंदिरा गांधी उसमें उलझती चली गईं। कई बातें हालाँकि, स्पष्ट नहीं है कि क्या-क्या हुआ? क्यों यह बात आगे नहीं बढ़ पाई? लेकिन इस खुले प्रस्ताव के चलते दुनिया भर की महाशक्तियाँ जरूर परेशान हो गई थीं।

आखिर इंदिरा गांधी के पाकिस्तान को खुले प्रस्ताव के चलते महाशक्तियों ने क्या किया? 7 देशों—अमेरिका, सोवियत संघ, पश्चिमी जर्मनी, इंग्लैंड, कनाडा, फ्रांस और जापान ने 'न्यूक्लियर सप्लायर ग्रुप' (एन.एस.जी.) बनाया और तमाम तरह की परमाणु सामग्री के निर्यात पर कड़े प्रतिबंध लगा दिए। भारत सालों इस ग्रुप में आने की कोशिश करता रहा। 2006 में जैसे-तैसे अमेरिका ने भारत के साथ सिविल न्यूक्लियर ट्रेड को लेकर अपने कानून में कुछ संशोधन किया, फिर 2008 में भारत को लेकर एन.एस.जी. की मीटिंग हुई, उसमें भारत को बिना एन.पी.टी. संधि पर हस्ताक्षर के ही एन.एस.जी. में शामिल होने की इजाजत मिली, लेकिन इस औपचारिक प्रतिज्ञा के साथ कि किसी भी देश के साथ यह संवेदनशील तकनीक और उससे जुड़े मटेरियल को साझा नहीं किया जाएगा। यह थी इंदिरा गांधी की एक गलती की कीमत, दशकों तक परमाणु सामग्री के तमाम रास्ते बंद! उनके लिए परमाणु तकनीकी अपनी राजनीति का साधन थी, खुद की छवि सुधारने के लिए किसी को भी बाँटने के लिए तैयार थीं।

जब हिमालय की चोटी पर लगवाए अमेरिका के नाभिकीय उपकरण

न्यूक्लियर टेक्नोलॉजी से जुड़ी एक और बड़ी घटना है, जिसे अगर आप नहीं जानते तो जानकर चौंक ही जाएँगे। 1964-65 में और फिर दूसरी बार 1967 में यह हुआ कि भारत की दूसरी सबसे बड़ी चोटी नंदादेवी पर चीन के खिलाफ अमेरिका की उन मॉनिटरिंग डिवाइसेज को लगाने की अनुमति दे दी, जो न्यूक्लियर एनर्जी से चलती थीं, जिनमें प्लूटोनियम-238 जैसा भयंकर रेडियो एक्टिव पदार्थ प्रयुक्त हुआ था। आज तक खुलासा नहीं हुआ कि इसकी अनुमति अमेरिका को किसने दी? क्या नेहरूजी के जिंदा रहते उन्होंने कोई गुप्त समझौता किया था, जो शास्त्रीजी की जानकारी में था और इंदिरा गांधी की भी, तभी तो उसका दूसरा मिशन 1967 में उनके प्रधानमंत्री रहते हुआ था?[4] ऐसे में सवाल यह उठता है कि यह बात पूरे देश से छुपाई क्यों गई?

आप सोचेंगे कि देश के दुश्मन के खिलाफ एक सीक्रेट मिशन था, चीन से लगती सीमा पर अमेरिका के उपकरण लगाने पर देश को क्यों बताते? अब आगे की कहानी जानिए, जो अमेरिकी दल इन न्यूक्लियर डिवाइस वाले कैप्सूल्स को लेकर भारतीय दल

के साथ गया था, वह वहाँ टिक नहीं पाया और मौसम खराब होने के चलते उनको वहीं छोड़कर आना पड़ा और जब दोबारा पहुँचे तो वे कैप्सूल्स अपनी जगह पर नहीं थे। ऐसे में कितना बड़ा खतरा हिमालय पर सालों से मँडरा रहा है, आप सोच नहीं सकते। 1978 में 'वाशिंगटन पोस्ट' की एक खबर ने जब यह खुलासा किया, तब जाकर सबको पता चला।

19 अप्रैल, 1978 को भारतीय संसद में इस रिपोर्ट पर जमकर हंगामा हुआ, कई कांग्रेस सदस्यों ने इसके लिए सी.आई.ए. को जिम्मेदार ठहराया। प्रधानमंत्री मोरारजी देसाई ने साफ कहा कि यह भारत सरकार का फैसला था कि अमेरिका को इसके लिए सहयोग किया जाए और यह फैसला प्रधानमंत्री जैसे उच्च स्तर पर लिया गया। 1967 में जब इंदिरा गांधी प्रधानमंत्री थीं, तब एक और न्यूक्लियर पावर डिवाइस को बगल की चोटी पर लगाया गया था। बाद में अगले साल उसे वहाँ से हटाकर वापस अमेरिका भी भेज दिया गया था। उन्होंने कहा कि जो कैप्सूल खो गए हैं, वे कहीं ग्लेशियर्स में दबे हो सकते हैं। हमें आशंका है कि इसका नुकसान हिमालय और गंगा के पानी के जरिए आम लोगों को झेलना पड़ सकता है। हमने अमेरिका से बातचीत शुरू की है, इस बारे में और जानकारी मँगा रहे हैं, लेकिन यह स्पष्ट रहे कि इसमें सी.आई.ए. जैसी किसी एजेंसी का हाथ नहीं, यह फैसला दोनों सरकारों ने मिलकर लिया था, किसी एजेंसी ने नहीं।"[5]

सोचिए, कैसे-कैसे खेल हुए हैं इस देश में! भारत का प्रधानमंत्री खुलकर संसद में कहता है कि हमने पाकिस्तान को न्यूक्लियर टेक्नोलॉजी देने का प्रस्ताव दिया है, लेकिन न कैबिनेट से सलाह ली और न प्रस्ताव देने से पहले संसद से पूछा! यहाँ तक कि संसद पर पाबंदी लगा दी कि कोई चर्चा नहीं होगी और न मीडिया में छपेगा। यानी देश की जनता को पता नहीं लगेगा। अमेरिका से इतने खतरनाक न्यूक्लियर पावर उपकरणों को भारत की सीमा में लगाने का गुप्त समझौता किया और अपने सैनिक भेजकर लगवाया भी, अपनी जनता की जान दाँव पर लगाई और देश की संसद, कैबिनेट, मीडिया और आम जनता को कब पता लग रहा है, 13-14 साल बाद! इंदिरा गांधी दोनों ही मौकों पर खामोश रहीं, न पाकिस्तान के मसले पर कभी कोई सफाई दी और न ही अमेरिका के मसले पर।

संदर्भ

1. Loksabha Debate, 22 July, 1974, Page-146, https://eparlib.nic.in/bitstream/123456789/809602/1/pms_05_11_22-07-1974_hindi.pdf
2. Loksabha Debate, 22 July, 1974, Page-145, https://eparlib.nic.in/bitstream/123456789/809602/1/pms_05_11_22-07-1974_hindi.pdf

3. Wikileaks Cable, Delhi to Washington DC, Date-23 May, 1974, https://wikileaks.org/plusd/cables/1974NEWDE06829_b.html
4. BBC Report by Saitik Vishwas, https://www.bbc.com/news/world-asia-india-56102459
5. Loksabha Debate, 17 April, 1978, https://eparlib.nic.in/bitstream/123456789/800346/1/pms_md_06_04_17-04-1978.pdf

□

35

‘अंतरात्मा की आवाज’ के बहाने पार्टी उम्मीदवार को हराया

लोकतंत्र में राजनीतिक दल एक महत्त्वपूर्ण घटक होता है और राजनीतिक दल में विचारधारा और अनुशासन बड़ी भूमिका में होते हैं। कोई भी राजनीतिक दल लोकतंत्र की कसौटी पर तभी सच्चा उतरता है, जब नैतिकता के पायदानों पर खरा उतरता है और खरा तभी उतरता है, जब विचारधारा, नीति, नेक नीयत और दलीय अनुशासन कायम रखता है। ऐसे में पार्टी में अनुशासन बनाए रखने की सबसे बड़ी जिम्मेदारी वरिष्ठ नेताओं की होती है, ताकि नीचे के कार्यकर्ता भी उनके उदाहरणों से प्रेरणा ले सकें। लेकिन जब देश के प्रधानमंत्री के पद पर बैठा नेता ही पार्टी के उम्मीदवार के खिलाफ दूसरे निर्दलीय उम्मीदवार को अंतरात्मा की आवाज का नाम देकर समर्थन दे देता है तो सोचिए, कार्यकर्ताओं को क्या संदेश जाएगा? इंदिरा गांधी ने राष्ट्रपति पद के लिए कांग्रेस के आधिकारिक उम्मीदवार नीलम संजीवा रेड्डी को हरवाकर लोकतंत्र में एक काला अध्याय ही लिख दिया था।

कांग्रेस पार्टी के तीन-तीन बार नेशनल प्रेसिडेंट रह चुके नीलम संजीवा रेड्डी को भारत के लोकतांत्रिक इतिहास में इसलिए भी जाना जाता है कि उन्हीं की पार्टी की पी.एम. ने उनके विरोध में दूसरे उम्मीदवार को समर्थन दिया। नीलम संजीवा रेड्डी को इसलिए भी जाना जाता है कि जब कांग्रेस छोड़कर वे दूसरी पार्टी में गए तो वे भारत के ऐसे पहले राष्ट्रपति बन गए, जो निर्विरोध चुने गए। बतौर लोकसभा अध्यक्ष या राष्ट्रपति तो उनके बारे में ज्यादातर लोग जानते हैं, लेकिन बतौर कांग्रेस अध्यक्ष उनकी पारी के बारे में बेहद कम लोग जानते हैं या चर्चा करते हैं।

सिंडिकेट का अहम हिस्सा थे नीलम संजीवा रेड्डी

नीलम संजीवा रेड्डी आंध्र प्रदेश के रहने वाले थे, तब वो इलाका मद्रास प्रेसीडेंसी में आता था। गांधीजी जब 1929 में वहाँ के दौरे पर आए तो रेड्डी भी स्वतंत्रता की जंग में कूद पड़े। बाद में जब 1956 में आंध्र प्रदेश बना तो नीलम संजीवा रेड्डी को उसका पहला मुख्यमंत्री बनाया गया। जब 'कामराज योजना' के तहत कई प्रदेशों के मुख्यमंत्री इस्तीफा देकर दिल्ली में पार्टी को सँभालने आ गए तो नीलम संजीवा रेड्डी भी उन्हीं में से एक थे। धीरे-धीरे गैर-हिंदी भाषी क्षेत्रों के कांग्रेसी नेताओं का एक गुट पार्टी में ताकतवर हो चला था, उसको 'सिंडिकेट' कहा जाने लगा। नेहरू के बाद इस गुट ने शास्त्रीजी और फिर इंदिरा को पी.एम. बनाने में अहम भूमिका निभाई थी। नीलम संजीवा रेड्डी भी उसी गुट में शामिल हो गए। कामराज, अमूल्य घोष, एस. निजलिंगप्पा आदि कई क्षेत्रीय ताकतवर नेता इस सिंडिकेट में थे।

जब इंदिरा ने एक साल के अंदर ही बीमारी से परेशान होकर इस्तीफा दिया तो अगले साल यानी 1960 में नीलम संजीवा रेड्डी को कांग्रेस का अध्यक्ष चुन लिया गया। उसके बाद तो वे जम गए और नेहरूजी की मौत से ठीक पहले के साल तक यानी 1963 तक कांग्रेस अध्यक्ष बने रहे, यानी तीन या चार साल उस पद पर रहे। उनके बाद उनके ही सहयोगी कामराज ने वह पद सँभाल लिया। दिलचस्प बात थी कि इस दौरान 12 मार्च, 1962 को वे फिर से आंध्र प्रदेश के सी.एम. बन गए और 20 फरवरी, 1964 तक उस पद पर रहे। एक वक्त में वे कांग्रेस के राष्ट्रीय अध्यक्ष और आंध्र प्रदेश सी.एम. दोनों ही पदों पर थे, लेकिन बाद में इस्तीफा दे दिया। हालाँकि, 'बस रूट्स नेशनलाइजेशन' के एक मुद्दे पर 1964 में सुप्रीम कोर्ट की एक टिप्पणी के चलते उन्हें आंध्र प्रदेश के सी.एम. का पद फिर से छोड़ना पड़ा और वे वापस दिल्ली आ गए।[1]

1964 में दिल्ली में नेहरूजी की मौत के बाद उन्हें लालबहादुर शास्त्री की कैबिनेट में इस्पात एवं खनन मंत्री बना दिया गया, 1966 में जब इंदिरा प्रधानमंत्री बनीं तो तीन नए चेहरों को छोड़कर कामराज ने शास्त्रीजी के कैबिनेट के चेहरों को भी इंदिरा की कैबिनेट में शामिल करवाया, तो नीलम संजीवा रेड्डी भी मंत्री बने। लेकिन 1967 में पार्टी ने उन्हें लोकसभा अध्यक्ष बना दिया। 3 मई, 1969 को अचानक राष्ट्रपति जाकिर हुसैन की मौत हो गई। उप-राष्ट्रपति वी.वी. गिरि को कार्यवाहक राष्ट्रपति पद की जिम्मेदारी दे दी गई। 12 जुलाई, 1969 को कांग्रेस संसदीय दल की एक बैठक बुलाई, जिसकी अध्यक्षता निजलिंगप्पा ने की, उस दौरान वही कांग्रेस अध्यक्ष के पद पर थे।

पहले बाबू जगजीवन राम को चाहती थीं इंदिरा गांधी

सिंडिकेट की तरफ से नीलम संजीवा रेड्डी का नाम पार्टी की तरफ से नए राष्ट्रपति

पद के उम्मीदवार के तौर पर प्रस्तावित किया गया, जिसका विरोध फखरुद्दीन अली अहमद ने किया। साफ जाहिर था कि वे इंदिरा गांधी के इशारा किए बिना ऐसा नहीं कर सकते थे। फखरुद्दीन अली अहमद ने बाबू जगजीवन राम का नाम प्रस्तावित किया। लेकिन यह नाम सिंडिकेट को पसंद नहीं आया। इंदिरा गांधी का बाबू जगजीवन राम को खुला समर्थन था, पहला दलित राष्ट्रपति बनाने के नाम पर उनका नाम बढ़ाया गया था। इंदिरा को यह डर था कि कहीं सिंडिकेट की पसंद का राष्ट्रपति बन गया तो कल को उन्हें गद्दी से उतारकर मोरारजी की ताजपोशी की जा सकती है। ऐसे में उन्होंने जगजीवन राम का नाम कांग्रेस कार्यसमिति की मीटिंग में रखते हुए गांधीजी के उस जन्मशती वर्ष में दलित को सर्वोच्च अधिकार देने के सपने की याद दिलाई। लेकिन सिंडिकेट के नेताओं की पहली पसंद नीलम संजीवा रेड्डी थे, इंदिरा गांधी की एक न चली। 21 जुलाई, 1969 को निर्दलीय उम्मीदवार के तौर पर वी.वी. गिरि, कांग्रेस उमीदवार के तौर पर नीलम संजीवा रेड्डी और विपक्ष के उम्मीदवार के तौर पर सी.डी. देशमुख ने राष्ट्रपति पद के लिए नामांकन किया।[2]

जब इंदिरा ने अपने सांसदों से किया 'आत्मा की आवाज पर वोट' करने का आह्वान

इंदिरा गांधी से बातचीत करके लिखी जीवनी में पुपुल जयकर लिखती हैं कि इंदिरा गांधी ने भी नीलम संजीवा रेड्डी के नामांकन कागजों पर हस्ताक्षर कर दिए। निजलिंगप्पा को यह बखूबी पता था कि रेड्डी को बिना इंदिरा की सहमति के राष्ट्रपति पद का उम्मीदवार बनाया गया है, सो जीतने में दिक्कत हो सकती है। इसके चलते कांग्रेस अध्यक्ष निजलिंगप्पा ने एक बड़ी गलती कर दी। पुपुल के मुताबिक वह गलती थी, विपक्ष के दक्षिणपंथी दलों जनसंघ व स्वतंत्र पार्टी से नीलम संजीवा रेड्डी के लिए समर्थन माँगना। हालाँकि, औपचारिक तौर पर दोनों तरफ के उम्मीदवार आज भी ऐसा करते हैं। लेकिन इंदिरा यह मौका चूकी नहीं और दावा किया कि निजलिंगप्पा ने ऐसा करके कांग्रेस की नीतियों के साथ धोखा किया है और कांग्रेस पार्टी के सदस्यों से अपनी 'अंतरात्मा की आवाज' पर वोट देने का आह्वान कर डाला।[3]

सुप्रीम कोर्ट के मुख्य न्यायाधीश मो. हिदायतुल्लाह को कार्यवाहक राष्ट्रपति बना दिया गया था। सिंडिकेट ने यह भी प्रस्ताव दिया कि गिरि को लोकसभाध्यक्ष बनाया जा सकता है। माना जाता है कि गिरी को खड़ा करने में परदे के पीछे से इंदिरा गांधी की ही भूमिका थी। इंदिरा ने अपनी चाल चली और बतौर कांग्रेस संसदीय दल नेता कांग्रेस सदस्यों के लिए व्हिप जारी करने से साफ मना कर दिया और कांग्रेसी सांसदों

से 'अंतरात्मा की आवाज पर वोट' करने को कहा। इधर 20 अगस्त को वोटिंग थी और उसी दिन राजीव गांधी का जन्मदिन था। इंदिरा गांधी ने एक और भावुक कर देने वाला बयान दे दिया कि वी.वी. गिरि हारे तो उन्हें भी पी.एम. की कुरसी से इस्तीफा देना पड़ सकता है। कुल 163 कांग्रेसी सांसदों ने वी.वी. गिरि को वोट दिया। नीलम संजीवा रेड्डी की हार सिंडिकेट के सदस्यों के लिए बड़ा झटका थी।[4]

इधर इंदिरा को आसानी सिंडिकेट के इस फरमान से भी हो गई कि जनसंघ और स्वतंत्र पार्टी के कैंडिडेट सी.डी. देशमुख को दूसरी प्राथमिकता का वोट दिया जाए। इंदिरा ने चुनाव को 'लेफ्ट बनाम राइट' का नारा देकर गिरी के समर्थन को नैतिक बल भी दिया। इधर जीत वी.वी. गिरि की हुई और उधर अपनी ही पार्टी के उम्मीदवार को हराकर इंदिरा भी जीत गईं। हालाँकि, वे पहले चरण में पिछड़ गए थे, लेकिन दूसरी पसंद के मतों से जीत गए।

अब नीलम संजीवा रेड्डी, क्योंकि लोकसभाध्यक्ष के पद से भी इस्तीफा दे चुके थे, सो उन्होंने राजनीति को अलविदा कहना ही बेहतर समझा और अपने गाँव लौट गए। लेकिन जैसे ही जे.पी. ने संपूर्ण क्रांति का ऐलान किया, वे भी वापस आकर जनता पार्टी से जुड़ गए। 1977 में वे अकेले जनता पार्टी उम्मीदवार थे, जो आंध्र प्रदेश से जीते थे। उन्हें जनता पार्टी सरकार में लोकसभा अध्यक्ष चुन लिया गया। राष्ट्रपति फखरुद्दीन अली अहमद की मौत के बाद राष्ट्रपति चुनाव हुए तो वह राष्ट्रपति उम्मीदवार बन गए और तीन महीने सत्रह दिन के अंदर लोकसभा अध्यक्ष के पद से इस्तीफा दे दिया। कुल 37 उम्मीदवारों में से 36 की उम्मीदवारी रिटर्निंग ऑफिसर ने कुछ-न-कुछ खामियों के चलते रद्द कर दी और इस तरह नीलम संजीवा रेड्डी देश के पहले निर्विरोध राष्ट्रपति चुने गए और तब तक सबसे कम उम्र के भी, तब वे 64 साल के थे।

लेकिन नीलम संजीवा रेड्डी ने इंदिरा का ही दिया साथ

लेकिन नीलम संजीवा रेड्डी ने एक तरह से बाद में इंदिरा गांधी की मदद ही की, जनता पार्टी की सरकार गिरने के बाद उन्होंने चौधरी चरण सिंह को 1 महीने के करीब का वक्त दिया, ताकि वे अपना बहुमत साबित कर सकें। नहीं कर पाए तो बाबू जगजीवन राम ने दावा पेश किया। उनको नीलम संजीवा रेड्डी ने आश्वासन देने के बावजूद अगले दिन ही लोकसभा भंग कर दी। एक तरह से उनको धोखा दिया। जो सहानुभूति नीलम संजीवा रेड्डी ने इंदिरा गांधी के मामले में कमाई थी, वह बाबू जगजीवन राम के मामले में गँवा दी[5], फिर चुनाव हुए तो इंदिरा गांधी पूरे दम के साथ सत्ता में लौटीं। लेकिन उन्होंने अपनी पार्टी के उम्मीदवार के विरोध की जो परंपरा शुरू की, वह लोकतंत्र के काले अध्यायों में शामिल हो गई।

संदर्भ

1. 'From Farm House to Rashtrapati Bhawan: Biography of President Sanjiva Reddy', Page No. 57, by I.V. Chalapati Rao & P. Audinarayana Reddy, Published by Booklinks Corporation.
2. 'The Politics of Power : Defections and State Politics in India', by Subhash C. Kashyap, Page No. 587, Published by National Publishing House.
3. 'Indira Gandhi : A Biography', by Pupul Jayakar, Page No. 210, Published by Penguin Group.
4. 'The Politics of Power : Defections and State Politics in India', by Subhash C Kashyap, Page No. 589, Published by National Publishing House.
5. 'Journal of Constitutional and Parliamentary Studies', Volume-45, Page No. 180, Published by Institute of Constitutional and Parliamentary Studies.

□

36

शेख अब्दुल्ला को राजनैतिक जीवनदान, उतारा 'हनीमून का कर्ज'

इस अध्याय का शीर्षक आप में से बहुतों को थोड़ा अजीब लग सकता है। लेकिन जब भी आप नेहरू-गांधी परिवार का जिक्र कश्मीर के अब्दुल्ला परिवार के साथ करेंगे तो आपको उनकी नजदीकियों की गहराई की हद भी पता होनी जरूरी है। राजनीतिक से ज्यादा पारिवारिक थे उनके रिश्ते। ऐसे में अगर आपके निजी रिश्ते हों तो राजनीतिक रिश्तों पर भी फर्क पड़ता ही है, अच्छा या बुरा जैसा भी हो। सोचिए, किस कदर अच्छे थे दोनों परिवारों के रिश्ते कि इंदिरा गांधी के हनीमून का पूरा इंतजाम खुद शेख अब्दुल्ला ने किया था! ऐसे में अगर 22 साल बाद इंदिरा गांधी ने उस व्यक्ति को राजनीतिक जीवनदान दिया होगा, तो उसके पीछे ये यादें भी जिम्मेदार रही होंगी। सोचिए, शेख अब्दुल्ला 22 साल से या तो जेल में थे, या फिर नजरबंदी में या फिर बिना पद या ताकत के! और इंदिरा गांधी ने उन्हें फिर से मुख्यमंत्री बना दिया, वो भी बिना एक विधायक के! अगर इंदिरा गांधी यह मौका न देतीं तो शायद पूरे-का-पूरा अब्दुल्ला परिवार आज कहीं गुमनामी में होता।

ऐसे में सवाल उठते हैं कि आखिर इंदिरा गांधी ने अलगाववाद की सैयद शाह गिलानी से भी पुरानी और सबसे मजबूत आवाज को यह जीवनदान दिया तो क्यों नहीं इस फैसले को बड़ी चूक माना जाए? अगर इतने सालों बाद उन्हें शेख अब्दुल्ला को कश्मीर की कमान सौंपनी ही थी, तो क्यों नहीं धारा-370 हटाने की शर्त लगा दी? इससे कश्मीर भी बाकी भारतीय राज्यों की तरह हो जाता और यह उस वक्त थोड़ा आसान था, क्योंकि 22 सालों में शेख की समझ में आ चुका था कि उनके पास और कोई विकल्प नहीं है। लेकिन ऐसा हुआ नहीं।

शेख अब्दुल्ला ने किया था इंदिरा-फिरोज के हनीमून का पूरा इंतजाम

यह 1942 की बात है। 16 मार्च को इंदिरा गांधी की शादी हुई और वे मई में अपने पिता के साथ मनाली घूमने चली गईं, फिरोज इलाहाबाद में ही रहे। लौटकर लाहौर में फिरोज गांधी से मिलीं और वहीं से हनीमून मनाने के लिए दोनों कश्मीर निकल गए। इंदिरा गांधी के हवाले से उनकी दोस्त पुपुल जयकर लिखती हैं—"Sheikh Abdullah, the freedom fighter who was also Jawahar Lal's friend, was their host, He felt it was his duty to accompany the newly - married couple every where."[1] ये लाइनें शेख अब्दुल्ला के मरने के बाद लिखी गई हैं, वह भी इंदिरा गांधी के कहने पर। आप सोचिए कि इंदिरा के मन में शेख अब्दुल्ला की देश के प्रति गद्दारी के बावजूद कितना अपनेपन का भाव रहा होगा, आप अंदाजा लगा सकते हैं।

यह हनीमून पूरे 2 महीने लंबा था। इस दौरान दोनों ने घाटी की सभी मशहूर जगहें देखीं, ग्लेशियर्स पर ट्रेकिंग की और हर जगह मदद के लिए शेख अब्दुल्ला मौजूद रहते थे। कभी-कभी तो उनसे पीछा छुड़ाकर अकेले रहने के लिए उन्हें तरकीबें आजमानी पड़ती थीं। एक बार राजीव गांधी के जन्म के बाद जब इंदिरा गांधी राजीव को लेकर कश्मीर में थीं, तब नेहरूजी 'कैबिनेट मिशन' के साथ मीटिंग के लिए शिमला में थे, वहाँ से उन्होंने न केवल इंदिरा गांधी को, बल्कि शेख अब्दुल्ला को पत्र लिखा कि वे 22 जुलाई, 1945 को पहुँचेंगे। फिर दोनों परिवारों ने कई दिन पहलगाम, सोनमर्ग के पहाड़ों में ट्रेकिंग की, जिसका इंतजाम भी शेख अब्दुल्ला ने किया था। राजीव को पहली बार नेहरूजी ने यहीं देखा था। ये शेख अब्दुल्ला ही थे, जिनकी सलाह पर इंदिरा गांधी ने संजय गांधी का अंतिम संस्कार उनके नाना के समाधि स्थल शांतिवन में किया था।

जब शेख ने रची अमेरिका से मिलकर कश्मीर को अलग करने की साजिश

राजा हरि सिंह को किनारे करके शेख अब्दुल्ला पर पं. नेहरू ने जरूरत से ज्यादा भरोसा किया था, उनकी सारी शर्तें मानीं, उनको कश्मीर का प्रधानमंत्री बनाया, कश्मीर को अपना अलग झंडा भी लहराने दिया, बाकी देश के नागरिकों के अधिकार कश्मीर में छीन लिये गए, धारा-370 ईजाद की गई, डॉ. आंबेडकर ने ड्राफ्ट करने से मना कर दिया, तो गोपालस्वामी आयंगर आदि की मदद ली गई, दशकों तक कश्मीर का भारत में पूर्ण विलय तक नहीं होने दिया। लेकिन बदले में शेख अब्दुल्ला ने क्या किया? पाकिस्तान और अमेरिका से हाथ मिलाकर कश्मीर को एक अलग देश बनाने की साजिश रची। इसे देश के इतिहास में 'कश्मीर कॉन्सपिरेसी केस' के तौर पर जाना जाता है। नेहरूजी को जब उनके भाषणों की रिकॉर्डिंग्स मिलीं, खुफिया एजेंसियों के जुटाए और सुबूत

मिले तो उन्हीं नेहरूजी को ये विश्वासघात पसंद नहीं आया और 8 अगस्त, 1953 को सदर-ए-रियासत कर्ण सिंह से कहकर शेख अब्दुल्ला के हाथों से सत्ता छीन ली। शेख को बहुमत साबित करने का भी मौका नहीं दिया, कह दिया गया कि आप अपनी कैबिनेट का भरोसा खो चुके हैं। फिर शेख अब्दुल्ला को देश के खिलाफ साजिश रचने के आरोपों में गिरफ्तार कर लिया गया।[2]

11 साल जेल और नजरबंदी में काटे शेख अब्दुल्ला ने कि अचानक आखिरी दिनों में नेहरूजी का पुराना प्रेम उमड़ आया और 8 अप्रैल, 1964 को शेख के खिलाफ सारे आरोप वापस लेकर रिहा कर दिया गया। आखिरी दिनों में नेहरूजी ने शेख को पाकिस्तान से रिश्ते सुधारने के काम में लगाया, ताकि कश्मीर का कोई हल निकल सके। लेकिन अगले महीने ही नेहरूजी की मौत हो गई। यह खबर भी शेख को पी.ओ.के. के मुजफ्फराबाद में मिली। तब तक अयूब खान और नेहरूजी के बीच कई टेलीग्राम भी भेजे जा चुके थे, नेहरूजी के अंतिम संस्कार में शेख की सलाह पर पाक ने पाकिस्तान का प्रतिनिधिमंडल भी भेजा।[3]

लेकिन अगले साल ही पाकिस्तान से युद्ध छिड़ने से शास्त्रीजी भी शेख अब्दुल्ला पर भरोसा नहीं कर पा रहे थे, सो उनके घर में ही नजरबंद कर दिया। इंदिरा गांधी भी 1966 में पी.एम. बनकर समझ गई थीं कि अब वे देश की प्रधानमंत्री हैं, शेख अब्दुल्ला की नजरबंदी खत्म करने से विरोधियों के निशाने पर आ सकती हैं, सो ऐसे में शेख अब्दुल्ला की नजरबंदी 1968 तक जारी रही। इधर शेख की गिरफ्तारी के बाद ही उनको संरक्षक घोषित करके उनके दाएँ हाथ मिर्जा मोहम्मद अफजल बेग ने एक नई पार्टी शुरू कर दी थी, जिसका नाम रखा था—'ऑल जम्मू एंड कश्मीर प्लेबिसाइट (जनमत-संग्रह) फ्रंट।' ताकि जनमत-संग्रह की माँग को लोकप्रिय बनाया जा सके।

22 साल बाद इंदिरा ने ऐसे चुकाया अब्दुल्ला खानदान का कर्ज

खैर, इंदिरा गांधी पसीजीं और 1968 में शेख की नजरबंदी खत्म की, लेकिन 1971 की जंग शुरू होते ही शेख अब्दुल्ला को 'कश्मीर बदर' कर दिया। कुल डेढ़ साल शेख अब्दुल्ला को कश्मीर से बाहर रहना पड़ा। इस दौरान इंदिरा गांधी और शेख फिर नजदीकियाँ बढ़ा रहे थे। शेख इंदिरा को समझाने में जुटे थे कि वे अलगाववादी वाली माँगें छोड़कर फिर से कश्मीर की मुख्य धारा की राजनीति में आना चाहते हैं। अफजल बेग ने भी 1972 में यह कहा कि ऑल जम्मू एंड कश्मीर प्लेबिसाइट (जनमत-संग्रह) फ्रंट के किसी भी जनमत-संग्रह का मकसद कश्मीर के भारत में विलय पर सवाल उठाना नहीं था। इंदिरा को भी ध्यान था कि कश्मीर में यही परिवार उनके हनीमून से लेकर बाकी दौरों का मेजबान होता था। आखिरकार पूरे 22 साल बाद इंदिरा गांधी ने शेख अब्दुल्ला

को फिर से कश्मीर की सत्ता की चाभी सौंप ही दी।

एक समझौता हुआ, जिसमें मुख्य तौर पर वही सब कुछ था कि 370 लागू रहेगी, केंद्र जो भी कानून बनाएगा, वो कश्मीर पर तभी लागू होंगे, जब राज्य की विधानसभा उसे मंजूर करेगी, रक्षा, विदेश व दूरसंचार केंद्र के हाथों में रहेंगे। भारतीय ध्वज, राष्ट्रगान, संविधान आदि का अपमान नहीं होगा आदि। हाँ, सदर-ए-रियासत की जगह राज्यपाल और वजीर-ए-आजम की जगह मुख्यमंत्री पहले ही हो चुका था, सो उसे फिर से बदलने की बात नहीं हुई, यानी पूर्व प्रधानमंत्री शेख अब्दुल्ला अब मुख्यमंत्री बने। सरकार के करीबी तमाम पत्रकारों और बुद्धिजीवियों ने इस समझौते की तारीफों के पुल बाँध दिए कि इंदिरा ने बहुत बड़ा काम कर दिया, तमाम केंद्रीय कानूनों को जम्मू-कश्मीर में लागू करवा दिया। लेकिन बड़ा सवाल यह था कि 'शिमला समझौता' के बाद यह दूसरा मौका था इंदिरा गांधी के पास कि कश्मीर से धारा-370 खत्म कर देतीं; लेकिन उन्होंने यह फैसला क्यों नहीं लिया?

शेख अब्दुल्ला को राज्य की कमान सौंपने का गुस्सा कश्मीर के कांग्रेसियों में भी था, जब कासिम की सरकार अच्छे से चल रही थी, तो इंदिरा ने ऐसा फैसला क्यों लिया? उनका गुस्सा शांत करने के लिए इंदिरा गांधी 11 अक्तूबर को श्रीनगर पहुँची और एंपोरियम गार्डन में कांग्रेसियों को संबोधित करते हुए कहा—"Some of my colleagues did not appreciate why a smoothly running Congress government should resign, but for the 'sake of peace with Sheikh Abdullah' Mr Qasim happily stepped down."[4]

सबसे दिलचस्प था, समझौते पर इंदिरा गांधी और शेख अब्दुल्ला की बजाय भारतीय राजनयिक जी. पार्थसारथी और शेख की तरफ से मिर्जा मोहम्मद अब्दुल बेग ने हस्ताक्षर किए। यह बताना इसलिए जरूरी है कि जब बाद में अब्दुल्ला की तरफ से समझौते की कई शर्तों को नहीं माना गया तो उनके करीबियों ने दावा किया था कि उन्होंने कोई समझौता किया ही नहीं, उनके हस्ताक्षर दिखाओ! इस समझौते के वक्त भारत 1971 का युद्ध जीतकर काफी ताकतवर माना जा रहा था। शेख अब्दुल्ला को लग चुका था कि अब कोई रास्ता नहीं है, ऐसे में थोड़ा और दबाव पड़ता तो वे 370 हटाने के लिए भी तैयार हो जाते, लेकिन उसने किसी भी तरह से ऐसी तरकीब लगाई कि समझौते पर अपने हस्ताक्षर करने से बच गया।

तमाम कश्मीरी नेताओं ने इस तरह पिछले रास्ते से शेख को सत्ता देने का विरोध किया, जनसंघ ने बड़ा विरोध प्रदर्शन इस बात के लिए किया कि 370 को इंदिरा गांधी ने फिर लागू होने दिया, यही मौका था कि वे हटा सकती थीं, क्योंकि शेख को 22 साल बाद सत्ता मिल रही थी, तो वे इसके लिए इतनी कुरबानी तो दे ही सकते थे। बावजूद

इतना करने के, शेख अब्दुल्ला के बयान सामने आए कि कश्मीरी मुसलिम गांधी और नेहरू के धर्मनिरपेक्ष भारत में सुरक्षित नहीं हैं।

शेख अब्दुल्ला ने कैसे इंदिरा गांधी को पूरी तरह भावुक करने की कोशिश इस समझौते से पहले की थी, ये आप उनके 30 दिसंबर, 1974 के पत्र से समझ सकते हैं। इस पत्र में न केवल उन्होंने इंदिरा को इतने सालों उनको जेल में रखे जाने को दोहराया, बल्कि यह भी बताया कि कैसे उनको चुनावों के वक्त कश्मीर से हटा लिया जाता रहा है, चुनावों में धाँधली चलती रही है। साथ में मुसलिमों का अल्पसंख्यक दाँव भी खेला और आखिरी लाइन में यह भी लिखा कि 'Begum Sahiba sends her respectful regards.'[5] इसी पत्र से यह भी पता चला कि इस समझौते से पहले जी. पार्थसारथी और मिर्जा मोहम्मद अफजल बेग की लंबी बातचीत समझौते के बिंदुओं पर हुई थी, जिनमें से पार्थसारथी की कुछ बातों पर वे नाराज भी दिखे।

बाद में कुछ बातों पर सहमति बनी। उनके भावुक पत्र ने इंदिरा गांधी पर कुछ असर डाला और समझौते पर हस्ताक्षर हुए। 24 फरवरी, 1975 को इंदिरा गांधी ने इस बारे में संसद में एक बयान दिया और 3 मार्च को एक छोटी बहस लोकसभा में हुई, जिसमें जनसंघ ने आरोप लगाए कि एक बार फिर कांग्रेस ने देशद्रोहियों के सामने आत्मसमर्पण कर दिया है। 25 फरवरी, 1975 को फिर एक बार शेख अब्दुल्ला को कश्मीर की सत्ता सौंप दी गई, कांग्रेस की मदद से उनकी सरकार बनी, 26 मार्च, 1977 तक कायम रही। फिर इमरजेंसी के बाद हुए चुनावों में इंदिरा के साथ-साथ शेख अब्दुल्ला की भी सरकार गिर गई। फिर चुनावों में जीतकर 9 जुलाई को फिर सरकार बनाई और मुख्यमंत्री की कुरसी पर रहते ही शेख अब्दुल्ला की 8 सितंबर, 1982 को मौत हो गई और उनकी जगह फारूक अब्दुल्ला उनकी कुरसी पर बैठे और इसी तरह अब्दुल्ला वंश राजनीति में सक्रिय हो गया।

पुंछ, राजौरी जैसे जिलों को मुसलिम बाहुल्य बनाने के लिए रची शेख ने यह साजिश

कश्मीर के पूर्व राज्यपाल जगमोहन ने एक और दिलचस्प घटना का उल्लेख किया है कि कैसे 1982 में शेख अब्दुल्ला, जो इस समझौते के बाद 'मिनी सुल्तान' बन चुके थे, ने गुलाम कश्मीर जा चुके लोगों के साथ आजाद कश्मीर के परिवारों को फिर से जोड़ने के लिए '1982 रीसैटलमेंट ऐक्ट' लाने की योजना बनाई, एक तरह से रिवर्स गेयर! योजना थी इन लोगों को लाकर पुंछ, राजौरी जैसे जिलों में बसाकर मुसलिम बाहुल्य जिले बनाने की। 8 सितंबर, 1982 को शेख अब्दुल्ला की मौत के बाद फारूक

अब्दुल्ला मुख्यमंत्री बने और 4 अक्तूबर को यह बिल फिर से राज्यपाल बी.के. नेहरू के पास भेजा गया और कश्मीर की कट्टर जनता के बीच इससे बड़ा संदेश गया। बिल दूसरी बार आया था, पास होना ही था। बात बाद में सुप्रीम कोर्ट में अटक गई, लेकिन जनता के बीच फारूक अब्दुल्ला के तेवर जा ही चुके थे।[6]

अब्दुल्ला खानदान, जो 22 साल से कश्मीर की सत्ता से बाहर था और एक तरह से उसका भविष्य भी अंधकारमय था, का इस तरह ताकतवर होना शायद नामुमकिन था, अगर इंदिरा शेख को यह मौका न देतीं तो! यह मौका भी उन्होंने तब दिया, जब वे पाकिस्तान से जंग जीतकर काफी ताकतवर हो गई थीं। उन पर कोई सवाल खड़ा करने वाला नहीं था। फिर भी तमाम विशेषज्ञों ने सवाल उठाए कि जब यही एकतरफा समझौता करना था, जिसमें 370 के सभी प्रावधान लागू ही रखने थे, तो समझौता किया ही क्यों? क्या यह निजी रिश्तों को ध्यान में रखते हुए एक भावुक फैसला था?

पढ़िए धारा-370 और 35ए को लेकर इंदिरा गांधी की बेबसी

कश्मीर में इंदिरा गांधी का हनीमून हुआ, कश्मीर में अपने बेटे राजीव गांधी को पहली बार पिता नेहरू से मिलवाया, परेशानियों के दौरान आध्यात्मिक सलाह लेने कश्मीर आती थीं, पूरे परिवार की जड़ें भी कश्मीर से थीं। फिर भी कश्मीर में जो हो रहा था, उसको लेकर इंदिरा गांधी भी असहाय थीं, उन्होंने इतनी हिम्मत कभी नहीं दिखाई कि खुद कश्मीरी पंडित होने के बावजूद उनके लिए कुछ करें। वे कितनी असहाय थीं, यह उनके एक पत्र से भी पता चलता है। इस पत्र को उन्होंने न्यूयॉर्क में रहने वाली एक भारतीय डॉ. निर्मला मित्रा को उनके पत्र के जवाब में 8 जनवरी, 1981 को लिखा था। ये डॉक्टर भी कश्मीर में ही पैदा हुई थीं। इस पत्र में इंदिरा गांधी से डॉक्टर ने धारा-370 और 35ए हटाने के बारे में लिखा था और एक समस्या अपनी भतीजी की बताई थी।

माना था कश्मीरी पंडितों और बौद्धों के साथ हो रहा गलत व्यवहार और भेदभाव

जवाबी पत्र में इंदिरा गांधी ने असहाय शब्दों में लिखा है—"मैं भी तुम्हारी तरह इस बात से दु:खी हूँ कि न तो तुम, जो कश्मीर में ही पैदा हुई हो और न ही मैं, जिसके पुरखे इस जगह से आए, कश्मीर में एक छोटा सा घर या जमीन का टुकड़ा नहीं ले सकते। लेकिन इस वक्त मेरे हाथ में नहीं है।" इसका ठीकरा भी उन्होंने भारतीय मीडिया पर थोप दिया कि वे विदेशी मीडिया के साथ मिलकर मुझे तानाशाह की तरह चित्रित कर रहे हैं, जिसने मामले को और मुश्किल बना दिया है। इंदिरा ने इस पत्र में डॉक्टर की भतीजी के केस को लेकर लिखा कि मैं पता करूँगी, लेकिन आखिरी लाइनें एक पी.एम. पद पर

बैठे व्यक्ति की बेबसी तो दिखाती हैं, लेकिन उनको शोभा नहीं देतीं—"कश्मीरी पंडितों और लद्दाख में बौद्धों के साथ काफी गलत व्यवहार और भेदभाव किया जा रहा है।"[7]

सोचिए, पूरा परिवार कश्मीरी पंडित, पिता ने पूरा कश्मीर उठाकर शेख अब्दुल्ला को दे दिया, हरकतों के चलते जेल गया तो बेटी ने उसको फिर ताकत देकर हनीमून की मेजबानी का कर्ज उतार दिया। फिर बेटी पी.एम. लिख रही है कि कश्मीरी पंडितों, बौद्धों के साथ अन्याय हो रहा है, वह भी प्रधानमंत्री के सर्वोच्च पद पर बैठकर! लिख रही हैं कि कितनी दु:खी हैं कि एक घर या जमीन का टुकड़ा कश्मीर में नहीं ले सकतीं, जिसकी वजह उनके पिता की लगाई धारा-370 थी। उसी धारा-370 को बड़ी आसानी से नरेंद्र मोदी ने हटा दिया, बिना कोई बेबसी दिखाए, बिना कोई दु:ख दिखाए! यह मामला तब और गंभीर हो जाता है, जब इस महिला को देश 'लौह महिला' के नाम से जानता है।

संदर्भ

1. 'Indira Gandhi : A Biography', by Pupul Jayakar, Page No. 119, Published by Penguin Group.
2. 'Kashmir and U.N.O.', by S.R. Bakshi, Page No. 149, Published by Sarup Publishers.
3. 'Flames of the Chinar : An Autobiography' by Mohammad Abdullah (Sheikh), Page No. 155, Published by Viking Publishers.
4. 'My Life and Times', by Sayyid Mir Qasim, Page No. 144, by Allied Publishers.
5. 'Kashmir in Flames : An Untold Story of Kashmir's Political Affairs', by Sana Ullah Bat, Page No. 202, Published by Ali Mohammad.
6. 'My Frozen Turbulence in Kashmir', by Jagmohan, Page No. 143-44, Published by Allied Publishers.
7. Author Rakesh Kaul's Tweet, Indira Gandhi's Letter to Dr. Nirmala Mitra, 08 January, 1981, https://twitter.com/rkkaulsr/status/1211094474392293376?lang=en

□

37

पाक के जाल में फँसते रहे इंदिरा-राजीव, भुगतता रहा भारत

अगर आपने 2021 में आई अक्षय कुमार की मूवी 'बैल बॉटम' देखी होगी, तो उसमें देखा होगा कि कैसे पाकिस्तान का तानाशाह राष्ट्रपति जिया-उल-हक भारत के विमानों की हाईजैकिंग में मध्यस्थ की भूमिका निभाता है। कैसे हर भारतीय विमान हाईजैक होकर लाहौर पहुँच जाता है और हर बार उन्हें छोड़ने के लिए पाकिस्तानी बिचौलियों की टीम कई आतंकवादियों को छुड़वा लेती है और भारत सरकार से मोटा पैसा भी वसूलती है। बावजूद इसके इंदिरा गांधी जिया-उल-हक पर गुस्सा होने के बजाय उनका अहसान मानती हैं कि यात्रियों को सुरक्षित वापस भारत भेजकर उनकी भारत में फजीहत होने से बचा ली। बाद में, अक्षय कुमार का किरदार जिया-उल-हक की बदनीयती का इंदिरा गांधी के सामने परदाफाश करता है।

यह कहानी पूरी तरह फिल्मी नहीं है, हमारे देश की सबसे ताकतवर पी.एम. मानी जाने वाली इंदिरा गांधी वाकई में एक दुश्मन देश के फौजी राष्ट्रपति पर इतना भरोसा करती थीं कि उन्हें आसानी से यकीन नहीं होता था कि यह व्यक्ति उनके खिलाफ या हमारे देश के खिलाफ साजिश भी कर सकता था! इतना ही नहीं, उस साजिश को वे अहसान भी मानती थीं। दिलचस्प बात यह है कि इसी गलती को उनके बेटे राजीव गांधी ने भी दोहराया था और वह भी इसी तरह बेनजीर भुट्टो के वादे पर यकीन करते रहे और वे उन्हें धोखा देकर आतंकियों की फौज तैयार करती रहीं, जिसका खुलासा बाद में रॉ के एक पूर्व अफसर ने किया था।

दरअसल, जिया-उल-हक फौजी अफसर थे, जब ट्रेनिंग पर थे तो उनकी जॉर्डन में ड्यूटी लगी थी। उस वक्त इजरायल से अरब देशों का युद्ध चल रहा था, जिसमें

जॉर्डन के शासकों को कई सलाहें देकर उनसे अपनी दोस्ती मजबूत कर ली और उसी के चलते पाकिस्तानी सेना में उनका ओहदा बढ़ गया था। जिया-उल-हक ने पाकिस्तान के पी.एम. भुट्टो की विश्वसनीयता जरूरत से ज्यादा हासिल कर ली थी। भुट्टो ने जिसे बेवकूफ समझा था, एक दिन उसी ने सत्ता से उन्हें हटाकर कब्जा कर लिया और भुट्टो को फाँसी पर चढ़ा दिया।

जिया ने ऐसे ही इंदिरा गांधी का भी का भरोसा जीता था। इंदिरा गांधी की समझ नहीं आया कि जिया उनसे दोस्ती क्यों करना चाहते हैं, उन्हें लगा, शांति चाहते हैं और जिया की बातों पर यकीन कर लिया। हालाँकि, तब भी ज्ञानी जैल सिंह को शक था, दिल्ली यात्रा के दौरान जब जिया-उल-हक ने कहा कि पाकिस्तान भारत से अच्छे रिश्ते चाहता है तो ज्ञानी जैल सिंह ने व्यंग्य बाण ठेठ पंजाबी में दे मारा, कहा कि 'ए नहीं हो सकदा कि जनानी अख वी मारे, ते घंड वी कड्डे!' यानी एक महिला घूँघट में रहने के साथ-साथ आँख नहीं मार सकती। उनका इशारा यह था कि भारत से दोस्ती भी रखो और खालिस्तानियों को समर्थन भी दो, यह मुमकिन नहीं है।

मोरारजी देसाई भी आ गए थे, जिया की बातों में!

जो बात जैल सिंह समझ रहे थे, वह अरसे तक इंदिरा गांधी ने नहीं समझीं। उनसे पहले मोरारजी देसाई भी उनकी बातों में आ गए थे। अपनी जान पर खेलकर रॉ के एजेंट्स ने पाकिस्तान के एक सैलून में वैज्ञानिकों के बालों के सैंपल्स जुटाए थे, जिनको भारत भेजकर लैब से पता चला था कि वे किसी नाभिकीय संयंत्र में काम कर रहे थे। लेकिन कहूटा के उस संयंत्र को लेकर मोरारजी देसाई ने सीधे जिया-उल-हक को फोन कर दिया था और आरोप लगे कि जिया-उल-हक ने रॉ एजेंट को मरवा दिया है। दरअसल, रॉ के पूर्व अधिकारी बी. रामन ने लिखा है कि जिया-उल-हक ने मोरारजी को बातों में फँसा लिया था, वह उनसे उनकी स्वमूत्र थेरैपी पर सलाह लेता था, जिसके चलते एक दिन मोरारजी ने बातों में बता दिया था कि हमें तुम्हारे न्यूक्लियर ऑपरेशन के बारे में पता है।[1]

हालाँकि, ज्यादातर विदेशी धरती पर तैनात रहे बी. रामन ने दो राष्ट्राध्यक्षों के बीच की बातचीत को कैसे जाना, इसका कोई सूत्र या स्रोत नहीं दिया है। वैसे भी वे इंदिरा गांधी के विश्वस्त रामेश्वर नाथ काव के भरोसेमंद थे, सो मोरारजी देसाई की छवि गिराने के लिए भी यह लिखा गया हो सकता है। इधर मोरारजी देसाई की सरकार के बाद सत्ता में लौटीं इंदिरा गांधी भी जिया की बातों में आ गईं। जो जिया-उल-हक 1979 में अफगानिस्तान पर सोवियत संघ के कब्जे के बाद 30 लाख अफगानों को शरण देकर बदले में अमेरिका से डॉलर्स में मदद लेता है, वह उन अफगानियों को आतंक

का हथियार बनाने के लिए अमेरिकी मदद से तालिबान खड़ा करता है और कश्मीर में भी आतंक बढ़ाता है, उस पर इंदिरा गांधी ने भरोसा कर लिया था। उसका तरीका भी लाजवाब था।

इंदिरा को समझ नहीं आई पाकिस्तान की यह 'बिचौलिया चाल'

पहले खालिस्तानी आतंकी किसी भारतीय विमान को हाईजैक करते थे, फिर उसे लाहौर ले जाते थे, एक निश्चित समय-सीमा में यात्रियों को मारने की धमकी देकर कई आतंकियों को छुड़ाते थे या मोटा पैसा लेते थे। इसमें पाकिस्तान ने एक बार तो अपने कमांडोज के जरिए विमान बिना कुछ लिये-दिए छुड़वा भी दिया था।[2] ऐसा करके एक बार भरोसा जीता और फिर कई बार बिचौलिया बनकर खूँखार आतंकियों को छुड़वाया। लेकिन इंदिरा गांधी उसे अपना हितैषी ही समझती रहीं।

बहुत बाद में इंदिरा गांधी की समझ में आया था कि जिया-उल-हक उन्हें धोखा दे रहे हैं। जब भिंडरावाले के सहयोगी शाबेग सिंह ने उनकी फौज की कमान सँभाली तो सारे हथियार, यहाँ तक कि रॉकेट लॉञ्चर तक आई.एस.आई. के जरिए पाकिस्तान से मँगवाए थे। पाकिस्तान मदद न करता तो 'ऑपरेशन ब्लू स्टार' में न टैंक मँगाने पड़ते और न ही इतने लोग मरते।[3]

जब सोवियत संघ ने अफगानिस्तान में बनी कम्युनिस्ट सरकार पर संकट आने पर अपनी फौज भेजकर कब्जा कर दिया, तो अमेरिका ने वहाँ के कट्टर मुसलिमों को पैसा और हथियार भेजने शुरू कर दिए। जिया-उल-हक को काफी आर्थिक मदद देकर पाकिस्तान की जमीन को सोवियत संघ के खिलाफ इस्तेमाल करना शुरू कर दिया। सोवियत संघ की दोस्त इंदिरा गांधी पर दबाव पड़ा तो इंदिरा गांधी ने ज़िया-उल-हक से 'अच्छे रिश्तों' के चलते उसे एक क्षेत्रीय समझौते में लाने की कोशिश की। सी.आई.ए. की रिपोर्ट से बाद में खुलासा हुआ था कि इंदिरा गांधी की काफी कोशिशों के बाद भी जिया-उल-हक ने यह समझौता नहीं किया और बाद में जिन कट्टर आतंकी तत्त्वों को अमेरिकी पैसे से उसने अफगानिस्तान के खिलाफ पाला-पोसा था, दशकों तक उन्हें भारत में (खासतौर पर कश्मीर में) आतंक फैलाने कि लिए इस्तेमाल किया था। दिखाने के लिए भारत के साथ 1981 में एक 'नॉन एग्रेसन पैक्ट' जरूर कर लिया था, लेकिन उससे आतंकियों को समर्थन में कोई कमी नहीं आई।[4]

राजीव गांधी काल में हुआ रॉ और आई.एस.आई. के बीच समझौता

बावजूद इसके, इंदिरा गांधी के बेटे राजीव गांधी भी जिया-उल-हक की बातों में आ गए। उनके जमाने में फिर जॉर्डन के शासक की पत्नी ने अहम भूमिका निभाई।

दरअसल, वह भारतीय मूल की थीं और उसका पूरा परिवार आजादी से पहले बंगाल से पाकिस्तान चला गया था। जॉर्डन के शासक से राजीव गांधी के भी ठीक रिश्ते थे। उनकी पत्नी ने राजीव को भरोसे में लिया कि आतंकी तत्त्वों को लेकर रॉ और आई.एस.आई. को आपस में सूचना साझा करना चाहिए। फिर वह हुआ, जो 'भूतो न भविष्यति' है। रॉ चीफ ए.के. वर्मा और आई.एस.आई. चीफ हामिद गुल की मुलाकात अम्मान में हुई, दूसरी जेनेवा में हुई।[5] बाद में कुछ खालिस्तानी आतंकी भी इन सूचनाओं के आधार पर गिरफ्त में आए। बेनजीर भुट्टो के समय भी यह जारी रहा, लेकिन अचानक 1988 में एक प्लेन विस्फोट में जनरल जिया की मौत हो गई। हामिद गुल ने रॉ से जो बातचीत और सहयोग जारी था, उसके बारे में नई पी.एम. बेनजीर भुट्टो को बताया और वे सहमत भी थीं।

राजीव गांधी नजीबुल्ला की मान लेते तो 1990 में कश्मीर नरसंहार नहीं होता

इस दौर में भी राजीव गांधी लगातार गलतियाँ कर रहे थे। रॉ के एक पूर्व अधिकारी बी. रामन ने लिखा है कि कैसे अफगानिस्तान से नजीबुल्ला लगातार राजीव गांधी सरकार को संदेश पर संदेश भेज रहा था कि पाकिस्तान अफगानिस्तान में कश्मीरी लड़कों को आतंकी ट्रेनिंग दे रहा है, लेकिन राजीव गांधी उन दिनों सोच भी नहीं सकते थे कि बेनजीर उन्हें धोखा भी दे सकती हैं! उन्होंने अनसुना कर दिया और भारत को इसका बड़ा खामियाजा भुगतना पड़ा।[6] राजीव गांधी की सरकार गिर गई। वी.पी. सिंह की संयुक्त मोरचा सरकार में उन्हीं प्रशिक्षित आतंकियों ने कश्मीर में सबसे बड़े ऑपरेशन को अंजाम दिया, यह गलती अक्षम्य थी। कश्मीरी पंडितों ने जो भुगता, उसकी पटकथा काफी पहले लिख दी गई थी। भयानक कत्ल-ए-आम के बाद हजारों कश्मीरी पंडितों ने हमेशा के लिए कश्मीर छोड़ दिया। बाद में 'कश्मीर फाइल्स' जैसी मूवी 32 साल बाद आई, तब देश को सच्चाई पता चली।

इधर बेनजीर ने जैसे ही हामिद गुल को आई.एस.आई. चीफ के पद से हटाकर अपना करीबी बंदा रखा, वह पागल ही हो गया। उसने खालिस्तान समर्थक आंदोलन को फिर हवा दी, नवाज शरीफ से हाथ मिलाया और उन्हें यह खुलासा किया कि बेनजीर के काल में रॉ से हाथ बढ़ाया जा रहा है। जाहिर है, बेनजीर ने भी भुगता। गुल साफ मुकर गया कि वह आई.एस.आई. की तरफ से रॉ से मिला है।

बेनजीर की बातों में फँस गए थे राजीव

कहने का मतलब यह है कि जिस गलतफहमी का शिकार होकर इंदिरा गांधी ने

पाकिस्तान के राष्ट्रपति जिया-उल-हक पर लंबे समय तक आँखें मूँदकर भरोसा किया तो हाईजैकिंग में कई बार आतंकी छोड़ने पड़े और 'ब्लू स्टार ऑपरेशन' में इतनी जानें गँवानी पड़ीं, उसी तरह उनके बेटे राजीव के बेनजीर पर आँखें मूँदकर भरोसा करने से एक दिन कश्मीर में इतना बड़ा और कभी न भुलाए जाने वाला कांड हो गया। जुल्फिकार अली भुट्टो को तो इंदिरा गांधी ने पाकिस्तान को अपनी आणविक टेक्नोलॉजी तक में साझीदार होने का बयान दे दिया था, वह आप इसी पुस्तक के एक अध्याय में विस्तार से पढ़ चुके हैं।

बेनजीर और राजीव गांधी को लेकर एक बड़ा खुलासा उनके पतिदेव आसिफ अली जरदारी ने भी किया था कि 1990 में कश्मीर मुद्दे को हल करने को लेकर बेनजीर भुट्टो की राजीव गांधी से बातचीत हुई थी। उनके मुताबिक, राजीव गांधी ने भुट्टो से कहा था कि पिछले 10 साल में किसी ने भी पाकिस्तान से कश्मीर को लेकर बातचीत नहीं की है, जिया-उल-हक ने भी नहीं। भले ही जरदारी भुट्टो को इसका श्रेय दिलवाना चाहते हों, लेकिन दिलचस्प यह भी है कि तब बेनजीर भुट्टो तो पाकिस्तान की प्रधानमंत्री थीं, लेकिन राजीव गांधी सत्ता में नहीं थे। उन्होंने कहा था कि जैसे ही वे सत्ता में आएँगे, वे कश्मीर मुद्दे का हल निकालेंगे। कितना हैरान कर देने वाला है यह कि पाकिस्तान की सत्ता में बैठा कोई व्यक्ति भारत के प्रधानमंत्री की बजाय किसी और से इतनी महत्त्वपूर्ण बातें कर रहा है! यह इन दोनों के करीबी रिश्ते को भी दिखाता है।

संदर्भ

1. 'The Kaoboys of R&AW : Down Memory Lane', by B. Raman, Page no. 60-61, Published by Lancer Publishers LLC.
2. New York Times Report, 1 October, 1981, https://www.nytimes.com/1981/10/01/world/pakistanis-end-sikh-hijacking.html
3. Indian Defence Review July-Dec 1987 (Vol 2.2), Edited by Lt. Gen Mathew Thomas, Page No. 124, Published by Lancer International.
4. PTI Report in ET, https://economictimes.indiatimes.com/news/politics-and-nation/indira-gandhi-persuaded-zia-ul-haq-to-join-regional-strategy-during-afghan-crisis-cia/articleshow/56795201.cms?from=mdr
5. 'The Kaoboys of R&AW : Down Memory Lane', by B. Raman, Page no. 119, Published by Lancer Publishers LLC.
6. 'The Kaoboys of R&AW : Down Memory Lane', by B. Raman, Page no. 120, Published by Lancer Publishers LLC.

□

38

मंदिर-मठ-संत, काला जादू-चुड़ैल-तंत्र और इंदिरा गांधी

गांधी परिवार का धार्मिक रुझान हमेशा चुनावों में चर्चा का विषय होता है, राहुल गांधी मजबूर हो गए और अपना गोत्र बताना पड़ा, लेकिन ये लाइनें लिखे जाने तक प्रियंका गांधी और राहुल गांधी की कोई रक्षाबंधन की तसवीर सामने नहीं आई। यह अलग बात है कि रॉबर्ट वाड्रा कई बार मंदिर के बाहर भंडारा करवाते दिखे। ऐसे में चूँकि इंदिरा गांधी ने पारसी धर्म के व्यक्ति से शादी की थी, इसलिए उनको लेकर हर पीढ़ी को यह उत्सुकता रहती है कि वे कितनी धार्मिक थीं, पूजा-पाठ करती थीं कि नहीं, मंदिर वगैरह जाती थीं कि नहीं, मोदी की तरह संतों से मिलने में यकीन रखती थीं कि नहीं। आज आप इंदिरा के बारे में उठ रहे इन तमाम सवालों के जवाब जानेंगे और ये जानकारियाँ आपको हैरान कर देंगी।

धर्मगुरुओं ही नहीं, ज्योतिषियों और ग्रहों की चाल पर भी था इंदिरा का विश्वास

वक्त के थपेड़ों ने इंदिरा को इतना रुलाया कि वे न केवल धार्मिक हो गईं, बल्कि ज्योतिषियों और तांत्रिकों तक पर भरोसा करने लगी थीं। यूँ तो वे इमरजेंसी से पहले भी संतों से मिलती रहती थीं, मंदिरों-मठों में दर्शन को जाती रहती थीं, लेकिन इमरजेंसी के बाद मिली हार ने उनका आत्मविश्वास डिग गया था, तो उन्हें भगवान पर और ही ज्यादा भरोसा हो गया था। यह ऑन रिकॉर्ड है कि चिकमंगलूर से इलेक्शन लड़ते वक्त ज्योतिषी की सलाह पर उन्होंने एक खास समय पर ही परचा भरा। इतना ही नहीं, नामांकन करते समय इंदिरा गांधी चुनाव अधिकारी के बाएँ तरफ बैठीं, क्योंकि पिछली बार दाएँ तरफ बैठी थीं, इसलिए हार गई थीं, ऐसा उनके ज्योतिषी के हवाले से उन दिनों 'वाशिंगटन

पोस्ट' ने लिखा था।[1] इतना सब कुछ करने के बाद भी मन की शांति के लिए वे संतों के पास भी जाती थीं। चिकमंगलूर चुनाव के बाद इंदिरा सीधे अरुणाचल प्रदेश के महर्षि रमण के आश्रम में पहुँचीं। वे रमण श्रषि के उस कमरे में एक घंटे अकेली बैठी रहीं, जहाँ वे रहते या सोते थे।

इंदिरा ने ज्योतिषियों और अपने सीनियर साथियों के कहने पर 14 जनवरी को शपथ ली, क्योंकि मकर संक्रांति के चलते पवित्र दिन था। जबकि जीत 6 जनवरी को हो गई थी। प्रणब मुखर्जी ने तो अपनी पुस्तक 'द ड्रामेटिक डिबेट, द इंदिरा गांधी ईयर्स' में एक दिलचस्प वाकया लिखा है कि कैसे ज्योतिषियों पर इंदिरा गांधी के भरोसे को लेकर अखबारों में कयास लगाए जाते थे। जब वे 1980 में लोकसभा चुनाव बुरी तरह हार गए तो भी इंदिरा गांधी ने उनको कैबिनेट में कैसे लिया? चंडीगढ़ के एक अखबार ने छापा कि भगवत झा आजाद ने किसी वजह से कैबिनेट की शपथ लेने से इनकार कर दिया तो ज्योतिषी के कहने पर 22 लोगों की कैबिनेट में एक कम हो गया तो प्रणब मुखर्जी को शामिल किया गया।[2] हालाँकि, प्रणब मुखर्जी ने इसकी कोई और वजह बताई।

इसी तरह 16 फरवरी को जब 84 साल बाद पूर्ण सूर्य ग्रहण हुआ तो राजीव ने गार्डन में राहुल और प्रियंका के लिए टेलीस्कोप लगा लिया था। इंदिरा बाकी लोगों के साथ टॉम एंड हार्डी की फिल्म देख रही थी, लेकिन ऐन सूर्य ग्रहण के वक्त उठ गईं और अपने रूम में जाकर खड़ी हो गईं और तभी वहाँ से हटीं, जब ग्रहण खत्म हो गया।[3] शपथ के दिनों में ज्योतिषी इंदिरा को बता रहे थे कि यह सूर्य ग्रहण इंदिरा और संजय के लिए भारी है।

निर्मला देशपांडे को नागपुर के मशहूर ज्योतिषी पी.एम. धूमल ने कहा कि अगर इंदिरा और संजय एक ही छत के नीचे रहे तो, या तो संजय अपनी माँ को बरबाद कर देगा, अगर वे बच गईं तो संजय बरबाद हो जाएगा। लेकिन इंदिरा ने उस वक्त निर्मला की बात पर ध्यान नहीं दिया[4], लेकिन जब गुजरात के एक ज्योतिषी की संजय पर भविष्यवाणी सच हो गई तो इंदिरा ने राजीव पर उसकी भविष्यवाणी के चलते इंडियन एयरलाइंस की नौकरी से हटा लिया था। एक बार इंदिरा का मिलना महेश योगी से भी हुआ। योगी ने इंदिरा को एक मंत्र दिया और कहा कि राजनीति छोड़ दो, तुम एक और आनंदमयी माँ बन सकती हो।

परेशानी में संतों से मिलती रहती थीं

यह इंदिरा का अलग रूप था, जब भी परेशान होती थीं, किसी-न-किसी संत के यहाँ जरूर जाती थीं। इंदिरा गांधी कश्मीरी शैव संत लक्ष्मणजू से भी काफी प्रभावित रहती

थीं। अकसर कश्मीर में उनके आश्रम में भी जाती थीं। इमरजेंसी के दौरान एक बार इंदिरा हरिद्वार में आनंदमयी माँ के सामने जाकर रोईं (उनकी माँ भी इनकी भक्त थीं), दोबारा भी हारने के बाद मिलीं तो इंदिरा को माँ आनंदमयी ने 108 रुद्राक्ष की माला भी दी। यही रुद्राक्ष की माला सोनिया ने इंदिरा गांधी की हत्या के बाद उनके पार्थिव शव को पहनाई थी, जिसे लेने के लिए वो खासतौर पर एम्स से वापस घर आई थीं। ऐसा लगता है कि इंदिरा ने कभी अपनी बहू को ऐसा करने को कहा होगा। काँची के शंकराचार्य से भी इमरजेंसी की हार के बाद अगले चुनाव से पहले आशीर्वाद लिया, यूँ शंकराचार्य मौन व्रत पर थे। इंदिरा ने सारी बातें बताकर पूछा कि मुझे क्या करना चाहिए, संन्यास ले लूँ या लड़ूँ? तब भी शंकराचार्य मौन रहे। लेकिन एक घंटे इंतजार के बाद जब वे हाथ जोड़कर उठने लगीं तो शंकराचार्य ने बस इतना कहा कि अपने धर्म का पालन करो और इंदिरा की तरफ आशीर्वाद मुद्रा में अपने हाथ उठा दिए।

इमरजेंसी के वक्त ही वे आध्यात्मिक गुरु जे. कृष्णमूर्ति से मिली थीं, एक घंटे कमरे में बात करके बाहर रोते हुए निकलीं। इंदिरा ने कृष्णमूर्ति को बताया कि मैं एक टाइगर की सवारी कर रही हूँ, मुझे चिंता नहीं कि टाइगर मुझे मार दे, लेकिन मुझे यह पता नहीं है कि टाइगर की पीठ पर से कैसे उतरा जाए? वे इमरजेंसी को वापस लेने से जुड़े असमंजस के बारे में बता रही थीं। कृष्णमूर्ति ने बस इतना कहा कि अपने सही-गलत सबकी जिम्मेदारियाँ लो। लेकिन कर्नाटक के सुब्रमण्या मंदिर के पुजारी ने उनसे इमरजेंसी को लेकर कुछ कड़े सवाल कर लिये और इंदिरा गुस्से में उठकर चली गईं।

एक महीने तक इंदिरा के सपनों में आती रही चुड़ैल, झाँसी के काली मंदिर में 4 साल तक हुआ लक्ष्यचंडी पाठ

संजय गांधी की मौत के बाद 1982 में जब मेनका भी घर छोड़कर चली गईं, तो इंदिरा काफी परेशान रहने लगी थीं, एक बार तो पूरे एक महीने तक वे नहीं सो पाईं, 2 या 3 बजे उनकी आँखें खुल जातीं और फिर वो सो नहीं पातीं। दरअसल इंदिरा की आँखें खुलती थीं तो एक चुड़ैल जैसी किसी बुरी आत्मा या बूढ़ी औरत को सपने में देखकर, जबकि एक सफेद दाढ़ी वाला व्यक्ति उन्हें सपने में ही उस चुड़ैल से बचाने की कोशिश भी करता। जब इंदिरा फिर सोने की कोशिश करतीं, वह भयानक बुढ़िया या चुड़ैल फिर आ जाती और कुछ तांत्रिक क्रियाएँ करना शुरू कर देतीं। तब इंदिरा ने अपनी दोस्त पुपुल जयकर को यह बताया भी था कि वे एक महीने से सो नहीं पा रही हैं। उन्हें लगता है कि उनके विरोधियों ने कोई तंत्र-मंत्र उनके खिलाफ किया है। इंदिरा गांधी के शब्दों में—“Night after night I dream of a venomous old woman, full of hatred, reaching out to destroy me. I lie paralysed, unable to move.

But a beautiful human being with a beard protects me and will not let the old woman near."[5]

पुपुल के कहने पर नवंबर 1982 में जे. कृष्णमूर्ति इंदिरा के घर आए। इंदिरा ने उन्हें बताया कि कोई उनके खिलाफ काला जादू इस्तेमाल कर रहा है। तब उन्होंने इंदिरा को शांति से अपने साथ बैठने को कहा, देर तक दोनों बिना कुछ बोले ध्यान में बैठे रहे। उसके कुछ दिन बाद वे फिर इंदिरा से मिलने आए, तब तक इंदिरा सामान्य हो चुकी थीं। उनको उन बुरे सपनों से निजात मिल चुकी थी।

संजय गांधी के लिए झाँसी के काली मंदिर में हुआ लक्ष्यचंडी पाठ

1979 में जब कई करीबियों ने ज्योतिषियों के हवाले से उन्हें बताया कि संजय की जान खतरे में है तो उनकी सलाह पर इंदिरा ने झाँसी के काली मंदिर में लक्ष्यचंडी पाठ के लिए हामी भर दी, इसमें यज्ञ के दौरान हजारों-लाखों मंत्र पढ़े जाते हैं और वे करीब चार साल तक यानी 1983 तक पढ़े जाते रहे। 1980 में संजय की मौत के बाद भी यह चलता रहा और इंदिरा की मौत से ठीक एक साल पहले यानी 1983 में खत्म हुआ। इस वाकये का जिक्र भी पुपुल जयकर ने किया है।

इंदिरा गांधी शक्ति और आंतरिक ऊर्जा जैसे विषयों पर भी चर्चा किया करती थीं। एक बार त्रिपुरा की महारानी उन्हें त्रिपु सुंदरी के मंदिर में ले गईं। वहाँ इंदिरा को एक अनोखा अनुभव हुआ, जबकि उस वक्त मंदिर में राजा, रानी, पुजारी और उनके एक सहयोगी भी थे। इंदिरा को महसूस हुआ कि त्रिपु सुंदरी कोई मूर्ति नहीं है, बल्कि वे जीवित बैठी हैं। इंदिरा ने अपनी मित्र पुपुल को बाद में बताया कि मुझे लगा कि मुझे उनसे बात करनी चाहिए। उस रात इंदिरा को भयंकर एलर्जी भी हुई। वे कभी भी इस रहस्य को समझ नहीं पाईं, लेकिन करीबियों से इसका जिक्र भी किया।

कुँआरी कन्याओं के पैर धोकर पिया पानी

कहा जाता है कि उनकी सोच में परिवर्तन करने का बहुत बड़ा श्रेय उनके रेल मंत्री कमलापति त्रिपाठी को था। मशहूर पत्रकार कुमकुम चड्ढा अपनी पुस्तक 'द मैरी गोल्ड स्टोरी : इंदिरा गांधी एंड अदर्स' में लिखती हैं—"धर्म के मामले में कमलापति उनके गुरु बन गए। एक बार जब उन्होंने नवरात्र के बाद इंदिरा से कुँआरी कन्याओं के पैर धोकर उसका पानी पीने के लिए कहा तो इंदिरा थोड़ा झिझकीं। उन्होंने पूछा भी कि 'कहीं मैं बीमार तो नहीं हो जाऊँगी?' लेकिन इसके बाद विदेश में पढ़ी और फ्रेंच बोलने वाली इंदिरा गांधी ने उस रस्म को पूरा किया"[6]

जब दतिया शक्तिपीठ में पुजारियों ने कर दिया इंदिरा को पूजा करवाने से इनकार

एक बार इंदिरा गांधी दतिया के बगलामुखी शक्तिपीठ गई थीं। मंदिर के प्रांगण के अंदर धूमावती देवी का मंदिर था, जहाँ सिर्फ विधवाओं को ही पूजा करने की अनुमति थी। जब इंदिरा गांधी पहली बार वहाँ गईं तो धूमावती शक्तिपीठ के पुजारियों ने उन्हें प्रवेश नहीं दिया, क्योंकि वहाँ गैर-हिंदुओं का प्रवेश वर्जित था। पीठ की नजर में फिरोज गांधी से विवाह कर वे अब हिंदू नहीं रह गई थीं। कुमकुम चड्ढा लिखती हैं—"इंदिरा ने कमलापति त्रिपाटी को फोन मिलाकर उनसे तुरंत दतिया आने के लिए कहा। त्रिपाठी को पुजारियों को मनाने में एड़ी-चोटी का जोर लगाना पड़ा।" अंत में उनका यह तर्क काम आया, "मैं इनको लाया हूँ। आप इनको ब्राह्मण-पुत्री समझ लें।"

दिल्ली में वे अकसर श्री आद्य कात्यायिनी शक्तिपीठ जाया करती थीं, जिसे छतरपुर मंदिर कहा जाता है। उनकी माँ ने रामकृष्ण मिशन में एक स्वामीजी से दीक्षा ले रखी थी और फिरोज की मृत्यु के बाद उन्होंने भी उनसे दीक्षा ले ली। इंदिरा गांधी के समय में इंटेलिजेंस ब्यूरो के अधिकारी रहे एम.के. धर ने लिखा है कि कैसे इंदिरा का योग गुरु धीरेंद्र ब्रह्मचारी और कालकाजी मंदिर से जुड़ा एक तांत्रिक इंदिरा गांधी के भरोसे का शोषण करके पैसा बनाते थे। उन्होंने इंदिरा को लेकर लिखा है—"Indira was a highly superstitious lady, and I witnessed her strange habits of believing in omens."[7]

संतों या आध्यात्मिक गुरुओं से राष्ट्रध्यक्ष के मिलने, उनसे सलाह लेने में कुछ भी गलत नहीं होता। लेकिन जिस तरह उन्होंने लक्ष्यचंडी पाठ कई साल तक करवाया, तांत्रिकों की सलाह पर आकर कई काम किए, कई बार उनके सपनों में जो भी चुड़ैल आदि आती थी। उसका जिक्र अपनी जीवनीकार से किया और बताया कि वे कैसे परेशान होती थीं, यह सब इंदिरा गांधी जिस पद पर थीं, जो उनकी हस्ती थी, जो उनकी छवि थी, उसके लिए शोभा नहीं देता। ऐसी बातें आमतौर पर सामने नहीं आतीं, लेकिन अगली जितनी पीढ़ियाँ आएँगी, अगर वे जानेंगी कि जिस महान् नेता को उन्हें 'लौह महिला' के तौर पर पढ़ाया जाता है, वे तंत्र-मंत्र में विश्वास करती थीं और एक बुरे सपने के चलते कई दिनों तक सो नहीं पाती थीं तो सोचिए, क्या सोचेंगे वो?

संदर्भ

1. Washington Post's Report, by Stuart Auerbach, 6 January, 1980, https://www.washingtonpost.com/archive/politics/1980/01/ 06/astrologers-forecasts-gifts-to-voters-enlivening-general-election-in-india/1e3d7b0d-d555-42b8-87fc-4eb82d5c59b3/

2. Times of India Report, 'Pranab Got a dressing down from Indira Gandhi', https://timesofindia.indiatimes.com/india/when-pranab-got-a-dressing-down-from-indira-gandhi/articleshow/45492275.cms
3. 'Indira Gandhi : A Biography', by Pupul Jaykar, Page No. 403, Published by Penguin Group.
4. 'Indira Gandhi : A Biography', by Pupul Jaykar, Page No. 222, Published by Penguin Group.
5. 'Indira Gandhi : A Biography', by Pupul Jaykar, E-Book, Chapter No. 6, Published by Penguin Group.
6. BBC Report, 4 August, 2020, https://www.bbc.com/hindi/india-53649101
7. 'Open Secrets : India's Intelligence Unveiled', by Maloy Krishna Dhar, Page No. 235, Published by Manas Publications.

□

39

यूँ तैयार किए नेहरू-गांधी परिवार ने अंधभक्त

जवाहरलाल नेहरूजी को काफी कुछ विरासत में मिला था, पिता मोतीलाल नेहरू ने उस जमाने में स्विमिंग पूल वाला बँगला बनवाया हुआ था। एक घर कांग्रेस को देकर उन्होंने एक तरह से कांग्रेस का मुख्यालय ही इलाहाबाद को बनवा दिया था। 1919, 1928, 1929, 1930, 1936, 1937 में कभी पिता तो कभी-कभी पुत्र कांग्रेस अध्यक्ष हुआ करते थे। बावजूद इसके नेहरूजी आजादी तक अपने समर्थक नहीं खड़ा कर पाए थे, पार्टी में भी नहीं। जब 1946 में कांग्रेस अध्यक्ष पद का चुनाव हुआ, जिसे कि तब अंग्रेजों से सरकार बनाने का प्रस्ताव मिलना था, पंद्रह में एक भी प्रदेश कार्यसमिति ने उनका नाम नहीं भेजा, जबकि 12 प्रदेश समितियों ने सरदार पटेल का नाम भेजा। बावजूद इसके गांधीजी ने उन्हें अध्यक्ष (अप्रत्यक्ष रूप से पी.एम.) चुना। लेकिन जब तक पटेल जिंदा रहे नेहरूजी के पी.एम. होते हुए भी उनका जलवा कायम रहा, 1950 के कांग्रेस अध्यक्ष के चुनाव में उनके उम्मीदवार पुरुषोत्तम दास टंडन ने नेहरूजी के समर्थित उम्मीदवार आचार्य जे.बी. कृपलानी को हरा दिया था, तो नेहरूजी ने इस्तीफा देने की धमकी तक दे डाली थी।

सबसे पहले कांग्रेस अध्यक्ष पद पर किया कब्जा

लेकिन सरदार पटेल की मृत्यु के बाद जब नेहरूजी देश और पार्टी दोनों के सर्वे-सर्वा हो गए तो उन्होंने अपने लोगों को सब जगह भरना शुरू किया। सबसे पहले पुरुषोत्तम दास टंडन को मजबूर किया कि वे इस्तीफा दे दें, उन्होंने दे दिया तो खुद कांग्रेस अध्यक्ष बन गए, यानी प्रधानमंत्री भी वही और अध्यक्ष भी वही। अब तो कोई रोकने वाला था नहीं, सो 1951 से लेकर 1955 तक अध्यक्ष रहे। फिर अगले चार साल

अपने विश्वस्त यू.एन. ढेबर को अध्यक्ष बनाए रखा। दिलचस्प बात है कि उनको केंद्रीय नेताओं में से किसी पर भरोसा नहीं था, सो सौराष्ट्र के मुख्यमंत्री यू.एन. ढेबर को इस्तीफा दिलवाकर दिल्ली लाया गया। 1959 में अपनी बेटी इंदिरा गांधी को अध्यक्ष बनाना था, सो इस बार ढेबर, गोविंद बल्लभ पंत और लालबहादुर शास्त्री जैसे अपने खासमखास लोगों को लगाया, ताकि निजलिंगप्पा की जगह बेटी इंदिरा को अध्यक्ष बनवाया जा सके और उसके लिए क्या-क्या जुगत उन्होंने की, ये आप इसी पुस्तक में शास्त्रीजी वाले अध्याय में पढ़ सकते हैं।

इंदिरा अध्यक्ष की जिम्मेदारी में खुद को सँभाल नहीं पा रही थीं, उनका अपेंडिक्स का ऑपरेशन भी होना था, सो उन्होंने इस्तीफा दे दिया, लेकिन तब तक नेहरूजी उस सवाल का जवाब ढूँढ़ चुके थे, जिसे पूरा देश पूछ रहा था—नेहरूजी के बाद कौन? सो उनके विरोधी आरोप लगाते रहे हैं कि 'कामराज योजना' कामराज की नहीं, बल्कि नेहरूजी की ही थी, जिसके जरिए उन्होंने मोरारजी देसाई, लालबहादुर शास्त्री, कामराज, नीलम संजीवा रेड्डी, निजलिंगप्पा जैसे दिग्गज नेताओं को पी.एम. पद के लिए इंदिरा गांधी के रास्ते से हटाने की योजना बना ली। कई मुख्यमंत्रियों और केंद्रीय मंत्रियों को इस्तीफे लेकर उनको संगठन का काम दे दिया गया और नीलम संजीवा रेड्डी कांग्रेस अध्यक्ष बने, फिर कामराज।

विदेशी मोरचे पर परिजन तैनात

इसी पुस्तक में आपने एक अध्याय में जाना था कि कैसे नेहरूजी ने विदेश सेवा में अपने परिवार के तीन अहम सदस्यों को सबसे प्रमुख जगहों पर तैनात किया, क्योंकि विदेशों में उनकी छवि को मजबूत करना था, ताकि वे घरेलू मोरचे पर ज्यादा ध्यान दे पाएँ। फिर उन्होंने कश्मीरी अधिकारियों को बढ़ावा दिया, जैसे इलाहाबाद के ही वकील पी.एन. हक्सर को विदेश सेवा में लेकर आए, जो इंदिरा गांधी के वक्त में सबसे ताकतवर अधिकारी के तौर पर उभरे। कश्मीरी मूल के पुलिस अधिकारी रामेश्वर नाथ काव को खुद अपने सुरक्षा अधिकारी के तौर पर चुना, जिनके बारे में कहा जाता है कि वे वंशीधर नेहरू के परिवार से ही थे। इसी तरह बाकी रियासतें सरदार पटेल के हवाले कीं, लेकिन कश्मीर नहीं, वहाँ शेख अब्दुल्ला को गद्दी पर बैठाया, और दिल्ली में धारा-370 ड्राफ्ट करने का काम अपने विश्वस्त गोपालस्वामी आयंगर को दिया।[1]

इसी पुस्तक में एम.ओ. मथाई से जुड़े अध्याय में आप जानेंगे कि कैसे मथाई को बिना किसी कांग्रेसी पृष्ठभूमि के आगे बढ़ाया, हर राज में राजदार बनाया और फिर उसने क्या किया! ऐसे तमाम उदाहरण नेहरूजी के मामले में इतिहास में दबे पड़े हैं, जहाँ वे योग्यता से ज्यादा वफादारी या अपने रिश्ते को तवज्जो देते थे। वी.के. कृष्णा मेनन की

कहानी तो इस मामले में सबसे बड़ा उदाहरण है कि रक्षा मंत्री रहते हुए उसने कितनी बड़ी गलतियाँ 1962 के युद्ध में कीं और भुगता देश ने। फिर भी उसे आखिर तक बचाने की कोशिश में लगे रहे थे पं. नेहरू।

इंदिरा ने दिग्गजों को किया दरकिनार, जूनियर लोगों पर हाथ रखा

इंदिरा गांधी भी इस मामले में अपने पिता के ही पदचिह्नों पर थीं, पार्टी के जिस नेता ने उनका बुरे वक्त में पार्टी लाइन से ऊपर उठकर साथ दिया, वह उनका विश्वस्त बना। कई बार तो बड़े छोटे-छोटे लोगों को इतने बड़े पद पर बैठा दिया कि उनसे वह पद सँभला ही नहीं और उनकी बदतमीजियों के किस्से इतिहास के पन्ने बनकर छप गए। इनमें बड़ा उदाहरण आर.के. धवन का है कि कैसे नेहरूजी के वक्त में एक स्टेनोग्राफर रहे आर.के. धवन एक वक्त में जब पी.एम. इंदिरा गांधी के निजी सचिव बने तो वरिष्ठ से वरिष्ठ अधिकारियों पर चिल्लाने से गुरेज नहीं करते थे। सोचिए, जब मुख्यमंत्री को प्रधानमंत्री से बात करने या समय लेने के लिए धवन से बात करनी पड़ती हो, तो वह व्यक्ति खुद को कितना महत्त्वपूर्ण समझता होगा!

खुशवंत सिंह ने इंदिरा गांधी के लिए लिखा भी है कि पढ़े-लिखे लोगों के बीच इंदिरा गांधी सहज अनुभव नहीं करती थीं। खुशवंत सिंह के शब्दों में—"Also, she felt uncomfortable with educated, sophisticated people. So you have the rise of people like Yashpal Kapoor, R K Dhawan, who was a stenographer who worked in her office, Mohammad Yunus, who just hung around her. I believe this was because she had no real education."[2]

फिर संजय की चौकड़ी छा गई

जब इमरजेंसी लगी थी, तब उनके करीब चार चेहरे थे—संजय गांधी, आर.के. धवन, बंसीलाल और ओम मेहता। यूँ सिद्धार्थ रॉय ने इमरजेंसी की सलाह दी थी, ऐसा दावा किया जाता है, लेकिन सिद्धार्थ रॉय बेहतर जानते थे कि उन पर इंदिरा इतनी भी भरोसा नहीं करती थीं। शाह आयोग के सामने उन्होंने खुद को बचाने के लिए संजय गांधी की तरफ इशारा भी किया था। धवन का पूरा नाम था—राजेंद्र कुमार धवन। संजय गांधी से दोस्ती उनके बड़े काम आई। कभी रेलवे में 450 रुपए महीने के वेतन पर क्लर्क की नौकरी करने वाले धवन अगले 10 साल में इतने ताकतवर हो जाएँगे, यह किसी ने नहीं सोचा था। उनको लोग दूसरा मथाई कहने लगे थे। एक बार तो उन्होंने एक मंत्री तक को सबक सिखा दिया था, क्योंकि उसने प्रधानमंत्री सचिवालय को किसी आवश्यक कार्य

के लिए रिमांडर भेजने की 'जुर्रत' कर दी थी। इमरजेंसी में आदेश लिखित में माँगने के चलते एक आई.पी.एस. को इतने जोर से चिल्लाए थे कि वह सहम गया था। धवन ही वह कड़ी थी, जिसकी मदद से पूरी सरकार को अपनी उँगली पर नचाते थे संजय गांधी।

इन्हीं धवन साहब के एक भाई राष्ट्रपति भवन में थे, तभी उनको वहाँ से भी पल-पल की खबरें मिलती थीं। धवन के ही भानजे थे यशपाल कपूर, रायबरेली में इंदिरा गांधी के वे इलेक्शन एजेंट, जो सरकारी नौकरी से इस्तीफा देने से पहले ही चुनाव-प्रचार में लग गए थे और इन्हीं की हरकतों के चलते इलाहाबाद हाई कोर्ट ने इंदिरा गांधी के चुनाव को अवैध ठहरा दिया था। एक मामूली स्टेनोग्राफर से इंदिरा गांधी की कृपा की बदौलत वे राज्यसभा के सदस्य पद तक जा पहुँचे थे। बाद में, नई दिल्ली से लोकसभा चुनाव भी लड़े थे। इंदिरा गांधी के राजनीतिक सलाहकार से ज्यादा मुखबिर थे यशपाल कपूर।

संजय गांधी की तानाशाही को बढ़ाने में सबसे ज्यादा योगदान था बंसीलाल का, गांधी परिवार को उनकी छुपी ताकत का अहसास करवाते थे वो। यूँ उम्र में संजय से दोगुने थे, लेकिन करीबी काफी थी। 'इमरजेंसी की इनसाइड स्टोरी' में कुलदीप नैयर ने लिखा है—"वे हरियाणा में ऐसे राज करते थे, जैसे उनकी निजी जागीर हो। इतने अनैतिक थे कि उन्हें किसी भी तरीके से काम निकालने से मतलब था। एक निठल्ले वकील से एक सी.एम. की कुरसी तक 10 साल के अंदर पहुँच गए और आगे भी जाने की चाहत थी।" कैसे उन्होंने मारुति के लिए तमाम नियम-कायदों को ताक पर रखकर सैकड़ों एकड़ जमीन अधिगृहीत की, वह आप इसी पुस्तक के मारुति कार वाले अध्याय में पढ़ चुके हैं। संजय गांधी ने भी बदला चुकाया और उन्हें रक्षा मंत्री बनवा दिया था।

संजय के लिए नेवी के अधिकारियों से की बंसीलाल ने बदतमीजी

रक्षा मंत्री रहते हुए बंसीलाल की बदतमीजी की एक घटना बड़ी चर्चित हुई थी। दरअसल, संजय गांधी को लेकर बंसीलाल नौसेना के एक कार्यक्रम में बंबई (मुंबई) गए थे, जहाँ डिनर में 'E' आकार में एक टेबल लगाई गई थी, जिसमें रक्षा मंत्री, उनकी पत्नी और दो फ्लैग ऑफिसर्स को बैठना था, यहाँ तक कि तीनों सेना प्रमुखों को भी दूसरी टेबल पर जगह मिली थी और संजय गांधी को बाकी नौसेना अधिकारियों के साथ। चूँकि संजय गांधी किसी सरकारी पद पर नहीं थे, सो प्रोटोकॉल के तहत ऐसी व्यवस्था की गई थी। बंसीलाल तो बिफर गए, वे चाहते थे कि संजय गांधी उनके साथ बैठें। अक्खड़ बंसीलाल ने आव देखा न ताव, गाली-गलौज शुरू कर दी। नौसेना प्रमुख एस.एन. कोहली ने फौरन अपने इस्तीफे की पेशकश कर दी। बंसीलाल अवाक् रह गए। बाद में बंसीलाल की पत्नी की सीट उनको मिल गई, क्योंकि वे डिनर में शामिल नहीं

हुई थीं। इसी तरह दिल्ली में कर्नल सुखजीत सिंह के साथ उनकी बदसलूकी की खबर भी सुर्खियाँ बनी थी।[3]

यह बंसीलाल ही थे, जिनकी सलाह पर इमरजेंसी में गिरफ्तार नेताओं को हरियाणा भेजा जा रहा था, क्योंकि वहाँ की जेलों में उन्होंने एक-एक को ठीक करने का दावा किया था। तभी तो 1977 में चुनाव हारने के बाद कांग्रेस कार्यसमिति की बैठक में सिद्धार्थ शंकर रॉय ने जब बंसीलाल को कांग्रेस से छह साल के लिए निष्कासित करने और संजय गुट के अन्य लोगों के खिलाफ कार्रवाई करने की माँग रखी तो इंदिरा गांधी चीख-चीखकर कहने लगीं—"मुझे निकाल दो, मुझे ही निकाल दो।"[4] अपने लोगों को बचाने के लिए इंदिरा गांधी इस हद तक जा सकती थीं।

इधर इंदिरा समर्थकों ने ध्यान हटाने के लिए कांग्रेस अध्यक्ष देवकांत बरुआ उर्फ डी.के. बरुआ के इस्तीफे की माँग शुरू कर दी। इसके जवाब में एक बैठक चरणजीत यादव के घर हुई, जहाँ बंसीलाल, ओम मेहता और वी.सी. शुक्ला के इस्तीफे माँगे गए। इंदिरा गांधी ने एक और चाल चली, अपने घर में आयोजित एक बैठक में अपने बैग से बंसीलाल का इस्तीफा निकाला और इसे बरुआ की बजाय चव्हाण को दे दिया और साथ ही कहा कि हार की जिम्मेदारी पूरी वर्किंग कमेटी को लेनी चाहिए और सबको सामूहिक इस्तीफा दे देना चाहिए, यह चाल थी विरोधियों को पद से हटाने की। लेकिन जब बात नहीं बनी तो उन्होंने हार की जिम्मेदारी अपने ऊपर ले ली।

'मैं कायर था'

कभी बंसीलाल की सिफारिश पर उनकी जगह हरियाणा से सी.एम. बने बनारसी दास गुप्ता ने वर्किंग कमेटी में बंसीलाल की पोल खोल दी कि कैसे बंसीलाल दिल्ली में बैठकर भी हरियाणा सरकार चला रहे थे, दिल्ली की रैलियों की भीड़ का इंतजाम हरियाणा से करने का आदेश देते थे। लोगों ने पूछा कि आपने पहले क्यों नहीं बताया, तो बनारसी दास बोले कि 'मैं कायर था।' इंदिरा गांधी को भी खामोश होना पड़ा। अगली कमेटी मीटिंग में वे नहीं आईं और तब कमेटी ने बंसीलाल को 6 साल के लिए पार्टी की प्राथमिक सदस्यता से निष्कासित करने का फैसला किया।

डी.के. बरुआ से इंदिरा गांधी को फिरोज गांधी ने मिलवाया था। वे उनके दोस्त थे। अकसर उन दोनों के बीच तनातनी में मध्यस्थ की भूमिका निभाते-निभाते कांग्रेस अध्यक्ष पद पर जा पहुँचे। इसी पुस्तक में आप उनकी चापलूसी की कथाएँ और 'इंदिरा इज इंडिया' का पूरा प्रकरण पढ़ चुके हैं। संजय गांधी को कम्युनिस्टों से चिढ़ थी और वे उनको कम्युनिस्ट ही कहकर बुलाते थे। उन्हें कतई पसंद नहीं करते थे। इमरजेंसी में चुनावी हार के बाद उन्होंने भी कांग्रेस से पल्ला झाड़ लिया था। इसी तरह जिस अंबिका

सोनी को संजय गांधी ने इतना चढ़ा दिया था कि प्रियरंजन दास मुंशी की जगह उन्हें यूथ कांग्रेस का अध्यक्ष बनवा दिया था, उन्होंने भी इमरजेंसी के बाद यूथ कांग्रेस अध्यक्ष पद से इस्तीफा देकर संजय की आलोचना की थी। वह अपने लोगों का इतना ध्यान रखती थीं कि इमरजेंसी के दौरान अभिनेत्री नरगिस की अमेरिका के एक डिपार्टमेंटल स्टोर से चोरी की खबर को भी उन्होंने भारत के अखबारों में छपने से रोक दिया था, यह 28 मई, 1976 की बात है।[5]

जब करीबी दोस्त को बनाने चली थीं मंत्री

इंदिरा गांधी अपनों के लिए कुछ भी करने के तैयार रहती थीं, चाहे उसके लिए तमाम नियमों को क्यों न ताक पर रखना पड़े! एक बार तो उन्होंने अपनी दोस्त पुपुल जयकर को महिला मामलों की केंद्रीय मंत्री बनने तक का प्रस्ताव दे दिया था, जबकि उनका कांग्रेस से कोई लेना-देना नहीं था, हालाँकि, पुपुल ने दिलचस्पी नहीं दिखाई। इसी तरह संजय गांधी के करीबी दोस्त कमलनाथ को लेकर वह छिंदवाड़ा पहुँची और मंच से कहा कि इसे मेरा तीसरा बेटा समझिए, आज तक उनकी जनता कमलनाथ को ही चुन रही है, उन्हें एक-दो झटके जरूर मिले।

इलाहाबाद हाई कोर्ट में जब जस्टिस जगमोहन लाल सिन्हा ने रायबरेली चुनाव रद्द करते हुए उनको पद से हटाने का आदेश जारी किया तो इलाहाबाद के वकील विश्वेश्वर नाथ खरे उर्फ वी.एन. खरे ने उनको इस आदेश पर स्टे दिलवाया, फिर तो खरे साहब पर इंदिरा गांधी की कृपा खूब हुई। पहले यू.पी. सरकार के मुख्य वकील बने और फिर 1983 में उन्हें हाई कोर्ट जज नियुक्त कर दिया गया और एक दिन भारत के मुख्य न्यायाधीश पद पर पहुँचे। बच्चन परिवार के लिए क्या-क्या किया, यह आप उनसे जुड़े अध्याय में पढ़ सकते हैं। अंत में, इस अध्याय का समापन नेहरूजी के सबसे बड़े प्रशंसक इतिहासकार रामचंद्र गुहा के बी.बी.सी. में छपे एक लेख की इंदिरा गांधी को लेकर कुछ पंक्तियों के साथ—"इंदिरा गांधी ने एकदम जुदा (और बेहद नुकसानदेह) चलन शुरू किया। जहाँ मंत्री, मुख्यमंत्री और प्रधानमंत्री अधिकारियों की तैनाती रिश्तेदारी या वफादारी के आधार पर करते थे।"[6]

संदर्भ

1. Nehru-Mookerjee-Abdullah Correspondence, Page No. 1, Published by Information Officer, Kashmir Bureau of Information.
2. Khushwant Singh Interview, by Amberish K. Diwanji, 27 October, 2004, Rediff.com https://www.rediff.com/news/interview/inter1/20041027.htm

3. 'Emergency ki Inside Story', by Kuldip Nayar, Page No. 155, Published by Prabhat Prakashan.
4. 'Emergency ki Inside Story', by Kuldip Nayar, Page No. 192, Published by Prabhat Prakashan
5. 'Emergency ka Kahar aur Censor ka Zahar', by Balbir Dutt, Page No. 220, Published by Prabhat Prakashan.
6. BBC Article, by Ramchandra Guha, Date-31 October, 2014, https://www.bbc.com/hindi/india/2014/10/141030_indira_gandhi_ramchandra_guha_rd

□

40

फिल्मी लोगों के साथ भी राजनीति

जिस पीढ़ी ने मोदी राज में फिल्मी सितारों को उनकी तारीफें करते या आलोचना करते देखा होगा, उन्हें लगता होगा कि मोदी फिल्मी सितारों के साथ भी राजनीति कर रहे हैं। ऐसे में उन सबके लिए नेहरू-गांधी परिवार की फिल्मी राजनीति को जानना दिलचस्प होगा। शुरुआत नेहरूजी के जमाने से ही हुई थी, जब उन्होंने उस वक्त के बड़े स्टार बलराज साहनी को अटल बिहारी वाजपेयी के चुनाव क्षेत्र में कांग्रेस के लिए प्रचार करने को कहा था, वह भी 2 दिन। बहुत कम लोग यह जानते हैं कि बच्चन और कपूर दोनों ही फिल्मी परिवारों को दिल्ली लाने वाले पं. नेहरू थे।

यूँ तो पं. नेहरू के दादा गंगाधर नेहरू हों या फिर पृथ्वीराज कपूर के पिता बशेश्वरनाथ, दोनों ही पुलिस अधिकारी रहे हैं। लेकिन पृथ्वीराज कपूर का प्ले 'दीवार' देखने के बाद पं. नेहरू उनके प्रशंसक बन गए थे और बाद में दो-दो बार उन्हें राज्यसभा में भेजा। अमिताभ बच्चन के पिताजी हरिवंश राय बच्चन को भी पं. नेहरू ही दिल्ली लेकर आए और उन्हें भी बाद में इंदिरा गांधी ने राज्यसभा भेजा था। जाहिर है कि यह दोस्ती एकतरफा नहीं थी, बच्चन परिवार से उनके व इंदिराजी के रिश्तों पर पूरी जानकारी आपको इसी पुस्तक के एक दूसरे अध्याय में मिलेगी।

पृथ्वीराज कपूर से पं. नेहरू ने एक बार कहा था कि आपका बेटा सोवियत संघ में मुझसे ज्यादा लोकप्रिय है। राज कपूर यूँ राजनीति से दूर रहते थे, लेकिन नेहरू व इंदिरा से उनके अच्छे रिश्ते थे और दोनों ही राज कपूर की सोवियत संघ में लोकप्रियता को उनसे रिश्ते अच्छे करने के लिए भुनाते रहे, राज कपूर को मास्को फेस्टिवल जैसे कार्यकमों में भेजकर। हालाँकि, नेहरू के ज्यादा अच्छे रिश्ते दिलीप कुमार से थे और कई बार दिलीप कुमार विवादों में फँसे तो नेहरू ही काम आए और बदले में उन्हें चुनाव-प्रचार में उतरकर यह कर्ज उतारना पड़ा।

'हिंदुस्तान टाइम्स' में अपने कॉलम में वरिष्ठ पत्रकार वीर सांघवी दिलीप कुमार

को लेकर दिलचस्प जानकारी देते हैं कि कैसे दिलीप कुमार उन दिनों आज के तीनों खानों को मिलाकर भी ज्यादा लोकप्रिय थे, आजादी के बाद इकलौते मुसलिम सुपरस्टार! सो पं. नेहरू अपनी सेक्युलर छवि बनाने के लिए दिलीप कुमार का इस्तेमाल किया करते थे कि भारत में कोई मुसलमान किसी भी क्षेत्र में शिखर पर जा सकता है और उसे हर भारतीय, चाहे किसी भी धर्म का हो, दिल से प्यार करता है। वीर सांघवी ने एक दिलचस्प वाकया और लिखा है कि कैसे उनके वकील पिता ने दिलीप कुमार की मूवी 'गंगा जमुना' का केस सेंसर बोर्ड के खिलाफ लड़ा था, जिसमें नेहरूजी के सेंसर बोर्ड के अधिकारी एक मुसलिम के मुँह से 'हे राम' नहीं सुनना चाहते थे। बाद में सफाई दी कि डकैत के मुँह से 'हे राम' शब्द ठीक नहीं है।

ऐसे चुकाया दिलीप कुमार ने पं. नेहरू की मदद का कर्ज!

आगे की कहानी दिलीप कुमार ने खुद अपनी आत्मकथा में लिखी है कि कैसे उन्होंने परेशान होकर पं. नेहरू से गुहार लगाई। उन्होंने सेंसर बोर्ड से मूवी को फिर से रिव्यू करवाया, तब जाकर उनकी फिल्म में वह डायलॉग फिर से रखा गया। लेकिन उसका फायदा नेहरूजी ने ऐसे लिया कि 1962 के चुनावों में खुद दिलीप कुमार को फोन करके कहा कि उत्तरी मुंबई से कांग्रेस के उम्मीदवार वी.के. कृष्णा मेनन के लिए चुनाव-प्रचार करो। दिलीप कुमार ने लिखा है कि 'I obeyed Panditji at once.' दिलीप कुमार जब कृष्णा मेनन से मिलने पहुँचे तो उनको इंतजार करवाने और फिर कैसे उनका एक की बजाय बीसियों सभाओं और रैलियों में बिना किसी तैयारी के कांग्रेस अध्यक्ष रजनी पटेल ने इस्तेमाल किया था, इसके बारे में उन्होंने अपनी आत्मकथा में विस्तार से लिखा है।[1] लेकिन दिलीप कुमार ने एक वाकया नहीं लिखा और वह था पाकिस्तानी जासूस और दिलीप कुमार के घर में मिले पाकिस्तानी ट्रांसमीटर का, जिसके बारे में वीर सांघवी ने लिखा था।

दिलीप कुमार और पाकिस्तानी जासूस

दरअसल, कलकत्ता पुलिस ने एक पाकिस्तानी जासूस पकड़ा था, जिसके पास एक डायरी में कई नाम थे, जिनमें दिलीप कुमार का भी नाम था। कलकत्ता पुलिस ने दिलीप कुमार के घर रेड डाली और एक पाकिस्तानी ट्रांसमीटर बरामद किया। लेकिन वीर सांघवी ट्रांसमीटर की बात को अफवाह बताते हैं, जबकि अपनी पुस्तक 'Nehru's Hero Dilip Kumar In The Life Of India' में मेघनाथ देसाई इसे अफवाह नहीं मानते। तब दो तरह की बातें चर्चा में आई थीं कि नेहरू दिलीप कुमार को दबाव में लाना चाहते थे और उन्होंने ही इस मामले को रफा-दफा करवाया, वरना कलकत्ता पुलिस की

इतनी हिम्मत नहीं थी कि दिलीप कुमार जैसे सितारे पर हाथ डालती। लेकिन यह सच है कि उसके बाद दिलीप कुमार नेहरू के 'जवानों के लिए कार्यक्रम' में ही आने को ही हर बार तैयार नहीं थे, बल्कि मुंबई के नेता रजनी पाटिल के लिए भी कई फंडरेजिंग कार्यक्रमों के लिए हर वक्त उपलब्ध रहने लगे थे।

दिलीप कुमार की अपनी समस्याओं ने उन्हें पहले नेहरू और फिर इंदिरा गांधी पर निर्भर कर दिया, तभी वे उनके लिए चुनाव-प्रचार तक करने में नहीं हिचकिचाते थे। उनकी मजबूरियों का फायदा पिता-पुत्री दोनों ने लिया। इंदिरा गांधी के समय का एक किस्सा प्रसिद्ध वकील हरीश साल्वे ने एक इंटरव्यू में बयान किया। उन्होंने बताया कि कैसे उनके पिताजी से एन.के.पी. साल्वे के पास आया दिलीप कुमार का एक इनकम टैक्स का केस कॅरियर के शुरुआती दिनों में उन्होंने लड़ा था। इनकम टैक्स विभाग को 1966 में रिलीज हुई फिल्म 'दिल दिया दर्द लिया' के प्रोड्यूसर ए.आर. कारदार के घर रेड में उनकी एक डायरी मिली, जिसमें किसी 'DK' को 10 लाख रुपए देने का जिक्र था। जाहिर है कि शक दिलीप कुमार पर ही गया। दिलीप कुमार को इंदिरा गांधी के दर पर आना ही पड़ा।[2]

संजय गांधी ने करवाई फजीहत

लेकिन फिर क्या बेकदरी इतने बड़े स्टार की संजय गांधी ने की, इसका जिक्र विनोद मेहता ने अपनी पुस्तक में किया है। 1977 के चुनाव में संजय गांधी की अमेठी सीट से प्रचार करने एक बार दिलीप कुमार फुरसतगंज एयर स्ट्रिप पहुँच गए, तय तारीख के अगले दिन, तारीख थी 7 मार्च, 1977। किसी को वहाँ खबर नहीं थी कि कोई आ रहा है, सो लेने भी कोई नहीं आया। पूरे 2 घंटे सुपरस्टार दिलीप कुमार ने बस के लिए एक पीपल के पेड़ के नीचे इंतजार किया, क्योंकि उन दिनों अमेठी में आवागमन के ज्यादा साधन नहीं थे। बस ने उन्हें एक चाय की दुकान पर उतारा, तब जाकर दिलीप कुमार को चाय-नाश्ता मिला। किसी भी तरह उन्होंने वहाँ से संजय गांधी को खबर करवाई, तब जाकर एक जीप लेने आई, आनन-फानन में एक सभा रखी गई। कम समय और इमरजेंसी के चलते लोगों का विरोध हुआ, भीड़ दिलीप कुमार को देखने भी नहीं आई। बाद में संजय गांधी वहाँ चुनाव हार ही गए थे। लेकिन सोचिए, दिलीप कुमार क्या, कभी किसी छोटे स्टार के साथ भी ऐसा हुआ होगा ?[3] हालाँकि, संजय गांधी के लोगों ने दावा किया था कि दिलीप कुमार तय तारीख से एक दिन पहले ही गलतफहमी में वहाँ पहुँच गए थे।

नरगिस का नेहरू कनेक्शन

नरगिस भी नेहरू खानदान के साथ एक ऐसी कड़ी है, जो पाँच पीढ़ियों से जुड़ी

हुई है। किश्वर देसाई नरगिस और सुनील दत्त की लवस्टोरी 'डार्लिंगजी' में लिखती हैं कि कैसे नरगिस की नानी दिलीपा, जो एक ब्राह्मण परिवार से थीं, ने मियाँजान से शादी कर ली, जो इलाहाबाद में एक गाने वाली वजीरन के यहाँ सारंगी बजाते थे। जिस हवेली में ये दोनों रहते थे, उसी में मोतीलाल नेहरू अपने भाई नंदलाल नेहरू के साथ रहते थे। जवाहरलाल नेहरू के पैदा होने के 8-9 साल बाद दिलीपा की बेटी जद्दनबाई (नरगिस की माँ) का जन्म हुआ। किश्वर देसाई इशारा करती हैं कि जद्दनबाई दरअसल मोतीलाल नेहरू और दिलीपा की बेटी थीं। इसकी पुष्टि तो नरगिस के भाई अनवर ने भी की थी कि जवाहरलाल नेहरू जद्दनबाई के राखी भाई थे और दोनों के अच्छे रिश्ते थे।[4]

बाद में नरगिस ने जब फिल्मी दुनिया में अपनी जगह बना ली, तो वे सुनील दत्त के साथ प्रधानमंत्री पं. नेहरू से मिलीं और 1962 के युद्ध के बाद जवानों के लिए कुछ शोज किए। इंदिरा गांधी ने भी नरगिस, सुनील दत्त से अच्छे रिश्ते बनाए रखे; नरगिस वह पहली अभिनेत्री थीं, जिन्हें पहला 'पद्मश्री' पुरस्कार मिला था। उससे भी ज्यादा चौंकाने वाली बात आपके लिए यह हो सकती है कि इमरजेंसी के दौरान अमेरिका में नरगिस एक डिपार्टमेंटल स्टोर में कुछ चोरी करते हुए पकड़ी गईं तो बाकायदा सारे अखबारों को सरकार की तरफ से यह निर्देश दिया गया कि यह खबर नहीं छापी जाए।[5]

बावजूद इसके जब इंदिरा गांधी दोबारा सत्ता में आईं तो उन्होंने नरगिस को राज्यसभा भेजा, उसके बाद पहले सुनील दत्त और फिर प्रिया दत्त के लोकसभा चुनावों में उतरने, जीतने की कहानियाँ तो आपको पता ही होंगी। जाहिर है कि गांधी परिवार सिर्फ करता ही नहीं था, बदले में करना भी पड़ता था, चुनावों में कांग्रेस का प्रचार करने के अलावा इमरजेंसी में बाकायदा नरगिस-सुनील दत्त को भी इमरजेंसी के समर्थन में बयान जारी करना पड़ा था। जबकि उस वक्त वे दोनों बर्लिन (जर्मनी) में थे, वहाँ से भेजे टेलीग्राम में सुनील दत्त ने लिखा—"Indians are with you, so is the German common man, declaring emergency is the right step taken. Do not bother about anyone, do whatever you feel right and good for the nation."[6] सोचिए, इंदिरा गांधी ने इसे कैसे इस्तेमाल किया होगा कि यह दिखाने में कि न केवल इतना बड़ा फिल्म स्टार इमरजेंसी के समर्थन में उनके साथ है, बल्कि जर्मनी की आम जनता भी।

किशोर की कहानी

किशोर कुमार की कहानी के बिना तो इमरजेंसी की कहानी पूरी ही नहीं होगी। इमरजेंसी के दौरान अखिल भारतीय विद्यार्थी परिषद् में रहकर जेल जाने वाले मशहूर टी.वी. पत्रकार रजत शर्मा अपने ब्लॉग में पूरी कहानी बताते हैं—"इमरजेंसी के दौरान

संजय गांधी ने यूथ कांग्रेस के बैनर तले बॉलीवुड के मूवी स्टार्स के एक शो का आयोजन किया था। बड़े-बड़े सितारे अपने खर्चे से उस कार्यक्रम में पहुँचे थे। दिलीप कुमार, अमिताभ बच्चन, शशि कपूर, राखी, अमजद खान, ऋषि कपूर, लता मंगेशकर, आर.डी. बर्मन, मुकेश समेत तमाम बड़े फिल्मी चेहरे उनमें शामिल थे। केवल गायक किशोर कुमार ने आने से मना कर दिया था।"

"उसी दिन ऑल इंडिया रेडियो और दूरदर्शन को निर्देश दे दिए गए कि किशोर कुमार का कोई भी गाना नहीं चलाया जाए। किशोर कुमार को एयरवेब्स पर प्रतिबंधित कर दिया गया और प्रोड्यूसर्स को कहा गया कि उनकी फिल्मों में किशोर कुमार का कोई भी गाना नहीं रखा जाए। उन दिनों में तानाशाही का स्तर यहाँ तक पहुँच गया था।"[7]

बी.बी.सी. ने तो लिखा कि उनके घर पर आयकर के छापे भी मारे गए। प्रीतिश नंदी के साथ छपे एक इंटरव्यू में किशोर कुमार ने कहा था—"मैं किसी के आदेश पर नहीं गाता।" लेकिन इमरजेंसी के बाद 1978 में आई.एस. जौहर की फिल्म 'नसबंदी' रिलीज हुई तो लोगों ने पाया कि उसमें संजय गांधी के नसबंदी कार्यक्रम का स्पूफ़ था, जिसमें उस दौर के बड़े सितारों के डुप्लिकेट्स ने काम किया था। फिल्म में दिखाया गया कि किस तरह से नसबंदी के लिए ज्यादा-से-ज्यादा लोगों को पकड़ा गया। सबसे दिलचस्प बात थी कि इस फिल्म के सबसे चर्चित गाने को किशोर कुमार ने ही गाया था। गाना था—'गांधी तेरे देश में ये कैसा अत्याचार', जिसके बोल कुछ यूँ थे—'कितने ही निर्दोष यहाँ मीसा के अंदर बंद हुए, अपनी सत्ता रखने को जो छीने जनता के अधिकार, गांधी तेरे देश में ये कैसा अत्याचार!'

देव आनंद को भी इनकार पड़ा था भारी

किशोर कुमार पर प्रतिबंध की कहानी तो सबको पता थी, लेकिन देव आनंद पर भी प्रतिबंध लगे थे, यह कम लोगों को पता है। देव आनंद ने यह पूरी कहानी अपनी आत्मकथा 'रोमांसिंग विद लाइफ' में लिखी है। देव आनंद ने बताया कि कैसे उन्हें भी बाकी सितारों के साथ संजय गांधी के एक कार्यक्रम में बुलाया गया था, जिसमें संजय गांधी की चापलूसी के अलावा कुछ भी नहीं था। बड़े-बड़े नेता और सितारे संजय के आगे नतमस्तक हुए जा रहे थे। फिर देव साहब व दिलीप कुमार से उस कार्यक्रम के बाद टी.वी. पर यूथ कांग्रेस की तारीफ में कुछ बोलने को कहा गया, जिसके लिए देव आनंद ने साफ मना कर दिया और उसके बाद टी.वी. पर उनकी फिल्में दिखाने पर प्रतिबंध लगा दिया गया। चूँकि सारी टी.वी., रेडियो मीडिया सरकारी थी, सब जगह उनका नाम लेने पर भी प्रतिबंध लगा दिया गया।[8]

कभी नरगिस और सुनील दत्त की शादी का रिसेप्शन देने वाले देव साहब ने इंदिरा

की करीबी नरगिस से भी बात की, लेकिन नरगिस ने भी उन्हें कहा कि थोड़ी-बहुत टी.वी. पर सरकार की तारीफ करने में क्या जाता है! बाद में यह कहकर निकल गईं कि 'You are being unnecessarily stubborn.' फिर देव आनंद को राम जेठमलानी ने बॉम्बे (मुंबई) में खुद के प्रचार के लिए एक रैली में आने के लिए कहा। देव के लिए जनता पार्टी का प्रचार का फैसला काफी मुश्किल था, एक रात सोचने में ली, लेकिन फिर उनका रैली में जाना, छोटा सा भाषण पूरे देश में खबर बन गया। कोई रील लाइफ नायक तो खड़ा हुआ इस रियल लाइफ आपातकाल के दौरान! बाद में जब जनता पार्टी की सरकार बनी तो महात्मा गांधी की समाधि राजघाट पर शपथ कार्यक्रम के दौरान देव आनंद को भी विशेष रूप से आमंत्रित किया गया था।[9]

देव साहब की नेशनल पार्टी

जनता पार्टी की सरकार आपसी खींचतान में गिरी तो देव आनंद ने इंदिरा गांधी से मुकाबले के लिए एक राजनीतिक पार्टी ही लॉन्च कर दी, पार्टी का नाम रखा 'नेशनल पार्टी ऑफ इंडिया'। 14 सितंबर, 1979 को बंबई (मुंबई) के ताजमहल होटल में आयोजित एक प्रेस कॉन्फ्रेंस में इस पार्टी का ऐलान किया गया। पार्टी के अध्यक्ष देव आनंद थे और पार्टी में शामिल होने वाले प्रमुख चेहरे थे—वी. शांताराम, विजय आनंद, आई.एस. जौहर, जी.पी. सिप्पी आदि। पार्टी के 16 पन्नों के 'घोषणा-पत्र' में कहा गया था—"इंदिरा की तानाशाही से त्रस्त लोगों ने जनता पार्टी को चुना, लेकिन निराशा हाथ लगी। अब यह दल भी टूट चुका है। जरूरत है, एक स्थायी सरकार दे सकने वाली पार्टी की, जो तीसरा विकल्प दे सके। नेशनल पार्टी वह मंच है, जहाँ समान विचार वाले लोग साथ आ सकते हैं।" बंबई (मुंबई) के शिवाजी पार्क में बड़ी रैली हुई, कई सभाएँ भी हुईं, लेकिन धीरे-धीरे सितारे पार्टी से हटने लगे, बचने लगे, अकेले देव साहब रह गए तो उनकी समझ में आ गया कि राजनीति उनके बस की बात नहीं।

कांग्रेस के तीन बार के सांसद अमृत नाहटा ने कांग्रेस से इस्तीफा देकर एक फिल्म बनाई, जिसका नाम था—'किस्सा कुरसी का', जिसमें शबाना आजमी, उत्पल दत्त और राजकिरण आदि थे। फिल्म में इंदिरा और संजय जैसे किरदार ही नहीं, उनके करीबी लोगों के किरदार भी थे, 'गरीबी हटाओ' जैसे नारे, संजय की मारुति फैक्टरी जैसी कई बातों को व्यंग्यात्मक तरीके से दिखाया गया। फिल्म में संजय गांधी और उनके कई करीबियों का स्पूफ दिखाया था—शबाना आजमी गूँगी जनता का प्रतीक थी, उत्पल दत्त गॉडमैन के रोल में थे और मनोहर सिंह एक राजनेता के रोल में थे, जो एक जादुई दवा पीने के बाद अजब-गजब फैसले लेने लगते हैं।

सेंसर बोर्ड ने उसे सरकार के पास भेज दिया, फिर 51 आपत्तियाँ लगाकर वापस

प्रोड्यूसर को। बाद में सूचना प्रसारण मंत्री वी.सी. शुक्ला और संजय गांधी ने उस फिल्म के प्रिंट्स सेंसर बोर्ड से लेकर मारुति फैक्टरी के गुड़गाँव कैंपस में उनमें आग लगा दी।[10] दोनों पर केस चला, दो साल की सजा भी इमरजेंसी खत्म होते ही हुई, दोनों कुछ दिन जेल में भी रहे। बाद में खुद अमृत नाहटा दबाव में अपने आरोपों से पीछे हट गए और संजय गांधी पर से मामला वापस ले लिया गया।

इमरजेंसी का खामियाजा भुगतना पड़ा गुलजार की फिल्म 'आँधी' को भी, सरकार ने उसे रिलीज के बाद बैन कर दिया। आरोप था कि फिल्म में नेता सुचित्रा सेन के किरदार में इंदिरा गांधी और संजीव कुमार के किरदार में फिरोज गांधी की झलक मिलती है। इमरजेंसी के बाद जनता पार्टी सरकार ने उसे रिलीज करवाया और दूरदर्शन पर प्रीमियर भी किया।

संजय गांधी के फरमान से सेंसर के अधिकारी कितने परेशान थे, फिल्म 'धर्मवीर' के उदाहरण से समझा जा सकता है। सरकारी ऐतराज के कारण उसकी रिलीज में पाँच महीने लग गए। फिल्म के संवादों में जहाँ-जहाँ 'जनता' शब्द आया था, वहाँ-वहाँ 'प्रजा' करवाया गया, क्योंकि 'जनता पार्टी' से ही तो उनकी टक्कर थी। यूँ बच्चन परिवार को तो मजबूरन हर मामले में उन दिनों गांधी परिवार का साथ देना था, लेकिन अमिताभ बच्चन को तो भुगतना पड़ा, फिल्मी पत्रिकाओं ने उन पर पाबंदी लगा दी। उसके बारे में इसी पुस्तक के बच्चन परिवार वाले अध्याय में पढ़ सकते हैं।

'शोले' के क्लाइमेक्स से भी समस्या

भुगतना उनकी सबसे चर्चित मूवी 'शोले' को भी पड़ा, जो इमरजेंसी वाले साल यानी 1975 में ही रिलीज हुई थी। दरअसल, फिल्म 'शोले' का आखिरी सीन वह नहीं था, जो आपने देखा था, असल में रमेश सिप्पी ने दिखाया था कि ठाकुर कील लगे जूतों से गब्बर को रौंद देता है। गब्बर मारा जाता है। लेकिन वह इमरजेंसी का दौर था और सेंसर बोर्ड के नियम काफी सख्त थे। वह नहीं चाहता था कि ऐसा कुछ भी दिखाया जाए, जिससे लगे कि कोई भी कानून अपने हाथ में ले सकता है।

सेंसर बोर्ड चाहता था कि गब्बर को पुलिस के हवाले कर दिया जाए। लेकिन रमेश सिप्पी अड़ गए। अनुपमा चोपड़ा पुस्तक 'शोले : द मेकिंग ऑफ ए क्लासिक' में लिखती हैं—"सिप्पी परिवार ने कई जान-पहचान वालों तक अपनी बात पहुँचाई। बाप-बेटे आपस में भी उलझ बैठे। एक समय रमेश सिप्पी ने फिल्म से अपना नाम हटाने का भी मन बनाया।" वकील रहे जी.पी. सिप्पी ने बेटे को समझाया कि इमरजेंसी में कोर्ट जाने का कोई फायदा नहीं और इस तरह गब्बर की जान बच गई।

रिलीज की तारीख तय थी 15 अगस्त, 1975 और तब तक 20 जुलाई हो भी चुकी

थी। संजीव कुमार सोवियत संघ में थे। वे तुरंत भारत लौटे। आखिरी सीन दोबारा शूट हुआ, डबिंग और मिक्सिंग हुई। सेंसर ने रामलाल का वह सीन भी काट दिया, जिसमें वह जोर-जोर से ठाकुर के उन जूतों में कील ठोकता है, जिससे ठाकुर गब्बर को मारने वाला था—क्योंकि रामलाल की आँखों में हिंसक चमक थी।

संदर्भ

1. Dilip Kumar The Substance And The Shadow An Autobiography, by Dilip Kumar, Chapter-23, Published by Hay House.
2. 'New Indian Express Story', 15 September, 2015, https://www.newindianexpress.com/cities/bengaluru/2015/sep/15/Riveting-Profiles-of-the-Countrys-Top-Lawyers-814898.html
3. 'Neta-Abhineta : Bollywood Star Power in Indian Politics', by Rasheed Kidwai, Page No. 69, Published by Hechette India.
4. 'Darlingji', by Kiswar Desai, Page No. 17, Published by Harper Collins.
5. 'Emergency ka Kahar aur Censor ka Zahar', by Balbir Dutt, Page No. 220, Published by Prabhat Prakashan.
6. India Today Report, In 1975, 40 prominent writers including Harivansh Rai Bachchan supported Emergency, Date- 26 June 2019, https://www.indiatoday.in/india/story/in-1975-40-promi- nent-writers-including-harivansh-rai-bachchan-supported-emergency-1556857-2019-06-26
7. Rajat Sharma's Blog Post, 26 June, 2020, https://www.indiatvnews.com/news/india/1975-emergency-aaj-ki-baat-rajat-sharma-opinion-629337
8. 'Romancing With Life : An Autobiography', by Dev Anand, Page No. 255, Published by Penguin Books.
9. 'Romancing With Life : An Autobiography', by Dev Anand, Page No. 258, Published by Penguin Books.
10. 'A Family Affair India Under Three Prime Ministers', by Ved Prakash Mehra, Page No. 32, Published by Oxford University Press.

□

41

चाचा जे.पी. के साथ भतीजी इंदिरा का ये कैसा नाता!

यह 27 अगस्त, 1975 की बात है, चंडीगढ़ के पी.जी.आई. हॉस्पिटल की एक मंजिल को सील करके उसके एक एकाकी कमरे में जयप्रकाश नारायण (जे.पी.) को नजरबंद करके रखा गया था, वहीं से उन्होंने एक पत्र इंदिरा गांधी को लिखा। जिसका सार यह था कि पटना बाढ़ से बुरी तरह प्रभावित है, साथ ही उनका गाँव सिताब दियारा भी, सो जिस तरह 1934 के भीषण भूकंप के समय ब्रिटिश सरकार ने राजेंद्र बाबू को पेरोल पर रिहा कर दिया था, उन्हें भी बिहारवासियों की सेवा के लिए 1 महीने का पेरोल दिया जाए। सैकड़ों लोग इस बाढ़ में मारे गए और हजारों बेघर हो गए। इंदिरा गांधी के कानों पर जूँ तक नहीं रेंगी, सरकार ने न खुद कुछ किया और न ही जे.पी. को रिहा किया।

दूसरी तरफ जे.पी. थे, जब इंदिरा गांधी चुनाव हार गईं तो तमाम चिंताओं में घिर गईं। अफवाहें उड़ने लगीं कि लोग संजय गांधी को पकड़कर तुर्कमान गेट ले जाकर उनकी जबरन नसबंदी करवा देंगे। जे.पी. को जब यह पता चला कि इंदिरा गांधी ऐसी बातों से परेशान हैं, तो सारी दुश्मनी भूलकर इंदिरा गांधी को ढाढ़स बँधाने उनके घर जा पहुँचे। इतना तक पूछ डाला कि अब पी.एम. नहीं रही तो घर के खर्च कैसे चलेंगे? तब पूर्व पी.एम. को इतने भत्ते नहीं मिलते थे। बाद में मोरारजी देसाई, चौधरी चरण सिंह आदि को इंदिरा गांधी को लेकर कुछ निर्देश भी दिए। बाद में इंदिरा गांधी भी बेलछी से लौटते वक्त पटना में उनसे मिलने जा पहुँचीं और बाकायदा 'चाचाजी' कहकर 'नमस्ते' कहा, जिसे वे अपने इमरजेंसी वाले भाषण में 'एक जना' बोल रही थीं।

नेहरू से नाराज कमला जे.पी. की पत्नी को लिखती थीं व्यथा

वो तो जयप्रकाश नारायण सक्रिय राजनीति में नहीं आए, वरना पी.एम. भी बन गए होते। दूसरे, उनके नेहरू और उनकी पत्नी से अच्छे रिश्ते थे भी। सबसे दिलचस्प बात यह है कि इंदिरा गांधी की माँ कमला नेहरू नेहरूजी से नाराज होकर अवसादग्रस्त होकर जे.पी. की पत्नी और अपनी सहेली प्रभावती को तमाम पत्र लिखती थीं। एक पत्र की लाइनें पढ़िए—"मैंने एक हाउस वाइफ की तरह 35 साल बिताकर बहुत बड़ी गलती की है, अगर इतना वक्त मैं भगवान् को ढूँढ़ने में लगाती तो वे मुझे मिल जाते।"[1] इन लाइनों से आप अंदाजा लगा सकते हैं कि अगर उन दिनों वो पत्र आम हो गए होते तो नेहरूजी और बाद में इंदिरा गांधी की छवि के लिए कितनी दिक्कत पैदा करते! लेकिन जे.पी. ने पत्नी की मौत के बाद वे सभी पत्र सुरक्षित रखे और इमरजेंसी से पहले जब समझौते की नाकाम कोशिशों के बीच एक बार इंदिरा गांधी से मिले तो चुपचाप उन्हें सौंप दिए, जबकि वे उनका कैसा भी इस्तेमाल कर सकते थे!

रामनाथ गोयनका पर थे इंदिरा-फिरोज के खास पत्र

इंदिरा गांधी यह बखूबी समझ रही थीं कि जे.पी. ने उन्हें कितनी बड़ी मुसीबत से बचा दिया है, लेकिन फिर भी उन्होंने सत्ता की चाह में जे.पी. की वह इज्जत नहीं की, जो बाकी देश या देश के नेता करते थे। अगर आप इन पत्रों की अहमियत समझना चाहते हैं तो आपको एक और वाकया जानना पड़ेगा। इमरजेंसी के दौरान तमाम अखबारों पर कार्रवाई हुई, कइयों को बंद कर दिया गया, कई दफ्तरों की बिजली काट दी गई, कई संपादकों-मालिकों को जेल भेज दिया गया। लेकिन एक मालिक ऐसा भी था, जिसे पुलिस ने गिरफ्तार करना तो दूर, पूछताछ भी नहीं की। यह महाशय थे 'इंडियन एक्सप्रेस' समूह के मालिक रामनाथ गोयनका। किसी करीबी ने उनसे इसकी वजह पूछी तो उन्होंने बताया कि जब फिरोज गांधी उनके यहाँ जनरल मैनेजर की जॉब करते थे, तो इंदिरा और फिरोज दोनों में झगड़ा रहता था और दोनों ही गुस्से में उनको पत्र लिख करके एक-दूसरे की कमी निकालते थे और अपनी सफाई दिया करते थे। इंदिरा को डर था कि गोयनका उन पत्रों को सार्वजनिक कर सकते हैं। वे बोले कि हालाँकि, मैं करूँगा नहीं, लेकिन इंदिरा को यह डर तो है ही।[2]

सोचिए, जे.पी. को तो उन्होंने जेल भिजवा दिया था, शायद पत्रों का डर खत्म हो गया था इसलिए। उनकी गिरफ्तारी जिस तरह से हुई, उसकी तुलना भी लोगों ने ब्रिटिश राज से की। जब गांधीजी गिरफ्तार होते थे, तो उनको काफी समय दिया जाता था कि वो सबको बता सकें और अपनी जरूरत का सामान ले सकें, दवाइयाँ ले सकें। लेकिन जे.पी. की गिरफ्तारी तो आधी रात को जैसे हुई, सोते से उन्हें उठाया गया और कुछ जरूरत का

सामान तक नहीं ले जाने दिया गया, वह तो ब्रिटिश राज से भी बुरा था। सुब्रह्मण्यम स्वामी ने तो एक बार यह तक आरोप लगा दिया था कि जे.पी. को नजरबंदी के दौरान उनकी दवाइयाँ भी लेने नहीं दी गईं, जिससे उनकी दोनों किडनी खराब हो गई थीं। इसके चलते उन्हें डायलिसिस पर जाना पड़ गया था।

स्वामी ने लगाया इंदिरा पर बड़ा आरोप

सुब्रह्मण्यम स्वामी ने 2021 में ट्विटर पर यह दावा भी किया था कि उन्होंने जे.पी. की ये बातें रिकॉर्ड भी कर ली थीं। उनकी ट्वीट थी—"I had met JP at the last stage and tape recorded what he said. VHS can give you the photograph of that meeting. Indira had put him in solitary confinement in the Emergency and denied him medicines so that his kidneys are destroyed. He spent rest of his life on painful Dialysis."[3]

जबकि इंदिरा गांधी के सचिव रहे पी.एन. धर अपनी पुस्तक 'इंदिरा गांधी : द इमरजेंसी एंड इंडियन डेमोक्रेसी' में लिखते हैं—"जे.पी. को जेल से छोड़े जाने के बाद 'गांधी पीस फाउंडेशन' के प्रमुख राधाकृष्ण ने लोगों और विदेश में रहने वाले भारतीयों से अपील की कि वे जे.पी. के लिए डायलिसिस मशीन खरीदने के लिए योगदान करें।" पी.एन. धर लिखते हैं—"राधाकृष्ण की सलाह और मेरे पूरे समर्थन से इंदिरा गांधी ने जे.पी. की डायलिसिस मशीन के लिए एक अच्छी रकम भिजवाई। राधाकृष्ण ने जे.पी. की सहमति के बाद उसकी प्राप्ति की रसीद भी भेजी। लेकिन इंदिरा गांधी की यह पहल जे.पी. कैंप के कई कट्टरवादियों को नागवार गुजरी और अंततः उनके दबाव के कारण जे.पी. को वह रकम इंदिरा गांधी को वापस लौटानी पड़ी।" जबकि उनकी एक और आत्मकथा यह दावा करती है कि चूँकि पैसा प्रधानमंत्री राहत कोष से था, निजी तौर पर इंदिरा गांधी की तरफ से नहीं, यह बात जे.पी. को पता चली तो उन्होंने प्रधानमंत्री राहत कोष की वह आर्थिक मदद वापस करवा दी।[4]

और जे.पी. के समर्थकों का गुस्सा यूँ ही नहीं था, जिस व्यक्ति ने देश के लिए अपनी जवानी, अपनी जिंदगी, बिना सत्ता के लालच के लिए देश के लिए लगा दी हो, उसके साथ आजाद भारत में 'देशद्रोही' जैसा बरताव करना उनको अच्छा नहीं लगा था। बिहार में एक प्रदर्शन के दौरान तो उनको पुलिस ने लाठियाँ तक मारी थीं। इंदिरा गांधी ने इमरजेंसी लगाकर सबसे पहले उन्हीं को गिरफ्तार किया था और अपने संबोधन में उससे पहले उन्हीं को सेना में विद्रोह करवाने का आरोप लगाकर इमरजेंसी लगा दी थी। इंदिरा गांधी ने कहा था—"एक जना तो इस हद तक गया कि अगर फौजी किसी हुक्म को गलत समझें तो उसे न मानें, इसको हम गलत या गद्दारी समझते हैं, तो हम उनको गिरफ्तार भी

कर सकते हैं।" इतने महान् देशभक्त को इंदिरा गांधी ने सीधे 'गद्दार' कहा था, सोचिए उन पर और उनके समर्थकों पर क्या गुजरी होगी? बाद में यही सवाल जब शाह आयोग ने आई.ए.एस. अधिकारियों से पूछे कि 'आपने गलत आदेशों को क्यों माना? सिविल सर्विस रूल्स और संविधान का पालन क्यों नहीं किया?'

'इंदु, मैंने देश के अलावा और सोचा ही क्या है?'

तो फिर जे.पी. ने कौन सी गद्दारी की थी? सबको पता था कि लोकतंत्र के साथ गद्दारी कौन कर रहा है! इंदिरा गांधी ने एक बार तो सीधे-सीधे जे.पी. के स्वाभिमान को ही चोट पहुँचा दी। जब उनकी मुलाकात इंदिरा गांधी से 1974 में वार्त्ता हुई तो दोनों ही अपनी-अपनी बात पर अड़े थे, ऐसे में इंदिरा गांधी ने उनको कह डाला कि 'आप देश की तो सोचिए'। सोचिए, कितना बुरा लगा होगा जे.पी. को! जो खुद केवल सरकार की सोच रही थीं और किस व्यक्ति को देश के बारे में सोचने की कह रही थीं, जो देश के अलावा कुछ सोचता ही नहीं था। तभी उन्होंने तय कर लिया था कि अब यह लड़ाई अंजाम तक पहुँचने पर ही थमेगी। जे.पी. ने जवाब में इंदिरा गांधी से बस इतना कहा था, "इंदु, मैंने देश के अलावा और सोचा ही क्या है?" इसके बाद जे.पी. से जो भी मिला, उससे उन्होंने बताया कि इंदिरा ने उनका अपमान किया है। इसके बाद जे.पी. ने यह कहना भी शुरू कर दिया कि इंदिरा से अब हमारा सामना चुनाव के मैदान में होगा।

प्रख्यात पत्रकार रामबहादुर राय ने एक इंटरव्यू में बी.बी.सी. को बताया था कि जे.पी. को इंदिरा गांधी को भुवनेश्वर में दिया गया वह भाषण भी बेहद चुभ गया था, जिसमें उन्होंने जे.पी. पर भ्रष्टाचार का आरोप लगा दिया था। इंदिरा गांधी ने 1 अप्रैल, 1974 को कहा था—"जो पूँजीपतियों के पैसों पर पलते हैं, उनको भ्रष्टाचार पर बात करने का कोई हक नहीं है।" राय ने कहा—"इस बयान से जे.पी. को बहुत चोट लगी। मैंने खुद देखा है कि इस बयान के बाद जे.पी. ने पंद्रह-बीस दिनों तक कोई काम नहीं किया। खेती और अन्य स्रोतों से होने वाली अपनी आमदनी का विवरण जमा किया और प्रेस को दिया और इंदिरा गांधी को भी भेजा।"[5]

इंदिरा गांधी के करीबी कमलापति त्रिपाठी ने बाद में माना भी कि जयप्रकाश नारायण के साथ गलत हुआ है, लेकिन इसके लिए उन्होंने उन लोगों को जिम्मेदार ठहराया, जो इंदिरा को सलाह दे रहे थे। उन्होंने यह लिखकर खुद को बचाने की कोशिश की कि "काश, मेरे जैसे लोगों में इंदिराजी से यह कहने की हिम्मत होती कि वे जो कुछ भी कर रही हैं, गलत है।"

इंदिरा गांधी ने तो जयप्रकाश नारायण के आंदोलन 'संपूर्ण क्रांति' को लेकर ये तक आरोप लगा दिए थे कि इस आंदोलन के पीछे अमेरिका का सी.आई.ए. है, जो मुझे गद्दी

से उखाड़ फेंकना चाहते हैं, यानी जे.पी. विदेशी ताकतों के मुहरे हैं। इधर रेल मंत्री ललित नारायण मिश्रा को बम से उड़ा दिया गया तो आरोप इंदिरा गांधी के पूर्व निजी सचिव और खास आदमी यशपाल कपूर पर लगा। यह वही यशपाल कपूर था, जिसके चलते रायबरेली में इंदिरा गांधी का चुनाव इलाहाबाद हाई कोर्ट ने रद्द कर दिया था।

जाँच भी ढंग से न किए जाने के आरोप लगे। इंदिरा गांधी ने उसके लिए भी जे.पी. को दोषी ठहराया। इंदिरा गांधी जे.पी. को गद्दार, विदेश ताकतों के हाथों का खिलौना, हत्या की साजिश रचने वाला और भी न जाने क्या-क्या प्रत्यक्ष और अप्रत्यक्ष रूप से कह चुकी थीं और जनता इस बार जे.पी. के मामले में इंदिरा गांधी पर कतई भरोसा करने को तैयार नहीं थी। इंदिरा का बयान था—"जब मेरा भी कत्ल हो जाएगा तो ये आरोप लगाएँगे कि मैंने अपने कत्ल की भी साजिश की है।"[6]

संदर्भ

1. 'Indira Gandhi : A Biography' by Pupul Jayakar, Page No. 69, Published by Penguin Group.
2. 'The Maverick Republic : Thirty Years of Coverage' by Jawid Laiq, Page No. 191, Published by Lotus Collection, Roli Books.
3. Subramanian Swamy's Tweet, 10th August, 2021, https://twitter.com/swamy39/status/1424894582362304512
4. 'J.P. His Biography', by Allan Scarfe & Wendy Scarfe, Page No. 253, Published by Orient Longman.
5. BBC Report, 11 October, 2015, Ram Bahadur Rai Interview https://www.bbc.com/hindi/india/2015/10/151009_jp_anniversary_vivechana_sr
6. 'The Life of Indira Nehru Gandhi', by Katherine Frank, Page No. 368, Published by Harper Collins.

□

42

बेकाबू आर्थिक हालात और इमरजेंसी

"अर्थव्यवस्था को सरकारी नियंत्रण से मुक्त करने के बजाय इंदिरा गांधी ने शिकंजा कसे रखा, जिसकी वजह से (जैसा कि उम्मीद थी) कुल मिलाकर अक्षमता और भ्रष्टाचार ही बढ़ा। हालाँकि, अंततः 1991 में अर्थव्यवस्था का उदारीकरण हुआ, लेकिन दो दशक वैचारिक हठधर्मिता और निजी सुविधा की भेंट चढ़ गए।"[1] ये लाइनें जवाहरलाल नेहरू के प्रशंसक इतिहासकार रामचंद्र गुहा ने बी.बी.सी. के अपने एक लेख में लिखी थीं और इनसे साफ अंदाजा लगाया जा सकता है कि आमतौर पर संघ विरोधियों की भी यही राय थी कि इंदिरा गांधी के जमाने में अर्थव्यवस्था गर्त में ही चली गई थी।

जिन लोगों ने आपातकाल के बारे में ढंग से पढ़ा होगा तो पाया होगा कि इंदिरा गांधी के खिलाफ जो जयप्रकाश नारायण की अगुवाई में आंदोलन शुरू हुआ था, उसकी नींव गुजरात के 'नवनिर्माण आंदोलन' के दौरान रखी गई थी और यह आंदोलन छात्रों की कुछ आर्थिक माँगों के साथ 20 दिसंबर, 1973 को शुरू हुआ था। ये आर्थिक माँगें थीं—कॉलेजों की बढ़ी हुई फीस और बढ़े हुए कैंटीन शुल्क को वापस लिया जाए। यह वह दौर था, जब इंदिरा गांधी का 1971 का जलवा अब धूमिल हो रहा था और खाड़ी संकट व इंदिरा गांधी सरकार की आर्थिक नीतियों के चलते देश में एक बेचैनी सी पसर रही थी, महँगाई फन निकालने लगी थी और लोगों का गुस्सा उफान की तरफ बढ़ रहा था। फीस में बढ़ोतरी छात्रों को बिल्कुल रास नहीं आई।

आर्थिक मोरचे पर असफल हो रहीं इंदिरा गांधी ने इस पूरे गुस्से को राजनीतिक मोड़ देने की कोशिश की कि कैसे लोग उसे सत्ता से हटाने के लिए उसके खिलाफ साजिशें कर रहे हैं। 1971 के युद्ध में 200 करोड़ हर हफ्ते का खर्च आ रहा था, उसके बाद युद्ध के चलते जी.डी.पी. की विकास दर उस साल बस 0.9 फीसदी ही

रही। इतने पर भी 1 करोड़ शरणार्थियों के रहने का इंतजाम और उनके खाने आदि का खर्च भी भारत सरकार के सर पर था। बजट घाटा काफी तेजी से बढ़ रहा था।

1975 में 1947 से ज्यादा लोग निरक्षर थे

इंदिरा गांधी की समझ नहीं आ रहा था कि क्या करें? युद्ध के बाद के साइड इफेक्ट्स काफी खतरनाक होते हैं। युद्ध में विदेशी मुद्रा का खजाना तकरीबन खर्च हो चुका था और खाद्यान्न अब भी काफी आयात किया जा रहा था। उस पर लगातार दो साल मानसून असफल हो चुका था। जिससे पैदावार काफी कम हो गई और बिजली भी कम बनी, माल नहीं बिका तो प्रोडक्शन कम हो गया और बेरोजगारी चरम पर पहुँचने लगी। इन सारी वजहों के चलते नौजवान जे.पी. के पीछे आ गए। इसके चलते स्कूलों में बच्चों के नामांकन भी कम हुए। 'इंडिया टुडे' के एक लेख में तो यह तक दावा किया गया है कि 1947 में जितने लोग भारत में निरक्षर थे, उससे ज्यादा निरक्षरों की संख्या 1975 में थीं।[2]

आमतौर पर इमरजेंसी लगाने के पीछे इलाहाबाद हाई कोर्ट का फैसला, 6 साल के लिए चुनाव लड़ने पर प्रतिबंध, जे.पी. का आंदोलन आदि वजहों को माना जाता रहा है। लेकिन तमाम राजनीतिक और आर्थिक विश्लेषक इसके पीछे इंदिरा गांधी की उन आर्थिक नीतियों को भी जिम्मेदार ठहराते हैं, जिनके चलते देश में आर्थिक मंदी, बेरोजगारी, भुखमरी, ताबड़तोड़ महँगाई जैसे हालात उत्पन्न होने लगे, कर्मचारी हड़ताल करने लगे और राजनीतिक विरोधियों से परेशान इंदिरा गांधी को सब कुछ लाइन पर लाने के लिए बस इमरजेंसी का ही उपाय सूझा और आर्थिक मोरचे पर इसके तात्कालिक फायदे देखने को भी मिले।

1971 की जंग जीतने के बाद बांग्लादेश अस्तित्व में आया तो इंदिरा गांधी राजनीति में लोकप्रियता के शिखर पर पहुँच चुकी थीं, फिर अगले चार साल में ऐसी क्या नौबत आई कि जनता उनके खिलाफ सड़कों पर उतर आई। हालाँकि, शुरुआत 1972 से ही होने लगी थी, जब शरणार्थियों की संख्या देखकर अधिकारियों के हाथ पाँव फूलने लगे थे कि इतने सारे लोगों को किस कैंप में रखेंगे और कब तक उन्हें बाकी सुविधाओं के साथ उनका पेट भी भरेंगे? वैसे भी युद्ध में काफी खर्च हुआ था, परमाणु परीक्षण के लिए भी बड़ा बजट रखा गया था, ऐसे में शरणार्थियों के खर्च को लेकर दिक्कतें होने लगीं।

केवल फसल का ही नहीं, बिजली का उत्पादन भी कम होने लगा, फैक्टरियों के उत्पादों की खपत कम होने लग गई, लोगों को नौकरियों से निकाला जाने लगा और मैन्युफैक्चरिंग यूनिट्स बंद होने लगीं। नतीजा यह हुआ कि बेरोजगारी और महँगाई साथ-साथ बढ़ने लगीं। कोढ़ में खाज वाली स्थिति तब हो गई, जब पश्चिमी एशिया की शांति

खत्म हो गई और तेल का महासंकट शुरू हो गया। आलम यह था—क्रूड ऑयल के दाम कुछ ही दिनों में चार गुना हो गए, 3 डॉलर एक बैरल से बढ़कर 12 डॉलर तक बैरल जा पहुँचे। भारत का सारा विदेशी मुद्रा भंडार तेजी से खत्म होने के कगार पर आने लगा। मुद्रास्फीति की दर 1972-73 में 22 फीसदी और 1975 तक 25 फीसदी जा पहुँची।

बजट में ही वित्तमंत्री ने हथियार डाल दिए

फरवरी 1974 में बजट पेश करते हुए यशवंत राव चव्हाण ने तो हथियार ही डाल दिए थे और बताया कि कृषि उत्पादन में 9.5 फीसदी की गिरावट आई है, इंडस्ट्रियल प्रोडक्शन में कोई बढ़ोतरी नहीं हुई है और संसद में यह तक मान लिया कि तमाम उपायों के बावजूद महँगाई का बढ़ना जारी है, उस पर रोकथाम नहीं हो पाई है। शायद पहली बार किसी वित्तमंत्री ने इस तरह महँगाई को कम न कर पाने पर खेद जताया होगा। यशवंत राव चव्हाण ने सदन में कहा, "It is a matter of deep regret to me that despite these measures prices have continued to rise."[3] उसके बाद वित्तमंत्री बदलना भी इंदिरा गांधी के काम नहीं आया, अगले साल बजट भाषण में नए वित्तमंत्री सी. सुब्रह्मण्यम ने कहा—"Inflation has been spreading and its devastating impact on the living standard of our people and on the pattern of real incomes within the country has been serious enough."[4]

जो भी यह दावा करते हैं कि इंदिरा गांधी के समय आर्थिक हालात बेहद अच्छे थे, वो इन दोनों वित्तमंत्रियों का पूरा बजट भाषण पढ़ लेंगे तो उन दिनों के देश के वास्तविक आर्थिक हालातों को समझने में ज्यादा सक्षम होंगे। बजट भाषण एक तरह से इंदिरा गांधी सरकार की आर्थिक मोरचे पर नाकामयाबी की ही स्वीकारोक्ति थे। सोचिए, इतना जब बताया है तो छुपाया क्या-क्या होगा! और यही वे हालात थे, जिस समय जॉर्ज फर्नांडीज ने 22 दिनों की ट्रांसपोर्ट स्ट्राइक को सफलतापूर्वक अंजाम दिया। नारा था—'पूरा राशन पूरा काम, नहीं तो होगा चक्का जाम।' उस समय की खबरों को इकट्ठा किया जाए तो कई खबरें ऐसी मिलेंगी, जो आपको देश के अलग-अलग कौनों में उन दिनों खाने के लिए हुए दंगों के बारे में बताएँगी, बेहद खराब हालात थे। ऐसे में संजय गांधी और उनका गैंग मारुति की कई कंपनियों के जरिए दबाकर सरकारी पैसे के भ्रष्टाचार में लिप्त था। छात्र अलग से आक्रोशित थे, ऐसे में जे.पी. खुलकर मैदान में उतरे और फिर इंदिरा गांधी को इमरजेंसी लगाने का बहाना मिल गया।

यूँ इंदिरा गांधी के बैंकों के राष्ट्रीयकरण के फैसले को बैंकों की शाखाओं में बढ़ोतरी से कांग्रेस जायज ठहराती रही है, लेकिन उनके तमाम वित्त विश्लेषकों का मानना

है कि आज एनपीए और बुरे कर्ज के जो हालात हैं, वे सब इसी राष्ट्रीयकरण की देन हैं। सरकारी धन था, सो उसके वापसी के सही तरीके से न तो प्रयास किए, उलटे उसको लुटाने के नए-नए तरीके खोजने में बैंकों के कर्मचारी ही जुटे रहे। बैंकों के सरकारीकरण से उनकी क्षमता में कमी आई, सो अलग। रहा-सहा काम चिदंबरम काल में फोन बैंकिंग के जरिए कर दिया गया, इतना पैसा कभी एनपीए में नहीं गया था कभी। हालाँकि, यह बेहद दिलचस्प है कि जिस विकास दर का इंदिरा गांधी ने लक्ष्य रखा था, वह उनकी मेहनत से कभी नहीं मिल पाई, लेकिन आपातकाल लगाते ही उन्हें वह विकास दर मिली, जो उनके लक्ष्य से भी लगभग दोगुनी थी; 1975-76 में जी.डी.पी. 9 फीसदी तक चली गई और मुद्रास्फीति की दर भी -1.1 फीसदी तक कम हो गई।

यूँ बढ़ गया चीन हमसे एकदम से आगे

इंदिरा गांधी के दौर में खराब आर्थिक हालातों को लेकर नीति आयोग के पूर्व उपाध्यक्ष अरविंद पानगड़िया ने 'दैनिक जागरण' को एक विशेष साक्षात्कार में कहा था—"1969 से 1976 की अवधि में बैंकों का राष्ट्रीयकरण किया गया तथा लाइसेंस राज को और कठोर किया गया। उसी समय एम.आर.टी.पी. कानून बनाया गया, जिसके तहत 20 करोड़ रुपए से ज्यादा की संपत्ति वाली कंपनी को बड़ी कंपनी मान लिया गया। जो बड़ी कंपनियाँ थीं, उनके लिए नियम बना दिया कि वे अधिक पूँजी निवेश वाले उद्योगों से बाहर नहीं जा सकतीं। ऐसे में रोजगार के अवसर कहाँ से पैदा होते? इसके अलावा कोयला और बीमा का राष्ट्रीयकरण किया गया। साथ ही श्रम कानूनों को भी कठोर बनाया गया। छोटी कंपनियों के लिए उत्पाद को लेकर आरक्षण कर दिया गया। कुछ उत्पाद ऐसे थे, जो सिर्फ छोटी कंपनियाँ ही बना सकती थीं। उसी दौर में चीन में इस तरह की कोई रोक-टोक नहीं थी। इससे भारत पिछड़ गया और चीन का निर्यात बढ़ता चला गया।"[5]

इसी 'एम.आर.टी.पी. ऐक्ट' को लेकर टाटा परिवार के मुखिया जमशेदजी टाटा भी इंदिरा गांधी के खिलाफ आ गए थे। उन्होंने इस तरह बिजनेस केस मामले में सरकारी दखल को खतरनाक बताया, लेकिन इंदिरा गांधी ने उनकी एक न सुनी। एक बड़ी दिक्कत, जो देश की अर्थव्यवस्था के लिए इंदिरा गांधी ने खुद खड़ी की थी, वह थी उस वक्त भारत की बंद अर्थव्यवस्था में जारी भ्रष्टाचार को संस्थागत रूप दे देना। आप इसी पुस्तक के भ्रष्टाचार और मारुति वाले अध्यायों में जान पाएँगे कि कैसे इंदिरा गांधी के मुख्यमंत्री ट्रस्ट बनाकर उद्योगपतियों से किसी भी तरह की इंडस्ट्री की मंजूरी उनमें रिश्वत की मोटी रकम लेकर देने लगे थे, तो उनका बेटा संजय गांधी मारुति की सहयोगी कंपनियों के जरिए कंसल्टेंसी देने के नाम पर हर देशी-विदेशी, निजी-सरकारी कंपनी

से सरकारी ठेकों में कमीशन खा रहा था। ऐसे में बिजनेस करना इंदिरा गांधी के राज में कितना मुश्किल होता होगा, सोचकर देखिए!

संदर्भ

1. BBC Article by Ramchandra Guha, Date-31 October, 2014, https://www.bbc.com/hindi/india/2014/10/141030_indira_gandhi_ramchandra_guha_rd
2. India Today Report, by Prabhas K. Dutta, Date-26 June, 2018, https://www.indiatoday.in/india/story/did-indira-gandhi-impose-emergency-to-escape-economic-crisis-1269992-2018-06-26
3. 'India's Budget Speech 1974', by Finance Minister Y.B. Chahvan, https://www.indiabudget.gov.in/doc/bspeech/bs197475.pdf
4. 'Finance Minister's Budget Speeches, 1947-2011', Volume-2, Page No. 747, Published by Lok Sabha Secretariat.
5. Arvind Pangadiya Interview by Harikishan Sharma, Dainik Jagran, Date-2 April, 2019. https://www.jagran.com/elections/lok-sabha-indira-gandhis-economic-policies-damage-to-the-country-19096973.html

□

43

क्यों कहा गया इंदिरा गांधी को 'कुटिल नेता'

यूँ तो मशहूर पत्रकार और गांधी खानदान के करीबी खुशवंत सिंह इंदिरा गांधी के इमरजेंसी लगाने के फैसले के समर्थक थे, लेकिन इंदिरा गांधी के व्यक्तित्व के बारे में उन्होंने बेलौस, बेहिचक जो कहा, वह काफी दिलचस्प था। उन्होंने 'रेडिफ डॉट कॉम' को दिए एक इंटरव्यू में कहा था—"इंदिरा गांधी ज्यादा पढ़ी-लिखी नहीं थी, सो अपने जैसे ही कम विद्वान् लोगों की संगत पसंद करती थीं। हमेशा ऐसे जाहिर करती थीं, जैसे न जाने कितनी पुस्तकें पढ़ रखी हैं। छोटे-छोटे लोगों को बड़े पद दे देती थीं, ताकि कोई उन्हें चुनौती न दे सके। पार्टी में अपना वर्चस्व स्थापित करने के लिए एक नेता से दूसरे को लड़ाती रहती थीं।"[1] इंदिरा गांधी के जीवन के कुछ फैसलों का आप विश्लेषण करेंगे तो पाएँगे कि ये वो आदर्श नेतृत्व नहीं, जो भारत भूमि को चाहिए; हाँ, कांग्रेस को ऐसे ही 'करिश्माई' या 'वंशवादी' या 'वंशवादी होने के चलते करिश्माई' नेतृत्व की जरूरत है, आज भी।

खुशवंत सिंह ने इस इंटरव्यू में बताया कि इंदिरा गांधी ने अपने चहेतों से संसद भर दी। वे 'एबिलिटी' के बदले 'लॉयलिटी' को तरजीह देती थीं। हालाँकि, योग्यता के बदले वफादारी को तवज्जो देने की आदत उन्हें पिता नेहरूजी से विरासत में मिली थी। विजयलक्ष्मी पंडित, ब्रज नेहरू समेत पूरा-का-पूरा नेहरू खानदान सरकार में किसी-न-किसी बड़े पद पर था, तो तमाम कश्मीरी मूल के लोग और अधिकारी सरकार में बड़े पदों पर थे, इंदिरा गांधी ने भी यह परंपरा बनाए रखी। यशपाल कपूर, आर.के. धवन, मोहम्मद युनुस, बंसीलाल जैसे लोग उनके करीबी हो गए।

इसकी वजह खुशवंत सिंह ने बताई कि 'उनके अंदर एक पढ़ी-लिखी महिला के तौर पर पहचान न होने के चलते एक हीन भावना जैसी थी, वे ऐसे दिखावा करती थीं,

जैसे उन्होंने बहुत सारी पुस्तकें पढ़ी हैं, वे अकसर फ्रेंच बोलती थीं, क्योंकि बीमार माँ के साथ स्विट्जरलैंड गई थीं, यूरोप में थोड़ा पढ़ी भी। वे बहुत ज्यादा बुद्धिमान लोगों के साथ असुरक्षित महसूस करती थीं, लेकिन सेकंड-रेट (दोयम स्तर) लोगों के साथ सहज महसूस करती थीं।' उनका कहना था, वे शांति निकेतन से लेकर ऑक्सफोर्ड तक में पढ़ी थीं, लेकिन कहीं भी पढ़ाई पूरी नहीं की थी।

खुशवंत सिंह के मुताबिक, परिवारों में झगड़े डालना, पार्टी नेताओं को आपस में लड़ाना, इंदिरा गांधी ऐसे तमाम फॉर्मूले केवल पार्टी और सरकार पर अपना वर्चस्व स्थापित रखने के लिए इस्तेमाल करती थीं और आप इस तथ्य से इस सच को जान सकते हैं कि सोनिया गांधी के समय में भी प्रधानमंत्री पद के लिए कोई बाहरी चेहरा ढूँढ़ लिया गया (भले ही एक जनप्रिय चेहरा नहीं), लेकिन इंदिरा गांधी के समय तो नंबर 2 कोई था ही नहीं। तभी तो इंदिरा गांधी के समय में कांग्रेस दो फाड़ हुई, सबसे ज्यादा बार कांग्रेस में टूट इंदिरा गांधी के समय में ही हुई। शरद पवार से लेकर बाबू जगजीवन राम तक, देवराज अर्स से लेकर चौधरी चरण सिंह तक न जाने कितने लोगों ने अलग पार्टियाँ बनाईं।

वी.पी. सिंह क्यों रहे इमरजेंसी में खामोश

खुशवंत सिंह ने तो यह तक दावा किया कि इंदिरा गांधी ने संत बख्श सिंह के बजाय उनके सौतेले भाई वी.पी. सिंह को मंत्री बनाने के लिए तरजीह दी। उनके शब्दों में—"The best example is of V P Singh. It was his elder brother (Santa Bux Singh) who believed he would be made minister, but instead she picked V P Singh, the lesser qualified of the two brothers, which only created enmity between the brothers. She would do this with calculated skill and in the bargain cause enmity between brothers, split up families. In the long run, it was not good for the country to play such games as she did."

पहले वी.पी. सिंह को सोरों (एटा) से विधानसभा टिकट दी गई, 1971 में उन्हें सांसद बना दिया गया और इमरजेंसी से पहले उन्हें कॉमर्स मिनिस्ट्री में जूनियर मंत्री बना दिया गया। इतनी तेज प्रगति शायद ही किसी की हुई हो। आज वी.पी. सिंह को भले ही मंडल का मसीहा या बोफोर्स घोटाले के खिलाफ आवाज उठाने वाला माना जाए, लेकिन हकीकत यह थी कि वी.पी. सिंह आपातकाल के दौरान इंदिरा सरकार में मंत्री थे, लेकिन उन्होंने इसके खिलाफ एक शब्द तक नहीं निकाला। इसकी वजह थी कि इंदिरा गांधी ने उन्हें अहसानों के बोझ तले दबा दिया था। बाकी मजबूरियाँ उन्हें ही बेहतर पता रही

होंगी। इमरजेंसी में उनकी चुप्पी का इनाम उन्हें मिला, 1980 में जब फिर से इंदिरा गांधी सत्ता में आईं तो उनको यू.पी. का मुख्यमंत्री बनाकर भेज दिया गया।

ऐसी हरकत किसी प्रधानमंत्री ने नहीं की

कुल मिलाकर इंदिरा गांधी को साम-दाम-दंड-भेद किसी भी तरीके से परहेज नहीं था। तभी तो जब मोरारजी देसाई के नेतृत्व में जनता पार्टी सरकार सत्ता में आ गई तो कैसे राजनारायण और चरण सिंह को इंदिरा-संजय ने अपने पाले में लेकर मोरारजी की सरकार गिराई, वह एक दिलचस्प कहानी है। बाद में चरण सिंह को भी धोखा दिया और चरण सिंह प्रधानमंत्री बनकर भी संसद का मुँह नहीं देख पाए और एक महीने के अंदर इस्तीफा देना पड़ गया।

इसी तरह जब मोरारजी बतौर प्रधानमंत्री सोवियत संघ की यात्रा पर गए थे, तो आप यह जानकर हैरान हो जाएँगे कि इंदिरा गांधी ने अपने रूसी मित्रों से बात करके यह तक व्यवस्था कर दी थी कि मोरारजी देसाई के साथ कोई बड़ा समझौता न होने पाए, बल्कि यह एक आम यात्रा बनकर रह जाए। इस बात का रहस्योद्‌घाटन इंदिरा की दोस्त पुपुल जयकर ने अपनी पुस्तक में किया है—"Pointing to caviar, Indira commented that it was a gift from the Russians to assure her that the coming visit of Morarji Desai to Russia would be a formal one and for all the welcome they gave him, their friendship was with her. She chukckled and Sanjay and I joined in the laughter."[2]

सोचिए, क्या आज तक कोई भी राजनीतिक दुश्मनी इस देश में इस हद तक पहुँची है कि अपने देश के साथ कोई समझौता न हो पाए, इसके लिए बाकायदा साजिश की जाए और अपने ही देश के प्रधानमंत्री का दौरा विदेश में नाकाम करवाकर इस तरह ड्राइंग रूम में बैठकर उस पर हँसा जाए! रूस में कम्युनिस्टों की सरकार थी और अपने देश के कम्युनिस्टों को न संजय गांधी पसंद करते थे और न ही बहुत ज्यादा इंदिरा। फिर भी उनसे मदद लेने में कोई गुरेज नहीं था।

'सोवियत संघ ने मुझे चुनावों में बैक नहीं किया'

लेकिन अब तसवीर का दूसरा पहलू जानिए। इसी रूसी सरकार और कम्युनिस्टों को वे तब गालियाँ दे रही थीं, जब ब्रिटेन की प्रधानमंत्री मागरिट थैचर दिल्ली आईं। 30 साल बाद उनकी निजी बातचीत को ब्रिटेन के नियमों के तहत सार्वजनिक किया गया तो इंदिरा गांधी से उनकी मुलाकात का 15 अप्रैल, 1981 का भी ब्योरा मिला, जिसमें वे

कम्युनिस्टों को तो गाली दे ही रही थीं, वे यह भी खुलासा कर बैठीं कि सोवियत संघ ने 1977 के चुनाव में मुझे 'बैक' नहीं किया, जिसके चलते मैं हार गई।[3]

यह हैरान कर देने वाली बात थी कि इंदिरा गांधी यह खुलासा कर रही थीं कि उनको चुनावों में रूसी मदद करते थे, जिससे वे जीतती थीं। सोचिए, यह कितनी बड़ी बात थी, आज कोई नेता विदेश की सरकार से चुनाव जीतने में मदद ले, वे भी प्रधानमंत्री की कुरसी पर बैठकर, तो मीडिया उसका क्या हाल करेगी? हालाँकि, यह आज तक खुलासा नहीं हुआ कि वे खाली आर्थिक मदद ही लेती थीं, या और भी किसी तरह की? हालाँकि, 'मित्रोखिन फाइल्स' से इस मामले में भी वह काफी कुछ विवादों में आई थीं।

स्टालिन की बेटी और राजा दिनेश सिंह

रूसी रिश्तों के चलते ही इंदिरा गांधी के बेहद करीबी लोगों में शामिल हो गए थे राजा दिनेश सिंह। प्रतापगढ़ (यू.पी.) के कालाकांकर में कभी राजा रामपाल सिंह ने एक अखबार शुरू किया था 'हिंदुस्तान', जिसका संपादक मदन मोहन मालवीय को बनाया गया था। राजा रामपाल के दो बेटे थे—अवधेश और ब्रजेश। अवधेश के बेटे थे राजा दिनेश सिंह और उनके चाचा ब्रजेश इसलिए मशहूर हैं, क्योंकि उन्होंने रूस के प्रख्यात कम्युनिस्ट नेता स्टालिन की बेटी स्वेतलाना से शादी की थी, वे उनकी तीसरी पत्नी थीं। ब्रजेश उनकी खातिर रूस में ही बस गए थे और वहीं उनकी मौत हुई।

शास्त्रीजी की मौत के बाद इंदिरा गांधी 19 जनवरी, 1966 को प्रधानमंत्री बनीं और उसी साल 20 दिसंबर को स्टालिन की बेटी स्वेतलाना ब्रजेश सिंह की अस्थियाँ लेकर कालाकांकर आईं और उन्हें गंगा में विसर्जित कर दिया। उसके बाद वे दिनेश सिंह के यहाँ ही रहने लगीं। तब अगले साल 16 जनवरी को उनकी मुलाकात हुई इंदिरा गांधी से, जो दिनेश सिंह के समर्थन में एक सभा करने वहाँ पहुँची थीं। स्टालिन की बेटी दिनेश सिंह की चाची थीं, यह बात इंदिरा के लिए हैरतअंगेज थी, दोनों की काफी बातें हुईं और इसका सीधा फायदा दिनेश सिंह को मिला।[4]

दिनेश सिंह को इंदिरा गांधी ने जूनियर मंत्री बना दिया, 1969-70 में उन्हें विदेश मंत्रालय की जिम्मेदारी भी दे दी, लेकिन एक साल बाद वापस भी ले ली। लोगों को कहना है कि स्टालिन से रिश्तों के चलते इंदिरा से जो उनकी करीबी थी, उसके चलते दिनेश सिंह जरूरत से ज्यादा आश्वस्त हो गए थे कि इंदिरा अब हर बात पर उनकी सलाह लेती हैं और अकसर वे दोस्तों से इस तरफ इशारा करते थे कि इंदिरा से उनके रिश्ते बाकी मंत्रियों जैसे नहीं, बल्कि विशेष तरह के हैं।

इंदिरा को उनके बाकी करीबियों ने भड़काया और इंदिरा ने बिना उनको विश्वास में लिये किनारे कर दिया। जब लंबे समय तक उन्हें कैबिनेट में नहीं लिया गया तो इमरजेंसी

के बाद बनने वाली जनता पार्टी सरकार से उन्होंने रिश्ता जोड़ लिया। दो साल बाद फिर वापस आए और राजीव की सरकार में थोड़े से समय के लिए मंत्री रहे, बाद में नरसिम्हा राव की सरकार में मंत्री रहते हुए ही उनकी मौत हो गई। लेकिन दिनेश सिंह के करीबियों को अभी तक यह समझ नहीं आता कि इंदिरा का इतना करीबी होते हुए भी दिनेश सिंह को किनारे क्यों कर दिया गया था?

इसलिए तमाम लोग कुछ खुलकर और कुछ निजी महफिलों में इंदिरा के इस कुटिल रवैये की चर्चा करते हैं कि इंदिरा ने अपने बचपन में ऐसा क्या झेला, जिसके चलते वे हमेशा कुटिल मोड में रहती थीं, किसी पर भरोसा नहीं करती थीं, किसी को भी झटके से अर्श से फर्श पर पटक देती थीं और फर्श से अर्श पर पहुँचा देती थीं? हक्सर को इतना ताकतवर बनाने के बाद कैसे पल्ला झाड़ा, केरल में किसी और पार्टी की सरकार का बनना इतना नागवार गुजरा कि सरकार ही गिराकर मानीं! ये सब आप इसी पुस्तक में पढ़ेंगे और पाएँगे कि इंदिरा गांधी के व्यक्तित्व के तमाम पहलू आपने पहली बार इस पुस्तक से ही जाने होंगे।

संदर्भ

1. Khushwant Singh Interview, by Amberish K. Diwanji, 27 October, 2004, Rediff.com https://www.rediff.com/news/interview/inter1/20041027.htm
2. 'Indira Gandhi : A Biography' by Pupul Jayakar, Chapter No. 6, Published by Penguin Group
3. Britain Prime Ministerial Private Office Files, Indira Gandhi- Margaret Thatcher, 15 April, 1981, https://www.margaretthatcher.org/document/138645
4. 'The Greater Game : India's Race with Destiny and China', by David Vaan Praagh, Page No. 93, Published by McGill-Queen's University Press.

□

44

इंदिरा गांधी की जासूसी का जाल : सैम मानेकशॉ, गुलजारी लाल नंदा, मेनका, जैल सिंह

यूँ तो देश की सुरक्षा के लिए किसी भी सरकार को किसी भी हद तक जाने की छूट होती है, होनी भी चाहिए, लेकिन उसके लिए सरकार को जो अधिकार मिलते हैं, उन्हें कब अपने राजनैतिक फायदों के लिए सरकार में मौजूद पार्टी या उनका मुखिया उठा सकता है, इसके भी बड़े खतरे रहते ही हैं और ऐसा होता भी रहा है। लेकिन इंदिरा गांधी ने भारत में बतौर पी.एम. ऐसा पहली बार किया था, सो उनकी चूक, जो बाद में परंपरा बन गई, ने लोकतंत्र में चुनी हुई सरकारों को अपने विरोधियों के खिलाफ एक बड़ा हथियार दे दिया।

शुरुआत तब हुई, जब इंदिरा गांधी पी.एम. भी नहीं बनी थीं, गुलजारी लाल नंदा के नाम देश के इतिहास में दो-दो बार कार्यवाहक पी.एम. बनने का अनोखा रिकॉर्ड है। ऐसे में दूसरी बार वे पी.एम. बनने के बड़े ख्वाहिशमंद थे, इधर शास्त्रीजी की मौत के बाद इंदिरा गांधी अपना मन पूरी तरह भारत के पी.एम. पद पर कब्जा करने के लिए बना चुकी थीं। नेहरूजी के समय काम करते हुए वे भी एक 'सुपर पी.एम.' की तरह काम करती थीं, हर फाइल देखती थीं, हर आई.ए.एस. और मंत्री नेहरूजी से पहले उनसे मिलता था, कई बड़े फैसलों को प्रभावित करती थीं। सो उनके संपर्क ब्यूरोक्रेसी और पार्टी सभी जगह सबसे ज्यादा मजबूत थे। कार्यवाहक पी.एम. रहते हुए गुलजारी लाल नंदा की प्रधानमंत्री बनने की इच्छाओं की उन्हें जानकारी थी, इसलिए सबसे पहले उनके शिकार बने नंदा साहब।

गुलजारी लाल नंदा की हर हरकत पर थी नजर

जो-जो गुलजारी लाल नंदा उस वक्त कर रहे थे, हर पल की खबर इंदिरा गांधी के पास पहुँचने लगी। संसदीय दल का नेता चुनने के लिए कांग्रेस संसदीय बोर्ड की मीटिंग से एक दिन पहले की यह बात है, इंदिरा को एक गुप्त सूचना मिली और इंदिरा ने अपनी दोस्त पुपुल जयकर को फोन करके बताया कि नंदा ने बी.एस.एफ. की कुछ टुकड़ियाँ दिल्ली बुला ली हैं। तो इंदिरा की दोस्त ने पूछा कि नंदा को क्या जरूरत पड़ी, तो इंदिरा ने बताया कि नंदा अपने ज्योतिषियों की बहुत मानते हैं, जो उनकी महत्त्वाकांक्षाओं को हवा दे रहे हैं। पी.एम. बनने के लिए वे कुछ भी कर सकते हैं। इंदिरा से उनकी दोस्त पुपुल जयकर की बातचीत उन्होंने अपनी पुस्तक में भी दर्ज की है, पुपुल ने पूछा, "Nanda! How is that possible ?" तब इंदिरा ने उन्हें फोन पर ही जवाब दिया, "You don't know how ambitious he is. And his astrologers have been feeding his ambitions."[1]

इंदिरा इस बात से काफी परेशान थीं। लेकिन इतना तय था कि इंदिरा ने नेहरू के पी.एम. रहते हर विभाग में अपने सूत्र जमा रखे थे। कोई भी खबर उनके खिलाफ होती थी तो उनको कहीं-न-कहीं से पता चल ही जाती थी। मध्य प्रदेश कांग्रेस के बड़े नेता और मुख्यमंत्री द्वारका प्रसाद मिश्रा उनके लिए कोशिशें कर रहे थे, इसलिए वे माहौल पर नजर रखे रहीं और खामोश रहीं। चूँकि 19 जनवरी तक सब कुछ तय होना था, इसलिए 4 दिन पहले ही ऐसी बिसात बिछा दीं कि गुलजारी लाल नंदा मुकाबले से ही बाहर हो गए। 15 तारीख तक केवल इंदिरा गांधी और मोरारजी देसाई के बीच ही मुकाबला रह गया था।

बाद में जब इंदिरा पी.एम. चुन लीं गईं तो उन्हें गुलजारी लाल नंदा की उस कहानी की याद आई, उनको मिलने के लिए बुलाया गया। और पूछा कि बी.एस.एफ. की टुकड़ियाँ ऐन चुनाव होने से पहले दिल्ली क्यों बुलाई गईं? ऐसे में इंदिरा को गुलजारी लाल नंदा ने काफी दिलचस्प जवाब दिया, कहा कि चूँकि राजनीतिक गलियारों में तय नहीं था कि पी.एम. कौन बनेगा, तो उन्हें खबर मिली थी कि पाकिस्तान की तरह सैनिक विद्रोह हो सकता है, इसी के नाते नेताओं की सुरक्षा के लिए आर्मी की बजाय पैरामिलिटरी फोर्स की टुकड़ियाँ बुलाई गई थीं। हालाँकि, इंदिरा गांधी के पास उनके खिलाफ कोई सुबूत नहीं था, सो कर कुछ नहीं सकती थीं। ऐसे में यह बात दब गई और सालों बाद ही बाहर आ सकी।

जब मिली सैम मानेकशॉ की तख्तापलट योजना की जानकारी

हर भारतीय 1971 के युद्ध में पाकिस्तान के दो टुकड़े करने के लिए इंदिरा गांधी की अचूक रणनीति और हिम्मत के लिए उनको जानता है। इंदिरा के सिर पर जो कामयाबी

का सेहरा बँधा, उसका काफी कुछ श्रेय भारतीय सेना के कमांडर-इन-चीफ सैम मानेकशॉ के हिस्से भी है। आप हैरत में पड़ जाएँगे यह जानकर कि इंदिरा गांधी उनकी भी जासूसी करवा रही थीं। उनको खबर मिली कि सेना के कमांडर-इन-चीफ सैम मानेकशॉ के नेतृत्व में कभी भी पाकिस्तान की तरह तख्तापलट हो सकता है तो यह बड़ी बात थी। इंदिरा के लिए तो यह हैरानी भरा मसला था।

इंदिरा को उनके करीबी मंत्रियों ने भी यह जानकारी दी तो यह जानकर इंदिरा बुरी तरह चौंक गईं। पहली बार पी.एम. बनने के समय गुलजारी लाल नंदा की बी.एस.एफ. टुकड़ियों को दिल्ली बुलाने की बात भी उनको याद थी। लेकिन सैम को लेकर उन्हें यकीन नहीं था। आखिर सैम से उनके रिश्ते खाली पी.एम. और कमांडर-इन-चीफ वाले तो थे नहीं, बल्कि उससे भी ज्यादा दोस्ती वाले थे। बात फैलने लगीं, सैम जहाँ भी जाते, लोग उनसे पूछने लगे कि कब टेकओवर कर रहे हैं?

इंदिरा से रहा नहीं गया, इंदिरा ने सैम मानेकशॉ को पी.एम. आवास से फोन लगवाया और पूछ लिया कि 'आर यू ट्राइंग टू टेकओवर फ्रॉम मी?' कई सेकंड्स तक सैम मानेकशॉ के हलक से आवाज तक नहीं निकली। इंदिरा का सेंस ऑफ ह्यूमर इतना अच्छा नहीं था कि वे ऐसा मजाक करने के लिए फोन लगातीं और वे उस वक्त देश की सबसे ताकतवर शख्सियत थीं। मानेकशॉ ने सीधे उनसे ही पूछ लिया कि आप क्या सोचती हो? तो इंदिरा का जवाब था—"तुम नहीं कर सकते।" सैम को माहौल हलका करने का मौका मिल गया और मुसकराकर पूछ डाला कि 'क्या आपको मेरी क्षमता पर शक है?' बाद में दोनों के बीच इस षड्यंत्र की अफवाह पर ढंग से चर्चा हुई, जिसमें सैम ने उनको अपने करीबियों की अफवाहों पर ध्यान न देने और उन पर भरोसा करने की सलाह दी।[2]

संजय गांधी की गुप्त फाइल आई.बी. दफ्तर से करवा दी गायब

इंदिरा गांधी जब नहीं रहीं तो उनके समय में इंटेलिजेंस ब्यूरो (आई.बी.) के संयुक्त निदेशक रहे मलय कृष्ण धर (एम.के. धर) की एक पुस्तक 'ओपन सीक्रेट्स : इंडियाज इंटेलिजेंस अनवेल्ड' में विस्तार से बताया कि इंदिरा गांधी ने पी.एम. पद पर रहते हुए किस-किस की स्नूपिंग की! तीन नाम सबसे ज्यादा चौंकाने वाले थे—पहला उनके बेटे संजय गांधी की पत्नी मेनका गांधी का, दूसरा तत्कालीन गृहमंत्री ज्ञानी जैल सिंह का (जो बाद में राष्ट्रपति बने) और तीसरा जरनैल सिंह भिंडरावाले का। लेकिन 1980 में सत्ता में वापसी के बाद इंदिरा गांधी ने सबसे पहले आई.बी. अधिकारी मलय कृष्ण धर को काम पर लगाया कि जनता सरकार के दिनों में उनके परिवार के खिलाफ क्या-क्या कागजात खोदकर निकाले गए हैं, जो उनके खिलाफ इस्तेमाल किए गए हैं! इनमें सबसे खास थे

संजय गांधी के उन करीबी लोगों के राज, जो उनका अवैध धन सँभालकर रखते थे। ऐसे तमाम कागजात एक फाइल में लगाकर मँगवा लिये गए और वे हमेशा के लिए आई.बी. के दफ्तर से गायब हो गए।[3]

विदेशी ताकतों ने किया था मेनका को घर में प्लांट

इंदिरा गांधी को शुरू से ही अपनी पुत्रवधू मेनका पर शक था, उन्हें वे आरएसएस का जासूस लगती थीं, जिसे एक साजिश के तहत उनके घर में प्लांट किया गया है। 'अरब न्यूज' के लिए इंदिरा का इंटरव्यू करने वाले जेद्दाह के वरिष्ठ पत्रकार फारूक लुकमान ने तो दावा किया था कि इंदिरा गांधी ने मेनका गांधी को लेकर कहा था कि उन्हें विदेशी ताकतों ने उनके घर में प्लांट किया था। लुकमान ने लिखा है कि उनका इशारा अमेरिका की तरफ था।[4] आई.बी. मेनका ही नहीं, उनके दोस्तों के फोन भी टेप करती थी। एम.के. धर लिखते हैं कि न केवल मेनका की माँ, बल्कि मेनका की मैगजीन 'सूर्या' के एडिटोरियल बोर्ड को भी स्नूपिंग के दायरे में रखा गया था। दरअसल, संजय गांधी की मौत के बाद इंदिरा ने राजीव को बढ़ाया, जबकि संजय की जगह अमेठी से मेनका लड़ना चाहती थीं। मेनका सोनिया की तरह इंदिरा गांधी के इशारों पर चलने के बजाय बाहर वालों के कहने पर ज्यादा चल रही थीं, ऐसा इंदिरा का मानना था और उनकी महत्त्वाकांक्षाओं से भी परेशान थीं। तभी यह जासूसी का फैसला लिया गया था।

एक और बड़ा मसला आ गया था, जो आप इसी पुस्तक के मथाई वाले अध्याय में पढ़ेंगे कि कैसे मथाई की पुस्तक से इंदिरा गांधी से उनके तथाकथित यौन रिश्तों को लेकर जो अध्याय था 'SHE', उसको भी बरामद करना था। एम.के. धर ने विस्तार से अपनी उस खोज के बारे में लिखा है कि कैसे तमाम आई.ए.एस. अधिकारियों का गैंग इसके खिलाफ था और आखिरकार कैसे उन्होंने मेनका गांधी की 'सूर्या' मैगजीन के दफ्तर से उसे उड़ाया था, जिसके चलते इंदिरा गांधी तो काफी खुश हो गई थीं, लेकिन कई आई.ए.एस. अधिकारी काफी नाराज थे। फिर जब मेनका गांधी ने पी.एम. आवास छोड़ दिया तो एम.के. धर से उनके राजेंद्र प्लेस स्थित दफ्तर व गोल्फ लिंक वाले घर के टेलीफोन्स में तकनीकी उपकरण लगाने को बोला गया और धर ने उनकी बातचीत रिकॉर्डिंग करने के इस ऑपरेशन को अंजाम भी दिया।[5]

फोतेदार ने दिया जैल सिंह का फोन टेप करने के लिए विदेशी उपकरण

फिर माखनलाल फोतेदार ने धर को बुलाकर इंदिरा गांधी के हवाले से देश के तत्कालीन गृहमंत्री ज्ञानी जैल सिंह का फोन टेप करने को कहा, यह भी कहा कि मेरी निजी सूचना है कि भिंडरावाले का दूत गुरुद्वारा बंगला साहिब में जैल सिंह से मुलाकात

करेगा। फोतेदार ने इस काम के लिए एक विदेश से आयातित नया टेप रिकॉर्डर उपकरण भी दिया। इस काम को भी अनिच्छा से अंजाम देने के बारे में धर ने लिखा है और बताया है कि इस बातचीत को रिकॉर्ड करने से काफी जानकारी मिली थी, जिसे एक सीलबंद लिफाफे में बिना किसी आधिकारिक मोहर के इंदिरा गांधी को सौंप दिया गया था। माँ की यही आदत बेटे राजीव गांधी में भी रही, उनके जमाने में तो राष्ट्रपति भवन की स्नूपिंग होती थी। जैल सिंह को काफी बाद में खबर लगी, सो अपने मिलने वालों से वे ऑफिस की बजाय गार्डन में मिलने लगे थे। राजीव गांधी को ये टेप लगातार पहुँचाए जाते थे।[6]

पूर्व कैबिनेट सेक्रेटरी ने किया राजीव गांधी का फोन टेप, सोनिया के भाई को लेकर खुलासा

'रेडिफ डॉट कॉम' की एक खबर के मुताबिक राजीव गांधी को भी स्नूपिंग का शिकार होना पड़ा था। आरोप लगा कि एक पूर्व कैबिनेट सेक्रेटरी ने राजीव गांधी की एक ऐसी बातचीत रिकॉर्ड कर ली, जिसमें वे उन्हें इटली में सोनिया गांधी के भाई को एक सूटकेस में कैश पहुँचाने की बात कर रहे थे।[7] साफ था कि इंदिरा गांधी ने एक ऐसी अवैध परंपरा शुरू की, जो उनके अपनों के लिए ही नहीं, इस देश के लोकतंत्र के लिए भी हमेशा के लिए एक नया गैर-कानूनी रास्ता खोल गई, राजनैतिक विरोधियों की स्नूपिंग का!

संदर्भ

1. 'Indira Gandhi : A Biography', by Pupul Jayakar, Page No. 179, Published by Penguin Group.
2. 'Indira Gandhi : A Biography', by Pupul Jayakar, Page No. 215, Published by Penguin Group.
3. 'Open Secrets : India's Intelligence Unveiled', by Maloy Krishna Dhar, Page No. 250, Published by Manas Publications.
4. 'Indira Gandhi Makes A Blunder', by Farook Luqman, Arab News, 11 May, 2012, https://www.arabnews.com/node/335190/amp
5. 'Open Secrets : India's Intelligence Unveiled', by Maloy Krishna Dhar, Page No. 272, Published by Manas Publications.
6. 'Open Secrets : India's Intelligence Unveiled', by Maloy Krishna Dhar, Page No. 447, Published by Manas Publications.
7. Rediff Dot Com Report, by Vicky Nanjappa, 20 Nov, 2013, https://www.rediff.com/news/report/when-indira-snooped-on-maneka-rajiv-on-the-president/20131120.htm

□

45

वोट बैंक व सरकार बनाने की जिद, हुए गुजरात से भी बड़े 2 दंगे

यह इंदिरा गांधी की बदकिस्मती थी कि उनके सत्ता सँभालते ही आजाद भारत में पहली बार खाने के लिए दंगे होने लगे। तमाम सरकारी दफ्तरों में तोड़-फोड़ हुई, रेलवे लाइनें उखाड़ दी गईं, चावल की माँग को किसी और अनाज से पूरी करने को भी तैयार नहीं थे केरलवासी। इंदिरा गांधी को कुछ नहीं सूझा तो ऐलान कर दिया कि "जब तक केरल के लोगों को खाने के लिए चावल नहीं मिलेगा, तब तक चावल नहीं खाऊँगी"[1], न ऐसा कभी किसी राज्य में तब तक हुआ था और न ही किसी प्रधानमंत्री ने ऐसी अनोखी प्रतिज्ञा ही ली थी। यही केरल था, जब इंदिरा गांधी ने पार्टी के अध्यक्ष का पद सँभाला था, तो बस यही एक सरकार गिराने पर अड़ गई थीं, अब देश के मुखिया का पद सँभालते ही उसी केरल ने उनकी कुरसी के लिए मुश्किल पैदा कर दी थीं।

खाने के दंगे और 1984 के दंगों से ही इंदिरा गांधी नहीं जुड़ीं, बल्कि इंदिरा गांधी के जमाने में ऐसे दो बड़े दंगे हुए, जो गुजरात के दंगों से ज्यादा भयावह थे। लेकिन देश में किसी को याद ही नहीं रहे। पहला था यू.पी. के मुरादाबाद का दंगा और दूसरा था असम के नेल्ली का नरसंहार। दोनों ही जगह इतने ज्यादा लोग मारे गए थे कि उनके सारे नरसंहार फीके पड़ जाते हैं। उससे भी ज्यादा भयानक यह है कि दोनों ही दंगों में आज तक दंगा पीड़ितों को न्याय नहीं मिला, जाँच आयोग की रिपोर्ट्स आने के बावजूद दोषियों को सजा नहीं मिली।

कांग्रेस सरकार की पुलिस ने ही ले ली 2,500 मुसलिमों की जान

मुरादाबाद में 1980 में एक ऐसा दंगा हुआ, जिसमें बिना हिंदुओं के मैदान में उतरे

ही, करीब 2,500 मुसलमानों की मौत हो गई, यह दंगा हुआ था यू.पी. पुलिस और मुसलमानों के बीच। यू.पी. में कांग्रेस की सरकार थी और मुखिया थे बाद में मंडल मसीहा बने वी.पी. सिंह; जो इमरजेंसी के दौरान इंदिरा गांधी सरकार में जूनियर मंत्री थे और एक शब्द भी इमरजेंसी के अत्याचारों पर नहीं बोले। उनको इनाम स्वरूप यू.पी. के मुख्यमंत्री की कुरसी थमा दी गई थी और जिस साल सी.एम. बने, उसी साल यह भयावह घटना हो गई।

29 अगस्त, 1980 की बात है। ईद का दिन था, करीब 75,000 मुसलिम ईदगाह में इकट्ठे हुए थे। अचानक से वहाँ पास की गरीबों की बस्ती से एक सूअर आ गया, मुसलिमों ने सूअर को खुद भगाने के बजाय मौके पर तैनात सिपाही से कहा कि इसको भगाओ। उसने मना कर दिया। मुसलिमों ने उसे पीट दिया, पुलिसवाले भी गुस्सा हो गए। मुसलिमों ने पत्थरबाजी शुरू की और पुलिसवालों ने लाठीचार्ज कर दिया। एक चश्मदीद यह भी कहता है कि एस.एस.पी. के सिर पर पत्थर लगने से पुलिस गुस्सा हुई और फिर पुलिस ने फायरिंग शुरू कर दी। एक तरफ पुलिस व पी.ए.सी. के जवान थे, तो दूसरी तरफ मुसलमानों के वे नौजवान, जो पुलिस को सबक सिखाना चाहते थे। बीच में मुसलिम बूढ़े-बच्चे और महिला। जितने गोली से मरे, उससे ज्यादा भगदड़ से मर गए। जो पुलिसवाला जिंदा हाथ लगा, दंगाइयों ने उसे जिंदा जला दिया।[2]

आधिकारिक मौतों का आँकड़ा 400 के करीब था, तो अनाधिकारिक आँकड़ा 2,500 तक बताया जाता है। एक महीने तक पूरे मुरादाबाद में कर्फ्यू लागू रहा। राज्य सरकार ने इलाहाबाद हाई कोर्ट के जज एम.पी. सक्सेना की अगुवाई में एक जाँच कमेटी बैठा दी। आयोग की रिपोर्ट में घटना के समय ईदगाह के आसपास सूअर या सूअरों की मौजूदगी को खारिज कर दिया गया, जिसको लेकर कुछ लोग आरोप लगा रहे थे कि ये किसी ने साजिश के तहत छोड़े थे। आयोग ने साफ किया कि दंगे में आरएसएस या बीजेपी जैसे किसी भी हिंदूवादी संगठन का हाथ नहीं है, उलटे मुसलिम लीग के स्टेट प्रेसिडेंट शमीम अहमद खान को दो साथियों के साथ दोषी ठहरा दिया। आयोग ने प्रशासन, पुलिस और पी.ए.सी. को भी क्लीन चिट दे दी और कहा कि पुलिस की गोली से कम और भगदड़ से ज्यादा लोग मरे हैं।

यह एक ऐसा दंगा था, जिसमें हिंदुओं या हिंदू संगठनों का कोई लेना-देना नहीं था। ये दंगा मुसलमान बनाम पुलिस था और मुसलिम नेताओं ने निर्दोष मुसलिम भीड़ को पुलिस, प्रशासन के खिलाफ भड़काया था। जस्टिस सक्सेना ने बाकायदा उन मुसलिम नेताओं के नाम भी दिए, जिनको दोषी ठहराया गया था। लेकिन वोटों की राजनीति के चलते इंदिरा गांधी ने उन पर कोई भी एक्शन नहीं लिया और न ही वी.पी. सिंह की राज्य

सरकार को कुछ निर्देश ही दिए और न ही उनके बाद आने वाली सरकारों ने। सबसे दिलचस्प था इंदिरा गांधी ने इसे विदेशी साजिश करार दे दिया था।[3]

लेकिन उससे भी भयंकर कांड हो गया तीन साल बाद ही असम में, जिसके लिए इंदिरा गांधी के नेतृत्व में केंद्र सरकार ही प्रमुख रूप से जिम्मेदार थी, यह था नेल्ली नरसंहार। दरअसल, सालों से असम में बाहरी लोगों, खासकर बंगालियों के खिलाफ एक गुस्सा अंदरखाने पनप रहा था, जो असम में अपनी संख्या बढ़ाते चले जा रहे थे। 1971 के भारत-पाक के युद्ध के बाद बांग्लादेश से आने वाले बंगाली मुसलिमों की संख्या असम में तेजी से बढ़ गई थी, लाखों लोगों के वोट भी बना दिए गए। 1979 में 'ऑल असम स्टूडेंट यूनियन' (आसू) ने उनके खिलाफ अपने आंदोलन का ऐलान कर दिया।

23 विधानसभा सीटों पर बंगाली मुसलिमों के प्रभुत्व के चलते राज्य सरकार के चुनने में बाकी पार्टियों को मुश्किल हो रही थी, क्योंकि यह एकतरफा कांग्रेस वोट में तब्दील हो चुका था। तभी इनके वोट रद्द करने की माँग पर कांग्रेस कान नहीं धर रही थी। इंदिरा गांधी ने अचानक से तय किया कि 1983 में राज्य में चुनाव होंगे, जबकि बाकी पार्टियाँ चाहती थीं कि चुनाव से पहले इन लाखों बांग्लादेशी मुसलमानों का वोट रद्द कर इन्हें वापस भेजा जाए। शुरुआत हुई 1979 में मंगलदोई लोकसभा सीट से जनता पार्टी के सांसद हीरालाल पटवारी की मौत से, चूँकि उप-चुनाव होना था, सो पता चला कि अचानक से उस सीट पर वोटर्स की संख्या जरूरत से ज्यादा बढ़ गई है। जाँच से पता चला कि बांग्लादेशी घुसपैठियों ने काफी वोट बनवाए थे।

इधर असम में जनता पार्टी में टूट हो गई, सो उनकी एक सरकार गिर गई तो जोगेन हजारिका की अगुवाई में दूसरे गुट ने सरकार बना ली। मुश्किल से तीन महीने के अंदर यह सरकार भी गिर गई और बिना चुनाव हुए कांग्रेस (आई) के अनवरा तैमूर ने भी विधायकों की खरीद-फरोख्त से अपनी सरकार बना ली। छह महीने के अंदर यह सरकार भी गिर गई, तो राष्ट्रपति शासन लगा दिया गया। 1982 में कांग्रेस (आई) के केशव गोगोई ने सरकार बनाई, लेकिन यह दो महीने तक ही चल पाई। फिर राष्ट्रपति शासन लगा दिया गया और यह तय हो गया कि बिना नई विधानसभा के, नए चुनावों के कोई स्थिर सरकार आएगी नहीं। तब तक इतने बांग्लादेशी मुसलिम वोटर बन चुके थे कि इंदिरा गांधी अपनी जीत को लेकर आश्वस्त थीं।

आसू के जवाब में एक नया संगठन बन गया था—ऑल असम माइनॉरिटी स्टूडेंट यूनियन (AAMSU), जो चाहता था कि 1971 से पहले जो असम में विदेशी घुसपैठिए आ चुके थे, उन्हें भारत की नागरिकता दे दी जानी चाहिए। कई जगह हिंदू-मुसलिम दंगों की घटनाएँ भी हुई थीं। लेकिन इंदिरा गांधी सरकार ने तय कर लिया कि मार्च 1983

तक चुनाव होकर सरकार बन जाएगी। जबकि 'आसू' व असम गण परिषद् जैसे संगठन चाहते थे कि चुनावों से पहले मतदाता सूचियों से विदेशी घुसपैठियों को निकाल बाहर किया जाए। 7 जनवरी से 21 फरवरी के बीच चुनाव की तारीखों का ऐलान हो गया। इसी के साथ 'आसू' और असम गण परिषद् ने 'जनता कर्फ्यू' का ऐलान कर दिया और चुनावों के बहिष्कार का भी।[4]

नेल्ली नरसंहार के कभी न भुलाए जाने वाले दाग

नेल्ली में 14 फरवरी को मतदान हुआ, बहिष्कार का आह्वान करने वालों ने विदेशी मुसलिमों से वोट न करने को कहा, नहीं तो सामाजिक बहिष्कार करने, उनसे व्यापार करने वालों पर 500 रुपए का अर्थदंड लगाने की भी बात की। पुलिस, खुफिया एजेंसियों आदि के तनाव से जुड़े तमाम संदेश अधिकारियों के पास आ रहे थे, लेकिन चुनाव नहीं रोके गए। चुनाव का बहिष्कार न करने वाले मुसलिमों को लेकर आदिवासियों ने कई बैठकें कीं।

16 फरवरी को नगाँव जिले के नेल्ली गाँव के बाहर 5 या 6 आदिवासियों के बच्चों की लाशें मिलीं, इससे माहौल और गरमा गया। एक के बाद एक कई छोटी-छोटी घटनाएँ हुईं। 17 फरवरी को पास ही के एक गाँव में इस बार जबरन लोगों को वोट देने से रोका गया। जिस जगह आदिवासियों के बच्चों की लाश मिली थीं, उसी जगह मुसलिमों के तीन बच्चों की लाशें मिलीं। फिर तीन असमिया हिंदू गाँवों डाकचुकी, मेनापारा और धुला में मुसलिमों के हमले की खबर आई। 18 फरवरी, जुम्मे का दिन था, रात के 8 बजे, सैकड़ों आदिवासी 'जय अहोम' और 'असम माता' के नारों के साथ आदिवासियों ने नेल्ली गाँव पर हमला बोल दिया। आसपास के 14 गाँवों में भी मौत का यह नंगा नाच हुआ।

आधिकारिक रूप से 2191 लोगों की मौत दर्ज की गई, अनाधिकारिक तौर पर 10,000 लोगों के मारे जाने की बातें अलग-अलग जगह कही-लिखी गई हैं। ये मौतें तब हुईं, जब 400 कंपनियाँ पैरा मिलिटरी फोर्स की वहाँ तैनात थीं और 11 आर्मी की ब्रिगेड्स। जाँच के लिए 'तिवारी आयोग' बनाया गया। 547 पेज की रिपोर्ट तैयार हुई। उस दौर की हितेश्वर सैकिया की कांग्रेस सरकार ने तय किया कि इस रिपोर्ट को सार्वजनिक नहीं किया जाएगा। 688 आपराधिक केस दर्ज किए गए, जिनमें से 378 केस तो इसलिए बंद हो गए, क्योंकि उनमें कोई सबूत या गवाह सामने नहीं आया, रहे-सहे केस भारत सरकार ने तब वापस ले लिये, जब असम आंदोलनकारियों के साथ उनका 'असम समझौता' 1985 में हुआ। आज तक इतने बड़े नरसंहार के आरोपियों में से किसी एक को भी जेल की सलाखों के पीछे नहीं पहुँचाया जा सका।

इंदिरा की जिद की वजह से हुआ नरसंहार

अरुण शौरी एक पुस्तक के सिलसिले में असम गए तो उन्होंने नेल्ली नरसंहार पर कई रिपोर्ट्स फाइल कीं, जो 'इंडिया टुडे' में छपीं। वे लिखते हैं कि इंदिरा गांधी किसी भी सूरत में वहाँ मार्च 1983 तक कांग्रेस सरकार बनाना चाहती थीं और इसके लिए पार्टी की रणनीति थी—"The electoral strategy of the party was the familiar one: isolate the largest group; gather together the other groups; foment insecurity in them; and then present yourself as the only available protector." शौरी लिखते हैं कि कैसे कांग्रेस सरकार बनाने के लिए मारुति को सारी अनुमतियाँ दिलवाने वाले अफसर आर.वी. सुब्रह्मण्यम को राज्यपाल का प्रधान सलाहकार बनाकर वहाँ भेजा गया। शौरी का कहना है कि रोज अफसरों के साथ होने वाली मीटिंग में सुब्रह्मण्यम का एक ही वाक्य होता था—"Elections must be held come what may, the flag must fly."[5]

यू.पी. के पूर्व मुख्य सचिव टी.पी. तिवारी की अगुवाई में बने आयोग की रिपोर्ट और बाद में अरुण शौरी की रिपोर्ट्स ने साफ बताया कि हालात इतने खराब थे कि चुनाव करवाने का फैसला ही गलत था। खुद के.पी.एस. गिल ने इस बात को एक इंटरव्यू में स्वीकारा था। कई बार जिलों के एस.पी. और आई.बी. के अधिकारियों ने रिपोर्ट्स भेजी थीं कि बिना समझौता किए या वोटर्स लिस्ट को दुरुस्त किए चुनाव करवाने का मतलब राज्य में से कानून का शासन खत्म होना तय है। लेकिन किसी के कानों पर जूँ तक नहीं रेंगी, उन्हें तो बस इंदिरा गांधी का हुक्म पूरा करना था और इंदिरा गांधी की जिद की कीमत तमाम बेकसूरों को अपनी जान देकर गँवानी पड़ी और इंदिरा गांधी ने क्या किया? वहाँ गईं और पाँच-पाँच हजार रुपए के मुआवजे का ऐलान हर मृतक के लिए और दो-दो हजार रुपए का ऐलान उनके घरों के पुनर्निर्माण के लिए किया और इस घटना को भूल गईं।

नेल्ली और असम के लोग भले ही नहीं भूले हैं, लेकिन देश भर के जो मुसलिम गुजरात दंगों को भूलते नहीं हैं, क्या उन्हें नेल्ली या मुरादाबाद के दंगों के बारे में पता भी है? क्या वे यकीन भी कर सकते हैं कि गुजरात दंगों से भी कहीं ज्यादा खतरनाक दंगे इंदिरा गांधी की वजह से हुए? उन्हें असम में अपनी सरकार बनाने का लालच नहीं होता तो वे वहाँ इस तरह जबरन चुनाव नहीं करवातीं, न उन्हें यू.पी. के अपने वोटबैंक की चिंता होती और न वे मुरादाबाद के दंगा आरोपियों को इस तरह बचातीं।

संदर्भ

1. Time Report 'India : A Particular Hunger', 11 Feb, 1966, http://content.time.com/time/subscriber/article/0,33009,842465,00.html
2. 'Ethnic Tensions in Indian Society : Explanation, Prediction, Monitoring, and Control', by P.N. Rastogi, Page No. 186, Published by Mittal Publications.
3. Indian Express Report, 29 August, 1980, https://indianexpress.com/article/opinion/editorials/forty-years-ago-august-29-1980-foreign-hand-6574060/
4. 'The Nellie Massacre of 1983 : Agency of Rioters', by Makiko Kimura, Page No. 67, Published by Sage Publications.
5. India Today Report by Arun Shourie, 15 May, 1983, https://www.indiatoday.in/magazine/cover-story/story/19830515-arun-shourie-turns-up-the-most-devastating-evidence-on-violence-in-assam-770641-2013-07-19

□

46

इंदिरा की गलत नीतियाँ और राज्यों में खत्म होने लगा कांग्रेस का वर्चस्व

कांग्रेस कार्यकर्ताओं के लिए यह अध्याय काफी आत्मविश्लेषण का हो सकता है कि जब कोई शक्तिशाली नेता वंशवादी पृष्ठभूमि से आता है तो वह हमेशा बड़े काम ही नहीं करता है। इस विविध विचारों, संस्कृतियों वाले देश में ऐसे फैसले भी लेता है, जो आगामी पीढ़ियों का बड़ा नुकसान भी कर सकते हैं। इंदिरा गांधी ने जाने-अनजाने में कांग्रेस पार्टी का ऐसा ही नुकसान किया। गांधीजी के आंदोलनों से जो नेतृत्व राज्यों में खड़ा हुआ था, इंदिराजी के राज में वह हमेशा के लिए कांग्रेस से छूट गया। कितने ही राज्य हैं, खासतौर पर दक्षिण के, जो कांग्रेस के वोटबैंक थे, इंदिरा गांधी के बाद कांग्रेस वहाँ अपने दम पर सरकार बनाने की हालत में दशकों तक नहीं आ पाई। इन राज्यों में तमिलनाडु, केरल, आंध्र प्रदेश, उड़ीसा, पश्चिम बंगाल, बिहार, उत्तर प्रदेश आदि शामिल हैं।

शायद कांग्रेस के थिंकटैंक के दिलोदिमाग में भी यही टीस है, इसलिए राहुल गांधी को केरल से लड़ने के लिए भेजा गया, लेकिन उसके चलते अमेठी भी हाथ से निकल गई। वैसे भी लम्हों की खता सदियों को भुगतनी है, सो चुनावी आहट के चलते फौरी फैसले वहाँ लाभदायक नहीं हो सकते। समस्या में ही समाधान की जड़ें छुपी होती हैं, इसलिए पहले समझना होगा कि इंदिरा गांधी के वक्त ऐसा क्या-क्या हुआ था, जो कांग्रेस के हाथ से इतने मजबूत राज्य निकल गए थे!

दरअसल, इसकी शुरुआत नेहरूजी के आखिरी दिनों से हो गई थी। 'हिंदुस्तान टाइम्स' के पूर्व संपादक दुर्गादास ने अपनी पुस्तक 'इंडिया फ्रॉम कर्जन टू नेहरू एंड आफ्टर' में विस्तार से इसका जिक्र किया है कि कैसे पं. नेहरू ने तय कर लिया था कि अपने उत्तराधिकारी के रूप में बेटी इंदिरा को स्थापित करना है। मौलाना आजाद और पं.

गोविंद बल्लभ पंत से चर्चा के बाद ही उन्होंने यह निष्कर्ष निकाला था। यह पूरी कहानी आप 1959 के नागपुर अधिवेशन वाले अध्याय में पढ़ेंगे कि कैसे निजलिंगप्पा जैसे वरिष्ठ नेता के हाथों से छीनकर नेहरूजी ने कांग्रेस अध्यक्ष की कुरसी अपनी 42 साल की बेटी की झोली में डाल दी थी।

दुर्गादास तो लिखते हैं कि 'कामराज योजना' भी इसलिए लाई गई थी। उनके जमाने में कांग्रेस के क्षत्रप राज्यों के मुख्यमंत्री इतने ताकतवर थे कि उनको हटाना जरूरी था। छह केंद्रीय मंत्रियों और छह मुख्यमंत्रियों ने अपने पदों से इस्तीफा दे दिया। लालबहादुर शास्त्री, जगजीवन राम, मोरारजी देसाई, बीजू पटनायक और एस.के. पाटिल जैसे नाम इनमें शामिल थे। इंदिरा ने बीमारी के चलते इस्तीफा दे दिया। इधर कामराज 1963 में दिल्ली आए तो उनको कांग्रेस अध्यक्ष का पद सौंप दिया। इससे राज्यों का नेतृत्व तो कमजोर हाथों में गया, लेकिन केंद्र में दक्षिण के नेताओं ने एक समूह बना लिया, जिसे 'सिंडिकेट' कहा गया। यह इतना ताकतवर हो गया कि शास्त्रीजी और इंदिरा गांधी को प्रधानमंत्री चुनने में इनकी अहम भूमिका रही।

तमिलनाडु की बात करें तो आजादी से पहले 1937 के विधानसभा चुनावों में मद्रास विधानसभा (तमिलनाडु बनने से पहले) चुनाव जीतकर सी. राजगोपालाचारी बने मद्रास के पहले मुख्यमंत्री, जो महात्मा गांधी के समधी थे और बाद में बने स्वतंत्र भारत के पहले गवर्नर जनरल। उन चुनावों में 215 सीटों में से 150 सीटें जीतकर कांग्रेस ने परचम लहरा दिया था। दिलचस्प बात यह है कि चुनावी कमान सत्यमूर्ति के हाथ थी, लेकिन सी.एम. बनने का मौका दिल्ली के केंद्रीय नेताओं के निर्देश पर सी. राजगोपालाचारी को मिला। बाद में सरकार ने दूसरे विश्वयुद्ध में भारत को शामिल करने के विरोध में इस्तीफा दे दिया था। दूसरे चुनाव 1946 में हुए, सी. राजगोपालाचारी का कोई खास वोटबैंक नहीं था, वे तमिल ब्राह्मण थे, सो उन्हें टी. प्रकाशम (आंध्र ब्राह्मण) और के. कामराज (गैर-ब्राह्मण तमिल) का विरोध झेलना पड़ा।

शुरुआती बाजी टी. प्रकाशम के हाथ लगी। उनको सी.एम. बनाया गया, लेकिन वे एक साल भी पद पर नहीं रह पाए और कामराज के सहयोगी ओमनथूर रामास्वामी रेड्डियर के लिए कुरसी छोड़नी पड़ी। वे 2 साल, 14 दिन तक सी.एम. रहे। बाद में खुद ही इस्तीफा देकर कामराज के एक दूसरे सहयोगी पी.एस. कुमारास्वामी राजा के लिए त्याग-पत्र दे दिया। दरअसल, कामराज को 1942 में राजगोपालाचारी के पाकिस्तान को लेकर इस्तीफे का फायदा मिला और सत्यमूर्ति की मौत का भी।

पटेल चाहते थे कि राजाजी सेंट्रल असेंबली में आएँ, लेकिन राजाजी के मन में केवल मद्रास असेंबली चल रही थी। जेल से कई साल बाद छूटे नेता उनके भारत छोड़ो आंदोलन और पाकिस्तान की माँग पर उनके रुख से कतई खुश नहीं थे। आखिर में मौलाना आजाद ने

उनकी मदद की और कांग्रेस संगठन में उनको वापस लिया।[1] राजाजी 1945 में फिर वापस लौटे, लेकिन मद्रास के नेता उनसे खुश नहीं थे। राजाजी के लिए 'हरिजन' में गांधीजी तक ने एक लेख लिखा, लेकिन उसका इतना विरोध हुआ कि उनको लेख वापस लेना पड़ा। इस घटना से समझिए कि प्रांतीय नेतृत्व कितना मजबूत था उन दिनों।

उसके बाद 1953 में मद्रास से आंध्र प्रदेश अलग हो गया, 1956 में केरल व मैसूर (कर्नाटक) भी अलग हो गए। कन्याकुमारी जैसे तमिल बोलने वाले कुछ इलाके मिले भी। 1952 में आजादी के बाद पहले विधानसभा चुनावों में कांग्रेस ने फिर जीत हासिल की, लेकिन केवल 34.88 फीसदी वोट मिला और 368 में से केवल 152 सीटें मिलीं। कई पार्टियों की मदद से सरकार बनीं और गवर्नर जनरल बनकर दिल्ली पहुँचे सी. राजगोपालाचारी की फिर से वापसी हुई और संयुक्त सरकार के सी.एम. बने, लेकिन केवल 2 साल, 3 दिन के लिए। एक विवादित शिक्षा नीति के चलते उनको इस्तीफा देना पड़ा। 13 अप्रैल, 1954 से 'मिड डे मील' के जनक कामराज का युग तमिलनाडु में शुरू हुआ।

अगले चुनाव में तो कांग्रेस के 10.54 फीसदी वोट बढ़ गए और उसने 204 में से 151 सीटें जीत लीं। 1962 में 12 सीटें जरूर कम हुईं, लेकिन कांग्रेस की टक्कर में कोई नहीं था, वे फिर से सी.एम. बने। कांग्रेस का तमिलनाडु पर पूरी तरह कब्जा रहा था अब तक। 1937 से 1967 तक कांग्रेस को कोई छूने वाला नहीं था। कामराज को दिल्ली बुला लिया गया था। एम. भक्तवत्सलम सी.एम. बन चुके थे। लेकिन जो निजी करिश्मा कामराज के पास था, उसके आगे वे कुछ भी नहीं थे।

इधर कामराज का सिंडिकेट बनाम इंदिरा गांधी शुरू हो गया था, दूसरी तरफ राजगोपालाचारी पहले ही स्वतंत्र पार्टी खड़ी कर चुके थे। मद्रास में उन्होंने डीएमके व कई पार्टियों के साथ मिलाकर गठबंधन कर लिया था। यह कांग्रेस के खिलाफ किसी भी राज्य में पहला पूर्व चुनाव विपक्षी गठबंधन था। 1967 के चुनावों में करारी हार कांग्रेस को मिली, कुल 21.8 फीसदी वोटों के साथ केवल 51 सीटें मिलीं, जबकि 76.5 फीसदी वोटों के साथ संयुक्त विपक्ष को मिलीं 179 सीटें। कांग्रेस का बुरा दौर शुरू हो चुका था। इंदिरा गांधी को शुरू में कमजोर प्रधानमंत्री माना जा रहा था, 'गूँगी गुड़िया' कहा जा रहा था। नतीजा यह हुआ कि 6 मार्च, 1967 को डीएमके के सी.एन. अन्नादुरै सी.एम. बने। नेहरूजी के पी.एम. रहते केरल में जो देश की पहली गैर-कांग्रेसी बनी, उसके बाद इंदिरा गांधी के पी.एम. बनने के बाद देश में यह दूसरी गैर-कांग्रेस सरकार थी। और फिर कभी कांग्रेस का मुख्यमंत्री तमिलनाडु में दोबारा नहीं बन पाया।[2]

यानी इंदिरा गांधी को अपना उत्तराधिकारी बनाने के लिए नेहरूजी का कामराज को दिल्ली बुलाना और फिर इंदिरा गांधी का उनको जरूरत से ज्यादा उलझाना भारी पड़

गया था। 14 जनवरी, 1969 को राज्य का नाम बदलकर तमिलनाडु करने के साथ ही कांग्रेस को भी बदल दिया गया। तब से राज्य में या तो डीएमके की सरकार आती है या फिर एआईडीएमके की, कांग्रेस सोचती भी नहीं है।

हर प्रदेश की कहानी यही कहती है—यू.पी. में भी पहली बगावत की चौधरी चरण सिंह और बगावत की इस आग की चिनगारी सबसे पहले उन्होंने सुलगाई थी 1959 में नागपुर के उस अधिवेशन में, जिसमें इंदिरा गांधी को पहली बार राष्ट्रीय अध्यक्ष चुना गया था। उन्होंने जमीनों को लेकर नेहरू की नीतियों पर ही सवाल उठा दिए थे। लेकिन जब देश की कमान पूरी तरह इंदिरा गांधी के हाथ में 1966 में आ गई तो अगले साल ही चौधरी चरण सिंह ने कांग्रेस को अलविदा कहकर विरोधी पार्टियों के साथ मिलकर सरकार बना ली। फिर 1969 में 'भारतीय क्रांति दल' बना लिया। कुल 328 दिन ही चली सरकार। फिर 1970 में 225 दिन चलाई यू.पी. की सरकार। बाद में जनता पार्टी के साथ आ गए, देसाई सरकार जब गिर गई तो इंदिरा गांधी के समर्थन से देश के प्रधानमंत्री बने। हालाँकि, कैसे उनकी सरकार गिरी और वे लोकसभा का मुँह तक नहीं देख पाए, यह भी सभी को पता है। केवल 24 दिन में इस्तीफा देने के बाद चरण सिंह ने कहा कि इंदिरा गांधी उन्हें समर्थन देने के लिए इमरजेंसी के कोर्ट केस वापस लेने की शर्त रख रही हैं, वे ब्लैकमेल नहीं होंगे।[3]

तब कांग्रेस का वोट बैंक मोटे तौर पर हरिजन, मुसलिम और ब्राह्मण का गठजोड़ होता था। लेकिन मुरादाबाद दंगों ने यू.पी. में कांग्रेस के लिए दिक्कत करनी शुरू कर दी, मुसलिम वोट बैंक खिसकने लगा था। एन.डी. तिवारी की वजह से काफी हद तक ब्राह्मण वोट बचा हुआ था, लेकिन जगजीवन राम के अलग पार्टी बना लेने से पहले से ही दलित वोट खिसकने लगा था। इंदिरा गांधी की मौत के 5 साल के अंदर मुसलिम वोट का पूरी तरह कांग्रेस से मोह भंग हो चुका था। फिर कांग्रेस यू.पी. में कभी दोबारा सत्ता में नहीं आई। चरण सिंह के चेले मुलायम सिंह और बाद में मायावती ने कांग्रेस का मुसलिम वोटबैंक छीन लिया। गुजरात में भी इंदिरा गांधी के समय ही कांग्रेस (ओ) ने अपनी सरकार बना ली थी, बाद में धीरे-धीरे पहले जनता पार्टी और फिर बीजेपी ने कांग्रेस को वहाँ इस स्थिति में ला दिया कि दशकों से उसे सत्ता-सुख नहीं मिल पा रहा।

ये केवल दो बड़े राज्यों की आपको केस स्टडी दी गई हैं, ताकि आप अंदाजा लगा सकें कि नेहरू के बाद कैसे कांग्रेस की पकड़ राज्यों में ढीली होनी शुरू हुई होगी। सांगठनिक तौर पर यह कैसे हुआ होगा, उसे आप थोड़ा संगठन स्तर पर भी समझिए। राज्यों की राजनीति में कांग्रेस का संसदीय बोर्ड रेफरी या अम्पायर की भूमिका में होता था। अगर राज्य में कोई ऐसा नेता है, जिसके विरोध में कोई और है ही नहीं, तो फिर

तो दिल्ली के नेताओं की कई भूमिका होती ही नहीं थी। किसी विवाद की स्थिति में ही दिल्ली के नेताओं की चलती थी।

लेकिन 1972 में इंदिरा गांधी और संजय गांधी ने मोटे तौर पर एक नया नियम बना दिया, जो 'कामराज योजना' का ठीक उलटा था। केंद्रीय मंत्रियों को राज्यों के मुख्यमंत्रियों के तौर पर भेजा जाने लगा। 1980 में वी.पी. सिंह को इसी प्रावधान के तहत यू.पी. भेजा गया था। इंदिरा गांधी यह भी देखती थीं कि मुख्यमंत्री भी ज्यादा ताकतवर न हो जाए, सो उनके कैबिनेट में एक-दो अपने कद्दावर मंत्री रखती थीं। आलम यह था कि आर.के. धवन राज्यों के मुख्यमंत्रियों से ज्यादा ताकतवर थे, क्योंकि प्रधानमंत्री से उनकी बात करवानी है या नहीं, यह उनके हाथ में था। वहीं सारे मुख्यमंत्री संजय गांधी के लिए पलके-पाँवड़े बिछाकर रखते थे और डरते थे कि एक गलती से उनकी कुरसी जा सकती है। यह चापलूसी का चरम काल था। ऐसे में राज्यों में कांग्रेस के तमाम दिग्गज नेता थे, जिनको राज्यों में कांग्रेस के मुकाबले अपनी पार्टी खड़ा करना ही बेहतर विकल्प लगा।

इंदिरा गांधी के पहली बार पी.एम. बनने का बुरा असर कांग्रेस पर यह हुआ कि 1967 के चुनावों में कांग्रेस की 100 लोकसभा सीटें कम आईं, 4 सीटें कम मिलीं और 8 राज्यों से सरकार चली गई। हालाँकि, 71 में 'गरीबी हटाओ' के नारे ने 69 सीटें वापस दिलवा दीं। 71 की जंग जीतते ही वे फुल फॉर्म में आ गईं और राज्यों में जो कांग्रेस का नेतृत्व था, उसे अपने लोगों से बदलने लगीं। नतीजा यह हुआ कि 1972 के उपचुनाव में कांग्रेस कई सीटें हार गईं, एक ऐसी भी, जो आजादी के बाद से जीतती ही आ रही थी। उसके बाद तेल संकट, महँगाई और चुनाव संकट के चलते जो इमरजेंसी लगी, उसने इंदिरा गांधी का रहा-सहा करिश्मा भी धूमिल कर दिया।

इमरजेंसी के बाद भी, चूँकि उनके खास लोग आई.बी., रक्षा सेनाओं, अदालतों और नौकरशाही में थे, सो उन्हें मोरारजी देसाई की सरकार गिराने में कोई मुश्किल नहीं आई। जनता को भी यह संदेश दिया गया कि सरकार चलाना आसान काम नहीं होता और वह कांग्रेस व गांधी परिवार के बिना कोई भी नहीं चला सकता। केंद्र में तो उस वक्त यह तरकीब काम कर गई थी, लेकिन राज्यों में इंदिरा व संजय के चलते मजबूत नेतृत्व खत्म हो चुका था और चापलूस नेताओं में वह करिश्मा नहीं था, जो उनके ही वोट तोड़कर विपक्ष के नेताओं ने पैदा कर लिया था।

यू.पी. में भी मुरादाबाद और फिर मेरठ के दंगों ने मुसलमानों का कांग्रेस से मोहभंग कर दिया, रही-सही कसर राजीव गांधी ने जन्मभूमि का ताला तोड़कर पूरी कर दी। ऐसे में जनता दल से निकले मुलायम सिंह यादव ने समाजवादी पार्टी और काशीराम-मायावती ने बहुजन समाज पार्टी के जरिए कांग्रेस को दलित, पिछड़ा और मुसलिम से स्थायी रूप से मोटे तौर पर तोड़ दिया। आज कांग्रेस यू.पी. में भी सत्ता के बारे में सोचती तक नहीं।

ऐसे कई राज्यों में कांग्रेस के पतन की शुरुआत इंदिरा-संजय के तानाशाही राज के चलते ही हुई थी।

संदर्भ

1. 'Rajaji : A Life', by Rajmohan Gandhi, Page No. 255, Published by Penguin Books.
2. 'Cabinet Responsibility to Legislature Motions of Confidence and No-confidence in Lok Sabha and State Legislatures' by G.C. Malhotra, Page No. 814, Published by Lok Sabha Secretariat.
3. 'The Glassgo Herald', 21 August, 1979, https://news.google.com/newspapers?nid=2507&dat=19790821&id=GctAAAAAIBAJ&sjid=D6YMAAAAIBAJ&pg=3658,4158767

□

47

एम.ओ. मथाई : नेहरू-इंदिरा की सबसे बड़ी चूक

सारे अमेरिकी उसे 'मैक' के नाम से जानते थे। कभी अमेरिकी आर्मी के साथ काम करने वाले एम.ओ. मथाई का जन्म त्रावणकोर के एक ईसाई परिवार में हुआ था। ये अकेला आदमी उदाहरण है कि भारत के प्रधानमंत्री पद के लिए चुने गए दो-दो व्यक्ति संवेदनशील पदों के लिए चुनने में कितनी बड़ी बेवकूफाना चूक कर सकते हैं और उस चूक की सजा आज भी गांधी खानदान भुगत रहा है। एम.ओ. मथाई का नाम गांधी खानदान तो दूर, किसी भी जागरूक कांग्रेसी से आप पूछिए तो उसके मुँह का स्वाद कसैला हो जाएगा।

मथाई का पिछला जीवन ज्यादा लोगों को पता नहीं, न ही उसने किसी को विस्तार से बताया, लेकिन कहा जाता है कि उसकी अमेरिकियों से दोस्ती थी, जिनसे उपहार में मिली दूसरे विश्वयुद्ध की अतिरिक्त सामग्री को वह बेचने का काम कर रहा था। तब असम से उसने पं. नेहरू को 1945 में एक पत्र लिखकर उनके साथ काम करने की इच्छा जाहिर की थी, जवाब नहीं मिला तो दूसरा लिखा। तब नेहरूजी का जवाब आया कि कुछ दिनों बाद असम आने वाला हूँ, वहाँ मिलो। दोनों की मुलाकात हुई। तब नेहरूजी ने उसे बताया कि मेरे पास देने को कुछ नहीं है, तुम्हें मेरे साथ काम करके कुछ नहीं मिलेगा, वेतन नहीं दे पाऊँगा। लेकिन मथाई ने कहा मेरे पास पैसे की कोई कमी नहीं। इस तरह फरवरी में उसे आनंद भवन, इलाहाबाद बुलाया गया और फिर वहाँ मलाया यात्रा से मथाई नेहरूजी का निजी सचिव बन गया। यह कहानी भी मथाई ने अपनी पुस्तक में ही बताई है।

नेहरू नहीं चाहते थे मथाई के अतीत की जाँच

यह भी कहा जाता है कि मथाई 1946-47 में लाहौर के 'वंदे मातरम' अखबार के लिए बतौर संवाददाता 200 रुपए महीने की पगार पर काम कर रहा था और उसे यह वेतन बैंक ड्राफ्ट से मिलता था। जब राज्यसभा में 11 फरवरी, 1959 को पं. नेहरू से कम्युनिस्ट पार्टी के भूपेश गुप्ता ने यह सवाल किया तो नेहरू का जवाब था कि 'मुझे याद नहीं कि ऐसा उसने कुछ बताया था, आखिर 11 साल पहले की घटना मुझे याद भी कैसे रह सकती है?' लेकिन नेहरूजी ने अपने जवाब में यह जरूर बताया कि वह अमेरिकी सरकार से, रेडक्रॉस आदि से अच्छा पैसा कमा रहा था और उसके पास उस वक्त दो से तीन लाख की संपत्ति थी, जो उन दिनों बड़ी रकम होती थी। नेहरूजी ने यह भी बताया था कि मथाई ने उन्हें अपनी कुल्लू घाटी की जमीन आदि संपत्तियों की एक सूची बनाकर दी थी। ऐसे में दिलचस्प था कांग्रेस के ही सांसद एस.डी. पाटिल का सवाल कि इस स्पेशल असिस्टेंट में ऐसी क्या स्पेशियलिटी थी, जो उसे स्पेशल असिस्टेंट का पद दिया गया और उसका वेतन क्या था? यह सवाल राज्यसभा सभापति ने उन्हें कुछ नियम बताकर खारिज कर दिया था, वरना नेहरूजी के लिए जवाब देना मुश्किल होता।[1]

हालाँकि, उससे पहले मथाई की दो भारी रकम वाली बीमा पॉलिसीज को लेकर भी नेहरू सदन में कोई ढंग से जानकारी नहीं दे पाए थे। लेकिन जब अटल बिहारी वाजपेयी एक दिन पहले लोकसभा में विशेषाधिकार हनन का प्रस्ताव लेकर आए थे, तब पं. नेहरू ने मथाई का माफीनामा पेश किया था, लेकिन सांसद उससे आश्वस्त नहीं हुए थे। आखिरकार यह तय हुआ कि कैबिनेट सेक्रेटरी की कमेटी जाँच करेगी। लेकिन नेहरूजी ने साफ कर दिया कि उनको केवल उसी समय की जाँच चाहिए, जिसमें उसने नेहरू के साथ काम किया हो। 1946 से पहले वो क्या करता था, इसमें उनकी दिलचस्पी नहीं थी।[2]

इसी से तो सवाल उठता है कि नेहरूजी उसका अतीत क्यों छुपाना चाहते थे? वह अमेरिकी सरकार के साथ क्या काम करता था? कहाँ से आए उसके पास इतने पैसे और क्यों उसे केवल प्रधानमंत्री का स्पेशल असिस्टेंट बनने में दिलचस्पी थी? यही वह वजह थी, जिसके चलते आज तक नेहरू पर सवाल उठते हैं। सवाल इस बात पर भी राज्यसभा में उठे कि नेहरू के निजी सहायक के इस्तीफे का पत्र प्रेस इनफॉर्मेशन ब्यूरो से क्यों जारी हुआ? एक सदस्य ने पूछा तो पं. नेहरू ने मान लिया कि ऐसा नहीं होना चाहिए था और यह मेरी गलती थी, उसने मुझसे ही पूछा था और मैंने 'हाँ' कर दी।

पैसा दूसरों का, ट्रस्ट मथाई की माँ के नाम पर

सवाल राजकुमारी अमृत कौर के ट्रस्ट में मथाई के चेयरमैन होने पर भी उठे। खुद मथाई ने नेहरू को पत्र में दी सफाई में बताया था कि राजकुमारी अमृत कौर ने ही सुझाव

दिया था कि ट्रस्ट का नाम मेरी माँ चेचम्मा के नाम पर 'चेचम्मा ट्रस्ट' होना चाहिए। यह थोड़ा अजीब भी था, क्योंकि नेहरू ने संसद में बताया था कि कौर के मुताबिक उनको उनके दोस्तों ने समाज-सेवा में लगाने के लिए कुछ पैसा (करीब 6 लाख रुपए) दिया था, जिसका उन्होंने ट्रस्ट बना दिया है। ऐसे में मथाई की माँ के नाम पर रखा जाना थोड़ा अजीब था। उससे भी ज्यादा अजीब था राजकुमारी अमृत कौर का यह दावा कि उस ट्रस्ट के लिए उन्होंने मथाई के साथ-साथ पद्मजा नायडू को भी ट्रस्टी बनाया था। पं. नेहरू व इंदिरा के अलावा बाकी दो करीबी रिश्तों को ट्रस्टी बनाना अपने आप में एक बड़ी साजिश लगती है। फिर पत्र में कौर का यह लिखना भी कि मथाई की माँ के नाम पर चेचम्मा ट्रस्ट नाम रखना उनका फैसला था, क्योंकि 'I felt it would be a good thing to have an unknown name as a symbol of womanhood.'[3]

आपको यह सफाई भी अजीब लगेगी, यह ट्रस्ट घेरे में इसलिए भी आया, क्योंकि इस ट्रस्ट को बिरला ने अपना बँगला दान कर दिया, कई उद्योगपतियों ने लाखों रुपयों का उस वक्त दान इस ट्रस्ट को दिया। बाद में, इंदिरा गांधी के राज में जिस तरह महाराष्ट्र के मुख्यमंत्री अंतुले ने रिश्वत के लिए ट्रस्ट में पैसा लेना शुरू किया था, उसी तरह के आरोप लगे। संसद में ही ट्रस्ट की संपत्ति की कीमत 24 लाख के करीब आँकी गई, जो आज की कीमत के हिसाब से करोड़ों में होगी। शायद तभी जब मथाई को नेहरू परिवार ने किनारे कर दिया था, तब महीनों तक वह दिल्ली में राजकुमारी अमृत कौर के घर में रहा था।

मथाई ने खुद लिखा है कि जब उसने नेहरूजी को यह बताया कि कुमाऊँ से लाया गया एक औषधियों का पहाड़ हनुमानजी केरल में छोड़ गए थे, वह आज भी है, इशारा संजीवनी बूटी की तरफ था और यह भी कि कालीदास की कुछ पंक्तियाँ इशारा करती हैं कि वे मलयाली थे[4], तो नेहरूजी इस तरह की जानकारियों से उससे काफी प्रभावित थे। मथाई से मिलने आनंद भवन में कुछ अमेरिकी भी आए तो उन्होंने उसे 'मैक' पुकारा, तो फिर नेहरू परिवार भी मथाई को 'मैक' कहने लगा। जब नेहरूजी ने 1946 में अंतरिम सरकार बनाई तो मथाई ने सरकार के साथ काम करने से मना कर दिया। ये बातें नेहरूजी को प्रभावित करने के लिए काफी थीं। सो नेहरूजी ने उसे पर्सनल प्राइवेट सेक्रेटरी बनने के लिए राजी कर लिया। उसके लिए मथाई ने बहुत कहने पर 500 रुपए की एडहॉक सैलरी ही माँगी, ग्रेड सिस्टम नहीं। फिर भी उसे 750 रुपए महीने दिए गए, जबकि असिस्टेंट प्राइवेट सेक्रेटरी का वेतन उससे दोगुना था।

'Tryst With Destiny' का भी लिया श्रेय

हालाँकि, उसने शुरुआत में कहा था कि उसे फाइल्स से चिढ़ है, उसे नोट्स बनाने नहीं आते, सचिवालयी कामकाज उसे नहीं आता, लेकिन एक दिन ऐसा आया कि उसने

अपनी पुस्तक में इस बात का भी श्रेय लिया कि 14-15 अगस्त की आधी रात को नेहरूजी के भाषण 'Tryst With Destiny' का नाम वह अगर नहीं देता तो 'A Date With Destiny' होता, जो व्याकरण के हिसाब से गलत होता। उसने गांधीजी की मौत के बाद नेहरूजी के भाषण में लिखी लाइन, 'The light has gone out from our lives' का भी श्रेय लिया है।[5]

कहा जाता है कि वह नेहरूजी की तरफ से लिखे जाने वाले निजी नोट्स और पत्रों को ड्राफ्ट करने में इतना माहिर हो चुका था कि नेहरूजी को वह हमेशा अपने आसपास ही चाहिए था। वह शुरू में ही कह चुका था कि शादी करने का उसका कोई इरादा नहीं है, सो नेहरूजी के लिए धीरे-धीरे वह हर मर्ज का इलाज होता चला गया। जो नेहरूजी पहले ज्यादातार कामों के लिए विजयलक्ष्मी पंडित पर निर्भर करते थे, बाद में मथाई पर निर्भर रहने लग गए थे। खासतौर पर उनकी निजी धन का हिसाब-किताब भी वही देखता था। हालाँकि, मथाई उससे ज्यादा दावे करता है कि कैसे उसने ताकत का कोई बेजा इस्तेमाल नहीं किया, जबकि न जाने कितनों को केंद्रीय मंत्री और राज्यपाल जैसे पदों पर आसीन करवाने में उसकी भूमिका रही और उस दौर के तमाम नेता और पत्रकार ऐसा मानते भी हैं।

मथाई की पुस्तक ने नेहरू परिवार पर किए बड़े खुलासे

दिक्कत कहाँ हुई? 1959 में नेहरूजी ने उसे वित्तीय गड़बड़ियों के आरोप के चलते हटा दिया और वह अपने गृह राज्य केरल चला गया। जब इंदिरा गांधी 1977 में सत्ता से हटीं तो यह पहली बार था कि गांधी परिवार सत्ता में नहीं था, नाही प्रधानमंत्री और न ही मंत्री। उसी दौरान एम.ओ. मथाई ने अपनी पुस्तक लिखी, 'Reminiscences of The Nehru Age'. इस पुस्तक ने नेहरू, इंदिरा, कृष्णा मेनन, विजयलक्ष्मी पंडित, फिरोज गांधी आदि को लेकर तमाम बड़े खुलासे किए हैं। जब यह पुस्तक छपकर आई तो बवाल ही कट गया। खासतौर पर नेहरूजी के अफेयर्स और इंदिरा गांधी के खुद से रिश्तों को लेकर मथाई ने जो कुछ लिखा, उस पर विवाद बढ़ गया।

यूँ पुस्तक में 49 अध्याय हैं, लेकिन 153वें पृष्ठ पर 29वें अध्याय 'शी' को लेकर गंदा विवाद हो गया। जो पुस्तक बाजार में आई, उसमें वह अध्याय तो था, लेकिन 'हिंदुस्तान टाइम्स' के मुताबिक बस इतना लिखा था—"This chapter on an intensely personal experience of the author's, written without inhibition in the DH Lawrence style, has been withdrawn by the author at the last moment."[6] कहा जाता है कि यह अध्याय उन दिनों पी.एम. आवास में ही रह रहीं इंदिरा गांधी के साथ मथाई के 12 साल लंबे अफेयर के बारे में था,

जिसमें वह इंदिरा से जिस्मानी रिश्तों की भी बात करता है। लेकिन इस अध्याय को लेकर जब विवाद बढ़ा तो यह पुस्तक छापने वाले प्रकाशक विकास पब्लिशिंग हाउस के नरेंद्र कुमार ने साफ मना कर दिया कि ऐसा कोई 'शी' नाम से अध्याय भी था।

लेकिन तमाम लोग ऐसे भी हैं, जिन्होंने दावा किया है कि हाँ, इस पुस्तक में 'शी' नाम का अध्याय था, लेकिन इंदिरा गांधी के 1980 में फिर से सत्ता में आ जाने और 1981 में मथाई की मौत हो जाने के बाद इस विषय पर सच्चाई सामने लाना मुश्किल जरूर हो गया और इंदिरा गांधी से सीधे इतने बड़े विषय को लेकर सवाल पूछने की किसी की हिम्मत नहीं थी।

'शी' पर कुलदीप नेयर और आई.बी. चीफ राजेश्वर का बयान

लेकिन कुलदीप नैयर जैसे वरिष्ठ पत्रकार ने बी.बी.सी. से बातचीत में कहा कि 'शी' नाम से एक अध्याय मथाई की पुस्तक में था, जिसको उनके पास प्रकाशक ने ही भेजा था। कुलदीप नैयर ने बी.बी.सी. को बताया—"1977 में इमरजेंसी पर जब मेरी पुस्तक 'द जजमेंट' छपी और बिकी थी, तब मथाई की 'रेमिनिसन्स ऑफ नेहरू एज' को छापने वाले विकास पब्लिकेशन ने मुझे पुस्तक की हस्तलिपि भेजकर पूछा था कि ये छापें या नहीं? मैंने सलाह दी कि 'शी' चैप्टर के बगैर सब छाप दो। लेकिन बाद में यह चैप्टर सर्कुलेट होता गया।"[7]

इस अध्याय की पुष्टि इंदिरा गांधी के समय आई.बी. के चीफ रहे राजेश्वर ने भी 'इंडिया टुडे' चैनल के स्पेशल शो 'टू द प्वॉइंट' में कहा था कि 1981 में जब वे आई.बी. चीफ थे, तमिलनाडु के मुख्यमंत्री एम.जी. रामाचंद्रन ने उन्हें वह 'शी' नाम का अध्याय दिया था, जिसे उन्होंने इंदिरा गांधी तक पहुँचा दिया था और इंदिरा गांधी ने उसे ले लिया, लेकिन कुछ भी कहा नहीं था। बाद में आई.बी. के ही ज्वॉइंट डायरेक्टर रहे एम.के. धर ने भी अपनी पुस्तक में विस्तार से जानकारी दी थी कि कैसे उन्हें जिम्मेदारी दी गई कि मेनका गांधी की मैगजीन 'सूर्या' के दफ्तर से 'शी' अध्याय निकालकर लाना है, कैसे उन्होंने मेनका के घर और दफ्तर को सर्विलांस पर डाला और कैसे यह चोरी की। उनका यह तक दावा था कि संजय गांधी को इस अध्याय की जानकारी थी, इसलिए वह इंदिरा पर हावी रहता था।[8]

शायद यह एम.ओ. मथाई की मौत के बाद की घटना है, जिनकी मौत उसी साल तमिलनाडु की राजधानी में ही हुई थी। दिलचस्प बात यह भी है कि कुलदीप नैयर, राजेश्वर और एम.के. धर तीनों के हाथ में 'शी' नाम का अध्याय लगा था, लेकिन दोनों ने ही यही बताया कि उन्होंने उसको पढ़ा नहीं, जो बात भरोसे के काबिल नहीं लगती। शायद मामला इतना संवेदनशील था कि उन्होंने जानबूझकर इस विवाद में पड़ना ठीक नहीं

समझा। लेकिन यह बात पक्की होती है कि ऐसा कोई अध्याय था तो सही। दिलचस्प बात यह भी है कि विकास पब्लिशिंग हाउस के मैनेजिंग एडिटर ने जहाँ बी.बी.सी. से कहा कि ऐसा कोई अध्याय था ही नहीं, वहीं 'हिंदुस्तान टाइम्स' को बोला कि पृष्ठ संख्या 153 पर लिखी लाइनें—"This chapter on an intensely personal experience of the author's, written without inhibition in the DH Lawrence style, has been withdrawn by the author at the last moment." टीजर थीं, सच्चाई नहीं।

गांधीजी के ब्रह्मचर्य और हिंदी-प्रेम पर भी मथाई ने उठाए थे सवाल

वैसे भी आप सुविधा के लिए संवेदनशीलता को देखते हुए 'शी' वाले अध्याय को खारिज कर सकते हैं, लेकिन यह सवाल तो उठता ही है कि जिस व्यक्ति के गांधीजी को लेकर बड़े ही गलत विचार हों, वह गांधीजी के उत्तराधिकारी नेहरूजी के इतने करीब कैसे रह सकता है? अपनी पुस्तक में मथाई ने न सिर्फ गांधीजी की रामराज्य परिकल्पना का, बल्कि शादीशुदा जोड़ों से ब्रह्मचर्य के आग्रह का भी मजाक उड़ाया है, बल्कि हिंदी पर जोर देने पर भी सवाल उठाए हैं, जोकि मथाई के हिसाब से भारत की सबसे कम विकसित भाषा थी। मथाई ने लिखा है—"खिलाफत आंदोलन को समर्थन देने वाले गांधीजी उस वक्त मूर्ख लग रहे थे, जब कमाल अतातुर्क ने खिलाफत ही खत्म कर दी।" मथाई ने गांधीजी के आर्थिक मॉडल को भी यह कहकर साफ नकार दिया है कि यह भारत को पिछड़ेपन की ओर ले जाने वाला और गरीबी बढ़ाने वाला है। वह गांधीजी के हिंदू प्रतीकों, जैसे गौ-हत्या विरोध आदि से भी नाराज था। उसने एक अध्याय में 14 बिंदुओं पर गांधीजी की आलोचना की है।[8]

गांधीजी पर नेहरू के सहायक की सबसे आपत्तिजनक टिप्पणी

सबसे आपत्तिजनक था 13वाँ बिंदु। गांधीजी का विभाजन के दौरान पंजाब की बलात्कार पीड़िताओं को लेकर दिया गया एक तथाकथित बयान और उस पर मथाई का उससे ज्यादा आपत्तिजनक जवाब! मथाई की पुस्तक के मुताबिक, गांधीजी ने कहा था—"that they ought to bite their tongue and hold their breath until they died." इस पर मथाई ने कंफ्यूशियस की सलाह इस मुद्दे पर लिखी है—"If you find yourself in a situation where rape is inevitable and there is no chance of escape, my advice to you is to lie back and enjoy it."[9]

तो क्या नेहरूजी और इंदिरा गांधी उनके इन विचारों से अवगत नहीं थे? आप पूरे देश को गांधी के मार्ग पर चलना सिखाते हो और आप 1946 से 1959 तक ऐसा निजी

सचिव बनाए रखते हो, जो आपके घर में आपके साथ रहता है! वजह क्या थी? जाहिर है कि शुरुआत में तो उसकी कार्य-कुशलता ही रही होगी, लेकिन बाद में उसके हाथ ऐसे तमाम राज लग गए, जिनका इशारा अपनी पुस्तक में उसने किया है। इनमें नेहरूजी के एडविना, पद्मजा नायडू आदि के साथ कई अफेयर्स, इंदिरा गांधी के कई रिश्ते, विजयलक्ष्मी पंडित से जुड़ी कई दिलचस्प बातें, जैसे गांधीजी ने राजकुमारी अमृत कौर को सैयद हुसैन के साथ उनके निजी रिश्तों के बारे में एक सीक्रेट फाइल सौंपी थी, जो कौर के जरिए जब नेहरूजी को मिली तो नेहरूजी के आदेश पर उसने रसोई में जला दी थी। विजयलक्ष्मी पंडित ने बिरला से कुछ पैसे उधार लेकर लौटाए नहीं थे, जैसे तमाम राज मथाई के पास रहने लगे थे।[10]

यूँ मथाई की पुस्तक पर तो नहीं, लेकिन मथाई के इंदिरा गांधी को लेकर अपने रिश्तों के दावों पर लिखे 'शी' अध्याय को लेकर जब कैथरीन फ्रैंक ने अपनी पुस्तक 'इंदिरा : द लाइफ ऑफ इंदिरा नेहरू गांधी' में यह भी लिख दिया कि इंदिरा-मथाई के रिश्ते को प्रचारित करने में मेनका गांधी की भूमिका रही, मथाई की मौत के पाँच साल बाद मेनका ने इंदिरा गांधी के दुश्मनों के एक छोटे समूह में वह अध्याय बाँट दिया। नाराज होकर मेनका गांधी ने एक ब्रिटिश लीगल फर्म के सहारे कैथरीन फ्रैंक पर मानहानि का केस कर दिया था।[11] इसी पुस्तक में कैथरीन फ्रैंक ने इंदिरा गांधी के चचेरे भाई बी.के. नेहरू का भी एक बयान लगाया है, जिसमें वे कह रहे हैं कि मथाई की पुस्तक के अध्याय 'शी' में फिक्शन कम फैक्ट्स ज्यादा हैं।

श्रद्धा माता और नेताजी बोस की अस्थियों पर मथाई का बड़ा खुलासा

मथाई ने और तमाम खुलासे किए थे कि नेहरूजी का श्रद्धा माता से एक बेटा है, जिसके चलते श्रद्धा माता ने भी 'इंडिया टुडे' को दिए एक इंटरव्यू में आरोप लगाए कि कुछ लोग उनके और नेहरूजी के बीच दरार डालना चाहते थे, यह उनकी साजिश है। लेकिन सुभाष चंद्र बोस की अस्थियों को लेकर मथाई का खुलासा बड़ा बन गया। मथाई ने लिखा था कि 2 दिसंबर, 1954 को विदेश मंत्री के तौर पर नेहरूजी को टोक्यो के भारतीय दूतावास से 200 रुपए के साथ सुभाष चंद्र बोस की अस्थियाँ और कुछ सामान मिला था। लेकिन सरकार का इसमें आधिकारिक बयान यह था कि जापान के रेनकोजी मंदिर में उनकी वो तथाकथित अस्थियाँ रखी हैं। इसको लेकर नेताजी सुभाष चंद्र बोस पर अभियान चला रहे लेखक अनुज धर ने विदेश मंत्रालय में आर.टी.आई. लगाई तो वह अपने पिछले बयान पर ही कायम रहा। मथाई ने यह तक लिखा है कि मौलाना आजाद शाम 6 बजे के बाद शराब पीने के अलावा कोई काम नहीं करते थे और ज्यादा-से-ज्यादा मुसलिमों को टिकट दिलाने में लगे रहते थे।[12]

लेकिन जब तक मथाई नेहरूजी का सचिव था, वह ताकत का एक बड़ा केंद्र था। नेहरूजी उस पर वाकई में बहुत निर्भर थे। नेहरूजी के जीवनीकार एस. गोपाल तो यह तक दावा करते हैं कि मथाई सी.आई.ए. का आदमी था। उन्होंने लिखा है कि इसका मतलब जब तक मथाई था, सी.आई.ए. के पास नेहरूजी के सचिवालय का हर कागज पहुँचता था। मथाई के बुरे दिन नहीं आते, अगर इंदिरा और उसके अफेयर की खबरें बाहर नहीं आतीं और फिरोज तक नहीं पहुँचतीं।

ऐसे हुए मथाई के बुरे दिन शुरू

कैथरीन फ्रैंक लिखती हैं, 'एक दिन संसद में फिरोज गांधी के सामने किसी ने एम.ओ. मथाई को नेहरूजी का 'असली दामाद' कह दिया, उसी दिन फिरोज गांधी ने मथाई को बरबाद करने की कसम खा ली और अपने वामपंथी पत्रकार दोस्त निखिल चक्रवर्ती से मदद माँगी। 1958 में फिरोज ने तीन मूर्ति भवन में रहना बंद करके विक्टोरिया रोड पर एक बँगला ले लिया था और वे तभी वहाँ जाते थे, जब बोर्डिंग स्कूल में पढ़ रहे उनके बेटे राजीव-संजय छुट्टियों पर घर आते थे।

इधर निखिल चक्रवर्ती ने मथाई की जड़ें खोद डालीं। पता लगाया कि कैसे मथाई ने 1952 में कुल्लू में एक विशाल बँगला और एक बड़ा बाग खरीदा और फिर मोटे फायदे के साथ बेच दिया। दिल्ली के क्लेरेजिज होटल जैसे वी.आई.पी. इलाके में भी मथाई ने होटल के करीब ही एक घर खरीदा था, जिसके बारे में किसी को पता नहीं था। अपनी माँ के नाम से तो उसने एक ट्रस्ट बना ही रखा था। निखिल चक्रवर्ती ने यह भी दावा किया कि कई विदेशी बैंकों में मथाई के नाम अकाउंट्स हैं, जहाँ काफी पैसा जमा है। वामपंथियों ने यह मामला संसद में उठाया और जाँच के लिए एक आयोग की नियुक्ति हो गई। मथाई ने कहा भी कि किसी के पास कोई सुबूत नहीं है, फिर भी नेहरूजी को मजबूर कर दिया गया और मथाई से इस्तीफा ले लिया गया।

कहा जाता है कि इंदिरा गांधी के रास्ते से विजयलक्ष्मी पंडित को हटाने और इंदिरा गांधी को राजनीति के दाँव-पेंचों को सिखाने के साथ-साथ नेताओं तथा अधिकारियों की व्यक्तिगत जानकारियाँ लीक करने में काफी कुछ हाथ मथाई का था, लेकिन ऐसे समय में इंदिरा भी उसके साथ नहीं थीं, जिसका खामियाजा इंदिरा गांधी ही नहीं, गांधी परिवार की पीढ़ियों की किस्मत में भुगतना भी तय है, क्योंकि मथाई की पुस्तक का तथाकथित अध्याय 'शी' हमेशा उनके गले की हड्डी बना रहेगा। खामोशी इंदिरा गांधी ने भी जब तक जिंदा रहीं, तब तक बरती। उनकी आधिकारिक जीवनी कही जाने वाली पुपुल जयकर की पुस्तक में भी मथाई का जिक्र तक नहीं मिलता, जबकि वे 13 साल एक ही छत के नीचे रहे थे।

संदर्भ

1. Privilege Motion Against Mathai, Rajya Sabha, 11 February, 1959, Civic Affairs, Volume-6, Issues 5-8, Page No. 12, Published by P.C. Kapoor at the Citizen Press.
2. Privilege Motion Against Mathai, Rajya Sabha, 11 February, 1959, Civic Affairs, Volume-6, Issues 5-8, Page No. 18, Published by P.C. Kapoor at the Citizen Press.
3. Rajkumari Amrit Kaur Letter to Pt. Nehru, Civic Affairs, Volume-6, Issues 5-8, Page No. 47, Published by P.C. Kapoor At the Citizen Press.
4. 'Reminiscences of the Nehru Age', by M.O. Mathai, Page No. 2, Published by Vikas Publishing House.
5. 'Reminiscences of the Nehru Age', by M.O. Mathai, Page No. 11, Published by Vikas Publishing House.
6. Hindustan Times Report 'Ex-IB chief confirms Mathai's 'missing chapter' on Indira Gandhi, 22 Sep, 2015, https://www.hindustantimes.com/india/ex-ib-chief-confirms-mathai-s-missing-chapter-on-indira-gandhi/story-Z2KCEaDwWAksk9kiguGVNK.html
7. BBC Hindi Report, 'Indira Gandhi ki Niji Jindgi Wale Chapter Ka Sach', by Vikas Trivedi, 17 July, 2017, https://www.bbc.com/hindi/india-40628282
8. 'Reminiscences of the Nehru Age' by M.O. Mathai, Page No. 27, Published by Vikas Publishing House.
9. 'Reminiscences of the Nehru Age' by M.O. Mathai, Page No. 28, Published by Vikas Publishing House.
10. 'Reminiscences of the Nehru Age' by M.O. Mathai, Page No. 134, Published by Vikas Publishing House.
11. 'Indira : The Life of Indira Nehru Gandhi ', by Katherine Frank, Page No. 243, Published by Harper Collins.
12. 'Reminiscences of the Nehru Age' by M.O. Mathai, Page No. 150, Published by Vikas Publishing House.

□

48

कभी CIA तो कभी KGB के हाथ की कठपुतली!

इस पुस्तक में एक अध्याय भारत की पहली कम्युनिस्ट सरकार केरल में बनने और इंदिरा गांधी के उसको बीच में ही गिराने की जानकारी दी गई है। लेकिन उस घटना को लेकर एक बड़ा खुलासा किया इमरजेंसी खत्म होने के बाद भारत में अमेरिकी राजदूत रहे डेनियल पैट्रिक मोयनिहान ने। उसने अपनी पुस्तक 'ए डेंजरस प्लेस' में दावा किया कि सी.आई.ए. ने कांग्रेस पार्टी को दो बार इलेक्शन में मदद के लिए पैसे दिए, जिनमें से एक बार खुद इंदिरा गांधी को यह पैसा दिया। वे 1973 और 1975 के बीच भारत के राजदूत रहे थे और सी.आई.ए. को मिली स्वायत्तता के खिलाफ बड़ा अभियान चलाने के लिए जाने जाते हैं।

सी.आई.ए. ने 2 बार कांग्रेस को पैसा दिया, एक बार इंदिरा गांधी के हाथ में

डेनियल पैट्रिक मोयनिहान ने लिखा है—"We had twice, but only twice, interfered in Indian politics to the extent of providing money to a political party. Both times this was done in the face of a prospective communist victory in a state election, once in Kerala and once in West Bengal. Both times the money was given to the Congress party which had asked for it. Once it was given to Mrs Gandhi herself, who was then a party official." यानी हमने दो बार पैसा दिया और दोनों ही बार कम्युनिस्ट जीत को ध्यान में रखते हुए यह पैसा दिया, एक बार केरल में और दूसरी बार पश्चिम बंगाल में।[1]

केरल की कम्युनिस्ट सरकार गिराने में सी.आई.ए. की भूमिका तो समझ आती है, लेकिन चर्च का क्या रोल था, इसको लेकर खुलासा किया 2008 में केरल के वित्तमंत्री थॉमस इसाक ने। थॉमस ने अमेरिका जाकर 1959 में केरल की सरकार गिराए जाने को लेकर पुराने दस्तावेजों की पड़ताल की थी। थॉमस ने कोलंबिया यूनिवर्सिटी के 'ओरल हिस्टरी आर्काइव्स' में 1957-59 के बीच भारत में अमेरिकी राजदूत रहे एल्सवर्थ बंकर का इंटरव्यू ढूँढ़ निकाला। बंकर इस इंटरव्यू में कह रहे थे—"It's a fact that we did give the Congress party financial assistance, because we knew the Russians were putting money into the Communist Party."[2]

इंदिरा बन गईं चर्च और सी.आई.ए. के हाथों का खिलौना

चर्च कैथोलिक पादरी से कम्युनिस्ट बने प्रो. जोसेफ मुंडासेरी को केरल सरकार में कम्युनिस्ट सरकार में शिक्षा मंत्री बनाए जाने से काफी नाराज थीं, जोसेफ ने केरल की शिक्षा व्यवस्था में कुछ ऐसे बदलाव लाए, जिससे चर्च का नियंत्रण स्कूलों से कमजोर पड़ने लगा और चर्च ने जोसेफ के खिलाफ मोरचा खोल दिया। थॉमस इसाक की पड़ताल से भी यह पता चलता है कि वेटिकन ने इसके लिए सी.आई.ए. का इस्तेमाल किया और सी.आई.ए. ने इसके लिए कांग्रेस पार्टी का, खासतौर पर इंदिरा गांधी का, क्योंकि 1959 में वे पहली बार कांग्रेस अध्यक्ष बनी थीं और केरल सरकार बनाने में उनकी बड़ी भूमिका थी। कुल मिलाकर इंदिरा गांधी चर्च और सी.आई. के हाथों का खिलौना बनकर रह गई थीं और बाद के दिनों में के.जी.बी. के हाथों का। हालाँकि, इंदिरा गांधी ऐसे सभी आरोपों पर इनकार ही करती रहीं।

सी.आई. एजेंट क्रो का खुलासा 'भाभा और शास्त्रीजी की हत्या में सी.आई.ए. का हाथ'

नब्बे के दशक में जब ग्रेगरी डगलस नाम के एक अमेरिकी पत्रकार की पुस्तक आई थी तो अमेरिका में हंगामा मच गया था और भारत के कुछ तबकों में खलबली। अमेरिकी खुफिया एजेंसी सी.आई.ए. के एक ऐसे जासूस के साथ बातचीत के बाद वह पुस्तक लिखी गई थी, जिसको खुफिया ऑपरेशंस में विशेषज्ञता हासिल थी और उसका कार्यक्षेत्र रहा था सोवियत रूस, सो रूस की बदनाम खुफिया एजेंसी के.जी.बी. कैसे काम करती है, इसका उसे जमीनी तजुरबा था। उसका नाम था उसका रॉबर्ट ट्रम्बुल क्राउले और वह सी.आई.ए. में 1947 से काम कर रहा था। इस पुस्तक में सी.आई.ए. के कई राज थे, पर्किंसन की चपेट में आकर मौत की दहलीज पर खड़े रॉबर्ट ने भारत को लेकर भी ग्रेगरी की इस बुक 'कन्वर्सेशन्स विद द क्रो' में दो बड़े खुलासे किए—एक शास्त्रीजी

की मौत के बारे में और दूसरा भारत के परमाणु वैज्ञानिक होमी जहाँगीर भाभा की विमान दुर्घटना में रहस्यमयी मौत को लेकर।

इस पुस्तक के मुताबिक, दोनों की मौत में सी.आई.ए. का रोल था। हालाँकि, ये खुलासे भी दबा दिए गए। इस पुस्तक में डॉ. भाभा की हत्या के लिए प्लेन उड़ाने की बात तो विस्तार से इंटरव्यू में क्राउले ने बताई है, लेकिन उस इंटरव्यू में दो बार शास्त्रीजी का भी जिक्र आया और उससे पता चला कि सी.आई.ए. ही उनकी मौत के पीछे थी। यह अलग बात है कि इंटरव्यू लेने वाला पत्रकार न तो ज्यादा शास्त्रीजी को जानता था और न उसकी उनकी मौत के रहस्य में दिलचस्पी थी, तभी ज्यादा विस्तार से नहीं पूछा। ग्रेगरी की पुस्तक से क्राउले के इंटरव्यू के वे दो सवाल और जवाब आप यहाँ पढ़ सकते हैं, जिसमें भाभा की मौत के बारे में पूछा जा रहा है, लेकिन उनमें शास्त्रीजी का भी जिक्र आ जाता है—

"**GD :** Now, now, it's not an observation that is unexpected. Why not send him a box of poisoned candy? Shoot him in the street? Blow up his car? I mean, why ace a whole plane full of people?

RTC : Well, I call it as it see it. At the time, it was our best shot. And we nailed Shastri as well. Another cow-loving rag head. Gregory, you say you don't know about these people. Believe me, they were close to getting a bomb and so what if they nuked their deadly Paki enemies? So what? Too many people in both countries. Breed like rabbits and full of snake-worshipping twits. I don't for the life of me see what the Brits wanted in India. And then threaten us? They were in the sack with the Russians, I told you. Maybe they could nuke the Panama Canal or Los Angeles. We don't know that for sure, but it is not impossible.

GD : Who was Shastri?

RTC : A political type, who started the program in the first place. Bhabha was a genius and he could get things done so we aced both of them. And we let certain people there know that there was more where that came from. We should have hit the chinks too, while we were at it but they were a tougher target. Did I tell you about the idea to wipe out Asia's rice crops? We developed a disease that would have wiped rice off the map there and it's their staple diet. The fucking rice growers here got wind of it and raised such a stink we canned the whole thing. The theory was that the disease could spread around and hurt their pocketbooks. If the Mao people invade Alaska, we can tell the rice people it's all their fault."[3]

सालों हो गए इस पुस्तक को आए, फिर भी कभी भारत सरकार ने सी.आई.ए. के नजरिए से शास्त्रीजी या भाभा की मौत की जाँच की हो, कभी सुना नहीं। हालाँकि, एक तबका यह भी कहता है कि के.जी.बी. से ध्यान हटाने के लिए सी.आई.ए. के पूर्व जासूस को दौलत के बल पर कुछ भी बुलवा देना के.जी.बी. के बाएँ हाथ का खेल था।

जिसका भी खेल हो, लेकिन ये सारे खेल या तो नेहरूजी के समय खेले गए या फिर इंदिरा गांधी के समय। अमेरिका नहीं चाहता था कि नया आजाद हुआ देश भारत सोवियत संघ या चीन जैसे कम्युनिस्ट देशों के हाथों में चला जाए, सो लगातार वह इस कोशिश में रहा कि भारत में उसका दखल बराबर हो और पं. नेहरू के व्यक्तिगत स्टाफ में एम.ओ. मथाई का सम्मिलित होना हो या फिर केरल व बंगाल की सरकारों को गिराने के लिए कांग्रेस को सी.आई.ए. के जरिए पैसे देने का आरोप इस तरफ इशारा करते भी हैं। मथाई के अमेरिकी संबंधों की कहानी आप इसी पुस्तक के मथाई वाले अध्याय में पढ़ चुके हैं।

अमेरिका की भारत को लेकर कितनी चिंता थी, आप उसका इस बात से भी अंदाजा लगा सकते हैं कि सी.आई.ए. ने इंदिरा गांधी की मौत से डेढ़-दो साल पहले ही आशंका व्यक्त कर दी थी कि उनकी आकस्मिक मौत हो सकती है और आकलन किया था कि तब भारत की कमान कौन सँभालेगा? 14 जनवरी, 1983 को सी.आई.ए. ने भारत को लेकर अपनी एक रिपोर्ट फाइल की, जिसका नाम था—'India in the Mid-1980s: Goals and Challenges'. 30 पृष्ठों की इस रिपोर्ट में इंदिरा गांधी की आकस्मिक मौत पर राजीव गांधी को राजनैतिक रूप से अपरिपक्व कहा गया था और आर. वेंकटरमण, पी.वी. नरसिम्हा राव, प्रणब मुखर्जी जैसे नाम भावी प्रधानमंत्री के तौर पर सुझाए गए थे, विशेष चिंता कांग्रेस के कमजोर होने को लेकर थी।[4]

यह वाकई हैरानी की बात थी, जिस तरह इंदिरा गांधी की मौत के दिन उनके सुरक्षा प्रमुख और रॉ के संस्थापक रामेश्वर नाथ काव चीन में थे, उस तरफ किसी भी एजेंसी ने ध्यान नहीं दिया था। सी.आई.ए. की इस रिपोर्ट की भनक भी तब भारतीय एजेंसियों को नहीं लग पाई थी। इसका खुलासा तो तब हुआ, जब अगस्त 2011 में नियमों के तहत एक अवधि के बाद इस रिपोर्ट को भी सार्वजनिक कर दिया गया।

सी.आई.ए. ने अमेरिकी सरकार को एक और रिपोर्ट दी थी, इंदिरा गांधी की मौत के ठीक एक दिन बाद, जिसमें सी.आई.ए. ने दावा किया था कि सोवियत संघ ने इंदिरा गांधी की संजय गांधी को अपने राजनैतिक वारिस की तरह बढ़ाने को कतई गंभीरता से नहीं लिया था। लेकिन तीसरी दुनिया के देशों के बीच 'सबसे महत्त्वपूर्ण' साथी इंदिरा की

मौत के बाद वे राजीव गांधी के मामले में यह गलती नहीं दोहराना चाहते थे। तभी राजीव को वे हर तरह से मदद करना चाहते थे। इससे ज्यादा कुछ समझ आए न आए, इतना तो आप समझ ही सकते हैं कि जितना आपको, हमें, हमारी राजनीतिक पार्टियों को चिंता रहती है कि कौन प्रधानमंत्री बनेगा, उससे ज्यादा चिंता अमेरिका, रूस जैसी महाशक्तियों की एजेंसियों को रहती थी और तब तो उनका बाकायदा दखल भी था।[5]

विकीलीक्स केबल ने बताया इंदिरा के घर में था अमेरिकी जासूस

2013 में रिलीज हुई एक 'विकीलीक्स केबल' ने फिर साबित किया कि इंदिरा गांधी के करीब का कोई व्यक्ति सी.आई.ए. का जासूस है। इस रिपोर्ट को दिल्ली से 30 जून, 1975 को भेजा गया था, यानी इमरजेंसी लगने के 4 दिन बाद। इस रिपोर्ट में बताया गया है कि चार प्रमुख कांग्रेसी सांसदों से इमरजेंसी को लेकर चर्चा हुई कि क्या-क्या हो सकता है, उसका अंदाजा उन सांसदों ने उन्हें बताया। लेकिन इस रिपोर्ट में एक ऐसे 'कॉन्फिडेंशियल' व्यक्ति का भी हवाला देकर इंदिरा गांधी के पूर्व सचिव और तत्कालीन योजना आयोग के पूर्व उपाध्यक्ष पी.एन. हक्सर के इस्तीफे और मास्को में राजदूत बनाने की बात भी लिखी गई। इतना ही नहीं, 'पी.एम. के घर में एक सोर्स' के हवाले से इस रिपोर्ट में लिखा गया कि हक्सर के करीबी अधिकारियों को किनारे किया जा रहा था, उसी क्रम में गृह सचिव मुखर्जी को सिविल एविएशन और टूरिज्म में भेज दिया गया था। पी.एम. के घर के इसी सोर्स के हवाले से यह भी बताया गया कि पी.एम. इंदिरा गांधी के पीछे दो प्रमुख व्यक्ति थे—संजय गांधी और आर.के. धवन। दोनों की ही कोई विचारधारा नहीं है, हद से ज्यादा तानाशाह हैं, और उनका फोकस केवल इंदिरा गांधी को सत्ता में बनाए रखना है।[6]

हालाँकि, नेहरू के जमाने से ही, चाहे वे मथाई का मामला हो या फिर नंदा की चोटी पर न्यूक्लियर डिवाइसेज लगाने का, सी.आई.ए. की दखलअंदाजी आप आजाद भारत में पा सकते हैं। इसी पुस्तक के अलग-अलग अध्यायों में आपको उनकी झलक भी मिलेगी। लेकिन ऐसा नहीं था कि के.जी.बी. का दखल नहीं था। बल्कि इस अध्याय को लिखने का मकसद भी यही था कि देश भले ही अपने आपको गुटनिरपेक्ष कहता आया हो, लेकिन हर गुट के लोग न केवल हमारी सरकारों में कमीशन एजेंट के तौर पर काम कर रहे थे, बल्कि सत्ता के शीर्ष पर बैठे लोग भी उनके इशारों पर खेल रहे थे। सी.आई.ए. लगातार के.जी.बी. की दखलअंदाजी का जिक्र ऐसे ही नहीं कर रही थी।

खुद इंदिरा गांधी ने एक बार ब्रिटेन की प्रधानमंत्री मार्गरेट थैचर को कहा था कि वे 1977 के चुनाव इसलिए हार गई थीं क्योंकि सोवियत संघ ने कोई मदद नहीं की थी। दोनों की यह बातचीत 15 अप्रैल, 1981 की मुलाकात के दौरान हुई थी। जब मार्गरेट थैचर ने

इंदिरा गांधी से अमेरिका से रिश्ते सुधारने के लिए मदद की पेशकश की, तो इंदिरा गांधी ने बताया कि कैसे अनाज की जरूरत पर, स्टील इंडस्ट्री को लगाने में, बांग्लादेश वाले मुद्दे पर अमेरिका के पीछे हटने पर सोवियत संघ ने मदद की, लेकिन आगे यह रिपोर्ट कहती है—"Mr. Gandhi was at pains to make it clear that she had no sympathy with communism as such. She was experiencing acute difficulties with the communists In a number of Indian States and was as a loss to know how to tackle them. The Soviet Union failed to back her in the 1977 elections, preferring an outcome in which she was narrowly returned to power."[7]

इंदिरा की तरह राजीव गांधी को भी पता था कि अमेरिका और ब्रिटेन दोनों को कम्युनिस्टों से नफरत है, सो संजय गांधी की मौत के बाद जब राजीव गांधी सक्रिय हुए तो सांसद बनने से ठीक पहले वे भी मार्गरेट थैचर से लंदन में मिले और दोनों की बातचीत में भारत के तीन प्रांतों में वामपंथियों के बढ़ते प्रभुत्व, वहाँ कांग्रेसी नेतृत्व के कमजोर होने, वामपथियों के अपने विरोधियों को मौत की नींद सुलाने जैसे विषयों पर भी चर्चा हुई।[8]

लेकिन इंदिरा की मौत के बाद राजीव ने के.जी.बी. की सक्रियता में थोड़ी कमी तो लाने की कोशिश की, ऐसा सी.आई.ए. मानती है। सी.आई.ए. की एक रिपोर्ट, जो तैयार तो दिसंबर 1985 में की गई थी, लेकिन आम जनता के लिए सार्वजनिक हुई 9 दिसंबर, 2011 को, उसके मुताबिक राजीव गांधी ने न्यूज एजेंसी पी.टी.आई. के खिलाफ जाँच बैठा दी; यूँ तो पी.टी.आई. बोर्ड के कई सदस्य और पत्रकार के.जी.बी. के पेरोल पर थे, लेकिन पी.टी.आई. चेयरमैन का के.जी.बी. के प्रभाव में आना उन्हें अखर गया और वो उसकी जगह दूसरा चेहरा तलाश रहे थे।[9]

के.जी.बी. का मायाजाल, पूरा देश ही 'बिकाऊ' था

पुरानी जागरूक पीढ़ियाँ 'मित्रोखिन फाइल्स' को जानती हैं और भारत में के.जी.बी. के जाल को लेकर उसके खुलासों को भी। नई पीढ़ियाँ बस यह जान लें कि मित्रोखिन के.जी.बी. के आर्काइव डिपार्टमेंट में काम करता था और 12 साल तक उसने तमाम फाइल्स की कॉपी बनाई और दुनिया को उनकी करतूतें बता दीं, उन्हीं को 'मित्रोखिन फाइल्स' बोला जाता है। इन फाइल्स से ही खुलासा हुआ कि सोवियत संघ की इस गुप्तचर एजेंसी के.जी.बी. ने मास्को में भारत के दूतावास को ही एक तरह से कब्जा लिया था, भारत का हर अधिकारी एक वक्त में उनका आदमी थी और आप यह जानकर हैरत करेंगे कि आजादी के बाद मास्को में देश की पहली राजदूत थीं जवाहरलाल नेहरू की बहन विजयलक्ष्मी पंडित, दूसरे थे पूर्व राष्ट्रपति सर्वपल्ली राधाकृष्णन, तीसरे थे भारत के पहले

विदेश सचिव रहे के.पी.एस. मेनन और भारत के राष्ट्रीय सुरक्षा सलाहकार रहे शिवशंकर मेनन के दादा. उनके बाद बने सुबमिल दत्ता और टीएन कौल भी विदेश सचिव बने तो डी.पी. धर इंदिरा गांधी के बेहद करीबी रहे, तो वहीं इंद्र कुमार गुजराल तो प्रधानमंत्री ही बने थे। इन सब नामों की आप पड़ताल करेंगे तो पाएँगे कि इनमें से ज्यादातर को 'पद्म पुरस्कार' मिला और सोवियत संघ में भी इन सबको ही काफी सम्मान मिला।

लेकिन फिर भी आपको कोई कहे कि मास्को दूतावास नेहरू और इंदिरा के जमाने में पूरी तरह से के.जी.बी. के कब्जे में था तो आप यकीन नहीं कर पाएँगे। टेलीग्राफ की रिपोर्ट 'The KGB Papers - It seemed like entire Country was for sale' का यह शीर्षक ही काफी है कि के.जी.बी. का कितना दखल था उन दिनों हमारे देश में! इस रिपोर्ट के मुताबिक, मास्को दूतावास के अधिकारियों में घुसपैठ के लिए के.जी.बी. ने अपने पारंपरिक तरीके अपनाए, यानी कि हनी ट्रैप! इस रिपोर्ट के मुताबिक, भारतीय राजनयिक PRO-KHOR (कोड नाम) को नेवेरोवा (कोड नाम) की एक महिला ने फँसाया, उससे काफी जरूरी जानकारियाँ निकलवाईं। 1954 से उसका भुगतान 1 हजार से बढ़ाकर 4 हजार रुपए कर दिया गया। सोचिए, 1949 में एक आई.ए.एस. का वेतन महज 350 रुपए हुआ करता था और देश से गद्दारी के लिए 4,000 मिल रहा था![10]

'मित्रोखिन फाइल्स' के मुताबिक, 60 का दशक आते-आते तो मास्को दूतावास तो कब का उनके कब्जे में था, बल्कि इंटेलिजेंस ब्यूरो और भारतीय ब्यूरोक्रेसी में भी के.जी.बी. की घुसपैठ हो चुकी थी। सीपीआई के अजय घोष जैसे नेताओं का भी जिक्र है कि कैसे वे लोग के.जी.बी. के हाथों में झूल रहे थे। सी.आई.ए. ने राजीव गांधी के जमाने में 1985 में एक रिपोर्ट फाइल की थी, 'The Soviets in India : Moscow's Major Penetration Program' इसकी आप पढ़ेंगे तो पाएँगे कि कैसे कांग्रेस पार्टी, कम्युनिस्ट पार्टियों, व्यक्तिगत तौर पर नेताओं और पत्रकारों को मास्को वित्तीय फायदा पहुँचाता है। पी.टी.आई. को तो के.जी.बी. वाले 'प्रेस तास ऑफ इंडिया' बोलते थे। सीपीआई के जर्नल को रूस की तरफ से 1984 में ही 60 हजार डॉलर का विज्ञापन मिला था। भारत के कई पत्रकार भी के.जी.बी. से पैसा लेते थे, हजारों लेख उनके द्वारा इस दौरान उनके एजेंडे के लिए लिखे गए थे, 'मित्रोखिन फाइल्स' में उनको कोड नाम मिलते हैं। इसी तरह एक प्रो-सोवियत अखबार 'पेट्रियट' में लेख छपवाया गया कि 1984 में एड्स की बीमारी दरअसल अमेरिका का 'जैविक हथियार' है। यह महज एक उदाहरण है, यह बताने के लिए कि भारतीय मीडिया भी के.जी.बी. के हाथ का खिलौना बन गया था।

'मित्रोखिन फाइल्स' के मुताबिक कांग्रेस के कम-से-कम 40 फीसदी सांसदों को रूस से पैसा मिलता था। इनमें से कई कांग्रेस सांसदों का रूस से बिजनेस भी जुड़ा हुआ था।

सी.आई.ए. की इस रिपोर्ट में यह तक दावा किया गया है कि के.जी.बी. के प्रभाव में कांग्रेस (आई) ने 1984 में 'ऑपरेशन ब्लू स्टार' के बाद एक आधिकारिक पैम्फलेट प्रकाशित किया, जिसका शीर्षक था—'Conspiracy Exposed', जिसमें दावा किया गया था कि अमेरिका ने सिख अलगाववादियों और आतंकियों को सहयोग दिया था।[11] जबकि भिंडरावाले का कोई कनेक्शन आज तक सी.आई.ए. या अमेरिका से सामने नहीं आया था।

जब इंदिरा की जमकर 'खातिरदारी' की सोवियत संघ ने

इंदिरा गांधी की पहली सोवियत संघ यात्रा 1953 में हुई थी, स्टालिन की मौत के कुछ ही महीने बाद। ऐसे में रूस की तरफ से कुछ खूबसूरत नौजवानों को इंदिरा गांधी के साथ लगाया गया, न केवल उन पर नजर रखने के लिए, बल्कि उनकी तारीफें करने के लिए भी। यह दूसरी तरह का हनी ट्रैप था, जिसमें एक हद तक ही जाना था। इंदिरा उस वक्त केवल नेहरू की बेटी थीं, सरकार या पार्टी में किसी भी बड़े पद पर नहीं थीं। इंदिरा गांधी इतनी खुश हुईं कि नेहरू को एक पत्र लिखा, जिसमें लिखा था—"Everybody... the Russians have been so sweet to me...I am being treated like everybody's only daughter. I shall be horribly spoilt by the time I leave. Nobody has ever been so nice to me. उनके लिए ब्लैक सी में 'स्पेशल हॉलीडे' का इंतजाम रूसी सरकार ने किया, उन्होंने नेहरू को लिखा—"I don't think I have had such a holiday for years." बाद में लेनिनग्राद में भी उसके बारे में पिता नेहरू को उन्होंने लिखा कि 'wallowing in luxury.' यह भी खासी दिलचस्प बात है कि अपनी जीवनीकार पुपुल जयकर को उन्होंने इस यात्रा के बारे में केवल इतना कहा कि 'इस यात्रा में मैं रूसियों ने जो बच्चों के लिए काम किए थे, उनसे काफी प्रभावित थी और वैसा ही कुछ भारत में करना चाहती थी।'[12]

दो साल बाद 1955 में वे अपने पिता के साथ सोवियत संघ की यात्रा पर आईं। इस बार उन्होंने पिता के साथ रूसी कारखानों का दौरा किया, उनकी योजनाओं को समझा और वह काफी प्रभावित भी थीं। इस दौरान ख्रुश्चेव ने उन्हें अपना मिंक कोट भी दिया, जिसे उन्होंने कई साल तक पहना। लेकिन इंदिरा ने पुपुल जयकर को अपने पिता नेहरू और रूसी पी.एम. ख्रुश्चेव की मीटिंग के बारे में कुछ और ही बताया कि कैसे उन्होंने भारतीय कम्युनिस्ट पार्टियों की योजना असफल कर दी थी। इंदिरा के मुताबिक, उन्हें अपने सूत्रों से यह पता चल गया था कि भारत कम्युनिस्ट पार्टी ऑफ इंडिया (सीपीआई) के नेता नहीं चाहते थे कि पं. नेहरू से सोवियत रूस का कोई टाईअप हो, इसके लिए उन्होंने सोवियत सरकार को ब्रीफ भी किया था। अंदर मीटिंग चल रही थी और बाहर सिटिंग रूम में इंदिरा गांधी नेहरूजी के इंतजार में बैठी थीं, क्योंकि उसके बाद लंच होना

था। अचानक ख्रुश्चेव किसी काम से मीटिंग रूम से बाहर आए तो उन्होंने इंदिरा को वहाँ बैठे देखकर अभिवादन किया तो इंदिरा ने पूछा कि मीटिंग कैसी चल रही है ? ख्रुश्चेव ने साफ बताया कि मीटिंग ब्लॉक पड़ी है, कोई ज्यादा प्रगति नहीं है। इंदिरा ने बोल्ड फैसला लिया और ख्रुश्चेव से कहा कि आपको यह याद रखना चाहिए कि मेरे पिता इंडिया की आवाज हैं और सीपीआई इंडिया का प्रतिनिधित्व नहीं करती। ख्रुश्चेव यह सुनकर अवाक् ही रह गए, लेकिन उन्होंने काफी गर्मजोशी से इंदिरा को भरोसा दिलाया कि जरूर कुछ अच्छा ही होगा और यह कहकर वे वापस मीटिंग में चले गए। इंदिरा के मुताबिक जब मीटिंग खत्म हुई तो नेहरूजी और ख्रुश्चेव मुसकराते हुए बाहर निकले। पता चला कि सोवियत रूस से भारत की गहरी दोस्ती की नींव उसी मीटिंग से पड़ गई थी।

'मित्रोखिन फाइल्स' से जानकारी मिलती है कि 1967 के चुनावों में मास्को की मूल रूप से सीपीआई और सीपीएम (मार्क्सवादी) को समर्थन देने की योजना थी, साथ ही कांग्रेस में उनके जो खास लोग थे, उनको भी। इन सबको रूस की तरफ से चुनावों में काफी वित्तीय सहायता की गई। इन सबमें सबसे वरिष्ठ व्यक्ति था इंदिरा कैबिनेट का एक मंत्री, 'मित्रोखिन फाइल्स' में जिसका कोड नाम था ABAD.,जिसे के.जी.बी. ने काफी प्रभावशाली कहा है। इन फाइल्स से जानकारी मिलती है कि कैसे अमेरिका को बदनाम करने के लिए सी.आई.ए. के नाम से के.जी.बी. फर्जी कागजात तैयार करती थी और उन्हें यूरी मोडिन नाम का के.जी.बी. का जासूस तैयार करवाता था। एक बार कांग्रेस में एंटी कम्युनिस्ट माने जाने वाले नेता एस.के. पाटिल को बदनाम करने के लिए मोडिन ने यू.एस. काउंसलर जनरल, बंबई के नाम से दिल्ली में अमेरिकी राजदूत के लिए फर्जी पत्र जारी किया, जिसमें एस.के. पाटिल द्वारा पाकिस्तान के साथ मिलकर साजिश रचने और अमेरिकी वित्तीय सहायता लेने की बात थी। एस.के. पाटिल चुनाव हार गए। स्पष्ट नहीं हो पाया कि उनकी हार में के.जी.बी. की कितनी साजिश थी ?

विदेशों में काम कर रहे एजेंट्स के ऑपरेशन, ट्रेनिंग और मैनेजमेंट देखने वाली रूस की एजेंसी एफ.सी.डी. (फर्स्ट चीफ डायरेक्टोरेट) के 1973 में चीफ रहे ओलेग कलुगिन भारत के लिए कहते हैं—"A model of KGB infiltration of a Third World government." वे कहते हैं—"We had scores of sources throughout the Indian government? in intelligence, counter-intelligence, the Defence and Foreign Ministries and the police. In 1978 Directorate K, whose responsibilities included the penetration of foreign intelligence and security agencies, was running, through Line KR in the Indian residencies, over thirty agents? ten of whom were Indian intelligence officers. Kalugin recalls one occasion on which Andropov personally turned down an offer from an Indian minister to provide information in return for $50,000 on the grounds that the KGB was already well supplied with material from the Indian Foreign and Defence Ministries: "It seemed like the entire country was for sale; the KGB? and the CIA? had deeply penetrated the Indian government. After a while neither side entrusted sensitive information to the Indians, realizing their enemy would know all about it the next day."[13]

पी.एम. उन सूटकेसों को भी वापस नहीं भेजती थीं

मोटेतौर पर समझें तो चाहे भारत की गुप्तचर एजेंसीज हों, रक्षा सेनाएँ हो या फिर विदेश मंत्रालय और पुलिस फोर्स में भी, पूरी भारत सरकार में के.जी.बी. के तमाम लोग थे। एक बार तो भारत के मंत्री का एक ऑफर कि 50,000 डॉलर के बदले जरूरी सूचना मिलेगी, इसलिए ठुकरा दिया गया था, क्योंकि वह सूचना भारत के विदेश और रक्षा मंत्रालयों से पहले ही मिल चुकी थी। वे कहते हैं कि ऐसा लगता था कि पूरा देश ही बिकने के लिए तैयार था! के.जी.बी. और सी.आई.ए. दोनों ही भारत सरकार में गहराई तक अपने पाँव पसार चुके थे। 1967 की संसद जब चुन ली गई, तो के.जी.बी. का दावा था कि 30 से 40 फीसदी सांसद उनके अपने थे। यह कहा जाता था कि बैंक नोट्स से भरे सूटकेट पी.एम. आवास पर अकसर ले जाए जाते थे, और जैसा कि इंदर मल्होत्रा ने अपनी पुस्तक 'इंदिरा गांधी ए पर्सनल एंड पॉलिटिकल बायोग्राफी' में लिखा है—"एस.के. पाटिल के एक तथाकथित बयान के मुताबिक पी.एम. उन सूटकेसों को वापस भी नहीं भेजती थीं।" सबसे दिलचस्प है इंदिरा गांधी का 'मित्रोखिन फाइल्स' में कोड नाम, यह था VANO या 'वानो।'[14]

कांग्रेस में के.जी.बी. का जासूस 'AGENT RERO'

'मित्रोखिन फाइल्स' में ललित नारायण मिश्रा को इंदिरा गांधी का प्रिंसिपल फंड रेजर बताते हुए, उन पर भारत में तत्कालीन के.जी.बी. रेजीडेंट लियोनिड शेबरशिन के जरिए पोलित ब्यूरो के 20 लाख रुपए के सीक्रेट गिफ्ट को देने के बारे में लिखा है, यहीं यह जानकारी मिलती है कि इसी मौके पर इंदिरा गांधी को समर्थन देने वाले एक अखबार को भी 10 लाख रुपए दिलवाए गए थे। लेकिन जब ललित नारायण मिश्रा की हत्या हुई तो इंदिरा गांधी ने सी.आई.ए. का हाथ बता दिया। 'मित्रोखिन फाइल्स' से खुलासा होता है कि जब इंदिरा को भनक लगी कि सिंडिकेट उसे हटाकर मोरारजी देसाई को प्रधानमंत्री बना सकता है, तो इंदिरा ने वामपंथियों से हाथ मिला लिया, इसके पीछे मास्को था और बैंकों का राष्ट्रीयकरण करने के बाद मोरारजी देसाई से इस्तीफा ले लिया। इधर सिंडिकेट

ने इंदिरा गांधी को पार्टी से निकालकर आरोप लगाए कि अपने प्रधान सचिव पी.एन. हक्सर के जरिए मास्को से हाथ मिलाकर इंदिरा गांधी देश बेचने के मूड में हैं। 'मित्रोखिन फाइल्स' से पता चलता है कि 1971 चुनावों की जीत के बाद 1 लाख रुपए महीने के वेतन पर 'कांग्रेस फोरम फॉर सोशलिस्ट एक्शन' में एक और एजेंट के.जी.बी. ने घुसाया, इस जाने-पहचाने चेहरे को नाम दिया गया 'AGENT RERO'।

1969 में एंड्रोपॉव ने पोलित ब्यूरो को लिखा कि के.जी.बी. चाहे तो अमेरिकी दूतावास पर 20,000 मुसलिमों का प्रदर्शन करवा सकती है और खर्च 5,000 रुपए आएगा। यह बताता है कि के.जी.बी. किस तरह इतनी ताकतवर हो चली थी कि भारत के आंतरिक मुद्दों को भी अपने हक में इस्तेमाल कर सकती थी! तभी तो 1971 में इंदिरा की जीत के बाद पोलित ब्यूरो ने 2.5 मिलियन (कंवर्टेबल रूबल) का एक गुप्त कोष भारत के लिए मंजूर कर दिया था, अगले 4 सालों के लिए। आलम यह था कि इंदिरा गांधी को भी पता नहीं था कि उनके घर में, उनकी कैबिनेट में, उनके करीबियों में कौन-कौन के.जी.बी. के एजेंट थे?

इंदिरा के बेहद करीब था के.जी.बी. एजेंट 'एस'

ऐसे ही एक एजेंट 'एस' के बारे में जानकारी मिलती है, जो एक बार इंदिरा गांधी को के.जी.बी. का तैयार किया हुआ आई.एस.आई. का फर्जी नोट देता है, जिसमें वे खालिस्तान षड्यंत्र में पाकिस्तानी दखल दिखाते हैं। जिसके लिए बाकायदा 'एस' को ट्रेनिंग दी गई कि कैसे यह डॉक्यूमेंट आई.एस.आई. का ही है और उसके हाथ कैसे लगा, पूरी स्टोरी बनाई गई। उसको निर्देश दिए गए कि ओरिजनल डॉक्यूमेंट 'वानो' को नहीं देना है, अगर माँगे तो पहले से एक कॉपी तैयार करके ले जाए, वे देना और 'वानो' की एक-एक प्रतिक्रिया उस वक्त नोट करनी है। यह भी नोट करना है कि 'वानो' भविष्य में किस तरह की सूचनाएँ 'एस' से चाहती हैं? बाद में उसने ये सब किया भी।[15]

सोचिए, देश की प्रधानमंत्री के करीबी विदेशी ताकतों के इशारों पर उसको बेवकूफ बना रहे हैं रोज और उसको कुछ खबर ही नहीं! फिर जब राजीव गांधी ने सोवियत रूस की यात्रा की तो राजीव के दिमाग में भी यही डालने की कोशिश की गई कि पंजाब में सिख उग्रवाद मजबूत होने के पीछे सी.आई.ए. का हाथ है।

संदर्भ

1. New York Times, 8 May, 1979, Section A, Page 10, https://www.nytimes.com/1979/05/08/archives/moynihan-charges-on-cia-aid-stir-call-for-inquiry-in-new-delhi.html
2. India Today Report 'Marxist on Mission', 30 May 2008 https://www.

indiatoday.in/magazine/indiascope/story/20080609-marxist-on-a-mission-736447-2008-05-29

3. Conversations with the Crow, by Gregory Douglas, Page No. 67, Published by Basilisk Press.
4. CIA Report 'India in the Mid-1980s : Goals and Challenges', filed on 14 January, 1983, https://www.cia.gov/readingroom/docs/CIA-RDP86T00302R000300520006-9.pdf
5. Economic Times Report 'Soviets didn't take Indira Gandhi promoting Sanjay as heir seriously : CIA Papers', by PTI, 25 January, 2017
6. Wikileaks Cable 'Indian Political Situation', 30 June, 1975, https://wikileaks.org/plusd/cables/1975STATE154318_b.html
7. Prime Minister (Of England) Private Office Files, India : No. 10 record of conversation between the Prime Minister and Prime Minister of India Mrs. Indira Gandhi, 15 April, 1981, https://www.margaretthatcher.org/document/138645
8. Prime Minister (Of England) Private Office Files, India : No.10 record of Conversion ('call by Rajiv Gandhi'), 28 July, 1981, https://www.margaretthatcher.org/document/138636
9. CIA Report 'The Soviets in India : Moscow's Major Penetration Program', December 1985, https://www.cia.gov/readingroom/docs/CIA-RDP86T00586R000400490007-7.pdf
10. The Telegraph Report - 'The KGB Papers- 'It seemed like the entire country was for sale', 25 September, 2005, https://www.telegraphindia.com/opinion/the-kgb-papers-it-seemed-like-the-entire-country-was-for-sale/cid/1023636
11. CIA Report 'The Soviets in India: Moscow's Major Penetration Program, December 1985, https://www.cia.gov/readingroom/docs/CIA-RDP86T00586R000400490007-7.pdf
12. 'Indira Gandhi : A Biography', by Pupul Jaykar, Page No. 148, Published by Penguin Group.
13. The Mitrokhin Archive II The KGB in the World, by Christopher Anderw, Chapter-17, The Special Relationship with India, Part-1, The Supermacy of the Indian National Congress, Page No. 322, Published by Penguin Books Ltd.
14. The Mitrokhin Archive II The KGB in the World, by Christopher Anderw, Chapter-17, The Special Relationship with India, Part-1, The Supermacy of the Indian National Congress, Page No. 316, Published by Penguin Books Ltd.
15. The Mitrokhin Archive II The KGB in the World, by Christopher Anderw, Chapter-17, The Special Relationship with India, Part-1, The Supermacy of the Indian National Congress, Page No. 336, Published by Penguin Books Ltd.

□

49

बुजुर्गों से यह कैसा रवैया, गांधी-बोस-जे.पी. भी थे हैरान

इंदिरा गांधी पीढ़ियों के लिए देश की महानायिका हैं। कई सर्वे में उनको भारत की सबसे शक्तिशाली शख्सियतों में ऊपर के पायदानों पर रखा गया है। लेकिन एक नायक या नायिका को पीढ़ियाँ तभी आदर्श मानती हैं, जब उन्होंने भी आदर्शों को आचरण में उतारा हो। बड़ी हस्ती की एक-एक बात संज्ञान में ली जाती है और उसे पीढ़ियाँ अपना आदर्श मानती हैं। लेकिन इंदिरा गांधी की जिंदगी में कई ऐसे वाकये हैं, जो बुजुर्गों के साथ उनके अजीब व्यवहार को दरशाते हैं और बावजूद इसके, उन्होंने खुद ही सफाई देकर खुद को सही साबित करने की कोशिश भी की! जिन बुजुर्गों के साथ उन्होंने ऐसा किया, वे नाम आपको चौंका सकते हैं, उनमें हैं गांधीजी, उनमें हैं नेताजी बोस, उनमें हैं जयप्रकाश नारायण (जे.पी.) और उनमें हैं खुद उनकी बुआ विजयलक्ष्मी पंडित! शास्त्रीजी के साथ उनका रवैया क्या था, यह तो आप इस पुस्तक के शास्त्रीजी वाले अध्याय में पढ़ ही चुके हैं।

गांधीजी के साथ भी उनके कुछ वाकये आपको चौंका सकते हैं। एक घटना तो तब की है, जब इंदिरा और फिरोज की शादी की बातें चल रही थीं। नेहरू दूसरे धर्म के लड़के से शादी करने के लिए आम पिता की तरह शुरुआत में तैयार नहीं थे, फिर उन्होंने गेंद गांधीजी के पाले में डाल दी। उसके बाद गांधीजी फिरोज से मिल लिये थे और उनसे वचन ले लिया था कि वे बिना जवाहरलाल नेहरू की सहमति के शादी नहीं करेंगे। वैसे भी जब फिरोज की आंटी और इलाहाबाद के सरकारी हॉस्पिटल में डॉक्टर कमिशरियत ने नेहरू परिवार से नजदीकी के चलते फिरोज की विदेशी की पढ़ाई की वित्तीय सहायता रोक दी तो फिरोज की मदद गांधीजी ने ही की थी।

इधर पं. नेहरू ने इंदिरा को साफ कर दिया था कि उन्हें शादी के मामले पर महात्मा

से मिलना ही होगा। तब इंदिरा भी गांधीजी से मिलने सेवाग्राम पहुँचीं। उन दिनों गांधीजी शादीशुदा जोड़ों को ब्रह्मचर्य की सलाह काफी दिया करते थे। तो वही उन्होंने इंदिरा गांधी के साथ किया, हालाँकि, इंदिरा इसके लिए पहले से तैयार थीं। पहले तो उनसे फिरोज से रिश्तों के बारे में कई तरह के सवाल पूछे, कई सवालों पर इंदिरा असहज थीं। थोड़ी देर तक बाकी बातें पूछने के बाद गांधीजी ने इंदिरा से ब्रह्मचर्य की बातें करनी शुरू कर दीं तो इंदिरा ने उन्हें एक दिलचस्प जवाब दिया—"You can ask a couple not to get married, that makes sense to me but when they are just married, to ask them to live a life of celibacy, makes me no sense. It can result only in bitterness and unhappiness."[1]

सोचिए, उस वक्त गांधीजी की क्या हालत रही होगी! शायद ही किसी ने उन्हें कभी सीधे उनके मुँह पर मना किया हो! शायद ही किसी ने कभी महात्मा गांधी के मुँह पर यह कहा कि 'आपकी बातों में मुझे कोई सेंस नहीं लगता।' यह भी कहा कि आपके इस सुझाव से कड़वाहट और दुःख ही बढ़ेगा। लेकिन यह उनके सबसे करीबी नेहरूजी की बेटी ने कहा। यहाँ तक कि 12 मार्च, 1930 को दांडी सत्याग्रह में उनके साथ जो 70 लोग थे, वे सभी अहिंसा और ब्रह्मचर्य की प्रतिज्ञा ले चुके थे। उनके यहाँ आश्रम में जो भी जोड़ा आता था, वे उस पर ब्रह्मचर्य का पालन करने के लिए दबाव बनाते थे और लोग मान भी जाते थे, और एक ये इंदिरा थीं, जो उनके सबसे करीबी परिवार से थीं, सबसे करीबी साथी की बेटी थीं, जो उनको साफ-साफ समझाकर चली गईं कि उनकी ब्रह्मचर्य की सलाह में कोई सेंस नहीं है, सेंस तो तब होता, जब वे शादी करने से ही मना करते!

यह ठीक है कि गांधीजी की बात को मना करना उनका अधिकार था, लेकिन क्या तरीका ठीक था? यानी जो अच्छा लगा, यानी 'गांधी' सरनेम, वो ले लिया और जो अच्छा नहीं लगा, उसके लिए कह दिया कि इसमें कोई सेंस नहीं है! वो तो ये बातें खुद इंदिरा गांधी ने काफी सालों बाद एक इंटरव्यू में बताईं, मीडिया को कही होतीं तो विवाद बना होता। अब सोचकर देखिए कि गांधीजी को कैसा महसूस हुआ होगा, जब उन्होंने यह सुना होगा, उस लड़की के मुँह से जो उनके सबसे प्रिय नेहरू की बेटी थीं और जिसकी शादी वे कभी सरला देवी चौधरानी के बेटे से करवाना चाहते थे?

गांधीजी के साथ इंदिरा गांधी के ऐतराज का एक और वाकया है, जो उनकी दोस्त पुपुल जयकर ने इंदिरा गांधी के हवाले से उनकी आत्मकथा में लिखा था। जब माँ की मौत के बाद इंदिरा अपनी बीमारी के चलते स्विट्जरलैंड से पढ़ाई छोड़कर फिरोज गांधी के साथ भारत वापस लौटीं तो मुंबई में अपनी बुआ कृष्णा के पास रुकीं और कुछ दिन बाद सीधे गांधीजी के पास सेवाग्राम चली गईं। अब सेवाग्राम में तो सभी खादी की साड़ी वाली संन्यासिनें रहती थीं। इंदिरा ने सिल्क की साड़ी पहनी थी, बाल पीछे बाँधे हुए थे,

जिससे उनकी सुंदर गरदन पूरी दिख रही थी और होंठों पर लिपस्टिक भी थी। गांधीजी उनके इस पहनावे से खुश नहीं थे और इंदिरा से ऐतराज भी जता दिया। गांधीजी ने अपनी निराशा यह कहते हुए जाहिर भी कर दी कि यूरोप ने उनके जीवन-मूल्यों को बुरी तरह बदल दिया है।

तब इंदिरा ने जवाब में गांधीजी को काफी कुछ ऐसा कहा, जो उनको पसंद नहीं आया। इंदिरा गांधी ने अपनी जीवनीकार को कहा 'इट वाज ए डिफीकल्ट मीटिंग'। इंदिरा ने अपनी जीवनीकार को बताया कि वे गांधीजी के सामने जिंदगी के बारे में अपनी सोच बताते हुए बिल्कुल नहीं डरीं। लेकिन गांधीजी सहमत नहीं हुए। उसके बाद इंदिरा गुस्से में वहाँ से निकल आईं। गांधीजी से उनकी दोनों विवादित मुलाकातों के बारे में या तो उनको पता था या फिर गांधीजी को, लेकिन अपनी जीवनीकार दोस्त को इंदिरा गांधी ने ये बातें क्यों बताईं, उसकी एक ही वजह समझ में आती है, दुनिया को यह बताना कि उनको गांधीजी की कुछ बातें पसंद नहीं थीं, या गांधीजी की कुछ बातें अव्यावहारिक होती थीं। क्योंकि उन्हें बखूबी पता था कि उनकी दोस्त ये बातें न केवल टेप में रिकॉर्ड कर रही थीं, बल्कि एक दिन पुस्तक में भी छपकर दुनिया के पास पहुँचने वाली थीं।[2]

बहुत कम लोगों को पता होगा कि गांधीजी की ब्रह्मचर्य की सलाह मानने वाले बड़े चेहरों में से एक जयप्रकाश नारायण यानी जे.पी. और उनकी पत्नी प्रभावती थीं। प्रभा उनके आश्रम में लंबे अरसे तक रही थीं और ब्रह्मचर्य का पालन करती थीं। जब 1979 में जे.पी. की मौत हुई, तब इंदिरा गांधी ने अपने चचेरे भाई ब्रज कुमार नेहरू की पत्नी शोभना यानी फौरी नेहरू को एक खत लिखा था, जिसमें उन्होंने जे.पी. के लिए लिखा—"Poor old JP! What a confused mind he had leading to such a frustrated life." इस खत में इंदिरा ने जे.पी. की निराशा के लिए गांधीजी के ब्रह्मचर्य की प्रतिज्ञा और नेहरू से जे.पी. की जलन को जिम्मेदार बताया। वे आगे लिखती हैं—"It is nonsense to say that he did not want office, One part of him did, very much so. He was torn between that and the desire to be regarded as a martyr and a saint."[3]

वे जे.पी. की 'फ्रस्टेशन' की चर्चा सार्वजिनक रूप से कर रही थीं, वह भी एकतरफा! लेकिन जे.पी. ने कभी उनकी माँ की 'फ्रस्ट्रेशन' की चर्चा किसी से नहीं की, जिनकी पत्नी प्रभावती को इंदिरा की माँ कमला नेहरू अपने जीवन के सारे दुःख पत्रों में लिखती थी, यहाँ तक पं. नेहरू के खिलाफ भी। जे.पी. के पास तो वे सारे पत्र सुरक्षित रखे थे, चाहते तो वे सारे पत्र मीडिया को सौंपकर नेहरू परिवार को शर्मिंदा कर सकते थे, लेकिन उन्होंने ऐसा नहीं किया, बल्कि अपनी पत्नी की मौत के बाद वे सारे पत्र एक दिन इंदिरा गांधी को चुपचाप सौंप दिए। आप इससे अंदाजा लगा सकते हैं कि बड़प्पन क्या होता है!

हालाँकि, जिस तरह का वाकया उनका गांधीजी के साथ हुआ, वैसा ही नेताजी सुभाष चंद्र बोस का भी उनके साथ हुआ था। दरअसल, गांधीजी और बोस दोनों ही नेता, बड़ी-बड़ी डिग्रियाँ लेकर सारी शान-शौकत छोड़कर आजादी की लड़ाई में उतरे थे। वे नहीं चाहते थे कि पं. नेहरू की बेटी पश्चिमी प्रभाव में आकर आजादी के लिए लड़ रहे युवाओं को अपने पश्चिमी आधुनिक पहनावे से गलत संदेश दे। नेताजी बोस तो आई.सी.एस. में चयनित होने के बावजूद उसे छोड़कर आजादी की लड़ाई में कूदे थे। नेताजी उन दिनों जर्मनी में थे। जब इंदिरा गांधी की माँ कमला नेहरू को इलाज के लिए इंदिरा के साथ जर्मनी भेजा गया तो वहाँ सुभाष चंद्र बोस ने ही सारी मदद की थी। सुभाष चंद्र बोस ने दोनों का वियना में शिप से पहुँचने पर स्वागत किया। 12 दिन बाद बर्लिन में कमला नेहरू का ऑपरेशन हुआ। फिर कमला नेहरू को स्विस बॉर्डर पर बने एक सेनेटोरियम में लंबा रहना था, डॉक्टर अटल उनके साथ थे।

बोस ही एक तरह से दोनों के वहाँ अभिभावक थे, क्योंकि नेहरू उस वक्त शायद जेल में थे। जब इंदिरा का ज्यूरिख में एडमिशन हुआ तो इंदिरा को साड़ी में स्कूल जाने में बड़ी दिक्कत होने लगी। इंदिरा का कहना है कि कोई साड़ी नहीं पहनता था, इसलिए सब लोग उसे घूरते थे। इंदिरा ने फौरन कुछ फ्रॉक खरीदीं और बाल भी छोटे किए और स्कूल जाने लगीं। इस बात को लेकर इंदिरा गांधी से बातचीत के बाद उनकी जीवनीकार ने क्या लिखा है, वह पढ़िए—"She cut her hair short and noted defiantly that Subhash Bose and his friends thoroughly disapproved of an Indian woman with short hair."[4]

इसे आप एक तरह का चरित्र हनन मान सकते हैं। इतने बड़े नेता की सोच को छोटी बताने के पीछे इंदिरा गांधी का क्या मकसद रहा होगा? क्या पं. नेहरू के साथ के किसी भी राष्ट्रीय नेता को वे पसंद नहीं करती थीं? और फिर कोई यकीन भी कैसे कर सकता है कि नेताजी बोस ऐसी छोटी बात कर सकते हैं? जिनकी पत्नी के खुद छोटे बाल हों, बेटी तो अभी तक रखती आई हैं, क्या उनको इंदिरा गांधी की इन बातों पर यकीन भी होगा? लेकिन इंदिरा गांधी की जुबान से तीर निकल चुका था। हो यह भी सकता है कि कुछ हलका-फुलका मजाक नेताजी बोस ने उनके बालों के लिए किया हो, जो उस दौर में उनके लिए बेटी जैसी इंदिरा को चुभ गया हो, वैसे भी इंदिरा की तब उम्र ही क्या थी? नहीं तो माँ हॉस्पिटल में आखिरी साँसें गिन रही हों और बेटी फैशन में जुटी हो, यह अजीब तो लगेगा ही! लेकिन इंदिरा को नहीं लगा था। हैरत तो यह थी कि बड़ी होकर भी उन्हें यह अहसास नहीं हुआ कि यह सामान्य बात थी, बल्कि इंटरव्यू में ये बातें बताईं। यह अलग बात है कि दशकों बाद कही गई ये बातें सुनने के लिए न गांधीजी जिंदा थे और न ही नेताजी बोस।

इंदिरा गांधी ने अपनी बुआ विजयलक्ष्मी पंडित के बारे में भी काफी कुछ कहा है। हालाँकि, यह बुआ-भतीजी का आपसी मसला था, तो काफी बातें सही भी हो सकती हैं। उनकी माँ के प्रति विजयलक्ष्मी पंडित का व्यवहार अच्छा नहीं था, ऐसे उन्होंने आरोप लगाए हैं। एक बार पी.एम. बनने के तीन हफ्ते के बाद जयपुर में ए.आई.सी.सी. मीटिंग में जब इंदिरा खाद्यान्न मंत्री से मीटिंग के बाद तैयार हुआ नोट पढ़ रही थीं, अकाल से प्रभावित मुख्यमंत्रियों ने इंदिरा से कई सवाल आक्रोश में पूछे, तो इंदिरा ढंग से बोल नहीं पाईं, आत्मविश्वास नहीं दिखा पाईं। कामराज ने दखल दिया, तब लोग शांत हुए। तब अपनी जीवनीकार को दिए इंटरव्यू में इंदिरा ने बताया कि यह सब उनकी बुआ की वजह से हुआ है, वे मुझे बचपन से ही 'पगली और स्टुपिड' कहकर मेरा आत्मविश्वास कम करती रहती थीं। तब इंदिरा ने माना कि उनको संसद सत्र में जाने से डर लगता है, उनको किसी पर भरोसा नहीं था, उन दिनों राममनोहर लोहिया ने उन्हें 'गूँगी गुड़िया' भी कहना शुरू कर दिया था।

बचपन से ही इंदिरा की अपनी बुआ विजयलक्ष्मी पंडित से कभी नहीं बनी। जब मोतीलाल नेहरू और कमला नेहरू की मौत हो गई और इंदिरा बाहर पढ़ रही थीं तो नेहरू ने विजयलक्ष्मी की शादी के बाद आनंद भवन को उन्हें देने का फैसला किया। केवल नेहरू का कमरा लॉक कर रखा गया। इंदिरा को यह काफी नागवार गुजरा कि जिस कमरे में उन्होंने अपनी जिंदगी के इतने कीमती साल गुजारे, उसे स्टोर बना दिया जाएगा, लेकिन वे मन मसोसकर रह गईं।

कमला जब बीमार रहती थीं और नेहरू अकसर जेल में, तो इंदिरा को कमला के बारे में विजयलक्ष्मी और अपनी दादी की बहन बीवी अम्मा के व्यंग्य बाण काफी खराब लगते थे। वे इस बारे में नेहरू को शिकायत भी पत्रों में लिखकर करती थीं, लेकिन नेहरू इस बात को टाल जाते थे। ये सब आरोप इंदिरा गांधी ने लगाए हैं। नेहरू के पी.एम. बनने के बाद भी विजय लक्ष्मी का रवैया इंदिरा को समझ नहीं आता था। जब नेहरू पहली बार बतौर पी.एम. अमेरिका यात्रा पर गए थे तो इंदिरा भी साथ थीं। उस वक्त विजयलक्ष्मी पंडित अमेरिका में भारत की राजदूत थीं। विजय लक्ष्मी ने सारे आधिकारिक कार्यक्रमों में से इंदिरा का नाम हटा दिया, अब नेहरू कार्यक्रमों में और इंदिरा अकेले होटल में, वो तो प्रसिद्ध वैज्ञानिक डॉ. भाभा न्यूयॉर्क में थे, तो इंदिरा उनके साथ लंच डिनर पर जा-जाकर बोर होने से बच गईं, लेकिन बुआ को लेकर उनका मन और मैला हो गया। ये सब आरोप बुआ के प्रति अपने रवैये को लेकर इंदिरा ने लगाए थे।

फिर इंदिरा गांधी ने जब 1970 में आनंद भवन को मेमोरियल बनाने का फैसला लिया तो उस समारोह में बुआ विजयलक्ष्मी पंडित भी आनंद भवन आईं। बुआ ने इंदिरा गांधी से गुजारिश की कि उन्हें एक रात आनंद भवन में रुकने की इजाजत दी जाए।

लेकिन इंदिरा गांधी तो बदला लेने के मूड में थीं, उन्होंने एक रात रुकने तक की इजाजत अपनी बुआ को नहीं दी।[5]

ऐसी थीं इंदिरा गांधी! लेकिन बुआ से फिर भी उनका व्यक्तिगत मसला है। पर आप सोचिए कि बाकी महापुरुषों से जुड़ी कुछ बातें, सच या झूठ, इंदिरा गांधी को जनता के सामने लानी चाहिए था या नहीं? दिलचस्प बात यह भी कि इन मुद्दों पर कभी उन महापुरुषों ने अपना कोई पक्ष नहीं रखा। इंदिरा तभी ये मुद्दे उठातीं तो शायद वे भी कुछ कहते!

संदर्भ

1. 'Indira Gandhi : A Biography', by Pupul Jaykar, Page No. 116, Published by Penguin Group.
2. 'Indira Gandhi : A Biography', by Pupul Jaykar, Page No. 108, Published by Penguin Group.
3. 'India After Gandhi : The History of World's Largest Democracy' by Ramchandra Guha, Page No. XI, Published by Pan Macmillan.
4. 'Indira Gandhi : A Biography', by Pupul Jaykar, Page No. 73, Published by Penguin Group.
5. 'Indira Gandhi : A Biography', by Pupul Jaykar, Page No. 72, Published by Penguin Group.

□

50

संसद से पहले पार्टी में कानून पास, खोले नेहरूजी के गहरे राज

लोकतंत्र में राजनीतिक पार्टियाँ ही सरकार बनाती हैं, लेकिन सरकार शासन चलाती है, पार्टी नहीं। यह मामूली सा दिखने वाला फर्क बहुत बड़ा है। सरकार के मुखिया और मंत्री गोपनीयता की शपथ लेते हैं और किसी भी बात के लिए सीधे जिम्मेदार होते हैं, पार्टी हमेशा अप्रत्यक्ष तौर पर जवाबदेह होती है, सीधे नहीं। सबसे बड़ी बात, सरकार का मुखिया अंदरखाने भले ही पार्टी के नेताओं के साथ सरकार से जुड़ी सारी बातें चर्चा करता हो, लेकिन ऐसी तमाम बातें होती हैं, जो देश की सुरक्षा, संप्रभुता से जुड़ी होती हैं और आधिकारिक तौर पर पार्टी यह जाहिर नहीं कर सकती कि उसे ये सब गोपनीय बातें पता हैं या वह इनमें दखलअंदाजी कर रही है। लेकिन इंदिरा गांधी ने पार्टी और सरकार का मानो सारा भेद ही मिटा दिया था, वही पार्टी थीं, वही सरकार और हद तो तब हो गई, जब संसद का कार्यकाल 5 साल की जगह 6 साल करने का बड़ा फैसला सरकार से पहले पार्टी ने लिया।

पहले जान लें कि पाँचवीं लोकसभा की पहली बैठक 19 मार्च, 1971 को हुई थी, इस लिहाज से इसका कार्यकाल 18 मार्च, 1976 तक ही होना था। लेकिन आपातकाल में 'हाउस ऑफ द पीपल (एक्सटेंशन ऑफ ड्यूरेशन) अमेंडमेंट ऐक्ट-1976' (42वाँ संशोधन) लाकर इंदिरा गांधी सरकार ने इसका कार्यकाल एक साल बढ़ाकर 18 मार्च, 1977 कर दिया, यह अलग बात है कि चुनावों का ऐलान करके इसे 18 जनवरी, 1977 को ही लोकसभा भंग कर दी गई थी। लेकिन भारत के इतिहास में यह पहला मामला था, जब कोई लोकसभा 5 साल से ज्यादा, यानी 5 साल 10 महीने 6 दिन तक चली।

इस तरह आपातकाल का फायदा उठाकर विपक्ष के नेताओं को जेलों में कैद कर मनमर्जी से इंदिरा गांधी ने लोकसभा का कार्यकाल बढ़ा लिया, यह तो आपत्तिजनक था

ही, उससे ज्यादा सवाल इस बात पर उठते हैं कि संसद से पहले ये प्रस्ताव कांग्रेस पार्टी के अधिवेशन में पारित किया गया! इमरजेंसी को जारी रखने का संकल्प (रिजोल्यूशन) तो पारित हुआ ही, यह संकल्प भी पारित हुआ कि फरवरी में होने वाले चुनाव को टाल दिया जाए और लोकसभा का कार्यकाल 1 साल बढ़ा दिया जाए। यह संकल्प कांग्रेस के 75वें अधिवेशन में चंडीगढ़ में पारित किए गए। एक भी व्यक्ति ने इस संकल्प के खिलाफ अपनी राय नहीं रखी, बल्कि इंदिरा गांधी ने तो अपने भाषण में अपने इस फैसले के बचाव में जो तर्क दिया, उसे देश की एकता और ताकत से जोड़ दिया गया, ताकि आम जनता यह समझे कि यह कांग्रेस पार्टी के भले के लिए नहीं, बल्कि देश के भले के लिए किया गया है! इंदिरा गांधी ने तब कहा था—"The election is important, but more important is the country's unity and strength."[1]

बड़ी बात यह है कि आपातकाल का सीधा संबंध कानून-व्यवस्था की स्थिति से था, जिसकी चर्चा संसद के फ्लोर पर होने के बजाय पार्टी के अधिवेशन में हो रही थी, जो एक तरह से गलत था, सीधे गोपनीयता भंग का मामला था और दूसरे, पार्टी यह तय नहीं कर सकती थी, वह भी पी.एम. की मौजूदगी में कि लोकसभा का कार्यकाल एक साल और बढ़ा दिया जाए! सबसे बड़ी बात यह थी कि जिन सांसदों को 5 साल के लिए जनता ने चुना था, जिनके नेता के खिलाफ चुनावों में धाँधली के आरोप के खिलाफ पद से हटने का हाई कोर्ट का फैसला आ चुका था, वो नेता और उसकी पार्टी के सांसद सारे विपक्षियों को जेल में डालकर, देश पर आपातकाल थोपकर, बिना जनता की मर्जी के, अपना कार्यकाल, बिना चुनाव के 1 साल और बढ़ा लेते हैं!

इंदिरा गांधी ने इस देश के लोकतंत्र में तमाम ऐसी गलत परंपराओं की नींव रखी, जो राजनीतिक विज्ञान, इतिहास और पत्रकारिता के छात्रों को काले इतिहास के तौर पर पढ़ाया जाना चाहिए, ताकि भविष्य की पीढ़ियाँ इससे सबक ले सकें कि क्या-क्या नहीं करना है और किस-किस तरह की राजनीति को समर्थन नहीं देना है, बल्कि हर हाल में उसके खिलाफ लिखना है, बोलना है, अपनी आवाज बुलंद करनी है।

संजय गांधी पार्टी और सरकार में बिना कोई बड़ा पद लिये हुए भी कैसे दोनों के सर्वेसर्वा थे, यह आप इसी चंडीगढ़ अधिवेशन को कवर कर रहे 'इंडिया टुडे' रिपोर्टर आर. शशांकन की इन लाइनों से भी समझ सकते हैं—"Simultaneously, a mini-AICC was going outside in the adjacent pandals. Sanjay Gandhi was busy speaking to the cell meetings of various organizations. He addressed as many as six meetings including one consisting of the 'intellectuals of Chandigarh."[2]

यानी कांग्रेस की अखिल भारतीय कांग्रेस कार्यसमिति (ए.आई.सी.सी.) का एक

लघु रूप, जिसमें कांग्रेस के दिग्गज नेता थे, वे अलग से समानांतर मीटिंग चला रहे थे, वह भी संजय गांधी की अगुवाई में! संजय गांधी ने ऐसी 6 मीटिंग आयोजित कीं, जिनमें पार्टी के अलग-अलग आनुषंगिक संगठन के मुखिया शामिल थे। इनमें से एक मीटिंग में चंडीगढ़ का विद्वान् वर्ग भी था। सोचिए, यह तब था, जब संजय गांधी पर पार्टी का कोई बड़ा पद नहीं था, डी.के. बरुआ कांग्रेस के अध्यक्ष थे! फिर संजय किस हैसियत से यह मीटिंग ले रहे थे? कोई ऐतराज करने वाला नहीं था, कांग्रेस एक खानदान की बँधुआ पार्टी बन गई थी। ऐसे में क्या पार्टी, क्या सरकार, सबको पी.एम. इंदिरा गांधी का बेटा हाँक रहा था, कभी-कभी तो उन्हें बिना बताए भी!

जब आप इमरजेंसी की जाँच करने वाले शाह आयोग की सुनवाइयों में गवाहों को सुनेंगे, तब जानेंगे कि सरकार और जमींदारी चलाने में कोई खास फर्क नहीं, जैसे जमींदार के घर में उनके लड़के ने जो कह दिया, वही होना है, ऐसा ही कुछ सरकार में हो रहा था। गृहमंत्री को मीटिंग में बताया जा रहा था कि आपके विभाग ने रिपोर्ट सौंपी है कि देश के हालात इस कदर खराब हैं कि आपातकाल लगाए जाना जरूरी है, पुलिस अधिकारियों को बताया जा रहा था कि किस-किस को गिरफ्तार करना है और सारे-के-सारे आदेश मौखिक! कैबिनेट मीटिंग में ऐसे लोग मौजूद थे, जिनका न सरकार में कोई पद था और न पार्टी में।

संजय गांधी को लेकर आयोग में गवाहियों के जरिए सवाल उठे कि कैसे अनाधिकृत व्यक्ति अधिकारियों और मंत्रियों की मीटिंग ले रहा था? आयोग में संजय गांधी की एन.डी. तिवारी के संग आगरा यात्रा और अधिकारियों को आदेश किस हैसियत से दिए, इस पर सी.एम. तिवारी गोलमोल करते रहे। ये सब विरासत में भी थोड़ा-थोड़ा मिला ही था। राजर्षि टंडन के खिलाफ पं. नेहरू ने कांग्रेस अध्यक्ष के चुनाव में अपना उम्मीदवार आचार्य कृपलानी के तौर पर उतारा था, उनके हारने पर इस्तीफे तक की पेशकश कर दी थी। इंदिरा दो कदम आगे बढ़ गईं, राष्ट्रपति पद के लिए अपनी ही पार्टी के उम्मीदवार नीलम संजीवा रेड्डी के खिलाफ वी.वी. गिरि को ही चुनाव जितवा दिया! संजय गांधी और आगे बढ़ गए, बिना पद के ही सरकार चलाने लगे!

इंदिरा गांधी ने संविधान और सुप्रीम कोर्ट को भी अपने बनाए कानूनों में दखल से रोकने के लिए एक-दो नहीं, पूरे 47 कानूनों को नौवीं अनुसूची में भेज दिया था। पहले संशोधन से शुरू हुई इस व्यवस्था के मुताबिक इस सूची में डाले गए कानूनों के खिलाफ मानवाधिकारों के नाम पर सुप्रीम कोर्ट भी कुछ नहीं कर सकता था। लेकिन 2007 में नौ जजों की बेंच ने नौवीं अनुसूची में भेजे गए कानूनों में सुप्रीम कोर्ट के दखल देने के लिए एक नया रास्ता बना दिया।

लेकिन इमरजेंसी में तो कोई बोलने वाला ही नहीं था। ऐसे में इंदिरा गांधी ने जमकर

अपने कानूनों को नौवीं अनुसूची में डालना जारी रखा, पूरे 47। जिनमें मीसा और फेरा जैसे कानून भी शामिल थे।[3]

अपना छुपाया, लेकिन नेहरूजी के लिए मुश्किलें पैदा कीं

इंदिरा गांधी यूँ उस दौर की नेता थीं, जब उन्हें आभास नहीं था कि वे जो लिख-बोल रही हैं, वह एक दिन आम जनता के बीच भी पहुँच जाएगा! उनको लगता था कि जो बातें आज उन्होंने संसद में प्रतिबंधित कर दी हैं, वे हमेशा उसी तरह प्रतिबंधित रहेंगी। लेकिन परमाणु परीक्षण के बाद उनका पाकिस्तान के साथ तकनीक शेयर करने का प्रस्ताव परमाणु परीक्षण की चर्चा पर प्रतिबंध के बावजूद अब बाहर आ गया है। इसी तरह उन्होंने नंदा देवी पर अमेरिकी नाभिकीय उपकरण लगाने वाली बात भी जनता से छुपाई, 'ऑपरेशन ब्लू स्टार' में ब्रिटिश और इजरायली मदद की बात भी जनता व विपक्ष से छुपाई। ऐजवाल पर बमबारी की बात भी सालों तक जनता से छुपी रही। लेकिन आज वे सब बातें बाहर आ चुकी हैं, जिंदा रहते जरूर वे संतुष्ट रही होंगी।

इसी तरह वे सोचती थीं कि विदेशी मीडिया को जो वे कहती थीं या इंटरव्यू देती थीं, वे सब भारत तक नहीं पहुँचेंगे, आम जनता तक तो बिल्कुल नहीं। लेकिन देर से ही सही, मेनका गांधी को विदेशी चैनल पर अपने घर में विदेशी एजेंट बताना सबको पता चल ही गया, मागरिट थैचर को उन्होंने या राजीव गांधी को जो-जो भी बोला था, चाहे वह चुनावों में रूस के बैक करने का मामला हो या फिर राजीव गांधी की माँ की सरकार में बिना पद के दखल, सब आज बाहर आ चुका है। उनकी फोन टेपिंग या मेनका, जैल सिंह आदि की जासूसी की बातें भी।

उन्हें अपनी छवि की तो काफी चिंता थी, तभी न तो अपने जीवनीकार के सामने मथाई का नाम लिया और न ही उसने पूछा, लेकिन पं. नेहरू के पद्मजा नायडू से रिश्तों पर आधिकारिक मोहर लगाकर उनके लिए जरूर मुश्किल पैदा कर दी। अपनी जीवनीकार पुपुल जयकर के सामने उन्होंने जाने-अनजाने में नेहरूजी की सबसे बड़ी ऐतिहासिक उपलब्धि पर भी सवालिया निशान खड़े कर दिए। उन्होंने बताया कि 1930 में रावी नदी के तट पर पहली बार कांग्रेस अधिवेशन में बतौर अध्यक्ष तिरंगा लहराने के बाद जब नेहरू अपने गृहनगर इलाहाबाद लौटे तो उनका एक बड़ा स्वागत जुलूस घोड़े पर बैठाकर निकाला गया, जिसमें बैंड-बाजे वाले भी थे। आगे इंदिरा गांधी ने बताया कि सब लोग उस जुलूस को देखने फर्स्ट फ्लोर पर पहुँच गए थे, जवाहरलाल एक सफेद घोड़ी पर सवार थे। उन्हें बस एक बैंड की याद है, जो 'गॉड सेव द किंग' इकलौती धुन बजा रहा था, क्योंकि उसे वही बस अच्छे तरीके से बजाना आता था[4], यानी अंग्रेजों का राष्ट्रगान!

सोचिए, नेहरू ने लाहौर में तिरंगा फहराकर भारत का प्रतीकात्मक रूप से पहली बार स्वतंत्रता दिवस मनाया और कांग्रेस ने अपनी स्थापना के 45 साल बाद पहली बार आजादी की लड़ाई का ऐलान किया तथा नेहरूजी के स्वागत जुलूस में अंग्रेजों का राष्ट्रगान बज रहा था! इंदिरा का यह रहस्योद्घाटन अनजाने में की गई भूल माना जाए या पी.एम. के पद पर बैठकर अपने पिता की इतनी बड़ी उपलब्धि को कम करने की मंशा, आप खुद ही तय कर लीजिए!

संदर्भ

1. India Today Report dated January 15, 1976, by R Shashankan, https://www.indiatoday.in/magazine/nation/story/19760115-congress-holds-historic-session-in-chandigarh-819018-2015-02-18
2. India Today Report, dated-15 January, 1976, by R. Shashankan, https://www.indiatoday.in/magazine/nation/story/19760115-congress-holds-historic-session-in-chandigarh -819018-2015-02-18
3. https://www.livemint.com/Politics/3s1UIcKZz1I3B5LMwAe L2M/Five-laws-that-Indira-Gandhi-wanted-to-be-out-of-legal-scrut.html
4. 'Indira Gandhi : A Biography', by Pupul Jaykar, Page No. 28-29, Published by Penguin Group.

□□□